中华优秀传统文化在现代管理中的创造性转化与创新性发展工程
"中华优秀传统文化与现代管理融合"丛书

中国企业的"三环"管理

殷 雄 ◎ 著

企业管理出版社
ENTERPRISE MANAGEMENT PUBLISHING HOUSE

图书在版编目（CIP）数据

中国企业的"三环"管理 / 殷雄著. -- 北京：企业管理出版社，2024. 12. --（"中华优秀传统文化与现代管理融合"丛书）. -- ISBN 978-7-5164-3200-6

Ⅰ. F279.23

中国国家版本馆CIP数据核字第2025YZ3675号

书　　名	中国企业的"三环"管理
书　　号	ISBN 978-7-5164-3200-6
作　　者	殷　雄
责任编辑	韩天放　黄　爽
特约设计	李晶晶
出版发行	企业管理出版社
经　　销	新华书店
地　　址	北京市海淀区紫竹院南路17号　邮　编：100048
网　　址	http://www.emph.cn　电子信箱：emph001@163.com
电　　话	编辑部（010）68701638　发行部（010）68417763　68414644
印　　刷	北京联兴盛业印刷股份有限公司
版　　次	2025年1月第1版
印　　次	2025年1月第1次印刷
开　　本	710mm×1000mm　1/16
印　　张	27
字　　数	350千字
定　　价	128.00元

版权所有　翻印必究·印装有误　负责调换

编委会

主　任：朱宏任　中国企业联合会、中国企业家协会党委书记、常务副会长兼秘书长

副主任：刘　鹏　中国企业联合会、中国企业家协会党委委员、副秘书长

孙庆生　《企业家》杂志主编

委　员：（按姓氏笔画排序）

丁荣贵	山东大学管理学院院长，国际项目管理协会副主席
马文军	山东女子学院工商管理学院教授
马德卫	山东国程置业有限公司董事长
王　伟	华北电力大学马克思主义学院院长、教授
王　庆	天津商业大学管理学院院长、教授
王文彬	中共团风县委平安办副主任
王心娟	山东理工大学管理学院教授
王仕斌	企业管理出版社副社长
王西胜	广东省蓝态幸福文化公益基金会学术委员会委员，菏泽市第十五届政协委员
王茂兴	寿光市政协原主席、关工委主任
王学秀	南开大学商学院现代管理研究所副所长
王建军	中国企业联合会企业文化工作部主任
王建斌	西安建正置业有限公司总经理
王俊清	大连理工大学财务部长
王新刚	中南财经政法大学工商管理学院教授
毛先华	江西大有科技有限公司创始人
方　军	安徽财经大学文学院院长、教授
邓汉成	万载诚济医院董事长兼院长

冯彦明	中央民族大学经济学院教授
巩见刚	大连理工大学公共管理学院副教授
毕建欣	宁波财经学院金融与信息学院金融工程系主任
吕　力	扬州大学商学院教授，扬州大学新工商文明与中国传统文化研究中心主任
刘文锦	宁夏民生房地产开发有限公司董事长
刘鹏凯	江苏黑松林粘合剂厂有限公司董事长
齐善鸿	南开大学商学院教授
江端预	株洲千金药业股份有限公司原党委书记、董事长
严家明	中国商业文化研究会范蠡文化研究分会执行会长兼秘书长
苏　勇	复旦大学管理学院教授，复旦大学东方管理研究院创始院长
李小虎	佛山市法萨建材有限公司董事长
李文明	江西财经大学工商管理学院教授
李景春	山西天元集团创始人
李曦辉	中央民族大学管理学院教授
吴通福	江西财经大学中国管理思想研究院教授
吴照云	江西财经大学原副校长、教授
吴满辉	广东鑫风风机有限公司董事长
余来明	武汉大学中国传统文化研究中心副主任
辛　杰	山东大学管理学院教授
张　华	广东省蓝态幸福文化公益基金会理事长
张卫东	太原学院管理系主任、教授
张正明	广州市伟正金属构件有限公司董事长
张守刚	江西财经大学工商管理学院市场营销系副主任
陈　中	扬州大学商学院副教授
陈　静	企业管理出版社社长兼总编辑
陈晓霞	孟子研究院党委书记、院长、研究员
范立方	广东省蓝态幸福文化公益基金会秘书长

范希春	中国商业文化研究会中华优秀传统文化传承发展分会专家委员会专家
林　嵩	中央财经大学商学院院长、教授
罗　敏	英德华粤艺术学校校长
周卫中	中央财经大学中国企业研究中心主任、商学院教授
周文生	范蠡文化研究（中国）联会秘书长，苏州干部学院特聘教授
郑俊飞	广州穗华口腔医院总裁
郑济洲	福建省委党校科学社会主义与政治学教研部副主任
赵德存	山东鲁泰建材科技集团有限公司党委书记、董事长
胡国栋	东北财经大学工商管理学院教授，中国管理思想研究院院长
胡海波	江西财经大学工商管理学院院长、教授
战　伟	广州叁谷文化传媒有限公司 CEO
钟　尉	江西财经大学工商管理学院讲师、系支部书记
官玉振	北京大学国家发展研究院发树讲席教授、BiMBA 商学院副院长兼 EMBA 学术主任
姚咏梅	《企业家》杂志社企业文化研究中心主任
莫林虎	中央财经大学文化与传媒学院学术委员会副主任、教授
贾旭东	兰州大学管理学院教授，"中国管理 50 人"成员
贾利军	华东师范大学经济与管理学院教授
晁　罡	华南理工大学工商管理学院教授、CSR 研究中心主任
倪　春	江苏先锋党建研究院院长
徐立国	西安交通大学管理学院副教授
殷　雄	中国广核集团专职董事
凌　琳	广州德生智能信息技术有限公司总经理
郭　毅	华东理工大学商学院教授
郭国庆	中国人民大学商学院教授，中国人民大学中国市场营销研究中心主任

唐少清	北京联合大学管理学院教授，中国商业文化研究会企业创新文化分会会长
唐旭诚	嘉兴市新儒商企业创新与发展研究院理事长、执行院长
黄金枝	哈尔滨工程大学经济管理学院副教授
黄海啸	山东大学经济学院副教授，山东大学教育强国研究中心主任
曹振杰	温州商学院副教授
雪　漠	甘肃省作家协会副主席
阎继红	山西省老字号协会会长，太原六味斋实业有限公司董事长
梁　刚	北京邮电大学数字媒体与设计艺术学院副教授
程少川	西安交通大学管理学院副教授
谢佩洪	上海对外经贸大学学位评定委员会副主席，南泰品牌发展研究院首任执行院长、教授
谢泽辉	广东铁杆中医健康管理有限公司总裁
谢振芳	太原城市职业技术学院教授
蔡长运	福建林业技术学院教师，高级工程师
黎红雷	中山大学教授，全国新儒商团体联席会议秘书长
颜世富	上海交通大学东方管理研究中心主任

总编辑： 陈　静

副总编： 王仕斌

编　辑：（按姓氏笔画排序）

于湘怡　尤　颖　田　天　耳海燕　刘玉双　李雪松　杨慧芳
宋可力　张　丽　张　羿　张宝珠　陈　戈　赵喜勤　侯春霞
徐金凤　黄　爽　蒋舒娟　韩天放　解智龙

序 一

以中华优秀传统文化为源　启中国式现代管理新篇

中华优秀传统文化形成于中华民族漫长的历史发展过程中，不断被创造和丰富，不断推陈出新、与时俱进，成为滋养中国式现代化的不竭营养。它包含的丰富哲学思想、价值观念、艺术情趣和科学智慧，是中华民族的宝贵精神矿藏。党的十八大以来，以习近平同志为核心的党中央高度重视中华优秀传统文化的创造性转化和创新性发展。习近平总书记指出"中华优秀传统文化是中华民族的精神命脉，是涵养社会主义核心价值观的重要源泉，也是我们在世界文化激荡中站稳脚跟的坚实根基"。

管理既是人类的一项基本实践活动，也是一个理论研究领域。随着社会的发展，管理在各个领域变得越来越重要。从个体管理到组织管理，从经济管理到政务管理，从作坊管理到企业管理，管理不断被赋予新的意义和充实新的内容。而在历史进程中，一个国家的文化将不可避免地对管理产生巨大的影响，可以说，每一个重要时期的管理方式无不带有深深的文化印记。随着中国步入新时代，在管理领域实施中华优秀传统文化的创造性转化和创新性发展，已经成为一项应用面广、需求量大、题材丰富、潜力巨大的工作，在一些重要领域可能产生重大的理论突破和丰硕的实践成果。

序 一

领域应用实践案例分析等多方面内容，形成了一套较为完整的知识体系。"丛书"不仅是研究成果的结晶，更可看作传播中华优秀传统文化与现代管理理念的重要尝试。还可以将"丛书"看作一座丰富的知识宝库，它全方位、多层次地为广大读者提供了中华优秀传统文化在现代管理中应用与发展的工具包。

可以毫不夸张地说，每一本图书都凝聚着作者的智慧与心血，或是对某一传统管理思想在现代管理语境下的创新性解读，或是对某一行业或领域运用优秀传统文化提升管理效能的深度探索，或是对传统文化与现代管理融合实践中成功案例与经验教训的详细总结。"丛书"通过文字的力量，将传统文化的魅力与现代管理的智慧传递给广大读者。

在未来的发展征程中，我们将持续深入推进中华优秀传统文化在现代管理中的创造性转化和创新性发展工作。我们坚信，在全社会的共同努力下，中华优秀传统文化必将在现代管理的广阔舞台上绽放出更加绚丽多彩的光芒。在中华优秀传统文化与现代管理融合发展的道路上砥砺前行，为实现中华民族伟大复兴的中国梦做出更大的贡献！

是为序。

朱宏任

中国企业联合会、中国企业家协会
党委书记、常务副会长兼秘书长

序 二

/

文化传承　任重道远

财政部国资预算项目"中华优秀传统文化在现代管理中的创造性转化与创新性发展工程"系列成果——"中华优秀传统文化与现代管理融合"丛书和读者见面了。

一

这是一组可贵的成果，也是一组不够完美的成果。

说她可贵，因为这是大力弘扬中华优秀传统文化（以下简称优秀文化）、提升文化自信、"振民育德"的工作成果。

说她可贵，因为这套丛书汇集了国内该领域一批优秀专家学者的优秀研究成果和一批真心践行优秀文化的企业和社会机构的卓有成效的经验。

说她可贵，因为这套成果是近年来传统文化与现代管理有效融合的规模最大的成果之一。

说她可贵，还因为这个项目得到了财政部、国务院国资委、中国企业联合会等部门的宝贵指导和支持，得到了许多专家学者、企业家等朋友的无私帮助。

说她不够完美，因为学习践行传承发展优秀文化永无止境、永远在进步完善的路上，正如王阳明所讲"善无尽""未有止"。

说她不够完美，因为优秀文化在现代管理的创造性转化与创新性发展中，还需要更多的研究专家、社会力量投入其中。

说她不够完美，还因为在践行优秀文化过程中，很多单位尚处于摸索阶段，且需要更多真心践行优秀文化的个人和组织。

当然，项目结项时间紧、任务重，也是一个逆向推动的因素。

二

2022年，在征求多位管理专家和管理者意见的基础上，我们根据有关文件精神和要求，成立专门领导小组，认真准备，申报国资预算项目"中华优秀传统文化在现代管理中的创造性转化与创新性发展工程"。经过严格的评审筛选，我们荣幸地获准承担该项目的总运作任务。之后，我们就紧锣密鼓地开始了调研工作，走访研究机构和专家，考察践行优秀文化的企业和社会机构，寻找适合承担子项目的专家学者和实践单位。

最初我们的计划是，该项目分成"管理自己""管理他人""管理事务""实践案例"几部分，共由60多个子项目组成；且主要由专家学者的研究成果专著组成，再加上几个实践案例。但是，在调研的初期，我们发现一些新情况，于是基于客观现实，适时做出了调整。

第一，我们知道做好该项目的工作难度，因为我们预想，在优秀文化和现代管理两个领域都有较深造诣并能融会贯通的专家学者不够多。在调研过程中，我们很快发现，实际上这样的专家学者比我们预想的更少。与此同时，我们在广东等地考察调研过程中，发现有一批真心践行优秀文化的企业和社会机构。经过慎重研究，我们决定适当提高践行案例比重，研究专著占比适当降低，但绝对数不一定减少，必要时可加大自有资金投入，支持更多优秀项目。

第二，对于子项目的具体设置，我们不执着于最初的设想，固定甚至限制在一些话题里，而是根据实际"供给方"和"需求方"情况，实事求是地做必要的调整，旨在吸引更多优秀专家、践行者参与项目，支持更多优秀文化与现代管理融合的优秀成果研发和实践案例创作的出版宣传，以利于文化传承发展。

第三，开始阶段，我们主要以推荐的方式选择承担子项目的专家、企业和社会机构。运作一段时间后，考虑到这个项目的重要性和影响力，我们觉得应该面向全社会吸纳优秀专家和机构参与这个项目。在请示有关方面同意后，我们于2023年9月开始公开征集研究人员、研究成果和实践案例，并得到了广泛响应，许多人主动申请参与承担子项目。

三

这个项目从开始就注重社会效益，我们按照有关文件精神，对子项目研发创作提出了不同于一般研究课题的建议，形成了这个项目自身的特点。

（一）重视情怀与担当

我们很重视参与项目的专家和机构在弘扬优秀文化方面的情怀和担当，比如，要求子项目承担人"发心要正，导人向善""充分体现优秀文化'优秀'二字内涵，对传统文化去粗取精、去伪存真"等。这一点与通常的课题项目有明显不同。

（二）子项目内容覆盖面广

一是众多专家学者从不同角度将优秀文化与现代管理有机融合。二是在确保质量的前提下，充分考虑到子项目的代表性和示范效果，聚合了企业、学校、社区、医院、培训机构及有地方政府背景的机构；其他还有民间传统智慧等内容。

（三）研究范式和叙述方式的创新

我们提倡"选择现代管理的一个领域，把与此密切相关的优秀文化高度融合、打成一片，再以现代人喜闻乐见的形式，与选择的现代管理领域实现融会贯通"，在传统文化方面不局限于某人、某家某派、某经典，以避免顾此失彼、支离散乱。尽管在研究范式创新方面的实际效果还不够理想，有的专家甚至不习惯突破既有的研究范式和纯学术叙述方式，但还是有很多子项目在一定程度上实现了研究范式和叙述方式的创新。另外，在创作形式上，我们尽量发挥创作者的才华智慧，不做形式上的硬性要求，不因形式伤害内容。

（四）强调本体意识

"本体观"是中华优秀传统文化的重要标志，相当于王阳明强调的"宗旨"和"头脑"。两千多年来，特别是近现代以来，很多学者在认知优秀文化方面往往失其本体，多在细枝末节上下功夫；于是，著述虽多，有的却如王阳明讲的"不明其本，而徒事其末"。这次很多子项目内容在优秀文化端本清源和体用一源方面有了宝贵的探索。

（五）实践丰富，案例创新

案例部分加强了践行优秀文化带来的生动事例和感人故事，给人以触动和启示。比如，有的地方践行优秀文化后，离婚率、刑事案件大幅度下降；有家房地产开发商，在企业最困难的时候，仍将大部分现金支付给建筑商，说"他们更难"；有的企业上新项目时，首先问的是"这个项目有没有公害？""符不符合国家发展大势？""能不能切实帮到一批人？"；有家民营职业学校，以前不少学生素质不高，后来他们以优秀文化教化学生，收到良好效果，学生素质明显提高，有的家长流着眼泪跟校长道谢："感谢学校救了我们全家！"；等等。

四

调研考察过程也是我们学习总结反省的过程。通过调研，我们学到了许多书本中学不到的东西，收获了满满的启发和感动。同时，我们发现，在学习阐释践行优秀文化上，有些基本问题还需要进一步厘清和重视。试举几点：

（一）"小学"与"大学"

这里的"小学"指的是传统意义上的文字学、音韵学、训诂学等，而"大学"是指"大学之道在明明德"的大学。现在，不少学者特别是文史哲背景的学者，在"小学"范畴苦苦用功，做出了很多学术成果，还需要在"大学"修身悟本上下功夫。陆九渊说："读书固不可不晓文义，然只以晓文义为是，只是儿童之学，须看意旨所在。"又说"血脉不明，沉溺章句何益？"

（二）王道与霸道

霸道更契合现代竞争理念，所以更为今人所看重。商学领域的很多人都偏爱霸道，认为王道是慢功夫、不现实，霸道更功利、见效快。孟子说："仲尼之徒无道桓、文之事者。"（桓、文指的是齐桓公和晋文公，春秋著名两霸）王阳明更说这是"孔门家法"。对于王道和霸道，王阳明在其"拔本塞源论"中有专门论述："三代之衰，王道熄而霸术焻……霸者之徒，窃取先王之近似者，假之于外，以内济其私己之欲，天下靡然而宗之，圣人之道遂以芜塞。相仿相效，日求所以富强之说，倾诈之谋，攻伐之计……既其久也，斗争劫夺，不胜其祸……而霸术亦有所不能行矣。"

其实，霸道思想在工业化以来的西方思想家和学者论著中体现得很多。虽然工业化确实给人类带来了福祉，但是也带来了许多不良后果。联合国《未来契约》（2024年）中指出："我们面临日益严峻、关乎存亡的灾难性风险"。

（三）小人儒与君子儒

在"小人儒与君子儒"方面，其实还是一个是否明白优秀文化的本体问题。陆九渊说："古之所谓小人儒者，亦不过依据末节细行以自律"，而君子儒简单来说是"修身上达"。现在很多真心践行优秀文化的个人和单位做得很好，但也有些人和机构，日常所做不少都还停留在小人儒层面。这些当然非常重要，因为我们在这方面严重缺课，需要好好补课，但是不能局限于或满足于小人儒，要时刻也不能忘了行"君子儒"。不可把小人儒当作优秀文化的究竟内涵，这样会误己误人。

（四）以财发身与以身发财

《大学》讲："仁者以财发身，不仁者以身发财"。以财发身的目的是修身做人，以身发财的目的是逐利。我们看到有的身家亿万的人活得很辛苦、焦虑不安，这在一定意义上讲就是以身发财。我们在调查过程中也发现有的企业家通过学习践行优秀文化，从办企业"焦虑多""压力大"到办企业"有欢喜心"。王阳明说："常快活便是功夫。""有欢喜心"的企业往往员工满足感、幸福感更强，事业也更顺利，因为他们不再贪婪自私甚至损人利己，而是充满善念和爱心，更符合天理，所谓"得道者多助"。

（五）喻义与喻利

子曰："君子喻于义，小人喻于利"。义利关系在传统文化中是一个很重要的话题，也是优秀文化与现代管理融合绕不开的话题。前面讲到的那家开发商，在企业困难的时候，仍坚持把大部分现金支付给建筑商，他们收获的是"做好事，好事来"。相反，在文化传承中，有的机构打着"文化搭台经济唱戏"的幌子，利用人们学习优秀文化的热情，搞媚俗的文化活动赚钱，歪曲了优秀文化的内涵和价值，影响很坏。我们发现，在义利观方面，一是很多情况下把义和利当作对立的两个方面；二是对义利观的认知似乎每况愈下，特别是在西方近代资本主义精神和人性恶假设背景下，对人性恶的利用和鼓励（所谓"私恶即公利"），出现了太多的重利轻义、危害社会的行为，以致产生了联合国《未来契约》中"可持续发展目标的实现岌岌可危"的情况。人类只有树立正确的义利观，才能共同构建人类命运共同体。

（六）笃行与空谈

党的十八大以来，党中央坚持把文化建设摆在治国理政突出位置，全国上下掀起了弘扬中华优秀传统文化的热潮，文化建设在正本清源、守正创新中取得了历史性成就。在大好形势下，有一些个人和机构在真心学习践行优秀文化方面存在不足，他们往往只停留在口头说教、走过场、做表面文章，缺乏真心真实笃行。他们这么做，是对群众学习传承优秀文化的误导，影响不好。

五

文化关乎国本、国运，是一个国家、一个民族发展中最基本、最深沉、最持久的力量。

中华文明源远流长，中华文化博大精深。弘扬中华优秀传统文化任重道远。

"中华优秀传统文化与现代管理融合"丛书的出版，不仅凝聚了子项目承担者的优秀研究成果和实践经验，同事们也付出了很大努力。我们在项目组织运作和编辑出版工作中，仍会存在这样那样的缺点和不足。成绩是我们进一步做好工作的动力，不足是我们今后努力的潜力。真诚期待广大专家学者、企业家、管理者、读者，对我们的工作提出批评指正，帮助我们改进、成长。

企业管理出版社国资预算项目领导小组

前　言

呈现在读者面前的这本书，是财政部和国务院国资委支持项目"中华优秀传统文化在现代管理中的创造性转化与创新性发展工程"的一个子项目成果。这个项目名称中的每一个词都十分重要，因为它们都有着极其丰富的内涵，与企业组织和员工个体都有着极强的关联性。

我把这本书命名为《中国企业的"三环"管理》，其原因是我在大亚湾核电站和阳江核电站从事管理和领导工作期间，曾经主持编撰过4本未曾公开出版的内部资料：《信念承载使命》、《安全源于责任》、《责任铸就辉煌》和《思想引领行动》。其中，前两本书中采用了我在本书绪论中所介绍的CDE分析模型，它是我在法国哥诺贝尔经济管理学院（Grenoble École de Management）攻读工商管理博士学位（DBA）期间所学习、思考、提炼和实际应用的方法。根据我的实践感受，这种方法是科学、有效和便捷的，值得在企业管理的实践中经常性地、广泛地采用。这4本内部资料的内容全面、真实地反映了与我朝夕相处近10年（2006年3月至2016年1月）的两个核电站的广大员工严谨、鲜活的工作和生活状态，以及企业在此期间形成的基本管理特色。本书的内容虽然是以上述4本书为基础撰写而成的，但并不是简单的糅合，而是把中华优秀传统治理文化与现代企业管理的最新发展趋势进行了深度融合，力图反映出历史传统与现代文明相呼应、理论知识与生产实践相结合、管理风格与文化熏陶相补充的世界观与方法论。本人研习中国传统治理文化更加丰富的内容，见于我的专著《中国传统文化中的治理智慧》（人民日报出版社2023年2月版），可供对中国传统文化有兴趣的读者朋友参考。

我有过一个有趣的设想：如果孔子在世，他看到"电脑"和"导弹"这两个词的繁体字（電腦、導彈），是否能够理解它们的意思？我认为，根据汉字的结构及其含义，以孔子这位"万世师表"的聪明与智慧，不难猜出它们的基本意思。反之，比孔子晚出生约2100年的英国的文艺复兴时期的伟大剧作家、诗人莎士比亚，如果他看到这两个词的英文Computer和Missile，即使英语也有词根之类的造词方法，但要让他猜出是什么意思，大概率会比孔子多死更多的脑细胞。这就是中国汉字的独特魅力，它从几千年前流传至今，已经成为中国传统文化的载体，甚至它本身就是传统文化不可分割的一部分。

传统文化，是我们中国人薪火相传的宏观社会与历史环境，每个人都身处其中，没有一时一刻可以脱离。就拿我们日常所使用的汉字来说，由于其独特的形、音、义"三位一体"的造字法则，虽然经过几千年的历史演变，但其本意基本不变。我们日常所使用的词汇，基本上都可以从老祖宗留传下来的浩如烟海的典籍中找到根源。不要说"文史哲"领域的名词了，就连"数理化"这些科学领域的术语，也都是根据汉字的本意命名的。比如，数学中的"直角、钝角、锐角、函数、曲线"，物理学中的"质量、动能、速度、质子、中子"，化学中的"氢、氮、氧化、催化、分子式"，等等，哪里有一点洋味儿？纯粹是我们中国汉字的传神表达。这就是中国传统文化的传承与创新的结合。

传统思想文化根植于社会生活本身，是人们的思想观念、风俗习惯、生活方式、情感样式的综合表达。古代思想文化对今人仍然具有很深刻的影响，这就类似于生物体遗传基因的功能。比如，在治国理政这个范畴内，中国古代主张民惟邦本、政得其民，礼法合治、德主刑辅，为政之要莫先于得人、治国先治吏，为政以德、正己修身，居安思危、改易更化，等等。这些治国理政的理念有错误吗？与今天的时代格格不入吗？现实告诉我们，这些理念本身并没有错误，而且经过了千百年来严格的实践检验。今天的问题恰恰出在我们没有把这些正确的理念一以贯之地付诸实践，在运用方法上要么习惯性地照搬，要么情绪化地丢弃。这就存在着与生物进化一样的竞争问题，竞争对制度的选择产生压力，对制度的革新、借鉴和改革具有内在的驱动力。

现代企业管理是我们所处的历史节点上所面临的一道必答题。答得好，我们就能在世界舞台站稳脚跟，可以更有底气地接纳与拥抱世界，更加自信地表达与传递中华文化的价值。创造性转化和创新性发展则属于方法论的范畴，需要超越历史和传统的局限性，本着"古为今用、洋为中用"的方针，像海绵吸水那样，学习、借鉴和利用世界上一切文明框架中的有益思想和方法，做好中国自己的事情，为世界贡献独特的中国智慧、中国风格和中国价值。

在汉字里，"企"字是"人"加"止"。如果没有人，或者不能处理好人的问题，那么企业就失去了活力，没有了生机，也就是"止"了。《道德经》中说："企者不立，跨者不行。"意思是踮起脚跟反而站立不住，迈开大步快走反而不能远行。这里"企"字的本意是人踮起脚远望，因此引申出"企望""盼望""希望"之意。现代社会的"企业"，就是企望赚钱的实业之意。人是环境的产物，由人组成的企业更是如此。谈企业管理，就离不开"人"这个核心，也离不开"文化"这个环境。传统文化，则是我们中国人的遗传基因和生活环境，想丢也丢不掉。

谈论中国传统文化，《易经》又是绕不过去的话题。中国的传统文化中，一向把《易经》作为"群经之首"。可以毫不夸张地说，中华文化的整个体系都是围绕着它产生的。中国人的实用主义价值观，老子、孔子的思想，阴阳理论学说，"天人合一"的思想，等等，全部的根源都在《易经》。

《易经》的重要价值，体现在它所反映的三项具有普遍性意义的基本原则。

简易原则。《易经》反映了中国传统的"大道至简"思想。《说卦传》中提到："夫易，开物成务，冒天下之道，如斯而已者也。"意思是《易经》是一门归纳和模拟宇宙运行的学问，就是对最基本、最简单的天道的运用。这个原则告诉我们，宇宙万物不论如何纷繁复杂、变化多端，其背后的道理和规则都是非常简单的。只要我们掌握了这些道理和规则，就可以准确把握和预测事物的运动趋势，了解其最终的运动结果，那么万事万物就从神秘变得简单而平凡了。

《易经》所反映的至简的大道，就是阴阳，所谓"一阴一阳之谓道"。万物都有阴阳两面，此时一面占上风，彼时另一面又占了上风，事物就这样不断地循环往复，自然发展。这是一种非常简单、实用的正反思维，它可以运用到任何场合中帮助我们思考。运用到历史上，它就是"天下大势，分久必合，合久必分"；运用到人生哲学上，它就是"祸兮福所倚，福兮祸所伏"。

变易原则。所谓变易，是指宇宙间的万事万物都在不停地运动变化。运动的本质就是变化，包括时间上的变化、空间上的变化和状态上的变化。在这个相对的宇宙时空内，物质在不同宇宙时空之间、不同物质形态之间无休无止、永不停歇地运动变化。

既然万事万物都有其生老病死的运行周期，那么在事物发展的不同阶段，自然也就应该用不同的方法和手段来应对，切不可僵化、拘泥。《系辞传》对变通做了定义："化而裁之谓之变，推而行之谓之通，举而措之，天下之民，谓之事业……易穷则变，变则通，通则久。"孔子的意思就是通过变通把事情做成、做好、做久。

不易原则。所谓不易，是指宇宙中存在的永远不会发生变化、不会消亡的规律。这个不易的规律，老子称之为"道"，佛家称之为"心"，儒家的阳明先生也称之为"心"，也就是本源常道，它是如如不动的，不生不灭、不垢不净、不增不减，不以尧存，不以桀亡。

经典物理学中有一个质量守恒定律，认为物质的总量是不变的。后来爱因斯坦又提出了质能守恒定律，认为物质和能量不但可以相互转化，而且物质和能量的总和在转化前后是守恒的。在《易经》看来，物质为阴，能量为阳，物质和能量之间的转化仍然是阴阳之间的互相转化。质能守恒与质量守恒一样，都是对本源不易的体现，是现象层面的守恒。除了可见的物质和能量，宇宙中还有暗物质和暗能量，或者说除了我们可见的这个太极世界之外，还有更加广袤的世界，它们的本源在宇宙时空中是不易的。

《易经》诞生已经数千年了，它成为"群经之首"并不是偶然的。今天，我们不能因为它古老，就认为它应该被抛弃。《易经》所蕴含的上述三项基本原则，完全可以应用于今天大量存在于社会组织形态之中的各种规模不同、形态各异的企业管理领域。简单才是管理的最高境界，企业经营管理的基本方法不能烦琐，应该是简便易行的。所谓"大道至简，悟在天成"，遵守的是"简易原则"；处于不同社会环境、不同行业、不同所有制性质的企业，不能拘泥于一些企业经营管理的常规性做法，而应该是灵活多变的，就如岳飞所说的"阵而后战，兵法之常，运用之妙，存乎一心"，它遵守的是"变易原则"；不管是什么样的企业，它的根本宗旨是创造价值，履行社会责任，所谓"纵横不出方圆，万变不离其宗"，它遵守的是"不易原则"。

中国人作为"龙的传人"，传承的是中国传统文化。时代变了，环境变了，但民族的血脉没有变，流淌在血脉中的智慧没有丢。现代社会创造财富的主要组织形态是企业，它属于中国传统文化之外的"外来文化"的范畴。学习外来文化，不能抛弃传统文化。守正出奇、兼收并蓄、有容乃大才是正理。要使企业发挥更高的效率和效能，就需要研究现代企业的管理方法。

中国文化与外国文化、传统方法与现代方法、治国理政与企业管理相结合的途径和内容，就是把中国传统中以归纳为主的思想方式与西方工业革命以来以演绎为主的思想方式结合起来，在企业管理中充分运用定性与定量两种评价事物的方法，从而有效地解决企业管理中面临的各种实际问题，也就是说，要加强并提升企业的组织执行力。要达到这一目的，就需要结合实际问题，将《易经》的上述三项基本原则辩证理

前　言

解、灵活运用，也就是把中国传统文化的精髓与现代企业管理的实证研究方法相结合，最终找到解决问题的切实办法。

以核电安全文化为例，它与中国传统文化之间的关系，是相容互补的？还是势不两立的？在推动以核安全为内禀特征的核电企业文化建设过程中，需要对中国传统文化与核安全文化进行对比思考，其结果如下。

（1）中国传统文化的优秀部分与核安全文化的精髓是一致的，核安全文化是全人类智慧的结晶，也包括中华文化的优秀成分。

（2）要在中国推动核安全文化建设，必须把外部先进理念充分本土化，用老百姓喜闻乐见的中国的形式，借助中华文化的特点来推动。

（3）核安全文化建设的重点在基层，要总结出基层的、班组的经验。

两种文化的对比，可以简单地用一张表格予以描述，如表1所示。

表1　中国传统文化与核安全文化对比

核安全文化要求	中国传统文化口号
团队精神	众人一条心，黄土变成金 三个臭皮匠，赛过诸葛亮 一个篱笆三个桩，一个好汉三个帮
明确的责任与授权	名不正，则言不顺 不在其位，不谋其政 家有千口，主事一人
良好的专业技能	工欲善其事，必先利其器 艺高人胆大，难者不会，会者不难 台上一分钟，台下十年功 没有金刚钻，别揽瓷器活

续表

核安全文化要求	中国传统文化口号
成功的经验反馈	三人行，必有我师 吃一堑，长一智 人非圣贤，孰能无过，过而能改，善莫大焉 人皆可为尧舜 前车之辙，后车之鉴
良好的工作准备	凡事预则立，不预则废 有备无患 知己知彼，百战不殆 不打无准备之仗，不打无把握之仗
明星自检（STAR）	三思而后行 君子慎独
严谨的工作作风	没有规矩，不成方圆 诸葛一生唯谨慎，吕端大事不糊涂
质疑的工作态度	防微杜渐，见微知著 学而不思则罔，思而不学则殆 别学小和尚念经，有口无心
不放过任何一点哪怕是微小的改进安全的机会	勿以善小而不为，勿以恶小而为之 千里之堤，溃于蚁穴 小洞不补，大洞吃苦
要善于学习	世上无难事，只怕有心人 敏而好学，不耻下问 拳不离手，曲不离口 师父领进门，修行在个人

如何看待中国传统文化在推动现代企业管理进步过程中的影响，要采用"两分法"，就是既有积极因素，也有消极因素。因此，在企业管理的实践中，除了做进一步的理论思考，充分考虑核安全文化建设中的若干因素之外，还要考虑社会管理方面的民族文化特征、民族传统文化的影响、中华人民共和国成立以来我国工业建设管理的成功经验，以及本单位的现实环境与管理特征。最终，还是要靠勤勤恳恳、踏踏实实的管理实践来解决所碰到的各种问题。

前　言

　　唐宋八大家之一的苏洵在《辨奸论》的开篇写道："事有必至，理有固然。"我一直持有这样的观点：正确的战略，可以弥补一些战术的失误；而正确的战术，则不可能纠正错误的战略。企业管理中，涉及两个重大的课题：一是做正确的事，二是正确地做事。这两者之间，其实也没有什么不可逾越的鸿沟，无非是战略与战术之间的区别与联系的老生常谈。战略的重要性，怎么强调都不过分，因为它关系到方向性、全局性、长远性的生死命脉。这只是事情的一个方面，另一个方面就是，如果没有正确的战术，或者不能正确地做事，即使再好的战略，也只能是空中楼阁，不能落地。本书的核心，就是探求如何正确做事的方法论和操作技巧。

　　德国诗人歌德说："理论是灰色的，而生活之树常青。"这种说法，丝毫也不会降低理论的重要作用。本书体现了三种导向性思维。一是需求导向。无论是我本人的管理实践，还是社会上对中国传统文化与现实相结合的期望，特别是从文化的角度分析研究中国现代企业管理思想与实践，都是一种现实的需求。二是问题导向。我们今天碰到的现实问题，古人也碰到了，只是表现形式不同而已，这就需要进一步的研究和借鉴。三是价值导向。从传统文化的"古为今用"为出发点，看待和分析中国企业管理的思想与实践，归纳提炼出带有一般规律性的管理思想，是一种思维方式的创新，有可能带来一些独特的价值增值。

　　治国没有偏方，管理没有捷径。在历史的长河中，每个人的生命都是短暂的。企业家的生涯超不过企业的生命；企业创造的物质财富的生命活不过企业创造的精神财富的生命；而企业的生命，更是活不过文字的生命。财富终将湮灭，唯有文字永存，正如唐初诗人宋之问所说的

"自古皆死，不朽者文"，这就是思想的力量。我在企业的管理实践中，逐渐形成了一种指导思想：管理者要善于"把思想变成文字，把经验变成知识，把实践升华为理论"。本书是对大亚湾和阳江两个核电站员工的工作与生活的真实描述，我的工作就是把这些鲜活的经历，通过自己的思考，归纳整理成文字，就是"把思想变成文字"；本书不是一本专门讲管理理论的书，而是对日常企业管理中面临的各种问题进行探讨与求解，就是"把经验变成知识"；通过进一步的归纳与演绎，努力将实践经验在形式上体系化，进而使其具有方法论意义的普遍性价值，也就是"把实践升华为理论"。

我曾经担任大亚湾核电站和阳江核电站这两个曾是我国装机容量最大的核电站的主要负责人，不仅为企业管理实践中碰到的一些具体问题提供了研究和解决的方法论，而且在许多重大项目中还是主要的组织者和"操盘手"，因此，对于本书中涉及的许多事例和话题，我都有着切身的正、反两方面的强烈感受。换句话说，我对本书中所论述的一些重要话题，不仅亲身调查，而且还亲手操作，因此，还是比较有发言权的。我在本书中试图说明，如果能够灵活地运用本书介绍的"三环"管理方法，可以有效地解决国有企业，特别是生产制造型企业面临的绝大多数日常管理问题，这个论断还是有根据的，也正是我在本书书名《中国企业的"三环"管理》中冠以"中国"两个字的底气和信心所在。

在大亚湾核电站和阳江核电站工作期间，每年的新员工欢迎大会上，我都要向他们宣传我的核心管理理念。我的业绩观是"安全是第一业绩"，这是把"安全第一，质量第一"的思想方法转换为具体的行动表现；我的责任观是"人人都是最后一道屏障"，责任只有有无，而没

前　言

有大小；我对企业管理者的要求是"聚精会神抓质量，一心一意保安全"；我的价值观是"尊重科学，尊重劳动，追求真理，服从真理"；我对核电企业本质特征的认知是"三安"（3A）——安全、安详、安静，安全是第一业绩，安详指企业要像一个大家庭那样充满祥和之气，安静指企业永远要保持低调，核电企业的员工不是舞台中央聚光灯下的主角，而是为这盏聚光灯提供能量的幕后英雄，这就要求我们不要有出人头地的"明星"思想，而是永远要保持谦虚谨慎的态度和精神，这种谦虚要通过言行表现出来，就是严于律己、宽以待人；我对员工基本精神特质的要求和期望是"三大"（3D）——大气、大度、大方，这"三大"也是我对自己女儿的要求和期望。

我在本书中多次表达这样的理念：经验是肤浅的，教训才是深刻的。本书中引用了许多值得褒奖的案例，算是正面的经验，有时不免显得肤浅；书中也涉及少量需要反思的案例，算是负面的教训，可能对读者的启发更大，促使人们进行更深刻的思考。在企业管理实践中，一定是积极、正面的案例和消极、负面的案例并存，无非是前者可以冠冕堂皇地公开讲，后者则常常是"犹抱琵琶半遮面"，羞答答地不肯说，人们只好在背地里议论，最后传得面目全非。只有对正、反两方面的案例都进行分析，才能反映企业的真实情况，读者才会觉得书中的内容是真的而不是假的。我曾经根据集团的安排，去过一些高校向毕业生做企业宣传，总是说这样一句话："社会上有什么问题，在我们企业里都存在着，只是形式与程度不同而已。如果你们听了我的宣讲，就认为我们是中国最好的企业，我劝你们千万不要信，更不要来，因为它不是，事实上也不可能是。"据集团有关人士向我反馈，凡是我去做宣讲的高校，当年度有意愿选择我们企业的毕业生人数是最多的。这个事实说明，人们都爱听真话，而不愿意听假话。

我在正面的案例中提及的同事，他们受到了表扬，当然不会对我有意见，顶多对我表达一点谦虚，认为自己没有那么好。那些在负面案例中出现的人物，他们自己知道书中的相关内容就是说的"阁下"本人。我希望他们不必恼怒，而是应该心平气和地进行回顾与反思。我这样说、这样做的底气所在，就是平生信奉并践行唐宋八大家之一的欧阳修的一副对联："书有未曾经我读，事无不可对人言。"

撰写本书的过程，是一个独立思考和判断的过程。在这个过程中，我虽然阅读和参考了很多位作者的著作，但本书没有给出参考文献的名录。这倒不是说我故意掠人之美，甚至是试图抄袭，而是除了书中的正文给出引用中国传统典籍的出处外，确实没有直接引用任何其他文献。这个事实表明，本书是作者把所有读过的资料"引进、消化、吸收"之后，转换成自己的语言进行表达了，虽然也谈不上有多少创新，但总归是"用我口，表我心"，而且把我认为合理的管理思想都运用到我的管理实践中了。假如哪位细心的读者发现本书的哪个观点、哪句话是他（她）说过的，请直接给我指出来。如果真有这种事情发生，那就正好证明，任何一个人都不可能同时是如此之多领域的专家，本书不是只有我一个作者，而是由无数作者共同完成的。我在此预致对这些未署名同人的感激之情。

许多同事都为本书的内容做出了实质性的贡献，他们是参与撰写和编辑《信念承载使命》、《安全源于责任》、《责任铸就辉煌》和《思想引领行动》这4本未公开出版的内部书籍的作者和编辑。由于参与这

前　言

项工作的同事实在是太多了，我在这里仅列出其中主要的几位（以姓氏笔画为序）：王金众、邝鲜辉、吕厚鑫、朱洁、齐迎春、孙涛、何红升、佘锋、陈祖书、胡敬鹏、姚秋爽、贾江利、徐光明、徐咏梅、高歌、曹双、董华波和潘军，周芃将原书中的全部图形重新绘制，唐刚强审阅全书并提出了一些有益的建议。我在此向他们表示衷心的感谢。

我在学术专著《能源资本论》（中信出版社2019年9月版）最后一章"能源资本的哲学思辨"的结尾部分曾经写道："我们认真思考过，尽我们的能力所及而努力过。我们尊重自己提出的命题、自己现阶段的认识和判断，就是尊重自己的思考和辛劳。"事实上，《能源资本论》加上前文提到的《中国传统文化中的治理智慧》，连同本书在内，成为我迄今为止比较重要的学术思想"三部曲"，我在撰写过程中的思想、行为和感受都是连贯的、一致的。德国哲学家、思想家和诗人尼采的话是有意义的："所谓高贵的灵魂，即对自己怀有敬畏之心。"我也十分推崇马克思在其巨著《资本论》第一卷序言中的那句话："任何的科学批评的意见我都是欢迎的。"我既静待、更敬待心目中的上帝——读者的阅读和评判，因为只有读者的阅读，才是对我的劳动的最大奖赏；也只有读者的评判，才是我继续努力的强大动力。我将以感恩之心，欢迎读者朋友对本书提出的任何意见。

谨为前言。

殷　雄
2024年3月17日于深圳星河丹堤至乐斋

目　录

绪论　"三环"管理的方法论概述　1
第一节　管理研究的基本特征　4
第二节　管理变量的操作化定义　6

第一章　思路决定出路　11
第一节　工作思路　13
第二节　指导原则　42
第三节　"五器"模型　63

第二章　责任心建设　77
第一节　认同目标　82
第二节　遵章守纪　93
第三节　精力投入　112
第四节　工作激情　119
第五节　合作意识　128
第六节　助人精神　136
第七节　担当责任　144

第三章　执行力建设　155
第一节　组织学习　164

第二节　组织结构　180
第三节　企业价值　188
第四节　绩效管理　204
第五节　市场营销　224
第六节　人际关系　228

第四章　队伍建设　235

第一节　队伍建设总体目标　239
第二节　队伍建设五种意识　252
第三节　队伍建设良性循环　261
第四节　干部任期考核　267
第五节　廉洁从业建设　278
第六节　企业文化建设　285

第五章　管理思辨　297

第一节　企业管理中的技术民主　299
第二节　倡导科学的质疑精神　318
第三节　善解人意的人文因素　325
第四节　"补台而不拆台"是领导班子建设的正途　334
第五节　"圈子文化"是领导班子建设的大敌　346
第六节　思想政治工作必须从"小事"抓起　350
第七节　青年员工的素质模型　353
第八节　企业文化是怎样炼成的　359
第九节　企业廉洁文化建设　366
第十节　企业文化与员工行为　375
第十一节　企业经营的五项"黄金定律"　382
第十二节　王熙凤"管理八法"　388

绪论
"三环"管理的方法论概述

中国历来有事功与学术的区别，两者虽然有其相互关联的一面，也有其各自独立的一面。当年王安石进行改革时，司马光与其观点不同，因此自行隐退而著《资治通鉴》。这部流传后世的光辉著作，历时19载完成，"鉴于往事，有资于治道"。从本质上讲，事功与学术并无矛盾，而是相辅相成的关系。比如，现代企业的管理工作，是直接创造价值的行为，将其归结于事功，没有任何疑问。与此同时，企业是一个庞大的社会经济组织，做好管理工作，又离不开企业管理者对所碰到的问题进行专门的研究，进而有可能提出具有创新价值的思想观点或理论体系，这又是典型的学术行为。因此，现代企业的管理工作，是中国传统文化中的"事功"与"学术"的有机结合，缺了任何一个侧面，另一个侧面就不可能独立存在，这就是一体两面的"硬币"效应。

在企业管理实践中，为了解决某些具体问题，管理者常常会陷入两难的境地，找不到解决这些问题的有效办法。管理者有时可以做出好的决策并顺利解决问题，但有时也会做出不佳的决策，而使问题持续存在，甚至可能在决策时犯下大错，使组织面临困境。决策的优劣与研究过程是息息相关的。管理者可以试着问问自己：

① 是否能抓住问题的核心？
② 是否知道该做哪些调查？
③ 是否知道该收集何种信息，以及如何收集？
④ 是否知道该如何运用这些信息，以获得适当结论并做出正确的决策？
⑤ 是否知道如何运用研究成果来解决问题？

如果上述问题的答案都是肯定的，就说明管理者在决策时采用了正确的分析步骤去找出问题的答案，这个过程就是管理研究。简单地说，管理研究是在仔细调查和分析各种情境因素后，找出解决管理问题答案的过程。管理者在工作中遇到问题，通过某种有组织的、系统的、以资料为基础的、批判的、客观的和科学的方式，调查某个特定的管理问题，以找出可以解决问题的方案的过程，就叫作管理研究。

―

第一节 管理研究的基本特征

管理者遇到的问题有时可能很简单，某个人凭经验就可以解决；有时可能较为复杂，需要通过较长时间的调查研究来探讨问题产生的原因；有时可能非常复杂，这就可能需要向专业的外部研究人员寻求帮助。在特定的情境下，进行分析与决策的管理者和依照科学方法进行研究的研究者，两者的差异在于，研究者能对问题进行系统性的调查，并根据其收集的资料，描述、解释或预测现象，因此比仅凭常识或经验来进行分析的管理者更能触及问题的核心。通过管理研究找到解决问题的办法，这个过程必须是科学的。科学研究的主要特点如下。

（1）目的性：当管理者或研究者开始进行研究时，都要有一个明确的目标或目的，就是要解决某一个特定的问题。

（2）严格性：某项研究应包含一定的理论基础和良好的方法，以使研究者能在最小偏差的情况下，从适当的样本中得到正确的信息，并对所收集的资料适当地加以分析。

（3）可验证性：科学研究将有助于检验经过逻辑推理后所形成的假设，以检验资料是否支持研究所得出的推论或假设。

（4）可重复性：假设将不仅仅是偶然地被支持，而是在不同的组织内以相同的方法进行研究所得出的结论被复制的程度较高，这些结论反映了研究对象总体的真实状态。

（5）客观性：通过对实际资料的正确推导而非个人主观的或情绪性的判断而得到的结论，就是客观的。对资料的解释越客观，研究也就越科学。因此，在研究初期，管理者与研究者应有一致的价值观，对资料的解释也必须剔除个人的主观与偏见。

（6）共性：对于一个组织情境的研究发现，可以应用到其他组织的程度。通过研究所得到的解决方法可应用的范围越大，这个研究对使用者而言就越有帮助。研究的共性越高，研究用途与价值也就越大。

（7）简练性：能简单解释所发生的现象或问题并找出答案。这通常比考虑太多因素的复杂研究框架要好，而且太多无法管理的变量还会完全超出管理者的控制范围。

（8）信度与效度：信度是指一个指标可信赖的程度，可信的指标在每次测量相同事物时应该能够得到趋同的结果；效度是指测量能否正确地反映所研究概念的意义。信度与效度是科学测量的核心指标，在研究中所追求的信度和效度越高，调查就越科学，结论也就越有用。

为了满足上述八个科学研究的共性要求，在管理学的研究工作中有一套科学的资料收集、分析和检验的方法，有兴趣的读者，可以参阅笔者的《企业执行力》（新华出版社 2015 年 11 月版）一书，本书限于篇幅，不予赘述。对于一个实际运行的企业来说，最好采取实证研究的方法，就是基于观察和试验取得的大量事实、数据，利用统计推断的理论和技术，并经过严格的经验检验，而且引进数量模型，对社会现象进行定量分析的一种方法，其目的在于揭示各种社会现象的本质联系。

第二节 管理变量的操作化定义

研究和解决问题的核心，就是要分析变量（因变量和自变量）之间的相关性。研究者的目的在于理解及描述因变量，并解释或预测其变化。通过对因变量分析（如找出哪些自变量会影响它），也许就能找到问题的答案或解决方法。因此，管理者或研究者应将重点放在因变量的量化与测量，以及会影响到因变量的自变量上。自变量是指以正向或负向方式影响因变量的因素。因变量是因为自变量的变化而产生的相应变化或结果，因此自变量和因变量是相互依存的，没有自变量就无所谓因变量，没有因变量也就无所谓自变量。

在企业管理的实践中，要想找到因变量与自变量之间的相关性，首要的工作就是要能够对变量进行测量。某些事物的测量因为有适合的工具，如物体的长度、重量、温度等，所以会比较容易。但是，当我们想知道有关人们的主观感受、态度及感觉等时，测量就变得较为困难，而这正是组织行为与管理研究中重要的内容，也是让管理相关性研究变得更为复杂的原因之一。因此，在科学研究中，测量的地位至关重要。许多管理研究成果只有在找到核心变量并发展出测量工具后，才具有可操作性。

在一般性的管理研究中，至少有两种变量：一种是具有客观性且能够精确测量的变量，如绩效增长率、市场占有率等；另一种是由于具有主观性而无法精确测量的变量，如人们的各类动机、工作投入程度、满意度等观念。尽管第二类变量缺少绝对客观的尺度，但还是有办法对主观感觉与个人感觉给予明确的定义，将观念具体化，以便对可观察的行为及特质进行测量。换句话说，这类变量即使不是物理可测的，也是心理可测的。例如，口渴是一个很抽象的概念，我们无法"看到"一个人的口渴程度，然而，我们却可以预期一个口渴的人会喝大量的流质液体。因此，我们可以通过测量口渴的人喝多少液体来得知他的口渴程度。

降低概念的抽象程度，用客观的方法加以测量，便是对概念进行所谓的"操作化定义"，从而使其成为实际可观察的行为或特质，即针对抽象的概念开发出具体可测量的指标，使其他人也可以进行相同的测量，这就是 CDE 模型（见图 1）。为了降低概念（Concept）的抽象程度，将其拆解成能够反映这个概念的若干个基本属性的维度（Dimension），然后，进一步将仍然具有某种抽象程度的维度转换成一组可观察和可测量的要素（Element），进而形成一套对这个概念进行测量的指标。

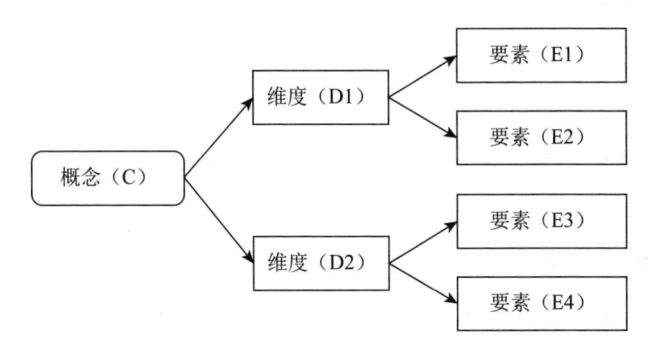

图 1　概念的操作化定义（CDE 模型）

由于我们无法开发出一个"全能"的测量工具，因此要通过操作化定义来测量一些关于人们主观态度、感觉及感知的变量。实践证明，这种方法是可行的，它便是 CDE 分析模型。为了加深人们对 CDE 分析方法的理解，我们以大家耳熟能详的概念——"学习"为例，通过降低其抽象程度的方式，对其进行操作化定义，也就是将其拆解成可观察或可测量的行为。

首先，把"学习"这个抽象概念拆解成几个抽象程度较低的维度。

一般来说，当学生能够理解老师在课堂上所讲的内容，而且也能够记住他所理解（或懂得）的内容，并能将他所懂得及所记住的内容加以应用时，我们就可以认为学生在课堂上学到了东西。因此，"理解"、"记忆"和"应用"这三个词就可以作为描述"学习"这个概念的维度。

其次，把抽象程度仍然较高的维度拆解成可以测量的要素。

即使理解、记忆、应用这些词语能够帮助我们进一步了解学习的概念，但其抽象程度仍然较高。因此，要测量"学习"这个概念，必须将这些维度再拆解成可测量的要素。例如，老师要求学生解释并举例说明刚刚所讲授的内容，以评估学生是否已经理解。如果学生的答案正确，那么老师便可确定学生对所学习的内容已经懂了。也就是说，"正确地回答问题"和"举出适当的范例"这两个行为就可以说明学生已经理解了所学内容，而这两个行为是可以"看到"即可以测量的，因此这两个行为就是"理解"这个维度的要素。然后，老师再利用各种考试来评估学生是否能将课堂所学概念应用到新的问题情境中，以测量他们应用所学内容的程度。如果学生能应用所学内容来解决问题，那么老师就可确定学生确实达到了学习的目标。因此，"在一段时间后回忆教材"这个行为，就可以成为"记忆"这个维度的要素；"解决实际问题"与"整合其他相关教材"这两个行为，就可以成为"应用"这个维度的要素。这样，通过测量5个具体的要素，就可以达到测量"学习"这个抽象概念的目的。

如果把"学习"所拆解成的"维度"和"要素"的具体内容，根据相互关联性的紧密程度画出一张图，就会发现它是由三个从内到外辐射的圆环所组成的，就像一块石头扔进水里所形成的一圈一圈的涟漪，它的物理意义是，通过由里向外的波动传递由石头与水的撞击所散发出来的能量。这就是关于"学习"这个抽象概念的"三环"模型

（见图2）。正是基于这种层层递进的思想逻辑，因此笔者将其概括为企业的"三环"管理方法。

图2 学习的"三环"模型

需要指出的是，对一个抽象的概念进行操作化定义时，仍有可能因为无法确认或无法概念化而将重要的维度或要素排除在外，也有可能将一些不相关的特性误认为是高度相关的，这正是管理研究无法做到百分之百精确的原因。

总而言之，操作化定义可以降低概念的抽象程度，将概念拆解成维度和要素，并利用这些与概念相对应的行为让我们能够测量变量。表现在管理实践中，就是可以把一些管理理念通过具体的行为予以落实。无数的事实证明，这是管理研究中的一个比较可行和有效的工具，所有的管理者都应该掌握这个方法，并在管理实践中有意识地加以利用，这必将有效地提高管理水平，进而促进整个企业管理绩效的提升。

第一章
思路决定出路

明代万历年间的进士俞琬纶，在给朋友写信时谈及如何写作时说："凡不得意文，皆思路不开时所作。"鲁迅先生在《热风》中说："科学能教人道理明白，能教人思路清楚，不许鬼混。"这里所说的"思路"，是指"思考的条理脉络"，可以理解为人们在面对某个问题时，经过思维活动所形成的解决问题的顺序和框架。换句话说，思路代表了人们对于某事的各种可能性及其相互关系的清晰理解。

企业管理，尤其是达到一定规模的企业的日常运营管理，真可以说是千头万绪。越是这样，越不能眉毛胡子一把抓，而是要"抓住一条主线，拎出一张网络"，使企业的各项工作没有漏项、没有弱项，达到主次分明、协同有效、整体推进。这就需要管理层，尤其是公司领导班子首先厘清工作思路，找到打开工作局面的"钥匙"，在此基础上，才能制订各项工作计划。假如没有明晰而正确的思路，企业就找不到能够引导其向前发展的管理路径，也就是没有出路。

第一节　工作思路

根据本书绪论中所介绍的 CDE 模型分析方法，我们可以把"工作思路"这个比较抽象的概念进行操作化定义，将其拆解成抽象程度大幅下降的思想作风、决策层次、管理程序、工作配合、事件处理和经验反馈 6 个维度，然后再将每个维度分别拆解成抽象程度进一步下降、可以测量的要素，最后形成一个关于工作思路的6维度"三环"模型（见图1-1）。

图 1-1　工作思路的"三环"模型

一、思想作风

老子的《道德经》中说："治大国，若烹小鲜。"西汉初年，传授《诗经》的学者毛亨、毛苌对此做了解释："烹鱼烦则碎，治民烦则散，知烹鱼则知治民。"这里的"碎"和"散"，都是"烦"的结果。简单地理解，就是烧鱼也好，治国也罢，都不能来来回回地瞎折腾。而折腾或不折腾，就是一种思想作风的体现。

作风，是指在思想、工作和生活等方面表现出来的比较稳定的态度或行为风格。其他方面的作风，无不受思想作风的影响。企业管理是一个系统工程，它的复杂与烦琐程度，与企业的规模和发展阶段直接相关，它的经营结果，直接受到企业经营者的思想作风的影响，好的作风，就有好的结果，坏的作风，就有坏的结果。对于国有企业而言，思想作风建设中最重要的是教育广大干部员工始终保持谦虚的态度和谦虚的精神。

（一）谦虚的态度

中国传统典籍中，论述"谦虚"一词的有很多。汉郑玄注《诗经·小雅·角弓》"莫肯下遗"时说："今王不以善政启小人之心，则无肯谦虚以礼相卑下，先人后己，用此居处，敛其骄慢之过者。"晋代术士葛洪说："劳谦虚己，则附之者众；骄慢倨傲，则去之者多。"唐宋八大家之一的苏辙说："上以谦虚为贤，下以傲诞为高。"这些说法的意思都是一样的，作为执政者或管理者，谦虚就能得到别人的拥护，骄傲则使自己孤立无援。

谦虚，有三层含义：一是指虚心，不夸大自己的能力或价值；二是没有虚夸或自负，不鲁莽或不一意孤行；三是当一个人有信心做出决定或采取行动之前，能够主动向他人请教或征求意见。

我有一次去现场参加一个活动，有一位年轻员工对我说："我们现在的能力已经超过了某核电站。"对于年轻员工，我一般以表扬为主，这时候当着那么多人，更不便对他进行说教，只是笑着问他："你去过某核电站吗？"他说没有，我又笑了笑，建议他"有机会可以去某核电站看一看、学一学"。另外一次，另一位年轻员工对我说："我们现在已经把法国电力集团（EDF）的70%以上的技能学到了。"这位员工比上次那位表现得"谦虚"一些，还没有说我们已经"超过"法国同行。我也是笑着问他："你去过法国的核电站吗？"他说没有，我还是那句话："有机会可以去法国的核电站看一看、学一学。"

在生产现场，我虽然出于爱护和鼓励年轻员工的考虑，没有当面指出或者批评他们的思想意识，但作为公司领导，感觉到队伍中缺乏应有的谦虚态度和作风，这是一个很严重的问题，因此不能无动于衷。我采取的管理办法，就是在正式的会议上，通过具体的事例，对这类员工的顶头上司，即公司的中层干部进行警示。在一次总经理部月度例会上，我向与会者展示了原国防科工委系统二司发布的全国各个核电机组的季度运行业绩指标图，问大家，根据这些指标，我们比兄弟核电站的业绩是好一些还是差一些？好，哪些指标好？差，哪些指标差？不论好和差，原因是什么？该怎么办？

我讲完后，会场足足静默了几十秒，包括作为会议主持者的总经理，大家谁也不说话。当时的氛围给我的感觉是，我们的同事确实受到了思想上的震撼，不再想当然地认为，大亚湾核电站的几台机组的运营业绩是最好的，而是要突破井底之蛙的思维阻隔，多看看兄弟单位的长处，再思考如何向人家看齐。我想提示大家"见贤思齐焉，见不贤而内自省也"的目的达到了，当然也就不需要再多说什么了。

不谦虚和骄傲自满，肯定是不好的。但是，一个人该有的自信和风骨还是需要的。关于这一点，邓小平曾经讲过一段很有价值的话："'骄傲'两个字我有点怀疑。凡是有点干劲的，有点能力的，他总是相信自己，是有点主见的人。越有主见的人，越有自信。这个并不坏。真是有点骄傲，如果放到适当岗位，他自己就会谦虚起来，要不然他就混不下去。"我本人很赞成邓小平这段话所表达的意思，即不能动不动就用"骄傲"两个字打倒一个有真才实学的人，而对于后者自身，唯一能够反击别人攻击他骄傲的，就是要努力做到名副其实，也就是争取做得更好，真正有点"骄傲"的资本。话说回来了，如果真的有了这样的"资本"，反而不会"骄傲"了。

（二）谦虚的精神

谦虚的态度固然重要，但谦虚的精神更加重要。前者是一种表现形式，有时候嘴上说些谦虚的话，实际上还是我行我素；后者则是骨子里的"基因",有时候会反驳别人的意见,但往往能够对照自己的行为,并做出修正。

谦虚的精神,反映到个人的行为上,就是要行事谨慎,不可妄自尊大。有一次,一台核电机组在满功率运行中发生了一次反应堆自动停堆事件,经过10天的紧张抢修后重新送电。事后分析发现,某一个参数的实测值与出厂值相比,偏差将近20%。这类错误,业内人士称为"定值偏差"。工作负责人在现场操作过程中,不知道这个参数的标准范围,属于知识缺陷;在自己不知道的情况下,没有向其他人员请教或查阅资料,属于缺乏谦虚的精神和谨慎的作风。就其实质,知识缺陷也是由于缺乏谦虚的精神导致的。这两者的叠加,成为导致停堆事件的根本原因。

二、决策层次

决策,是为了实现特定的目标,根据客观的可能性,在占有一定信息和经验的基础上,借助一定的工具、技巧和方法,对影响目标实现的诸多因素进行分析、计算和判断选优后,对未来行动做出决定。

决策是人们思维过程与意志行动过程相互结合的产物,没有这两种心理过程的参与,无论何人也是做不出决策的。因此,决策既是决策者的一个心理活动过程,也是一个具备可操作性的行动方案。

《韩非子·孤愤》中说:"智者决策于愚人,贤士程行于不肖,则贤智之士羞而人主之论悖矣。"这段话说明,决策是分层次的,愚蠢的决策者会做出错误的决策,最后的结果一定是不好的,结果导致决策者、执行者都处于尴尬的境地。

企业经营管理过程中,会碰到许多类型的决策,其中最重要的是技术决策,包括三个方面:决策者所要达到一定的目标;决策者可以选择的行动方案；采取这些行动后可能产生的效果。沿着这一思维逻辑，我总结出技术决策所应遵循的五项基本指导原则。

问题要重视。 技术决策的基础是事实，而不是原理。因此，在决策之前，一定要搞清楚问题的内容、性质和边界是什么。核电站的安全要求高，任何疏忽都会导致严重的后果。核电产业又是一个大家庭，任何一个核电站发生一点儿问题，都会受到全世界核电界的普遍关注，会出现"一损俱损"的共模效应。因此，在技术决策过程中，对于任何问题都要引起高度重视，其基本事实一定要搞清楚，不能有丝毫的含糊。

心态要放松。 技术方案的制定是一种脑力劳动，这就需要为工程技术人员创造一个轻松的环境，使他们在放松的心态之下能够对每一个技术问题提出科学、合理、有效的解决方案。要想真正使技术人员的心态放松，必须具备两个条件：一是决策者敢于对决策的后果负责，以减轻技术人员的思想压力；二是决策者在决策过程中对技术人员充分信任，以增强他们的思维动力。

思维要辩证。 导致问题的原因有很多，解决问题的办法也有很多，关键是要分析这些原因之间的内在逻辑关系，分析各种解决方案的利弊得失。解决方案的基本原则应当是"两害相权取其轻，两利相权取其重"。这是一个相对的关系，并不存在哪一种办法特别好，哪一种办法特别不好，某一种方案可能会解决一部分问题，但随之而来的可能会引起更多的问题，关键要视现阶段的主要任务和目标是什么而定。任何解决问题的方案都要有依据，特别是最好要有直接的事实依据，以前的经验只能作为参考，不能在初始条件已经发生重大改变的情况下，把原来的准则无限制地外推。

对策要有效。 任何一项决策，首先需要考虑的是价值问题，它是决策主体做出的"需要不需要""值得不值得"的判断，这种判断依赖于人们的价值理念，其影响主要表现在决策目标的确定环节。判断解决方案有效性的标准有两个：一是是否符合技术规范的要求；二是历史经验是否证明有效。只要检测的工具是适宜的、方法是合理的、以往的结果是有效的，那么就可以判定此次的解决方案就是科学的。当然，任何方案的有效性，都要以实施这种方案后所取得的实际效果来进行评判，而不能不加限制条件地予以怀疑，否则，就会陷入不可知论的泥淖中。

决策要果断。决策的实质是选择，选择的基础是标准，标准的来源是事实。因此，最终还是要根据事实（即问题的直接表现及产生这种表现的内在原因）做出决策。"五心不定，输得干干净净。"决策一旦做出，就不能再有丝毫犹豫，而是要坚决执行（允许有人保留意见），直至产生结果。假如这种结果是我们所预期的，证明决策是正确的；假如有所偏离，这就是一种经验反馈。

在企业管理中，必须根据所面临的具体问题，由合适的决策层做出合理的决策，以保持工作效果和效率最佳。这就要求我们既要避免高位决策带来的效率降低，又要防止低位决策产生的工作风险。企业管理者在决策过程中，一定要牢牢把握和处理好"责任上传"和"责任下移"这对辩证关系。

（一）责任上传

《管子·明法》中说："下情不上通，谓之塞。"一般而言，大多数企业管理者都会很容易地想到把责任下达到基层，也就是上级给下级直接做指示、下命令。但是，如果情况不明、信息不通，这种命令往往会成为"瞎指挥"。实际工作中，哪怕上级委托下级对某项事务做出决策并执行，也离不开下情上达这个重要的环节。下情上达的实质，其实就是把责任上传了。表面上看起来，上传责任者似乎是不负责任的，但在某些事情上非如此不可，否则，就变成了"过线"和"越权"。

责任上传的首要任务，就是把企业生产经营一线的基本情况逐级上传，有时甚至需要一步直达最高决策层。在核电站的日常运营过程中，与安全相关的问题是需要"责任上传"的。对于日常生产业务，与安全相关的缺陷和问题，需经过日常生产管理项目组讨论决策，形成处理决策单；与核安全相关的重要事项，需由生产线领导班子会议、电站核安全委员会讨论决策；涉及停机停堆的临停抢修，则须经总经理部成员会议批准后，由跨部门的日常生产管理项目组进行抢修。对于大修业务，日常业务均由大修指挥部、大修管理委员会统筹管理；重大维修项目，则需生产线领导班子会议和电站核安全委员会讨论决策。对于技术改造项目，日常业务由技术部经理层决策；重大技术改造先由工程技术委员会审查，如涉及核安全，须经电站核安全委员会讨论。

通过"责任上传"做到了决策层次的清晰化，保证了各项工作开展的顺畅化和工作绩效的高效化，从而最大限度地克服了"长官意志"所带来的不良影响。

（二）责任下移

"鞠躬尽瘁，死而后已"的诸葛亮，历来被人们当作承担责任的楷模，诸葛亮本人也就成为"好领导"的典型。事实上，他的这种做法，当时就有人提出意见。史载诸葛亮"自校簿书"，他的秘书杨颙觉得不合适，"为治有体，上下不可相侵"，而身为丞相却"躬自校簿书，流汗终日"，如此过度劳累是不行的。诸葛亮本人也知道自己这个毛病，但他的责任心太强了，认为"受先帝托孤之重，惟恐他人不似我尽心也"，不放心把责任交给下属。

诸葛亮的出发点是好的，在许多情况下也确实需要这样亲力亲为的领导为下属做出表率，但这样的做法是不可持续的。诸葛亮在军中责罚将士二十以上军棍的事情都要亲自处理，每顿饭吃得又少，其结果连他在两军阵前的对手司马懿都看出来了,"孔明食少事烦,其能久乎"。于是,司马懿坚守不出,最后把诸葛亮活活熬死了。

责任下移,一般而言是针对风险较低的日常事务,强调在尽可能低的层次上做决策,避免过于集中的决策过程,防止高层管理者成为工作过程的瓶颈。在某些工作项目的具体执行环节中,通过合规合理合情的责任下移,可以使上一决策层级的负责人不会越俎代庖式地插手下属的分内职责,从而把主要注意力放在自己应该承担的工作职责上面。

我有一位同事,曾经担任过两个核电基地的负责人,他说过一句很有思辨色彩的话:"下属有事不报告,这是不负责任;一有事就报告,则是更大的不负责任。"他所要表达的意思是,各个层级都要切实负起自己应该承担的责任,不要动不动就往上推。这其实就是表达了一种与"责任上传"相对应的"责任下移"的管理意识。要做到责任下移,离不开有勇于承担责任的下级管理者。当然,在很多情况下,只靠"勇于"是不够的,更重要的是要下级管理者对自己的职责有清晰的理解,知道自己在什么情况下该做什么。

有一次深夜,我去某核电机组并网发电的现场,实地观摩反应堆启动的真实操作。那天在主控制室中,乌泱乌泱一大堆人,我是公司领导,还有各部门、职能处的负责人,也有一线的项目负责人和工作人员。这么多人都挤在主控制室内,客观上对当班值集中精力做好并网前的各项工作是有负面影响的。我往常也经历过这种情境,当班值长往往出于对上级领导的尊重而不进行清场。

这一次的当班值长,我平时对他的印象是一位性格温和的人,行事算是比较低调的。出乎我的意料,当机组快走到并网流程之前的几分钟,他冷静地对现场的各位领导和同事宣布,当班值马上要进行并网操作了,为了不干扰操纵员的工作,请大家退出主控制室。当时在场的一大群人中，我的行政职务是最高的，我马上与身边的几位部门经理说，我们带头退出主控制室，为他们的并网操作留下一个安静的空间。随着我向外走出，与并网操作没有直接关系的人都顺序退出。

这件事情说明，当班值长非常清楚"责任下移"赋予他的职责是什么，并没有受到现场职务和职级比他高的人的影响，而是冷静、温和、清晰地发出清场的指令。单就这一点来说，他是一位非常合格，甚至优秀的当班值长。

不管是责任上传，还是责任下移，都涉及决策的主体。一般来说，技术决策的主体应该是某一方面的技术专家，他们根据各自专业领域的专业知识和实践经验参与决策。但是，由于技术方案的实施需要各种资源的调动与配置，而这种调动与配置权往往掌握在管理者的手中。因此，在技术决策的过程中，管理者与技术人员应该扮演不同的角色。这不是简单的内行与外行的关系，更不是领导者与被领导者的关系，而是为达到决策目标所必需的条件。能够做什么与应该做什么具有本质的区别，该不该做与怎么做也要区分清楚。一般来说，管理者决定该不该做，技术人员建议怎么做。管理者更重要的职责，是懂得不知道的事情该怎么办。管理者与技术人员都是技术决策的参与者，但最终的决策者应该是管理者，因为管理者必须承担实施技术决策及决策后果的最终责任。

决策者的决策水平对决策质量的作用是显而易见的，提高决策者的水平是提高决策质量的最直接的手段。决策者作为最后鉴别诸项方案的人，其学识水平、认识能力、分析能力、判断能力、气魄胆量、思想境界等，直接关系决策的水平。高素质（指综合素质，而不单指高学历和高知识）的人，才可能对事物做出更合乎其本质的判断。因此，提高决策者的水平，让有决策能力的人来决策，让"听得见炮声"的人来决策，这应该是技术决策中所应遵循的一条根本原则。要做到这一点，就应该从组织上和决策者自身两个方面努力。组织上应该量才使用，将那些具有决策能力的人放到决策者的位置上。人都会表现出不同方面的特长，有的善于筹划，有的善于执行，如果使用不当、用非所长，就不能发挥一个人的应有价值，反而觉得其可能不是很胜任目前的岗位职责。决策的岗位需要善于筹划的人，一定要使善谋者在其位、行其权、尽其责，进而提高决策水平、增强执行效果。

三、管理程序

程序是指事物发展的既有次序和脉络，以及方式、方法。在计算机科学中，程序是使用编程语言编写的一组指令的集合。这些指令告诉计算机，按照特定的顺序执行特定的操作，从而实现特定的功能。

程序的基本目标是将一个问题或任务分解成一系列简单而可执行的步骤，以便人或机器能够理解和执行。企业管理工作就犹如操作一台机器设备，通过各种管理程序，使各个组织机构有序发挥作用，最终完成企业生产经营的既定目标。管理企业与操作计算机的最大不同，就是构成企业的各类人员有自己的思想意识，不会自动机械地执行公司的各种指令，因此在运行过程中就会出现各种不在程序之列的行为。越是这样，越是要通过各种各样的程序来规范风险控制、规避人为失误。

"一切按程序办事"，听起来不错，但是，在客观现实中，程序是死的，人是活的。假如企业的一切工作都纳入程序之中，那么整个管理工作就没有弹性，大家都在机械式地执行程序，而不去思考，更不用负责自己的工作到底与企业最终的经营目标有何关联性，只是"铁路警察，各管一段"，到头来不会取得预期的绩效。这种现象，就是所谓的"泛程序化"，导致企业失去了应有的活力和创造性。

人们的实践行为，通常是由日常认知的简明化理念决定的。虽然人的大脑可以储存许多信息，但是，日常行动所需要的、受其左右的，只能是简单明白的几个。将繁杂变得简单，才是行之有效的管理方法。对复杂的管理流程和信息进行精心归纳、概括提炼，将其简化为明白清楚、数量较少并可以立即判断和遵循的行动，是明晰管理目标、提高管理效能的优选法则。"泛程序化"的后果之一，就是把许多简单的事情人为地复杂化，而这又是与管理简单化的最高境界格格不入的。

为了有效避免"泛程序化"，就必须处理好做"加法"与做"减法"的辩证关系。

（一）"加法"

小时候，看着妈妈在面盆里和面，有一个基本的动作：面多了加水，水多了加面。后来经历的事情多了，发现世上诸事莫不如此，均无一定之规，无非是水与面的结合物，至于多少水、多少面才合适，则全凭自己的主观感受；即使有一个客观规律，但要想发现并掌握它，也需要通过很多次的摸索和实践。我将这种带有普遍性的社会现象命名为"和面"理论。

随着企业的发展壮大，公司逐年大量招收新员工。由于队伍扩充太快，经验稀释，工作中出现了一些人因事件。于是，各部门采用"加法"，纷纷开始编写操作程序，细到如何推开"防火门"等细节，这从一定程度上避免了某些人因事件的发生。但是，矫枉过正也是一种客观规律，这种只做"加法"的做法，使现场程序逐渐出现了冗余、叠加，让原本顺畅的工作流程变得复杂，文件工作增多，出现了多头审批现象，损耗了公司宝贵的人力、物力资源。

出现这种管理程序做"加法"泛滥现象的根本原因，还是一个责任上传与责任下移不对称、不落实而导致的责任不清晰的问题。一般而言，人们认为做"加法"容易，因为表面上是一种负责任的行为，所以在很多情况下就有点冠冕堂皇的"政治正确",至于由此导致的工作效率低下的后果,则往往找不到直接"挨板子"的责任者。面对这种情况,有情怀、有作为的企业管理者,就要勇于和善于做"减法"。

(二)"减法"

"和面"理论的实质,是一个矛盾转化的过程。当事物达到一种状态,但其不能满足人们的期望时,人们就想通过人为控制的方式使之变成另外一种状态,但由于人们对矛盾转化的把握与客观规律的认识还不够,于是只能是"面"多了加"水","水"多了加"面"。"面"与"水"究竟多少为好,全凭手上的感觉。世人都想追求完美,但"完美"恰恰不美,只有缺憾才有美感。当盆里的"面"与"水"的比例达到八九不离十时,便是最好的分寸,这就是所谓的"花未全开月未圆,便是人生好境界"。

企业作为社会组织中的一个微观主体,其发展过程完全遵循"和面"理论。开始时很小,不断地加"面"、加"水",最后变成一个巨大的实体,反而不能适应现实环境了。于是,分立或破产就成为必然。然后,重新开始新一轮的新陈代谢。企业面对太多的管理程序,什么时候可以或者敢于做"减法"了,说明企业的管理能力和管理效率提高了。

我在大亚湾核电站工作期间,是管理程序做"减法"的最积极的倡导者。我是从一个偶然的文件签发过程,发现由于做"加法"导致形式主义的荒唐结果。

有一次,我看到一个部门的某份文件的原始件,发现竟然有9个人签字。我就向该部门的负责人询问,为何需要这么多签字的中间环节。他回答说,这还不是最夸张的,他们之前有一份文件有13个人签字,原因是涉及的相关部门太多。面对这种状况,我下决心进行改进,要求今后各部门的文件签发最多3个人:起草者、审核者、批准者。至于文件涉及哪些部门,都要在文件形成的中间过程征求意见,方式可以是面谈、电话、邮件或者会议。利用这些方法时,对方至少都会想一想,总会讲点意见。假如让其直接在文件流转程序上签字,其大概率是不动脑子便马上在电脑上点出去,因为一些事情与他所在的部门关系不大,将来出了什么问题,追责也追不到他的头上。

文件签发流程的改进告一段落后,我又着手公司的年度管理改进计划的修订与完善。真是不看不知道,一看吓一跳,我拿到手里的公司管理改进计划足足有五百多条。在我的认知世界里,对于整个企业来说,既然是管理改进,那么每年认真做好几项工作(不应超过个位数),而且彻底做到位,就非常了不起了。经过几年的不懈努力,整个企业的管理水平和效率一定会上一个台阶。假如一个企业的管理需要改进五百多项,说明日常管理一塌糊涂,干脆关门倒闭算了,还谈什么发展。我接手这项工作之后,本着"以霹雳手段,显菩萨心肠"的指导思想,要求各部门,把自己上报的管理改进计划砍掉70%。有些部门经理找我"诉苦",说实在是砍不动了,否则,很多工作明年无法照常进行。最后的妥协结果是砍掉了一半。实际上,各部门把日常的管理工作作为管理改进计划了,这是思想认识上的误区。

如果说文件签署和管理改进还只是皮毛的话,那么,对企业核心业务领域的管理程序做"减法",那就是动大手术了。有一年,大亚湾核电站把核电机组大修流程的优化作为试点,在随后的两年里,按照新的流程,成功实施了两台机组的短大修。随着企业资源计划(ERP)项目的上马,公司更是全面开展了流程优化行动,对公司程序体系做了较大的"减法",公司运作效率得到有效提高。

有"减法",也要有"加法"。随着大亚湾核电运营公司承担多基地的"群堆管理"工作的推开,成立了几个分公司,为适应多基地运营的新形势，各分公司根据各自的情况做了一些小"加法"，即建立可独立操作的最小程序体系。可见，公司管理程序必须根据实际情况，不断进行"加法"与"减法"之间的互动与平衡，这样才能确保企业效益与效率达到最佳状态。

四、工作配合

按照中文字形的解释，有"口"和"才"的人和一群用"耳"听的人组成的群体，称之为"团队"。企业是由公司管理层和全体员工组成的一个团队，合理利用每个成员的知识和技能协同工作，才能达到组织共同的目标。

"团队合作"是许多企业将其写入价值观的一个词汇，但要营造和谐氛围、建立和谐团队、达到团队合作的目标，则是一件非常困难的事情，需要具备或创造许多条件。其中，领导班子的以身作则和率先垂范，是最为核心的要素。我的一贯理念就是，领导班子成员之间要努力做到"对话而不对抗，交流而不交锋，讨论而不争论，补台而不拆台，妥协而不威胁"，其具体内容，我将在本书第五章中详细论述。

企业将工作配合作为培育队伍执行力的重点内容之一，鼓励各部门专业人员打破职能界限，紧密协作，共同为某一工作目标而努力。要达到最好的工作配合效果，不仅要"锦上添花"，更要"雪中送炭"，前者容易，后者困难。

（一）锦上添花

锦上添花，是指在有彩色花纹的丝织品上再绣上花朵，比喻好上加好，美上添美。宋代王安石的诗句"嘉招欲覆杯中渌，丽唱仍添锦上花"，黄庭坚的诗句"又要涪翁作颂，且图锦上添花"，表达的都是这个意思。

企业管理中的锦上添花，有两层意思：一是在原有较好业绩的基础上再上一层楼，做得更好；二是同事之间相互欣赏、鼓励，以求再接再厉，取得更大的成绩。

经过几代人30年的持续努力，大亚湾核电运营公司形成了较强的核电机组专业运营核心能力，也形成了具有核安全内禀特征的企业文化特色。在这种情况下，需要对管理经验进行总结，通过品牌塑造，将其向外界展示推广，而不能总是抱着"酒好不怕巷子深"的心态，使其"养在深闺人未识"，这就是锦上添花。

核电企业是一个讲究大团队合作的组织形态，离不开群体的合作共事。凡是取得重大业绩的项目，无一不是部门之间、同事之间、业主与合作伙伴之间团结协作的产物，有时候甚至需要国家与国家之间的合作，不是哪一个或几个"能人"靠单打独斗取得的。某个项目取得了较好的业绩，这是"锦"；合作共事的相关方相互之间大气、大度、大方的欣赏与鼓励，这是"添花"。这种锦上添花，是今后取得更好业绩的精神动力。

（二）雪中送炭

宋代诗人范成大有两句诗"不是雪中须送炭，聊装风景要诗来"，后世据此引申出成语"雪中送炭"，比喻在别人有困难时给予物质上或精神上的帮助。

《增广贤文》中说："求人须求大丈夫，济人须济急时无。渴时一滴如甘露，醉后添杯不如无。"雪中送炭反映的既是天理，更是人情。所谓"天理"，是众生平等，大家不应该有太过悬殊的苦乐不均；所谓"人情"，是天理的演化，就像孟子所说的那样，"独乐乐，不如众乐乐"。

核电站是一个复杂的系统工程，运营管理起来难免会遇到这样那样的困难甚至挫折。每一次现场碰到大的障碍，公司党委都会及时、恰当地开展思想工作，减轻相关工作人员的思想包袱，帮助他们尽快以较好的状态投入工作。在兄弟单位（合作伙伴）需要支持时，公司也是希望相关部门给予力所能及的支持。在遇到重大自然灾害时，公司员工也会伸出援手，体现"一方有难，八方支援"的集体主义情怀。这些都是雪中送炭的具体表现。

五、事件处理

面对企业在日常运作过程中发生的各类事件，管理层要根据事件的轻重缓急，运用辩证思维方法，协调好亲疏远近的各种利害关系，把握住关键的处理时机和宽严结合的尺度，巧妙化解各类矛盾，妥善做好事件处理。

处理事件所遵循的基本指导思想，不能只是"扬汤止沸"，把矛盾暂时压下去就完事大吉了；而是要"釜底抽薪"，按照科学的方法找到根本原因，实实在在地解决问题，从根本上避免或杜绝类似事件的再次发生。

（一）扬汤止沸

扬汤止沸，是把锅里沸腾着的水舀起来再倒回去，使它凉下来不沸腾，比喻办法不彻底，治标不治本，不能从根本上解决问题。关于这个自然与社会现象，我们的老祖宗在几千年前就已经认识到了。先秦时期的《文子》中就说："故扬汤止沸，沸乃益甚，知其本者，去火而已。"汉代的枚乘在《上书谏吴王》中也说："欲汤之沧，一人炊之，百人扬之，无益也；不如绝薪止火而已。"

"扬汤"式的"止沸"，只是一种应急性的措施和手段，仅仅抓住了事物的表面现象，治标不治本。在企业管理中，员工遇到的问题与困惑，如果不通过各级组织有针对性地进行思想引导，加强政策解释、疑难解答，而是强行压制，久而久之，必将积怨难消。这类事情，在任何一个企业里都大量存在，下面的员工议论纷纷，上面的领导要么充耳不闻、要么见怪不怪，总之是问题长期存在而得不到解决。究其根本原因，还是管理层对事件处理的整体思路不对头，没有断掉火的"源头"，因此不能有效止"沸"。

事件或事故的发生必有其原因，有一种原因，只要它存在，事件或早或晚总要发生，这一原因就是事件发生的根本原因。简而言之，根本原因就是"为什么没有防止事件的发生"，通俗地讲，就是"常在河边走，不得不湿鞋"。与之相对应的是直接原因，就是"是什么导致了事件的发生"。我们经常说的"没有执行程序、风险分析不够、行为不规范"等，均是行为表现，充其量是直接原因，而不是根本原因。

在对待事件或事故的问题上，凡是没有找到根本原因的所谓反馈，都是扬汤止沸，也就是表面文章和形式主义。碰到事件后，如果分析不出，或者不愿意面对事件发生的根本原因，那么这种原因分析就是不彻底、无效果的。分析根本原因，如果不涉及具体的人（包括人所处的组织），那就是没有找到根本原因，因为无法采取可以针对人的行为的管理措施，也就是说，无法对事件进行有效的处理或处置。因此，如果找不出人因，那就是没有根本原因。根据我的肤浅经验，应本着这样的原则：调查事件，对事不对人；分析原因，既对事也对人；纠正行动，主要对人，附加对事。分析原因的底线三原则：事件或事故得到完整的解释，可以采取纠正性行动（管理或技术措施），成本或其他代价不会超出允许的范围。说来说去，还是我经常说的一句老话：经验是肤浅的，教训是深刻的。在核安全领域，我们还是多谈那些令人警醒的教训，而不要对所取得的成绩沾沾自喜，这就是一种忧患意识。

（二）釜底抽薪

釜底抽薪，是把柴火从锅底抽掉，使其无法加热，比喻从根本上解决问题。这个词是前述扬汤止沸的反义词，两个词也往往一起使用，比如"与其扬汤止沸，不如釜底抽薪"。

企业管理的主要工作，就是处理事件，常常有两种办法：一种是治标，表面上把问题掩盖起来；另一种是治本，从根源上寻求解决之道。治标与治本的延伸，就是如何识别次要矛盾，抓住主要矛盾。

针对企业内部存在着的扬汤止沸式的事件处理方式，我曾经花费过大量的时间，深入基层和员工进行调研，寻找有效的应对之策。有一次，我在一份材料上看到一个丰田公司"丰田生产方式（准时化、自动化）"的创始人大野耐一的故事，受到了很大的启发。

大野耐一不是那种坐在办公室里发号施令的领导，而是经常在生产车间里转悠，在现场解决问题，就某一个问题反复追问"为什么"。有一次，他在车间里发现机器停了，于是，一连引出五个"为什么"。

①机器为什么停了？答：机器超负荷运转，保险丝断了。
②为什么会超负荷？答：因为轴承润滑不充分。
③为什么没有充分润滑？答：因为润滑油泵供油不足。
④为什么会供油不足？答：因为泵轴磨损已经晃动了。
⑤为什么磨损了？答：因为未加过滤罩，进去了粉屑。

大野耐一在现场连问五个"为什么"，每一个都更接近问题的实质，随着最后一问的出口，问题的症结所在也就一目了然了，给机器加装过滤罩就可以彻底解决问题。这不仅是一种工作方法，更是一种思维方法。我由此结合核电站管理过程中经常发生的一些人因事件，创造了一个对事件进行根本原因分析的方法——"五问法"。

在核电站现场发生人因事件后，大多数情况下都归结为"没有执行程序"，其实这只是一个现象，或者说是一个事实陈述，充其量只是一个直接原因，并没有找到事件发生的根本原因。通过"五问法"，就可以找到发生问题的根本原因。

①为什么发生人因失误？答：没有执行程序。
②为什么不执行程序？答：今天脑子不太清醒。
③为什么今天脑子不太清醒？答：昨天晚上没有睡好觉。
④为什么昨天晚上没有睡好觉？答：与妻子吵架了。
⑤为什么与妻子吵架了？答：与朋友喝酒喝多了，回家后吵架了。

好了，今天的人因失误源于昨天晚上的喝酒，这样就找到了管理上的施力点：凡是第二天有重大操作的人员，头天晚上不准喝酒。当然，也可以有其他的管理手段，比如，不准外出，必须提前回到现场，等等。

前述的例子中，"没有执行程序"导致了事件发生，这是直接原因；消除"没有执行程序"这件事发生的因素，这是根本原因。因此，我曾经给出一个关于两者的定义：直接原因，就是什么导致了事件的发生；根本原因，就是做了什么就可以防止事件的发生。通过"五问法"这种釜底抽薪式的事件处理方法，就可以找到根本原因，从而可以有效防止事件的发生。

六、经验反馈

在《辞海》中，经验被定义为"经历、体验"，意为从实践中得来的某些知识、方法或技能。有经历才有体验，没有经历自然也就没有体验。实践可以提供经历，但并不一定就是经验。经历只是取得经验的基础，只有通过实践将某些感性认识升华到理性认识，才能获得某种经验。因此，一般情况下，经验并不是通过教育和培训的途径获得的，而是通过自己的实践和体会并加以总结而得到的，甚至是用挫折或失败换来的。所谓"吃一堑，长一智"，这个"智"就是转化后的经验。在自然科学和社会科学领域里，存在着反馈这一概念，如反馈电路、反馈信息等。

管理大师德鲁克有句名言："任何企业都不能给别的企业提供成功经验。"这与管理大师邓肯说的"管理没有原理"的意思是一样的。两位大师之所以这样说，是因为企业经营既是科学，更是艺术。从认识论的角度来看，他们的说法是有道理的；但从实践论的角度来看，他们的说法又有失偏颇。要说"任何企业都不能给别的企业提供成功经验"，问题不在于经验本身的无效，而在于经验反馈的失效。这种"失效"的根本原因，就是在知识管理方面存在缺陷。

事实上，经验反馈本身就是大亚湾核电站的一条成功经验。经验反馈工作主要是针对存在的问题进行理性思考，找出根本原因并采取改进措施，再将之反馈到实践中，以防止同类事件的再次发生。经验反馈还包括对良好的工作实践的推广应用，让企业中每一个人和团队都受益，进而有效提升队伍整体能力。经验反馈是核安全文化的重要组成部分，是核电企业经营管理工作中的基本法宝之一。通过经验反馈，要做到"把思想变成文字、把经验变成知识、把实践升华为理论"。

（一）技能提升

企业追求的直接目标就是业绩，员工对企业的贡献也表现在业绩上；决定业绩的是员工的行为；员工行为反映员工所具有的知识与技能；员工获得知识与技能的条件，是其品德、性格、才干和天赋。

根据行为学理论，人是最不可靠的，因为每个人都会犯错。核电站的运行实践和大量统计数据表明，绝大部分容易发生行为失误的情境是能够预见、控制和防范的，并且个人的行为也在很大程度上受到组织、制度和管理水平的影响。员工拥有了良好的素质，并不一定就自然会拥有知识和技能，而是要经过完善和精心设计的训练才能够获得。足够的知识和技能，是决定员工行为的关键因素。知识是存储在大脑皮层不同部位的信号，包括语言、视觉、听觉、触觉的信号；知识的应用就是技能，技能是各个区域神经之间的连接。知识可以很容易消失，技能则不会。这正如一个学会了游泳和骑自行车的人，多少年过去之后，他可能早已忘记了当初教练教给他的一些知识，但他仍然可以游泳和骑自行车，这是因为他掌握的是技能，这是不会被轻易忘记的。

按照以上的认知逻辑，大亚湾核电站在实践中研究并推行了一系列防人因失误措施，积极从源头上构建员工个人良好的行为习惯，强化正确的行为规范，遏制人因失误的"苗头"。经过十几年不断的摸索、借鉴、试用、提炼和总结，最终形成了员工可以随身携带的6张"减少人因失误工具卡"（工前会、使用程序、明星自检、监护操作、三段式沟通和质疑的态度）。之所以说它们是"卡"，是因为它们的体积与我们平时使用的各种银行卡和身份证一样大，把它们装进塑料套子里，挂在脖子上，在工作中随时可以查看并自我提醒，以最大限度地减少在工作中可能发生的人因失误。这些卡片的内容，在某种程度上可以说，就是员工技能不断提升、企业管理持续改进、经营业绩长期稳定的"秘诀"。我在这里将这些"秘诀"分享给广大读者，以供各类企业，尤其是生产制造型企业参考借鉴。

第一章　思路决定出路

卡片一：工前会

正面

工前会

　　两人以上，改变设备或现场状态的作业，开工前作业负责人必须召开工前会。

第一步　审视人员知识和经验

第二步　介绍并讨论关键步骤

第三步　识别可能出错的情形

第四步　预想最坏情景和后果

第五步　评估预防措施和预案

工前会应尽可能在临近现场开工时召开

反面

工前会

常见失效症状：
- 作业相关人员没有到齐
- 会前未完成必要的准备
- 会议环境容易让人分心
- 缺少提问、讨论和互动
- 不讨论安全风险和措施
- 不讨论人因陷阱和措施
- 不讨论相关的经验反馈
- 讨论内容笼统而不具体
- 工前会后更换作业成员

卡片二：使用程序

正面

使用程序

第一步　准备程序

确保要执行的程序与任务相符

第二步　理解程序

完整准确理解程序要求与内容

第三步　执行程序

严格按照程序要求与内容执行

第四步　反馈结果

及时反馈程序执行结果及异常

反面

使用程序

常见失效症状：
- 不使用程序进行工作
- 临时修改不经过审核
- 忽视警示与注释信息
- 不按照要求逐项打钩
- 不按照要求现场记录
- 出现异常不立即停止
- 重新执行不检查条件
- 不报告或不记录异常

35

卡片三：明星自检（STAR）

正面

明星自检（STAR）

第一步　停——stop
停下来，聚焦待执行操作
第二步　想——think
就位后，预想要领和预案
第三步　做——act
确认后，执行预想的操作
第四步　查——review
操作后，确认与预期相符
不符合预期时，执行预案

反面

明星自检（STAR）

常见失效症状：
- ■没有停止急于操作
- ■一心二用精力分散
- ■没有逐字核对设备
- ■没有预想操作要领
- ■没有预想应急预案
- ■转移视线操作设备
- ■操作完成不再检查

卡片四：监护操作

正面

监护操作

确定操作者和监护者，明确监护点
第一步
操作者口述操作指令，指向设备
第二步
监护者确认所指设备，核对指令
第三步
操作者获得监护者同意后操作

一旦失误会带来严重后果的操作必须监护

反面

监护操作

常见失效症状：
- ■该监护的操作没有监护人
- ■监护者不清楚监护的要点
- ■操作者没有指向对应设备
- ■监护者未发现或制止偏差
- ■监护者未核对指向的设备
- ■未经过监护者核对就操作

卡片五：三段式沟通

正面

三段式沟通

　　完整、清晰、简要地传递信息，避免口头交流失误。
　　　　第一阶段　发送
　　发送人发出信息，要求复述
　　　　第二阶段　复核
　　接受人复述信息，要求确认
　　　　第三阶段　确认
　　发送人确认接受人复述正确，必要时提问并澄清疑点

反面

三段式沟通

　　至少下列情况必须使用三段式沟通：
- 下达设备操作指令
- 执行唱票监护操作
- 通报系统设备参数
- 接受电网调度指令
- 火险急救电话报警

一次会话可多次使用三段式沟通

卡片六：质疑的态度

正面

质疑的态度

　　使用质疑三步曲，做出正确的决定。
　　　　第一步　审核来源
　　确保采用的信息来自合格、可靠的渠道
　　　　第二步　自我验证
　　确保信息与内在经验、知识和期望相符
　　　　第三步　独立核实
　　用独立、合格的信息渠道支持和确认信息
　　任何行动前必须执行前两步，信息不一致、高风险、非预期变更时，必须继续第三步

反面

质疑的态度

- 从不同角度挑战前提和假设
- 采取行动前考虑可能的意外
- 本着建设和关心的态度质疑
- 无论对象均保持质疑的勇气
- 被质疑者保持开放接受质疑
- 疑问未澄清时停下来并求助

除了上述6张工具卡之外，还有1张卡片列出了十大人因失误陷阱。

正面	反面
减少人因失误工具 工前会 使用程序 明星自检 监护操作 三段式沟通 质疑的态度	十大人因失误陷阱 1.时间压力 2.环境干扰 3.任务繁重 4.面临新情况 5.休假后第一个工作日 6.醒来、餐后半小时 7.指令含糊或有误 8.过于自信 9.沟通不准确 10.工作压力过重

这些工具卡的推出，就是为了确保核电站的安全运行，因为核安全是核电从业人员的终生使命，只有起点，没有终点。这些工具卡最初在大亚湾核电站得到运用，取得了比较好的效果，人因失误明显减少。后来，逐步推广到中国广核集团所属其他核电基地，极大地促进了全集团核电机组运营业绩的提升。

值得指出的是，工具毕竟只是工具，必须置于具体的情境之中，根据当时的实际情况灵活运用，才能检验其使用的效果。改变人的行为是根本，一切措施都要着力于人的行为的塑造。否则，一味地模仿，生搬硬套，大概率会变成形式主义和教条主义。企业管理中的"异化"现象，就是这么发生的。

我在阳江核电基地工作期间，通过深入现场的调研，认识到安全事件的思想根源是"三种潜意识"：怕麻烦、图省事、走捷径。为此，我曾经在一次会议上提出"四个不开工"的具体措施：安全要求不明确不开工，施工器具不完备不开工，作业环境不整洁不开工，个人安全无保障不开工。员工在现场干活时应遵循"七个一"的行为规范：高空作业拽一拽，空间狭小摸一摸，黑灯瞎火照一照，过桥过路踩一踩，要求不明问一问，紧急情况停一停，事件过后想一想。

有一天早上，我去现场参加一家合作伙伴公司的一个班组的工前会。会议是在工作场所的一块空地上站着开的，班组长站在前面讲了一些原则性的要求，那些话没有一句是错的，但在我看来，也没有一句是在现场有用的。如果是业主公司的班组这么开工前会，我作为公司领导，是要批评和纠正的。但现在是合作伙伴的班组，我不是人家的顶头上司，因此需要以不同的方式处理这个问题。当会议召集人正要宣布散会时，我说我想讲几句话，可不可以？合作伙伴的一般心态是，很希望业主公司的领导来关注、关心他们的工作，有时候想"请"都"请"不来，今天我不仅主动来参会，而且主动要讲话，他们立即表示欢迎。现场的员工，有些认识我，有些还没有见过面，或者说与我还没有对上号。不管哪种情况，都表现出想听我讲话的热切。我根据在现场调研的第一手资料，讲了一些存在的问题，有些问题就是发生在这个班组里的，他们能够听出来。然后，我把上述"三种潜意识"、"四个不开工"和"七个一"的具体内容向大家做了解释。我只是临场发挥，并没有文字稿，这一点，正是现场工人们最希望的，他们最讨厌的就是领导念稿子对他们进行乏味的说教。面对我的不念稿子（也没有稿子）的做法，加之讲的是他们平时的工作场景，因此在感情上就与我产生了共鸣，现场反响极好。工前会结束后，一位打扫卫生的大姐走上前，用似乎是山东口音对我说："领导，你讲得好啊，俺都听懂了。"这位大姐的鼓励，是对我现场调研结果的最大奖赏。

20世纪50年代，刘伯承元帅说了一段话：同一部《孙子兵法》，马谡用法就是教条主义，孔明就不是。庞涓、孙膑同师鬼谷子，可是一个是教条主义，一个就不是。

电视连续剧《亮剑》里的主人公李云龙不愿意在军事学院学习，而总想着到抗美援朝战场领兵作战。院长意味深长地对他说："人不可能经历世界上所有热闹，但可以用眼睛去看，用心去感受，用胸去扩张。"核电站的建设和运行维护更是一项复杂的系统工程，需要许多人的参与和奉献，场面是很"热闹"的，但每个人都无法经历这个过程中的所有"热闹"，因此在很多时候只好"用眼睛去看，用心去感受，用胸去扩张"了。

（二）理性思考

理性，是与感性相对应的，它们是人的两种基本认知方式。感性更多地依赖于个人的直觉、感受和经验，做决定时往往跟随内心的冲动或喜好，而不是依赖逻辑和分析；理性是指人们在面对问题或决策时，会根据逻辑、分析和理智的判断来进行思考。

人类的思考，除了哲学上的高深奥妙之外，还有实用性的价值，就是通过思考来解决自身碰到的问题。人思考事情，也不要超过自己的职责和能力范畴，不要把精力浪费在自己其实并不了解，也无法施加影响的事情上，也就是"思不出位"，它蕴含着三层含义。

第一层，从忠于职责来讲，**需要本位思考**。儒家历来讲究所谓"名分"，就是"不在其位，不谋其政"。不在其位而谋其政，就会有僭越之嫌，属"违礼"之举，因此提倡安于现在所处的地位，并努力做好应当做的事情。孟子认为"位卑而言高，罪也"，即地位低下却议论朝廷大事，这是罪过。这当然是为维护封建专制独裁统治而熬制的"迷魂汤"，让老百姓安分守己，不要过问政治，因而就不会对统治者构成从思想到行为的各种威胁。

孟子同时又认为,"立乎人之本朝,而道不行,耻也",即身在朝廷做官而不能实现治世,这是耻辱。孟子这两句话表面上似乎有点矛盾,其实是统一的、辩证的。我们倡导的是"不在其位,不谋其政"的对义,即"在其位,谋其政",也就是说,每个人要专心做好自己的本职工作,这与很多人连自己的事情也做不好,却喜欢插手别人的事情的行为是相反的。

第二层,从坚守伦理来讲,需要换位思考。任何一个社会组织,都是由不同层级的岗位组成的,而各个层级的职责都是由不同的人来履行的。所谓"换位思考",就是哪怕居于较高的地位,也不欺凌地位较低的人;即使居于较低的地位,也不逢迎地位较高的人。简单地说,就是既不欺下,也不媚上,要端正自己的工作态度,做好自己分内的事情。

换位思考,还给我们提出一个相反的伦理问题,就是尊重老前辈。我曾经亲身经历过一件事情。有一次,我根据集团领导的指示,需要陪一位离休的老前辈在广东省内的几个核电基地和候选厂址进行考察,有人却说了这样的话:"他已经离休了,你根本不必陪他。"这件事情实际上提出一个如何对待中华民族尊老爱幼的传统美德的问题,绝不能认为对方已经"不在其位"了,后辈就可以怠慢了。作为正人君子,不能干这种事情。

第三层,从提升境界来讲,需要上位思考。陆游的诗句"位卑未敢忘忧国",成了后世许多忧国忧民的寒素之士用以自警自励的名言。这句诗与顾炎武的"天下兴亡,匹夫有责"的意思相近,虽然自己地位低微,但是从来没有忘记忧国忧民的责任。可以说,这句诗是对"责任"二字的透彻诠释。对于普通公民来说,虽然一生没有轰轰烈烈的壮举,但只要立足自身的岗位，多工作，多奉献，就是爱国，就是忧国，体现了"上位思考"的境界。

黑格尔说："一个民族有一些仰望星空的人，他们才有希望；一个民族只是关心脚下的事情，那是没有未来的。"仰望星空的人，历来寥若晨星。但是，这类人是国家与民族的希望，他们的"仰望星空"，就是上位思考，表现出更高层次上的"在其位，谋其政"，这就是所谓的"不谋全局者，不足以谋一域；不谋万世者，不足以谋一时"。

只有将上述"三位思考"的理念与企业的日常管理工作相结合，才会具有方法论意义的普遍性价值。"本位思考"就是在本职岗位上尽职、尽责、尽力；"换位思考"就是把自己放在相关方（他人）的位置上，设身处地去考虑问题、分析问题，从而找出解决问题的更好办法；"上位思考"的要求则更高，鼓励企业高级管理人员和专业技术人员站在更高的层次，用更宽的视野去看问题。对于核电企业来说，凡是涉及核安全的问题，一定要从公司利益、社会责任和国家形象的高度来看待和处理。通过倡导"三位思考"，在进行经验反馈时可以消除组织壁垒，促进团队紧密合作，从而找到各类事件或事故的根本原因，采取更为有效的解决办法，确保组织目标的更好实现。

第二节　指导原则

企业管理中，有一项非常重要的工作，可以说贯穿于企业的一切工作之中，它就是思想工作。这项工作主要是做人的工作，用于解决人的思想问题和认识问题，因此只能采用摆事实、讲道理、潜移默化的方式，进而达到久久为功的效果。只有真正做到尊重人、理解人、关心人、成就人，才能充分发挥我党密切联系群众的优良作风，调动起企业内部各种积极力量，为企业的健康发展贡献各自的力量。

做好思想工作，需要管理者遵循正确的指导原则。我在大亚湾核电站工作期间，通过广泛的调研活动，发动各个党支部和业务部门经过几上几下的交流与讨论，最后把"入耳、入情、入理、入心"作为衡量广大员工喜欢不喜欢、满意不满意、接受不接受的指导原则，形成了一个分析模型（见图1-2），用以指导实际工作。这个"四入"模型，既是一种工作方法，也是一种评价体系，更是一种实实在在的指导原则。

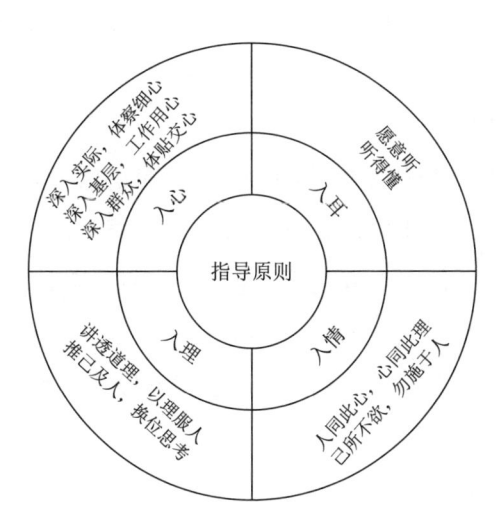

图1-2 指导原则的"三环"模型

一、入耳

晋代术士葛洪的《抱朴子·辞义》中说："夫文章之体，尤难详赏；苟以入耳为佳，适心为快。"明代思想家顾宪成为东林书院所题写的对联"风声雨声读书声声声入耳，家事国事天下事事事关心"，更是成为脍炙人口的名句。这两个典故中的"入耳"，尤为形象生动，就像一句好诗中的"诗眼"。

企业要调动广大员工的积极性,并使其融入企业文化的整体氛围之中,离不开强有力的思想工作。这项工作的主要特点,不像执行企业规章制度那样带有强制性,只能是以各种各样的宣传教育引导方式为主。要想达到目的,就像葛洪所说的一篇好文章的鉴赏标准是"入耳为佳,适心为快",首先要解决"入耳"的问题。所谓"入耳",就是要做到让员工愿意听、听得懂。

(一)愿意听

思想教育的过程,实际上是"信息对流"的过程,通过互相沟通,使双方的心理距离缩短,达到双方感情融洽、认识统一、互相启发、各得其益的教育效果。

决定员工愿意或不愿意听的首要因素,是讲话者的内容和方式。所讲内容与员工的工作和生活相关联,对方就愿意听;讲话的方式,假如总是念稿子、读文件,对方就不愿意听。因此,解决"愿意听"的问题,必须在友好和气、轻松愉快的交谈中,从双方熟悉的话题、对方爱听的话题谈起。在采写宣传稿件时,少用八股文,多用鲜活的群众语言,员工才会乐意接受。

(二)听得懂

由于员工的思想觉悟、价值观念、知识水平、认识能力及性格习惯的差异,其对形势发展变化的反应也各不相同,思想工作要取得效果,必须使用员工能够听得懂的语言。比如在进行形势教育和爱岗敬业的职业道德观教育时,思想工作者要学会运用正确的发展观,引导员工正确认识个人发展问题。同时,要与职能部门加强联系,对公司相关政策适时适当地进行解释和沟通,才能及时缓解员工的工作压力,发挥好思想工作的桥梁、纽带功能和保证、服务作用。

2008年5月12日，我在法国哥诺贝尔经济管理学院参加博士学位论文答辩。那一天，四川汶川发生了大地震。我是那天下午参加答辩的，庆祝晚宴结束后，回到房间，打开电视，法国各电视台就汶川地震做了铺天盖地的报道。总体感觉，法国各界对汶川地震灾区抱有深切的同情，这一点，从记者和主持人的表情上就可以看得出来。两天之后，各种募捐活动陆续展开。我在国外，不知道公司内部有什么具体的安排，但还是要承担起领导责任，于是遥控布置，通过短信给公司团委书记发了一首小诗：

四川地震，举世震惊。核电员工，爱国有心。
捐款捐物，表意达情。青年前驱，投身其中。
拒绝旁观，做主人翁。寄语团委，再立新功。

我所说的"再立新功"，是指那一年春节期间南方雨雪天气，团委出面组织员工捐款捐物，效果很好。这一次的地震赈灾也不能落在人后，于是就采取这种方式勉励团委和核电员工。许多同事后来向我反馈，年轻员工对我的那首打油诗表现出了极大的兴趣，觉得我说得在理，于是积极响应。这说明，采取员工听得懂的方式，才能拨动他们内心深处的情感之弦。

二、入情

《礼记·礼运》中说："何谓人情？喜怒哀惧爱恶欲七者，弗学而能。"唐代大诗人白居易说："感人心者，莫先乎情。"所谓"情"，是指人们的思想观念、行为准则、价值取向等在心理活动上的表现和反映。从狭义上讲，情感是人们对外界刺激的心理反应；从广义上讲，情感则是人们思想和行为的一种动因。以情入手，感情融洽，才能通情达理，以心换心。正所谓爱人者，人爱之；敬人者，人敬之。"入情"，是动了很深的感情。使员工动感情，就是"入情"，管理者必须掌握两个尺度：人同此心，心同此理；己所不欲，勿施于人。这不仅是一条规律，也是做好思想工作的切入点。

（一）人同此心，心同此理

宋代诗人陈杰有诗"归来富千古，此理此心同"，讲的就是合情合理的事，大家的想法都会相同。

我在前文中向读者介绍的大亚湾核电站在防止人因失误方面所推广使用的6张工具卡，并不是马上就得到员工的接受和拥护的。在这种情况下，我们要求公司领导带头佩戴卡片，并且在各种场合宣讲卡片的重要价值。我们也通过在现场发生的一些事件，现身说法，让大家明白，如果不重视这些工具卡的使用，在现场的实际操作中就会增加不安全的风险。比如，不召开工前会，或者开会的方式和内容不标准、不统一，那么员工在现场的操作就会无所适从，自行其是的结果就是有可能发生事件或事故。再如，不进行三段式沟通，现场很多信息不对称，结果就会出现鸡同鸭讲的局面，不能步调一致地完成工作任务。假如一个员工因为人因失误而受到了伤害，他的同事一定会受到心理影响，觉得自己没有尽到责任。

我在一次公司举行的宣贯会上讲，大家同事一场，不要说为公司做什么，就是为自己的人身安全和职业荣誉，也要发自内心地认识到"一荣未必俱荣，一损必定俱损"的道理。就拿安全来说，如果某位员工在现场因为没有遵守安全操作规程而使自己受到了身体伤害，这个时候最难受的并不是公司，也不是同事，而是你自己和你的家人。你自己的安全，你自己都不上心、不负责，那要谁来承担这个责任呢？因此，大家一定要确立"个人的安全我负责,同事的安全我有责,核电的安全我尽责"的同理心,为同事着想,更要为自己负责。我这么一讲,本身就显示了一种同理心,使大家觉得公司领导不是在宣贯"大道理",而是切实为每个员工着想。公司辅之以其他措施,人因工具卡就逐渐推广成功了。在这个上下互动的过程中,公司也及时总结、提炼、推广那些在实践中形成和表现出来的好思想、好品德,特别是基层员工创造的新鲜经验和良好做法。久而久之,大家都接受并自觉运用这些工具卡了。随之而来的效果,就是现场的安全隐患越来越少,运行业绩越来越好。

(二)己所不欲,勿施于人

《论语》中说"己所不欲,勿施于人",意思是自己不希望他人对待自己的言行,自己也不要以那种言行对待他人。某些脱离实际的空洞理论和很难真正做到的"大道理",虽然人人都能懂,也说不出或者不便说出哪里不对,可是落到实处却不容易。领导干部必须用自己的真诚言行与员工交流感情、培养感情、建立感情,注重用自身的模范行为去亲近员工、影响员工、带动员工,才能将好的行为在员工中推广。

有关这个话题,我在这里给大家讲一个特别生动的例子,题目叫作《新员工与董事长,谁更苦恼?》。

十几年前,媒体曾经"炒作"过一件事情,引发了一场争议。江苏某家企业的董事长在电梯里碰到一个小伙子小张,他问小张:"小伙子,你是哪个公司的?"小张自己事后诉说,这时候他又冷又饿,急着回家填饱肚子,不想与陌生人说话,于是瞟了对方一眼,没有开口。该董事长又追问了一句:"你是哪个公司的?告诉我。"小张告诉他自己是期货公司的,并反问"有什么事吗"。后来的结果是,小张被勒令辞职。董事长的解释是:"我看他下班这么晚,主动与他打招呼,本想表扬他几句，没想到他却向我瞪眼睛。他恶狠狠地翻眼瞪人，问他话也不搭理。他的思维不正常，期货行业对员工素质要求很高，他不适合做期货。"

  这个事件是否属实，我作为局外人没法确定，因为我是从媒体得知的，那家企业的名称也是具体的。但有一点可以肯定，这位小张真是"祸从电梯生"，他在"错误的时间、错误的地点"碰到了一个他不该碰到的人——他的董事长，于是，他的工作没有了。外人对这件事情，大体说来有三种态度：第一种是理解，认为懂礼貌是基本素养，员工连对长者都爱搭不理，公司有理由辞退；第二种是不理解，领导者应该有更大的气量，也该给犯错者解释和改正的机会；第三种是说不清楚。

  我之所以对这件事情产生了兴趣，是因为在我的生活中也有过一次类似的经历。有一次，我坐单位的班车上班，邻座是一位戴着眼镜的小伙子。路上无事，我也想利用这个机会，做一点青年员工思想动态的调查，于是就与这位小伙子攀谈。讲了几句话之后，我习惯性地问了一句："你怎么称呼？是哪一个部门的？"谁知那位小伙子不太友好地反问一句："这个问题很重要吗？"当时也使我感到很尴尬，好在我急中生智，自己搭了一个梯子下台阶："噢，并不重要，只是随口一问。"然后，马上转移话题。

  这两件事情是何其相似。说实话，当时我的内心里也有一丝不快，但转而一想，假如我是那位小伙子，面对一个不认识的陌生人是否愿意回答他的问题呢？这就涉及当事双方的心态与感受。从我自己的心态来说，由于是公司领导，出于对员工的关心，问问情况，似乎也在情理之中。但问题就出在自己潜意识里的角色认知，尽管没有居高临下的主观意愿，但在对方看来，可能会有这种感觉。他会这样想，你是谁呀？牛哄哄地问我这种莫名其妙的问题，我与你有什么关系呢？由于双方的出发点不一样，一个愿意问话，另一个在不知道对方身份的时候不愿意答话，产生矛盾或冲突，就是自然的事情了。

"有理三扁担，无理扁担三"的折中主义，固然不能解决问题，但双方如果能够换位思考，也许问题就简单了。前文所述的"电梯事件"，从那位董事长的角度来看，他是出于关心，但无形中表现出一种居高临下的姿态，对方不买账。从小张的角度来看，一位老人随便问一句话，笑眯眯地答一句不就行了吗？何必那么矫情呢？或许，你在自我介绍完之后也可以问他一句："请问您是哪位？"当小张知道对方是董事长时，对他来说未尝不是一件好事，也许今天运气好，碰上了贵人，今后对自己的职业生涯也没有什么坏处，最起码董事长在某个场合会想起他曾经在电梯里碰到一位加班很晚的年轻人。

由此说来，双方都有理由生气，也都没有理由生气。但事情远非这么简单，继续往深处想，这是一个文化的问题。在中国人的心目中，助人为乐似乎是一种美德，但在西方人的观念里，则未必如此。比如，中国人的一般心态是，看见有人碰到困难，主动帮助他，对方总不会真的是"狗咬吕洞宾，不识好人心"吧？西方人不这样想，他们会问一句："Can I help you"（我可以帮助你吗）？或者"What can I do for you"（我能为你做些什么）？这就是说，你即使想帮助别人，也要征得对方的同意。再如，平时我们拨接电话，拨电话的人一般会说："请问你是哪一位？"接电话的人，如果态度好一点，会问一句"我是谁谁谁，你有什么事情？"态度不好的人，会很反感地问一句"你想找谁？"语气中会明显带有不耐烦。而对于西方人，一般是接电话者先说话："我是谁谁谁，你找谁？"这里就有文化的差别了。中国人接电话时的潜意识是这样：既然你打电话找我，你应该先客气，先自报家门，而不该问我是谁。西方人接电话的潜意识是这样：既然你打电话，说明与我有关系，因此我应主动报自己的姓名。比如，一个中国人走在前面，后面的人踩了他的脚后跟，他会认为后面的人有责任，如果碰巧他当时不高兴，大概率会回过头来骂一句"你没长眼睛吗"；如果是一个欧美人在前面，他会认为是自己在前面阻挡了后面人的路，因此会回过头来说一声"抱歉"。这就是文化差异，很难说谁对谁错。

回头再说董事长与小张，究竟哪个更苦恼、更无辜？表面上看，矛盾源于偶然的一件小事，但实质上反映了双方不平等的角色与地位，加之表达方式不"标准化"，于是不愉快也就产生了。假如董事长首先自我介绍，然后再问对方问题，我想，那位小伙子不说受宠若惊吧，起码不会表现出爱搭不理的态度。对于那位小张，即使没有张良纳履的雅量，也没必要与一位陌生人在电梯这种充其量只有几秒、十几秒的接触时空中，无意地为自己塑造一个"敌人"。说得直白一点，在他的心目中，过分自尊的背后，其实隐藏着一种不可名状的"自卑"。说到底，双方的冲突都是源于不正确的心态。

这是一个不该发生的故事！说它不该发生，是因为当事双方本来都应该知道、信奉并践行"己所不欲，勿施于人"的人情世故。遗憾的是，他们都没有，所以不该发生的故事发生了。

三、入理

《韩非子·解老》中说："理者，成物之文也。长短大小、方圆坚脆、轻重白黑之谓理。"说到这个"理"字，我先讲一个故事。

南宋时期编撰的《皇宋中兴两朝圣政》中记载，南宋乾道四年（1168年）三月的一天，明州州学教授郑耕道为宋孝宗讲学："太祖皇帝尝问赵普曰：'天下何物最大？'对曰：'道理最大。'太祖皇帝屡称善。夫知道理为大，则必不以私意而失公中。"

宋太祖赵匡胤究竟因何而有此一问，书中没有交代，但我们可以合理猜测，他一定是想要宰相赵普说出"皇帝最大"的话来。但是，他遇到了赵普这个自我标榜以"半部《论语》治天下"的人，就是没有顺着皇帝给他竖起来的杆儿往上爬，偏偏说出似乎带有赌气性质的"道理最大"这四个字。其实，赵普并不是赌气，而是真这么认为的，因为《文子·自然》中就是这么说的："无权不可为之势，而不循道理之数，虽神圣人不能以成功。"即如果不讲道理，不管是"神人"还是"圣人"，都是不可能获得成功的。

　　赵普早年读书并不多，"少习吏事，寡学术"，但到了晚年，则是手不释卷，回到家里就从箱子里取出书，"读之竟日"，一整天把自己关在房子里读书。家人背地里打开他的书箱，发现里面只有《论语》二十篇。中国人都知道，《论语》就是讲道理的书。赵普喜读《论语》，久而久之，"凡事讲道理"就成为他的思维定式了。《宋史·赵普传》中记载，赵普有一次要提拔一个官员，但赵匡胤不喜欢此人，说死说活都不同意。于是，赵普反复与皇上讲为什么该提拔此人的"道理"。赵匡胤被逼急了，冲着赵普吼道："朕固不为迁官，卿若之何（我就是不给他升官，你能怎么样）？"面对盛怒的皇帝，赵普说："刑以惩恶，赏以酬功，古今通道也。且刑赏天下之刑赏，非陛下之刑赏，岂得以喜怒专之。"赵匡胤不愿意听他讲这种"大道理"，一甩袖就往内宫走。赵普便长时间在宫门外站着，就是不离开。赵匡胤听到太监的禀报后，不得不再次向"道理"低头，同意了赵普的请求。

　　我们在日常生活中，经常会碰到这种情况，两个中国人发生了争执，彼此往往会质问对方："你能不能讲点道理？"这就是中国人对道理的执着。也有人持相反的看法，比如，民国时期山西的"土皇帝"阎锡山，他的墓志铭上刻了他在日记中的一段话："突如其来之事，必有隐情，惟隐情审真不易，审不真必吃其亏。但此等隐情，不会是道理，一定是利害，应根据对方的利害，就现求隐，即可判之。"阎锡山作为民国时期的重要政治人物，对人情世故当然会有着独特的感受与判断，进而会形成自己的价值理念。就这段话而言，不完全对，也不完全错，他看轻"道理"的理念，自有其"道理"，这个"道理"是基于人性的本质，人是经济动物，具有追求利益的本能。孔子说的"吾未见好德如好色者也"，也是基于对人性的认识而说出的一番"道理"。

阎锡山所说的"隐情"，之所以是"隐情"，就在于摆不到桌面上。即使是求"利害"，但说出的话常常还是一些"道理"。可见，哪怕是争利益，也是以讲道理的形式出现的，只不过有些"小道理"总是要受制于一些"大道理"的，而这种"大道理"正是反映大多数人的正常心理，并且用以指导大多数人的日常行为。

理，就是道理、事理，不是公婆之理。入理，就是晓之以理，不能强词夺理。理直则气壮，理屈则词穷。入理的关键是要实事求是，不能在讲道理的过程中曲意逢迎。在解决问题的方法上，要以理服人，用讲道理的方法来达到目的。

（一）讲透道理，以理服人

有一位在国内某著名高校任职的校友，经常发表一些有关国际政治方面的文章，有些还受到高层的重视。有一次，我读到他发表的一篇文章，认为作为一位学者，做结论时还是要谨慎一些。我给他发微信，讲了这样一段话："看了你的文章，水平还是很高，尤其能用英语与外国学者交流，更是优势。我认为，不论是个人，还是国家，说话都要留有余地。谦受益，满招损，这是千古不易之理。你的圈子主要是学术界，民间有很多议论，有些话很难听。我也是好意，希望你谅解。你该怎么讲还是怎么讲，希望我的愚言不要影响你的心情。"这位校友回复："谢谢师兄的指正，我会走好自己的路！但另一方面，在国际场合，敢于发声，敢于亮剑，也是学者本分。当然，我也愿意在社会、国际上发声，希望能够对内引导社会理性、对外提升国家话语权。"我又回复他："学者以理服人，不存在'敢于'或'不敢于'。学者也不存在'亮剑'与'不亮剑'的问题。常言道：得民心者得天下。但什么是民心？谁可代表民心？士心！士心便是民心。士心如果不代表民心，那就充其量是一个御用文人。我今天的本意，前面是无心之言，随便那么一说；后面引出话题了，就想让你听几句你平时可能不大注意，或者没听到过的话，而这类话恰恰是你所需要的；相反，那些言不由衷的恭维话，对你目前的水平和地位来说，犹如一杯白开水，除了解渴，没有任何营养。古人说：众士之诺诺，不如一士之谔谔。君其察之！"

我对这位校友说的话，其实就是讲了一些"道理"，无非是把治国安邦的"大道理"与个人安身立命的"小道理"结合了一下，核心的理念就是"学者以理服人"，用不着装腔作势地标榜什么"敢于亮剑"。这位校友最后回复："师兄，你的话我听进去了。"到底是真听进去了，还是假听进去了，我就没有再关注了。不过，有一个旁证倒是可以说明一点问题。我有一位同事的儿媳妇与我这位校友是一个单位的，他听我讲过这件事情，因此平时也就稍微留意了一点儿。有一次，他告诉我："你的话起作用了，你的那位学弟最近似乎发表的言论和文章少了许多。"其实，文章不在于发表多少，而在于是否言之成理、言之动情、言之有效。

在新型社会人际关系确立的今天，思想工作者应摒弃那种以教育者自居，动辄训人，居高临下的做法。否则，思想工作将失去亲切感和温暖感。企业要做好员工的思想工作，必须坚持说服教育，不能以势压人，以权整人。只能教育疏导，尊重被教育者的人格和权利。特别是对犯了错误的同事进行批评时，尤其要注意尊重他们的人格，不能伤害其自尊心。如果不尊重被批评者的人格，居高临下，上纲上线，就很容易造成"顶牛"现象，进而出现僵局，结下疙瘩。

企业管理工作中，除必要的行政和经济管理手段外，还需要有的放矢、循循善诱，耐心细致地进行正面教育。在实际工作中，要坚持"大道理"和"小道理"相互补充。以"大道理"抓总治本，通过"小道理"拾遗补缺，引导理想信念与日常行为规范有机结合起来。

（二）推己及人，换位思考

推己及人，就是用自己的心意去推想别人的心意，设身处地替别人着想。同事之间要做到将心比心，推己及人，就能够搞好团结。换位思考，客观上要求我们将自己的内心世界，如情感体验、思维方式等与对方联系起来，站在对方的立场上体验和思考问题，从而与对方在情感上得到沟通，为增进理解奠定基础。在有些问题上，公说公有理，婆说婆有理，每个人都是站在自己的利益出发点上来看问题。在这种情况下，双方都要从大局出发，推己及人，换位思考，尽快促使共识的达成。

我经常会碰到员工向我投诉，这规定不合理、那规定不人性化。我总是这样回复："你是不是受到了不公正的对待？也就是说，某项规定对别人是开放的，只对你是严酷的。如果有这种事情，你说出来，我为你主持公道；否则，规定对大家都有同样的约束力，你和我都不能例外。至于说某项规定合不合理，是可以讨论的，但在没有修改之前，人人都应该遵守。"实际上，向我提意见的员工，其出发点是自己的"小我"，自己在某件事情上或场合下感觉不方便了，于是便说这个规定有问题。如果能够换位思考，这类问题也就迎刃而解了。

我在阳江核电基地工作期间，还碰到一件特别的事情。有一位参加工作不足一年的年轻员工，对现状不满意，就考取了国内某著名研究院的研究生。这本来是一件好事，作为组织，也应该理解并支持他本人的选择。问题在于，当初入职时，员工本人与企业签订了合同，其中一条规定是：如果员工在不满足一定工作年限时离职，就要退还公司为其支付的培训费用。该员工就此事与人力资源部的领导发生了冲突，认为公司有意为难他。于是，他就在网上对公司及部分领导进行讽刺挖苦，其中也涉及我。当时，我正在外地出差，一位部门负责人打电话告诉我此事，我请他把这位员工在网上发布的一些信息转过来，我想了解一下他到底说了些什么。实际上，这位员工讲的很多事情都与事实有出入，许多是他自己的想象。比如，我经常主持召开各种类型的员工代表座谈会，他就说这类会议的出席者都是我"钦定"的，当然也有其他一些带有人身攻击性的语言。我看后，就在机场的候机厅给这位员工所在处的处长打电话，请他代表我与这位员工谈一谈，就说我得知他考上了研究生，表示祝贺。假如研究生毕业之后，他还想回阳江核电基地工作，我们永远欢迎。至于他在网上发布的一些信息，很多是不符合实际的，不论是对公司、对公司领导，还是对他本人的形象，都不是一件太好的事情，建议他删掉。关于公司要求他退赔培训费用一事，涉及公司的相关规定，我现在不能擅自做出决定，需要回去之后专门调查处理，相信公司会找到一个让他满意的办法。

我这么一说，那位处长首先表示反对，说不能这样办，否则，他更加认为公司软弱，从而使他更加嚣张。我就耐心地对那位处长解释，员工有情绪，在网上发泄一下，也是可以理解的，不用太过计较。员工与公司相比，总是处于比较弱势的一方，当初要他签订什么合同，他都会签的。培训费用的退还，对于一个工作不到一年的新员工来说，也确实是一笔不小的数额。我在大亚湾核电基地工作期间，也曾经处理过一起类似的员工离职事件，当时就当面交代人力资源部的领导不要让那位员工退钱了，让他走算了。我的理由有三条：一是尽管公司有规定，但公司是强者，也不缺那十几万元钱；二是如果由于此事导致更多员工离职，说明我们的企业没有吸引力，员工离职是早晚的事情；三是如果员工已经决心离职了，也不可能用十几万元钱把他留住，勉强让他退赔，他将来走到哪里把企业骂到哪里，企业的这种社会形象的损失远远超过那十几万元钱。我这么一说，那位处长也就理解了，就照我说的办法去处理。后来，那位员工专门给我发邮件，对他在网上发布不实信息的行为表示后悔和道歉。随后，公司技术部门发现，他把网上发布的信息全部删掉了。

我后来对许多管理干部说过，员工心里有气，骂几句领导，哪怕是在网上，也可以理解。尽管我看到员工公开骂我，心里也不高兴，但当领导的，有时候就应该承受员工的责骂，要有这样的胸怀和气度。况且，员工骂的不是领导这个具体的人，而是领导的这个岗位，换了另外一个人当领导，他也会骂。当领导的人，应该做的事情，不是去禁止或追查员工的责骂，而是要想办法把事情做好，尽可能消除被骂的原因。这也是"推己及人，换位思考"的一种表现。

四、入心

心的本意是指心脏，起推动血液循环的作用。中国古人认为，心是思维的器官，所谓"心之官则思"，因此把思想、感情都说成"心"。由思维器官引申为心思、思想、意念、感情、性情等，又进一步引申为思虑、谋划。心脏在人体的中央位置，因此"心"又引申为事物、物体的中央或内部，或用于更抽象的事物，如湖心、江心、中心、核心等。

按照明代思想家王阳明"心即理"的观念，心明则神通，神通则气爽，行为端；心灰则生疑，生疑则生非，行为异；心暗则生悲，生悲则怒发，行为疾。思想工作的对象是人，人的根本在心。企业思想工作的任务之一，就是要引导帮助员工明心智、去心霾、解心结，创造和谐做事的氛围，调动员工的内在驱动力，实现企业和员工的共同发展。思想工作要入心，必须把握好"三个深入"，做到"三个要"，即深入实际，体察员工的思想问题要细心；深入基层，做员工的思想工作要用心；深入群众，关心员工要交心。

（一）深入实际，体察细心

思想工作要想深入人心，就必须深入实际，摸清员工思想问题的脉络。尤其是要善于从员工关心的表象问题，细心体察问题的实质，找准症结，才能消除员工思想认识的偏差、猜疑、焦虑、压力和矛盾等问题。对于员工关心的热点、难点问题，要给予高度关注。在条件允许或创造条件成为可能时，尽可能加以解决，使员工感到组织的温暖。有一年，公司党委分专题进行员工思想动态调查，部分老员工反映岗位多年未变、薪酬未动，直接影响了工作积极性的发挥。这一问题引起党委的高度关注，经公司主管部门研究决定，在总的薪酬制度不变的前提下，对老员工实行小步快跑的薪酬补充政策，深得人心。

另一个例子，可能更具有普遍性。按照集团的某项规定，某一职级或职务受到年龄的限制，比如，40岁的员工就没有可能升职到副处长，45岁的员工就没有可能升职到处长。作为集团的统一要求，成员公司不可能不执行。但是，在大亚湾核电站，根据我的调研和体会，很多技术功底非常深厚的员工，到40多岁之后，正是发挥自己的技术和管理专长的年龄，如果机械地执行集团的规定，那么这些员工不仅自己的职业生涯发展空间受到限制，而且他们多年来积累的技术实力也得不到发挥，这是一种组织资源投入的极大浪费。根据这种情况，我在公司党委会议上郑重提出这个问题，引起大家的共鸣。我还建议，不能机械地执行某个年龄就不能升职的规定，而是根据公司的需求和员工的个人能力，灵活地安排他们的岗位。

作为企业领导者，我们的主要任务并不是去发现人才，而是要建立一个可以出人才的机制。也就是说，重点不是"相马"，而是组织"赛马"。为了给员工提供更多的发展机会，公司拿出一部分职能岗位进行公开竞聘，使得一部分平时没有进入组织视野的干部员工得到另一个晋升的路径，这一举措得到了干部员工的极大拥护。后来的实践证明，有些经过公开竞聘而得到晋升的员工，在后来的实际工作中做出了出乎许多人意料的成绩。这个事实说明，公司管理层必须深入实际，体察员工的所思、所想、所盼，为他们的职业生涯发展提供多种发展路径，是深得民心、民意的举措。这也证实了我在深入基层的过程中的重大感悟，就是在生产型企业中，许多员工个人的能力，客观上需要时间的积淀，所谓"台上一分钟，台下十年功"。如果按照统一的年龄阶段来设限，他们的个人能力的发挥和职业生涯的发展就会受到扼杀，而这种后果既不是组织的目的，更不是个人的期望。

（二）深入基层，工作用心

思想工作要想入心，就必须深入基层，用尽心思。思想工作的阵地在基层，工作内容在基层，思想政治工作的重心必须下移，狠抓源头。通过正确引导，使员工自悟真谛，自我调适，修正偏差，调整心态，消除心结，最终改变员工的行为，使其朝着健康和正确的方向转化。比如，有一个部门的党总支，依据大亚湾核电基地员工朝夕相处，自身队伍较大，加强群众思想工作必须抓基层、抓党员责任落实的实际，推出党员与群众"交朋友、结对子"活动。党员任务明确，将思想工作融入日常工作和生活之中，与员工分享成功的愉悦，排解工作生活的困惑，将员工的大量思想问题解决在基层，从而显示出基层党组织思想工作的优势。

思想工作如果能做在新员工入职的时候，向他们交心，把企业的要求和他们未来职业发展的前景讲清楚，引导他们从走上工作岗位的第一天起就系好第一枚衣服扣子，常常会收到事半功倍的效果。我本人在履职的过程中，非常重视对新员工的引导和启发，在每年新员工入职欢迎大会上都要讲话。我的讲话没有什么"大道理"，而是通过平平常常的一些"小道理"，直击新员工的内心世界，使他们受到强烈的触动。有一年，我在阳江核电公司的新员工入职欢迎大会上，讲了如下内容。

1. 青年面临的重大转变

个人身份的转变：由学生变为员工。

经济地位的转变：由花钱变为挣钱。

心理状态的转变：由依赖变为独立。

社会角色的转变：由幻想走向现实。

性格特征的转变：由幼稚走向成熟。

面对四种压力：学习的压力，工作的压力，生活的压力，发展的压力。

面对压力的态度：井无压力不出油，人无压力轻飘飘。没有感觉到压力，说明你还是一个懵懂无知的青年，没有做好承担重大责任的准备；感觉压力太大而喘不过气来，说明你的情志和能力有严重的缺陷，不足以承担重任。

克服压力的方法：正视现实，拿出勇气。世上无难事，只要肯登攀。

2. 核电青年的使命

核心：文化的传承。企业是土地，员工是种子。

要求：重大责任不能忘记，优秀文化不能丢弃，个人品行修养不能弱化。

组织：不求"轰轰烈烈，热热闹闹"，永远"平平淡淡，踏踏实实"。

个人：根植于内心的修养，无须提醒的自觉，以约束为前提的自由，为他人着想的善良。

3. 青年健康成长的基本指导思想

在生活上，避免"保姆"式服务的意识，要增强自立能力。

在学习上，避免"书袋"式的死读书，要提高解决实际问题的能力。

在工作上，避免"拐杖"式的依赖行为，要培养独当一面的意识。

在承担责任方面，避免"甩手"式的悠闲行为，要勇于担当。

在同事关系方面，避免"自我"式的封闭行为，要倡导团队合作。

在婚姻家庭方面，避免"完美"式的不切实际，要树立"合适就好"的意识。

4. 对新员工的几项要求

从现在开始，从今天开始，改变自己的不良行为（抽烟者在三个月之内戒掉）。

少发牢骚，多干活（三年之内，闭嘴）。

不论何种培训考试，作弊者统统开除，不要触碰这条"高压线"。

第一个月的工资给父母寄回去，百善孝为先。

争取做"三一青年"：有一项健康的爱好，会一项文体运动，掌握一门外语。

实际上，我每年对新员工讲话的核心内容都是相似的，只是根据每年的具体情况，举例时做一些调整。多年过去了，许多当年的新员工还常常对我讲起我曾经对他们讲过的这些话表示受益匪浅。特别是我要求新员工把第一个月的工资寄给父母，第二个月及以后寄不寄、寄多少，由他们家的经济状况决定。我本人自上研究生起，每月工资的10%寄给家里，一直到父母再没有任何经济负担时才停止；同时，那张汇款单也充当了向家里报平安的"信使"。我的理由很简单，一个连生自己、养自己的父母都不爱，绝对不会爱朋友、爱同事、爱公司。这也说明，我本人的示范作用是正面的，我的这种工作方法是有效的。

（三）深入群众，体贴交心

由于种种原因，有些干部员工可能会产生认识上的不全面、心态上的不平衡、情绪上的不稳定、人际关系上的不协调等问题，这时思想工作者就要深入群众，耐心引导。如果员工都把企业当成自己的家，把自己的命运与企业的兴衰紧紧维系在一起，他们对组织的信赖和对领导的敬重，就不亚于对自己的长辈和兄长，一旦遇到难以解决的问题，很自然地就会想到找组织和领导来诉说或解决。员工这种相信领导重感情的思想是爱企业的表现，如果这个时候领导对员工的困难和要求漠不关心，敷衍了事，用和稀泥、抹光墙的办法来应付，员工就容易产生失落和逆反心理；反之，则会得到人心。有一位女员工的丈夫得了重病，公司出面帮助协调住院及医治的相关事宜，最后得以康复。这位员工在一次会议上公开讲："只有自己的家庭遇到重大困难时，才会真切地感受到组织的力量和温暖。"

唐朝诗人王维的名句"独在异乡为异客，每逢佳节倍思亲"，讲的是九月九日重阳节思念家乡亲人的情感。实际上，中国人比较看重的另一个重要节日就是中秋节，它不仅是丰收的季节，更是思乡的引子。每年的中秋节前夕，正是各个企业的新员工入职的时间。刚刚离开学校的学生，来到工作单位，种种不适与孤独的情绪，就会油然而生。鉴于这种实际情况，我在大亚湾核电站工作期间提出一个倡议，在中秋节之前给员工亲属邮寄中秋月饼以表示慰问，费用在工会的活动费中列支。这项看似简单的举措，却使员工、家属感到莫大的"家庭"式的温暖，激发了员工的积极情感效应。公司各部门当年就收到许多新员工家属的信，纷纷表示一定告诫自己的子女，把公司当作自家，把领导当作亲人，好好工作，报答公司和领导的关怀和厚爱。当然，这种热情随着时间的推移也会逐渐衰减，但这种工作方法及所表达的管理理念，已经深入人心，成为一种传统了。

每年的高考，都比任何一个传统节日更受人关注，也更牵动全体"家有考生"的父母的心。这是一种客观的现实情况，是任何个人和组织都无法回避的。我的理念是，员工子女的中考和高考，对于公司来说是小事一桩，但本年度对于他们这个小家庭来说，就是天大的事情。鉴于这种想法，我在各种场合，都对各级管理者发出呼吁，凡是当年有中考或高考子女的干部员工，在上半年的工作安排中，都要考虑到这种现实，在可能的情况下为他们提供各种便利，其中最有可能做到的事情，就是把他们的工作量适当减少，尽可能不安排他们周末值班，下半年或明年再补上。这种事情是不能摆到桌面上公开讲的，也就是不能以公司发文件的方式推行，只能是各级管理者根据本部门工作量的实际情况做出适当的安排。实践证明，这种理念深得人心，得到了干部员工对公司的深切感谢。这是一个体贴员工实际需求的最生动的例子。

第三节 "五器"模型

《中华人民共和国宪法》(以下简称《宪法》)的总纲中明确规定,中国共产党领导是中国特色社会主义最本质的特征;中华人民共和国的社会主义经济制度的基础是生产资料的社会主义公有制;国家在社会主义初级阶段,坚持公有制为主体、多种所有制经济共同发展的基本经济制度;社会主义全民所有制经济,是国民经济中的主导力量。这也就是说,中国社会主义政治经济制度的核心是两条:中国共产党领导,公有制为主体。

《宪法》是国家的根本大法,任何组织和个人都要无条件地遵守。作为国家经济制度的最基本组织形式的国有企业,必须按照《宪法》的规定,落实这两条作为社会主义政治经济基本制度的核心要件,其最主要的组织体制,就是设立坚强有力的党群工作部门。有了部门的组织形态,就要按照特定的工作模式落实其组织功能。问题的核心是,党群工作的基本功能到底是什么?如何组织落实?

我在大亚湾核电站工作期间,按照本书绪论中所述的 CDE 分析模型,组织公司党委直属的 51 个基层党支部进行了长达半年多的讨论,发动全体党员和员工,对党群工作的功能进行了深入的剖析、归纳和提炼,按其对企业生产经营管理的贡献,确定为队伍建设稳定器、安全生产助推器、企业价值导向器、牢骚怨言消音器和企业形象扬声器 5 个维度,并在每个维度下拆解出 3 个要素。我把这个 5 维度分析模型命名为党群功能的"五器"模型(见图 1–3)。

图 1-3 党群功能的"五器"模型

一、队伍建设稳定器

许多人在孩童时代都曾玩过"不倒翁",它就是一个最简单的稳定器。作为核电站重要设备的稳压器,也是一个典型的稳定器,它能够确保一回路的蒸汽压力始终处于一个合理的范围之内。稳定器的原理很简单,下面越重就越稳。企业的稳定,主要取决于工作重心是否下移,员工队伍是否人心安定。这就像练习中国传统武术,首要的科目就是通过马步蹲裆练好下盘功夫,也就是增强稳定性。企业的生存和发展,离不开和谐稳定的客观环境。党群工作的重点,就是要充分发挥基层党组织在企业维稳中的重要作用。这种作用可形象地表示为队伍建设的"稳定器",主要包括健全的组织保障、坚强的政治核心和强大的队伍凝聚力这三大要素。

（一）健全的组织保障

中国共产党自成立以来，不断发展壮大的组织保障，就是加强党支部的建设。不论什么环境，只要有党的基层组织在，就能体现出党的力量。大亚湾核电站自筹建以来，党委始终坚持"队伍建设到哪里，支部就建设到哪里"的原则，始终做到行政机构党组织覆盖率为100%。为加强外出党员的管理，公司党委严格按照《中国共产党章程》的规定，明确要求："派出国内外工作、学习的团体，凡是有3名以上党员的，都要成立临时党支部或党小组，并按规定过组织生活和开展党的工作。"这样，党的组织形成了严密的网络体系，党的工作实现了全覆盖，联系群众实现了全方位，从而使企业不论碰到什么样的问题和困难，都能够确保队伍的稳定。

（二）坚强的政治核心

国有企业的公司党委，要始终把参与企业重大问题的决策、发挥企业党组织的政治核心作用作为自己的重要责任。党委主要负责同志参加公司董事会会议，参与公司的长远规划、近期目标、企业重大政策制定、干部考核和任免、职工队伍建设、职工工资福利等重大问题的研究，提出意见和建议，最后分别由经营班子和董事会做出决策。每逢遇到困难和曲折，公司首先是召开党委会，统一思想认识，要求各级党组织发挥战斗堡垒作用，党员发挥模范带头作用。

国内外的重大社会、政治、经济事件，都会在企业的微观层面产生影响。面对这种现实情况，各级党组织都要旗帜鲜明地站出来，发挥坚强政治核心作用，通过深入细致的思想政治工作，维护整个企业在政治上的稳定。大亚湾核电站在庆祝2008年奥运会、中华人民共和国成立60周年、澳门回归10周年等重大活动中，各级党组织都把爱国主义教育同安全生产结合起来，将政治核心作用转化为强大的生产力，圆满完成了一次次重大节点的"保电"任务。

（三）强大的队伍凝聚力

针对员工实际情况，大亚湾核电站紧密围绕企业中心工作，研究制定滚动变化的"队伍建设十大问题"清单，有针对性地开展深入细致的思想政治工作，不断提升队伍的凝聚力和向心力。为帮助员工解决实际困难，先后成功实施了市内住房制度改革、交通班车改革等工作，这些改革都使员工得到实惠，受到员工拥护。在工地员工激增、住房严重紧缺的情况下，一方面向员工做耐心细致的解释工作，积极引导员工向前看，同时千方百计组织房源，解决新员工宿舍问题。公司还对工地文体设施进行了改建、扩建，保障了员工的业余文化生活需求。

为适应核电多基地发展的客观需要，许多干部、员工被派遣至外基地。面对队伍中的不稳定情绪，公司党委认真开展思想政治工作，使广大干部员工认识到异地创业的重大意义，核电大团队意识明显增强，稳定了队伍军心。经过多年的努力，员工队伍凝聚力不断增强，一批批德才兼备的年轻干部得以成长，一批批中青年专家脱颖而出，劳动模范、优秀党员、优秀党务工作者、生产明星不断涌现，为公司的发展奠定了人才基础，使整个员工队伍表现出强大的凝聚力。

二、安全生产助推器

助推器，是运载火箭在中间芯级火箭的周围所捆绑着的助推火箭，它们能够帮助火箭快速到达预定高度。在企业中，安全生产工作就是中间芯级火箭，助力企业安全生产水平提升的党群功能则是助推器。党群组织融入企业安全生产，充分发挥助推器作用，主要体现在党员干部是否能起到带头作用，党员是否具备高技术水平，以及关键时刻党员干部能否顶得上去。

（一）党员干部的带头作用

党员干部在企业安全生产中，身先士卒，率先垂范。党委班子成员积极参与安全文化建设，亲自担纲公司各部门管理层和核心岗位员工的安全文化教育授课任务，各部门管理层分别给执行层授课，各执行层给所辖员工授课。这种授课方式有效地强化了安全文化建设制度，培养和提高了员工的安全文化素养。公司还将各项安全业绩指标列为基层组织、党团员年终评先评优的重要条件，从机制上强化了党员干部的示范带头行为。公司涌现的一大批优秀党员、一系列先进事迹，激励着广大员工共同开拓核电安全生产的良好局面。

（二）专家技术队伍的主力军

大亚湾核电运营管理公司党员的技术水平是一流的，关键时刻能够顶得上去。这在历次重大生产经营活动中，都得到了反复的检验。在公司中青年专家的清单中，在研究员级高工的名单中，记载着一大批党员同志的姓名；在B7以上高级技术岗位中，党员同志的比例超过了2/3，党员已成为公司专家技术队伍的主力军。

（三）工作中的顶梁柱

在公司日常生产、大修、抢修等安全生产工作中，党员发挥着顶梁柱的作用。大亚湾核电站曾经发生过一起燃料组件意外拉弯事件，在事件处理过程中，许多党员同志不分昼夜奋战在一线，带领工作班组顺利解决了这一技术难题。在2010年岭澳核电站1号机组大修中，在一些党员管理者和技术骨干的带领下，创造了19.7天的当时国内最短大修工期纪录。在一些党员干部的带领下，岭澳核电站运行人员创造了2号机组自首次临界及投入商业运行以来，无非计划停堆安全运行935天的当时世界核电新机组最好纪录。

三、企业价值导向器

导向器,是用来控制运载火箭前进方向的动力装置。大海航行靠舵手,这个"舵"就是用来把握方向的,也就是船的导向器。导弹或飞行器上的导向器,可以连续计算和显示信息,从而大大提高其追踪精度。在企业里,党群工作就是引导员工价值取向的"导向器"。企业文化核心层面的价值观,代表了企业的核心经营理念,成为企业管理机制的导向器。随着社会经济的发展,员工思想越来越活跃,价值理念更趋于多元化。因此,如何有效引导员工,让员工群体形成有益于企业发展的共同价值观,是党群工作面临的主要任务之一。在员工价值引导的实践中,提炼出企业价值导向器的三大核心要素:是非清楚,赏罚分明,树立正气。

(一)是非清楚

《孟子·公孙丑上》中说:"是非之心,智之端也……无是非之心,非人也。"这句话说明,是非之心是智慧的原因,是人的标志之一。唐代大诗人刘禹锡在《天论》(中篇)中说:"是非存焉,虽在野,人理胜也;是非亡焉,虽在邦,天理胜也。"这段话说明,是非代表构成社会的所有秩序与规则,是人的伦理得以存在的基础;没有了是非,任何地方都是原始丛林。

"是非"说的是真不真的问题,属于事实判断,有客观标准,有几分证据,说几分话。人们的是非判断来源于对"事情应当如何"的认识,是一种理性的、有意识的、自觉的、自省的思考。

企业管理中的是非清楚,就是要让员工明白是与非之间的明确界限。比如,公司每年都要开展纪律教育月活动,采用文件学习、纪律知识答题、宣传教育、座谈会、廉政活动进家庭等多种形式,教育广大干部员工,警示企业中有哪些是不可触及的红线,预防发生违纪违规事件。又比如，每年公司都会组织各党总支、党支部签订廉洁从业责任书，用合约的形式，清楚传达公司要求，明确广大党员干部的廉洁从业责任。实践证明，这些措施是有效的，大亚湾核电运营管理公司成立多年来，违纪违规事件的发生次数年均小于2起，这对于一个3000多人的企业来说，并不是一件容易办到的事情。

（二）赏罚分明

中国古代的贤哲，对赏罚分明有着深刻的认识，提出了许多精辟的见解。赏罚的目的是"赏以兴功，罚以禁奸"；赏罚的原则是"用赏贵信，用刑贵正"；赏罚的对象是"刑过不避大臣，赏善不遗匹夫"；赏罚的时机是"是非明而后可以施赏罚"。赏罚不明的后果是"有功而不赏，则善不劝；有过而不诛，则恶不惧""赏不劝谓之止善，罚不惩谓之纵恶"。

对于任何组织或团体来说，鼓励什么，支持什么，反对什么，禁止什么，都要有明确的准则，否则，什么事情也干不了、干不成、干不好。赏罚分明是从制度上明确企业的价值观，确保企业全体员工的认识和理解保持一致，从而达到行动步调一致。公司每年开展各类评先评优活动，对模范员工、优秀党员、公司年度奖获得者等进行物质和精神奖励，并用他们的榜样事迹激励广大干部员工努力工作，为核电事业奉献全部力量。对企业中出现的违纪违规事件，公司则按照有关制度规定，严肃处理，用活生生的事例警醒广大员工遵章守纪，廉洁从业。

（三）树立正气

《文子·符言》中说："君子行正气，小人行邪气。内便于性，外合于义，循理而动，不系于物者，正气也；推于滋味，淫于声色，发于喜怒，不顾后患者，邪气也。"《楚辞·远游》中说："内惟省以端操兮，求正气之所由。"宋代的文天祥在《正气歌》中说："天地有正气，杂然赋流形。下则为河岳，上则为日星。于人曰浩然，沛乎塞苍冥。"这些传统典籍，都把正气作为一种至大至刚的气节和唯真唯实的作风加以肯定和颂扬。

树立正气，是企业价值引导的重要手段。在实践中，党群部门主要通过正面引导的方式，树立队伍良好作风。如树立典型，表彰先进，改进宣传的方式，弘扬正气；以召开各类座谈会、恳谈会等形式，引领广大员工统一思想，共同行动。有的同事在路上救助熄火汽车，公司就将这类好人好事在企业内部网络、报刊上进行正面宣传引导，引起共鸣，使正气在员工心中生根发芽，并且通过一件一件的小事情得以发扬光大。

四、牢骚怨言消音器

消音器，是一种阻止声音传播而允许气流通过的器件，是降低空气动力性噪声的常用装置。如果汽车没有安装消音器，我们的生活环境就会充满噪声；如果核潜艇没有采取消音措施，它就可能成为敌对方的"活靶子"。企业中的员工数量众多，造成员工不满的原因也可能有多种，牢骚怨言的存在也是较为普遍的现象。关键是采用什么样的态度和方式来进行处理，这体现了管理的水平。党群组织要成为牢骚怨言的消音器，就要求党群干部利用现有员工沟通平台，以积极的心态关心其思想动态，变被动服务为主动服务，积极推动解决员工提出的各类问题，使党群组织真正成为公司党委与员工联系的桥梁。党群组织应该采用什么样的态度和方式来进行"消音"处理？概括来说，就是要正视问题、化解矛盾和培育大团队精神。

（一）正视问题

人们对事物进行判断后的结论，不一定是非"黑"即"白"的。实际上，假如对世界上的大多数事物做出判断，那么其中的"不同"要远远多于"是非"和"对错"。即使有两方水火不能相容，也并不一定一个是"是"，一个是"非"；或者一个是"对"，一个是"错"。如果用"不同"和"差异"来看待问题，而不是用"对错""黑白""是非"的观点来看待问题，类似的冲突会减少很多。比如，不同民族的人死后有土葬火葬之别，这就是一种"不同"和"差异"，而不是原则性的"是非"与"对错"，更谈不上道德不道德的问题，充其量是一种来源于传统的文化现象而已。

在企业内部，经常会出现一些需要对"是非"与"对错"进行判断的事情，其中的"牢骚"与"怨言"有时并不属于这种范畴，它们往往不能简单地定性为"非"或"错"，大多数属于"不同"或"差异"。对于员工的不同意见和批评，不能完全视为牢骚怨言，而是要用积极的态度正视各种议论或观点，通过对这些所谓的牢骚和怪话进行系统分析，找出深层次的原因，及时排查和疏导。不能认为牢骚话都是错误的，更不能采取强硬的行政干预手段，让当事人忍气吞声，追求暂时"安静"的假象。要换位思考，把抱怨和牢骚作为工作改进点，不断完善自身工作，使牢骚怨言越来越少，企业气氛越来越和谐。公司本着"以人为本"的理念，在实际工作中通过不同渠道来收集和听取意见和建议，设有"总经理信箱"和"合理化建议"平台，对意见和建议进行调研，并有针对性地提出改进方案，公开承诺"事事有交代，件件有落实"，不断提高企业的管理水平，使员工在工作中更加心情舒畅。

（二）化解矛盾

化解矛盾，是"消音器"的功能所在。公司对个性化的意见和要求，具体问题具体分析，应该解决的就予以解决，不能解决的就做好充分的解释和说服工作。在这方面，车改与错峰上班是两个典型的例子。

车改前，公司公务车主要集中在管理层使用，车队派车往往因工作时间集中，不能及时满足现场工作需要，矛盾逐步上升。同时，员工在市内住房已不完全集中，到公司集中乘车点不是很方便，加上员工购车逐渐增多，因此往返工地与市内的免费班车经常坐不满，我曾经坐过一次从基地回市里的班车，45个座位的豪华轿车，加上司机只有4人乘坐，这种交通资源的浪费真是惊人，各方面的牢骚意见比较多。公司在进行充分调研的基础上，果断实行车改，既满足了现场工作用车的需要，又兼顾员工的切身利益，同时也使公司在用车成本上得到有效控制，形成多赢的局面，牢骚怨言得到有效消除，"最近几年乱用车"方面的意见基本上听不到了。

错峰上班，本是公司根据核电基地上班高峰期交通过于拥堵的实际情况提出的一项改进措施，从效果上看也确实不错，但实施错峰后不久，却有一些老员工因已形成了早起的习惯，不愿延后半小时上班。这时，党群部门从大局方面进行引导，积极开展解释说服工作，并取得了这部分员工的理解和支持。我就曾经与一位找我提意见的老员工说，你每天早晨起来后，可以到海边多走走，吸吸新鲜空气，这样一整天都会感觉神清气爽，何必那么早就枯坐在办公室里呢？我这么一说，这位老员工也就笑一笑走了，没有再说什么。在我们的日常生活和工作中，应该多一些这类轻松解决问题的场景才好。

（三）培育大团队精神

在管理学中，一般把团队定义为由员工和管理层组成的一个共同体，有共同的理想目标，愿意共同承担责任，共享荣辱，经过长期的学习、磨合、调整和创新，形成主动、高效、合作且有创意的团体，解决实际问题，以实现共同的目标。

倡导大团队精神，能够延伸"消音器"发生作用的时空范围，预防牢骚怨言的产生。在岭澳二期项目调试启动阶段，经常会遇到强调现场工作条件困难，或是上游没有做好工作，使得工作无法正常推进的情况。例如，在核岛某些重要泵现场安装完成后，启动前检查发现有问题，需要进一步检查才能确保启动安全。有的人认为泵在厂家已做过试验，不会有问题；有的人认为如果发生问题，是厂家或是安装方的责任；还有人考虑到如要进行解体检查，保修期内的责任就要重新界定等，意见极其不统一。这时，生产线广大员工发扬大团队精神，对核岛内有疑问的重要泵全部进行解体检查，确保重要设备的启动安全，消除了各方因意见不统一导致工作不能顺利推进的牢骚怨言。在岭澳二期项目建设过程中，生产线按照总经理部"任务有界，责任无边"的要求，对问题和困难不回避，不发牢骚，不抱怨，而是充分发扬大团队精神，各项目组主动分担任务，承担责任，确保了各项工作里程碑的顺利达成。

五、企业形象扬声器

扬声器，是一种常见的电声转换元件，在发声的电子电路中都能见到它，其主要功能是把微小的声音放大。军队打仗的冲锋号、广播站的"大喇叭"，都具有这种功能。企业作为一个客观存在的经济实体，在社会经济环境中必须准确传达它的经营理念，在政府监管部门、股东和客户，以及社会公众中树立良好的企业形象。

企业形象，是指人们透过企业的各种标识、从事的业务，以及和企业接触交往过程中建立起来的总体印象。党群部门一定要坚持"把握大局，围绕中心，特色鲜明，形式多样"的指导方针，向员工有效传递高层领导的管理意图，力争做到"规定动作不走样、自选动作有特色"，在分工协作的基础上整合力量，扎实做好每一项工作，才能积极维护企业的良好形象。一般而言，企业形象主要包括三个方面：一是组织在社会公众心目中的整体形象，二是企业员工个体的具体表现，三是企业文化的体现。

（一）组织的整体形象

作为国内首家专业化核电运营企业、国家级高新技术企业，大亚湾核电运营管理公司专业运营的发展势头良好，核电运营规模化优势逐渐显现，已成为中国核电运营领域的领跑者。公司专业运营业绩国内领先、世界一流，专业运营发展能力逐步增强，公司连续多年获得国际同类机组安全业绩挑战赛相关奖项。运营公司是独立法人企业，依法设立股东会、董事会、监事会和管理机构，实行董事会领导下的总经理负责制，严格按现代企业制度运作。公司自成立以来，陆续获得"国家技能人才培育突出贡献奖""改革开放30周年广东企业管理创新杰出贡献奖"，获评"企业信用评价AAA级信用企业""全国电力行业优秀企业""广东省优秀企业文化单位""深圳市百家和谐劳动关系先进企业""深圳市文明单位""深圳市文明示范单位""全国电力行业设备管理工作先进单位""省电力系统迎峰度夏保障供电先进单位""电力调度优胜单位""调度自动化管理工作优胜单位""继电保护管理工作优胜单位""电力信息化标杆企业"等多项荣誉称号。这些成绩和荣誉，都是组织整体形象的有机组成部分。

（二）个体的具体表现

公司广大党员也展现了良好的个体形象，为公司形象增添了光彩。在历届深圳市直机关工委系统党员代表大会选举中，均有党员同志光荣当选为代表大会代表。公司很多党员积极参加深圳义工组织，参与无偿献血，参加社区文体活动，体现出核电党员健康向上的精神风貌。

（三）企业文化的体现

公司不断加强企业文化建设，通过各种企业文化载体来展示企业形象。公司建立了企业文化视觉识别系统、理念识别系统和行为识别系统三大企业文化子系统，强化了对核电优秀企业文化的意识，使核电形象在社会公众的心目中更加清晰、可敬。公司还在大亚湾核电基地建立了爱国主义教育基地，定期召开媒体交流会，积极参加各类社会活动。这一系列活动，加深了外界对核电清洁能源、服务社会形象的良好认知。

第二章
责任心建设

第二章 责任心建设

《新唐书·王珪薛收等传赞》中记载："观太宗之责任也，谋斯从，言斯听，才斯奋，洞然不疑。"即唐太宗李世民在履行自己的职责时，能够采纳别人的计谋，听从别人的建议，使手下的文臣武将都能够充分施展他们的才能，对所有的人都敞开胸怀，用人不疑。

不论是王侯将相，还是黎民百姓，只要生活在社会环境之中，就有一份责任，因为它是每个人迈向人生道路的基石，是实现自我价值的必要条件。责任是每个人的事，无论是初入职场、职位平凡的普通员工，还是经验丰富、位置显赫的资深人士，都应当为自己哪怕是无足轻重的工作承担起责任，绝不能以任何理由轻率对待。只有清楚责任，才能更好地承担责任。对于企业来讲，如果没有责任感，就失去了持续发展的根基；对于个人来讲，推卸责任就失去了实现自我价值的机会。

责任心，是具有责任感的心态，指个人对自己和他人、对家庭和集体、对国家和社会所负责任的认识、情感和信念，以及与之相应的遵守规范、承担责任和履行义务的自觉态度。责任心，是一个人应该具备的基本素养，是健全人格的基础，是家庭和睦、社会安定的保障。具有责任心的员工会认识到自己的工作在组织中的重要性，把实现组织的目标当成是自己的目标。

企业是树，文化是根，优秀的企业文化是企业实现可持续发展的力量源泉。对内，它可以凝聚强大的精神力量，提高管理效能，增进团队协作；对外，它可以树立企业信誉、品牌和良好形象，展示企业价值，提高美誉度，从而增强企业的竞争力和持续发展能力。谁拥有文化优势，谁就拥有竞争优势、效益优势和发展优势。

企业文化的形成和发展，是历史的积淀，是相对稳定的，是持续发展的。作为一个企业组织来说，责任心无疑是优秀企业文化的核心内容，但它不是自然而然就具有的，而是需要按照科学的认知和做法，进行持续不断的建设。

"责任心"这个概念，是不能够直接"看到"即测量的。为了正确测量，就要对它进行操作化定义。但是，如果维度选择不适当、不正确，就不能比较准确地对它进行测量，反映在管理手段上，就是不能够找到从根本上增强责任心的有效办法。即使大部分责任心强的人，都会有好的绩效表现，但不能把好的绩效表现作为衡量责任心的维度。或许责任心与绩效表现之间是高度相关的，但我们并不能把绩效表现作为测量个人责任心的指标。因为绩效表现很可能是责任心的结果，而不是责任心本身，所以不可作为测量的维度。比如，一个平时表现并不好的销售人员，恰好利用他的家族企业需要一台设备的机遇而卖出一台。这个时候，他的绩效是好的，但不能说明他的责任心也是强的。相反的例证是，一个具有高度责任心的人，可能因为某些无法控制的因素，导致工作无法顺利进行，从而没有得到好的绩效。因此，如果我们用绩效来衡量责任心，将会得到一个错误的概念，就是并没有测量所感兴趣的变量——责任心，而是测量了绩效表现。

责任心是一个比较抽象的概念，为了对其进行测量，就要降低它的抽象程度。我按照本书绪论中所述的CDE模型分析方法，组织发动大亚湾核电运营管理公司的51个党支部，进行了长达半年的讨论、交流、归纳、提炼，形成了如下共识。

①承载责任心的平台是人，因此，责任心要深植于每一位员工的心中，首先要认同组织的目标，才能谈得上有没有责任心。

②企业作为一个组织，必须有相应的组织纪律，因此所有员工必须做到遵章守纪。

③员工在工作过程中彰显责任心，必须有百分之百的精力投入。

④员工面对千篇一律、周而复始的工作程序，要持续保持饱满的工作激情。

⑤企业是由不同的人组成的团队，非常需要协作与互助，这在客观上要求员工要有极强的合作意识。

⑥完成企业的经营目标，主要靠各种不同的团队，作为团队的成员，需要发扬助人精神。

⑦责任心的直观表现是团队成员具有强烈的责任意识，表现在行动上就是勇于担当责任。

根据以上大多数员工，尤其是党员所形成的共识，我们将责任心这个抽象的概念拆解为认同目标、遵章守纪、精力投入、工作激情、合作意识、助人精神和担当责任7个维度，每个维度又拆解成3个可测量的行为要素，进而建立了一个责任心的"三环"模型（见图2-1）。

图 2-1 责任心的"三环"模型

建立责任心的度量模型，这是企业文化建设实践工作中的一项理论创新，它不一定很成熟，但基本表达了公司管理层的倾向和态度。为了能够帮助广大员工准确理解责任心模型，我们通过案例进行宣贯，以期该模型在广大员工中能够得到正确的理解和传播，并在更广泛的范围内取得认同，进而成为全体员工的自觉行动。以此为基础，把责任心从一种文化理念固化为一种工作行为，完成责任心文化建设的一个完整循环，可以最终形成具有核电企业和行业内禀特征的责任心文化体系。

第一节　认同目标

中国古代四大发明之一的指南针，其前身为司南，在典籍文献《鬼谷子》中是这样记载的："郑人之取玉也，载司南之车，为其不惑也。"即郑人去"取玉"，必须带上司南，就是为了避免方向的迷失。《韩非子·有度》中说："故先王立司南以端朝夕。"这里的"端朝夕"，就是正东西，引申为确定东西南北的方向。

无论白昼黑夜，无论斗转星移，司南永远向南。对于司南而言，"南"就是它所认定的目标，而且一旦认定，就再也不会改变。宋代的文天祥在他的《扬子江》诗中写道"臣心一片磁针石，不指南方不肯休"，表明他虽然历经磨难，兵败被俘，但对南宋王朝的耿耿忠心至死不变。这就是政治信仰的力量，也是对选定目标的高度认同。

作为企业的员工，体现其责任心的第一个维度就是要认同组织所确定的目标，而且还要有一股子"咬定青山不放松"的劲头。认同目标这个维度，可以拆解成3个要素：一是拥护组织的决定；二是在组织目标与个人目标不一致时，根据组织目标自觉地调整个人目标，主动服从组织目标；三是为了实现公司的目标而听从组织的指挥。

一、认同目标，拥护决定

企业作为一个创造价值的经济组织，总是有自己的经营目标。作为企业的员工，在一些涉及切身利益的问题上，不可能总是与组织的整体利益保持一致，这是客观的现实。但对于组织这个"大我"，员工的"小我"有时候就需要做出一些妥协甚至牺牲。因此，高度认同组织目标，积极拥护组织决定，是员工具有责任心的具体体现，能够做到这一点，所碰到的一些具体问题也就不成问题了。

案例一：异地创业谱新篇

有一年，大亚湾核电运营公司十多名员工响应集团异地创业的号召，前往福建宁德开展宁德核电站前期准备工作。他们大多数都是三四十岁的人，是各自家庭的顶梁柱。每个家庭都会有各种各样的困难，远在异地创业的他们在这方面承受着更严峻的考验。当时，宁德的物质条件和工作环境与大亚湾核电基地无法相比，但这些并没有影响他们的工作热情。两年来，他们以高昂的斗志和创业精神，克服了来自各方面的困难与障碍，下定决心要创下一片使自己和后人为之自豪的基业。

当时，福建省对这个项目还存在一些疑虑，或者说有点不太相信集团的能力和韧劲。功夫不负有心人，在集团和宁德核电员工的共同努力下，福建省领导对于宁德核电项目的态度悄然发生着变化，从"谁干得快，就支持谁"，到"我们支持宁德项目，也支持其他项目"；从"宁德是福建省第一个项目，其他项目也要争取上"，到后来充分肯定、大力支持宁德项目。一条从怀疑、观望、肯定到支持的项目推进路径，固化为宁德核电项目成功的轨迹。

宁德核电基地的物质条件和工作环境与大亚湾核电基地无法相比，这是因为任何新的事业起步总有一个过程，所有的参天大树都是由小树苗长成的。作为大亚湾核电站建设的先行者，不也是从一无所有开始的吗？先行者有先行者的责任，更有先行者的义务。怀着这样的责任心，所有的困难都没有影响这十多位员工的工作热情。两年中，对家人的牵挂和歉疚，让他们在艰难创业的同时承载着生活之重，却没有被这种双重压力吓倒和压垮，而是超越了自我，出色地完成了任务。

任何一项伟大的事业，都需要全体员工用实际行动去践行，更需要先行者们不断播撒种子，不断辛勤耕耘，才能开出绚丽之花，结出丰硕之果。作为中国核电运营事业的主力军及集团的核心成员单位，大亚湾核电运营公司在实施"走出去"的发展战略中，理应首当其冲，再创基业，这就是对目标的认同，更是衷心拥护、坚决执行组织决定的具体表现。

案例二：甘愿做一块"砖"

有一位基层干部朱君，大学毕业参加工作便投身核电事业，是核电站第一批持照运行人员。后来历任生产部运行副值长，核安全技术顾问，核安全与环保处副处长，运行一处副处长、处长，生产部经理助理等职务，多年来在运行岗位上低调务实，以自己的实际行动践行着核安全文化。后来，根据公司的工作需要，朱君又转岗到培训中心担任副主任主持工作。面对工作领域的转变和培训任务成倍增加、人力短缺的局面，他明确提出了"培训要在执行中突破，管理上转变"的管理理念，带领培训中心团队在多基地统筹培训、新员工培训、培训领域核心能力提升、标准化建设等方面取得了丰硕的成果，为实现公司和集团人才培养战略目标迈出了坚实的一步。运营公司阳江分公司成立后，他作为阳江分公司负责人，再次奔赴新的工作岗位，开辟新的天地。

20多年来，朱君一直在生产一线工作，为确保核电机组的安全运行，他满怀创业激情，有效地组织进行了运行控制、安全文化和队伍建设等方面的管理创新和尝试。工作岗位上的8次角色调整，每一次他都能够调整个人工作目标，主动服从组织安排，在实践中诠释自己对优秀共产党员标准的理解，并成为员工学习的好榜样。

核电领域最平凡的工作，就是生产；最不出彩的地方，就是安全；最默默无闻的岗位，就是环保；最需要耐心的工作，就是培训。因为这些工作都很难在短期内看到明显的成绩，都不产生轰动效应，而朱君却甘愿做一块"砖"，哪里需要往哪里搬。他正是在这些平凡的工作岗位上，几十年如一日，默默奉献，牢牢坚持。在朱君的身上，表现出的不仅仅是一种"咬定青山不放松"的精神特质，更是对自己所选择事业的一种高度认同和追求，对如何完成目标的一个完美的行为诠释，这对那些见异思迁、好高骛远的人来说，无疑是一面镜子。

二、调整目标，主动服从

《礼记·内则》中说："道合则服从，不可则去。"企业与员工的关系也是如此，假如员工与企业在道义上是相合的，那就要服从组织的目标；否则，只能是"合则留，不合则去"，没有什么中间道路可走，因为企业容不下三心二意的员工。

社会生活中任何一个群体，不论其规模大小与层次高低，都要求其成员遵守一定的规章制度，完成其承担的工作任务，以实现群体目标并维护组织的团结。问题在于，员工对企业是被动服从，还是主动服从？这两者的区别是非常大的。从企业的角度看，最希望员工在企业的目标调整之后能够主动服从，这样，就达到了企业与员工之间最佳的合作共赢状态。从员工的角度看，能够主动服从组织的目标，是高度责任心的表现。

案例一：在主动服从中成长

大亚湾核电站有一位全国"五一劳动奖章"获得者周君，他是中专毕业后来到核电站工作的。核电站位置偏僻，条件比较艰苦，与他一道来的同学陆续有人另谋高就，他则义无反顾地扎下了根。当时，大家都没有核电站运行的经验，周君就利用一切时间学习核电知识，熟悉现场设备，虚心向各位老师傅和法国顾问请教。不到3年，他就掌握了核电站的运行现场操作技能，对现场各种设备运行情况了如指掌，多次对运行异常做出准确判断并排除险情，成为核电站运行技术骨干。

有一次上夜班，大亚湾核电站1号机组接近临界操作过程中，主控操纵员发现一个水位异常上涨的现象。职业的敏感性和责任心使周君对以前的结论产生怀疑，并重新检查，最终发现是某设备的过滤器堵塞，导致另一个设备的水位异常上涨。正是他的这种严谨细致的工作作风，才能够及时发现设备缺陷，并采取措施加以纠正。

岭澳核电站进入调试高峰，急需系统调试人才，组织安排周君参加这项工作。在同事的眼中，他就是一个"最擅长风险控制的人"。在岭澳核电站1号机组调试期间，他查阅了大量国内外的参考文献，对控制配电盘掉电试验进行深入分析、缜密推理，在不影响试验有效性和机组安全水平的情况下，大胆地提出了新的调试措施，顺利地完成了试验。岭澳核电站（一期）总体调试期间，由他组织实施的试验项目没有出现任何设备损坏事故，创造了国际同类机组该项试验的最佳业绩，为岭澳核电站两台机组顺利提前投产奠定了坚实的基础。后来，他又与同事一起承担了首次开发核电站数字化运行程序的重任。通过吸收国际先进的核电站设计、建造理念，为岭澳核电站策划出一套独具特色的总体程序数字化方法。他不断积累专业知识，积极进行技术创新，先后取得10多项科研创新成果。

周君在大亚湾的成长，从主观上说，离不开自身的刻苦努力；从客观上说，是大亚湾核电项目让他有展现自我的舞台。纵观他的成长历程，一步一个脚印，每一步、每一个阶段都能留下责任心的影子，在每一个岗位上，他都用辛勤的努力换来了丰硕的收获。可以这么说，是责任心促成了他的成长。

核电企业是锻炼人的地方，更是成就人的地方。从学历的角度看，周君只是一个中专生，但他把自己的职业选择与企业的组织目标紧密结合起来，千方百计提高自己的知识和技能，最终超越了文凭不高给他带来的不利因素。他带领的团队，攻克了一个个看似无法解决的难题，又创造出新的经验，证明实践出真知，环境造就人。责任心在某种情境下实际上就等于服从，而且是一种主动的、积极的服从，根据组织的需要及时调整自己的目标，只有这样，个人的成长、进步和自身价值才能真正得以体现。

案例二：干部能上能下机制的建立

邓小平在《执政党的干部问题》的讲话中说："我提出干部能上能下，是不是可以试验一下，先从基层做起。"能上能下，从道理上来说，似乎不成问题，但实际上是非常难的。正是因为难，邓小平这么有魄力、有威望的政治家都不敢把话说死，只是主张"试验一下"，而且特意指出"先从基层做起"。

既然中央有要求，作为基层单位的企业，理当积极响应。但是，我们在做这项工作时，对它的难度有着充分的认识，因为对于基层干部和员工来说，涉及"名利"和"地位"的这些切身利益的问题，真的不是凭着党委书记或者总经理的一场或几场报告就能解决的。有鉴于此，我们通过深入广泛的调查摸底，首先从确定原则和考核办法入手，制定了一份《关于干部试用期、任期考核的实施办法》（以下简称《干部考核办法》），组织干部员工进行各种形式的学习、讨论，作为思想发动的"试探气球"。

《干部考核办法》明确规定，干部任期考核结果是干部奖惩、交流和使用的重要依据。考核结果为"优秀"的干部，应予以续聘、提拔或重用，可根据情况列入后备干部进行重点培养。考核结果为"称职"的干部，可予以续聘、交流或提拔任用。考核结果为"基本称职"的干部，可予以续聘，也可根据情况进行交流或按低于现级别聘任；予以续聘的干部，可根据情况确定一年聘期，期满后经考核仍为"基本称职"的，按低于现级别聘任、交流或不予聘任。考核结果为"不称职"的干部，应按低于现级别聘任或不予任用。经考核对不适宜担任行政职务的，应转入其他岗位另行聘用。

对于这些原则，大家并没有什么太多的意见，所关注的事情是"我的考核结果是什么"。这就涉及实际操作过程中标准的掌握尺度。当然，即使再难，我们也必须往前走，所采取的办法，就是在一定的范围内进行试点。有一年，我们选择了具有不同代表性的13名任期届满干部作为任期考核的对象。对照岗位职责和业绩目标，通过干部业绩评定、民主测评、考察、述职评价会评价等多个阶段的考核，最后确定有3名干部为任期考核"不合格"。

我作为公司分管领导，非常重视本次干部任期考核工作，参与了考核细则的制定，担任了述职评价小组的组长，组织确定了综合评价结果等工作。对任期考核"不合格"的干部，明确要求做好相关人员的思想工作，充分发挥每一位干部的特长，积极维护好队伍稳定工作。我本人亲自与这3名任期考核评价"不合格"的干部进行谈话，开始时，读者可以想见那个场景，气氛是比较尴尬的，因为我与这些干部平时抬头不见低头见，他们在工作中也不乏可圈可点之处，但现在却告诉他们，考核的结果是"不合格"。我拿出根据上述考核细则而得出的各个分项的分数给他们看，并且让他们说出自己与其他干部的优劣对比，别人有什么长处、短处，自己有什么长处、短处；在这次考核工作中，他们是否发现有什么不公平、不公正的现象，如果有，请举例说明，我负责查实；如果让他们本人作为这次考核的负责人，对这样的结果该怎么看待。

经过我的这种开诚布公的当面谈话，他们最后哪怕是勉强，也还是接受了考核结果，并且相信组织上能够根据他们的历史和现实的综合情况，对他们做出恰当的安排。我当场代表公司党委向他们表示，下一步的工作安排一定会让他们感到满意，而且会有发挥各自专长的空间，使他们能够尽快做出成绩，为下一次的"能上"创造条件。公司根据考核结果，对相关人员重新进行了岗位安排。公司在用人上的"能上能下"目标的初步实现，为公司的用人制度注入了活力。从此，岗位职责和任期目标的实现与否，真正成为干部能否继续任用的重要标准。

干部管理的最大难点就是"出口"问题，"能上不能下"是困扰国有企业的一个老大难问题。能否真正做到"能上能下"的关键，首先在于组织是否能够严格按照岗位职责和业绩目标对干部进行考核，其次在于组织能否根据考核结果进行岗位安排。对于干部本人来说，要做好一名干部，首先要严格对照岗位职责和业绩目标努力工作。如果考核结果不令人满意，这说明自身素质还有缺陷，如能主动服从，重新确定自己的人生目标，应该还会有一个好的结局，因为人毕竟在自己最合适的地方才能发挥出最大的效用。

我们在实际工作中不回避、不畏难、不退缩，本着对企业负责、对干部队伍负责的态度，科学地制定管理制度，使干部任用都能围绕企业如何实现业绩目标这个主旨上来，进而用这一机制更新观念，让全体干部队伍都能在这一大目标下自觉听从指挥，接受组织上的考验。这正是一个现代化企业应当具备的职业化人才理念。

三、实现目标，听从指挥

指挥，指根据特定的目标和要求，通过指示、调度和协调来组织和引导工作或行动。对于军队而言，"一切行动听指挥"是一条铁的纪律，只有如此才能够打胜仗。

现在许多企业里有一种不好的倾向，就是总想把管理军队的一套制度或做法搬到企业中来，这是形似而实非的肤浅思维。虽然说"商场如战场"，但商场毕竟不是战场，只是"如"而已，就是说只是有点类似罢了。实际上，企业就是企业，军队就是军队；商场就是商场，战场就是战场；员工就是员工，士兵就是士兵；经营者就是经营者，将领就是将领。"商场如战场"这句话绝不能生搬硬套，因为人们并没有说"商场就是战场"，而是用了一个"如"字，可见二者之间还是不同的，而且区别很大。其中最大的区别就是，前者是可以共赢的，而后者只能是你败我胜、你死我活。

话又说回来了，即使商场没有战场那样残酷，企业为了获得竞争优势，也需要员工为了实现公司的目标而听从指挥，这是作为一个有高度责任心的员工的天职。

案例一：充满正能量的"精、气、神"

公司生产部曾有一位值长，在大亚湾核电站1号机组主控室巡盘时发现，核岛疏水系统有一个报警闪了不到1秒就消失了。他马上询问主控操纵员,大家反映这种现象已持续一段时间,不过报警灯闪过后能自动恢复正常,机组也没有出现相关异常情况。

可是,这位值长却认为机组的每一个报警都有它的内在原因,绝不能轻易放过任何一个异常信号。于是,他组织现场操作员对这个系统进行了仔细排查,经过深入分析,断定是运行规程的不完善,导致疏水系统两台泵的运行方式设置不合理。事实证明,他的判断是正确的。运行规程经过修改和完善后,使运行操作更为流畅,报警不再闪现,确保了机组的安全稳定运行。

后来,组织上安排这位值长担任大亚湾核电站两台机组第 11 次大修的运行副经理。在公司及部门的统筹安排下,他从高风险工作入手,在运行值同事的共同努力下,构建了高风险工作风险分析单体系,建立了重要工作逻辑流程图。他与两位大修隔离经理共同审批了 12000 多张工作申请票,其中每一张与现场安全直接相关的工作票,他都坚持一丝不苟地进行双重检查。他带领的团队业务素质过硬,工作热情高涨,敢打敢拼,为机组的安全运行做出了贡献,先后 5 次荣获公司"先进集体"称号。

通过认真分析失败的案例,我们发现,无法达到目标的原因包括:要么是知识技能不够,没有能力去完成;要么是工作漫不经心,缺乏精神动力。知识技能不够不完全是你的错,因为有时候是组织的培训不够,你本人也需要不断努力提升自己;但是如果对待工作漫不经心,那就肯定离实现目标越来越远,也就是你的不对了。

天有三宝"日、月、星",人有三宝"精、气、神"。精、气、神就是精神状态,好的精神状态是成功的必要条件。一个人之所以能成功,先决条件是具备这种精、气、神,认真对待每一件事。这位值长及其所在团队多次获得"先进集体"称号,他们的重要成功经验之一,就是拥有充满正能量的"精、气、神"。

案例二：招聘考试题泄露

有一年，公司人力资源部启动春季社会招聘工作，其中包括某专业处工程师岗位招聘。该专业处一名员工接受委托，准备了该岗位的招聘考试试题及答案。由于在该专业内看好一名公司大合同员工（也就是在现场为核电主业提供服务的其他合作伙伴公司的员工），认为其业务能力、工作经验和对现场的熟悉程度等都符合岗位需求，出题的工程师便在与该大合同员工交流时，向其提供了自己所出的试题及答案。公司社会招聘考试结束后，该名大合同员工笔试成绩为100分，且卷面与标准答案完全相同，引起了人力资源部质疑并向公司监察室反映了情况。经监察室立案调查，出题的工程师向他人泄露招聘考试试题及答案的事实成立，公司予以当事人内部通报批评的处罚。

责任心，首先就是要清楚自身肩负的责任，然后才能产生履行责任的意识。在业务工作中，员工个人应当认同组织目标，清楚自身的角色、责任和义务，坚持局部服从全局、个人服从组织的原则，服从规则，听从指挥，把实现组织的目标作为共同努力的方向，而不能只从个人的好恶出发，主观、盲目地采取行动，或者不按程序制度办事。发生这种泄露考题的事情，即使思想上无主观故意，行为上不存在谋取个人私利，但也是事实上的违规违纪行为，给公司的形象造成了重大损害。

社会招聘工作是公司按照公开、公正、公平和择优录用的原则，面向社会招揽人才的严肃的组织活动。为保证该项工作的正常有序开展，公司制定了招聘工作制度、保密制度、纪律守则等相关规定。参与招聘工作各环节的工作人员严格按照制度办事，严守公司秘密，这是最基本的要求。涉案的违纪人员不负责任，违规泄露试题，干扰了公司正常的社会招聘工作秩序，使参与应聘的人员没有在公正、公平的同等条件下合理竞争，这是典型的不服从纪律、不听从指挥的违纪行为，公司绝不能姑息，最后予以严肃处理，以儆效尤，使其他人引以为鉴。

第二节　遵章守纪

《左传》中说："百官于是乎戒惧，而不敢易纪律。"《乐府诗集》中说："照临有度，纪律无亏。"这些都是讲纪律（纲纪、法度）的严肃性和神圣不可侵犯性的。自古以来，良将统军，必须做到"纪律必严，赏罚必信"。没有纪律的组织，必然是一盘散沙。

纪律的主要特点，就是它的公平性与公正性，对谁都是一样的。就像用天平称量物品，虽然开始时会存在倾向性，但最终还是会回归事实本源，也即一定能找到那个平衡点。遵章守纪的最高境界，就是有无监督一个样，都能切实做到；而出于公心地对待身边的人和事，既是做人的原则，更是遵章守纪的体现。

遵章守纪，这是一种价值观。纪律就是纪律，规定就是规定，自觉遵守纪律，就是自律。自律的外表是守正，内涵是善良。没有善良，就做不到自律。凡自律者，必善良；凡善良者，必高贵。自律，是最高贵的品质。

遵章守纪这个维度，可以拆解成3个要素：自觉遵从，严守程序；诚实守信，严肃纪律；客观求是，严谨自律。

一、自觉遵从，严守程序

《孔子家语·致思》中说："（丘吾子）吾有三失，晚而自觉，悔之何及！"自觉，就是自己感觉到、自己意识到，从而有所觉悟，然后变成有意识的行为习惯。遵守企业的纪律，严守操作的程序，达到自觉的地步，这才是员工遵章守纪的最高境界。

案例一：误合的开关

有一次，大亚湾核电站2号机组处于第10次大修启动阶段，发电机没有并网。一名运行人员在试图消除主控室的一个设备报警的过程中，现场检查发现在当时的机组状态下，应放回到值长室钥匙箱的一把钥匙还在某设备的开关上，于是决定将钥匙拔出来。但因未成功拔出钥匙，他便怀疑可能是临近的发电机负荷开关合闸手柄倾斜所致。于是，在既无工作指令、又未经严格风险分析的情况下，他尝试转动手柄，结果误将负荷开关合闸，引起了发电机定子过流保护动作，导致主变高压侧开关跳闸。事后解体发电机检查，发现发电机转子受损，随即更换发电机转子，两周后并网发电。

这起事件的发生，至少暴露出四个方面的问题。

一是在非计划、无指令、无准备的状态下执行操作，且操作者没有严格执行本书第一章中介绍的"减少人因失误工具卡"之三的"明星自检"。

二是值长室钥匙管理规程不严谨，缺少关于钥匙使用状态、条件、方法和要求等内容。

三是标准隔离文件、在线文件及相关电气维修规程，均欠缺对钥匙使用和收回要求等内容。

四是运行人员对钥匙的功能和使用条件不清楚；对设备选择开关的结构功能等不熟悉。

本来打算消除"报警"，却引发了一次反应堆停堆及设备损坏的事件，结果事与愿违，弄巧成拙。"好心办坏事"的背后，反映出这名运行人员对管理制度的轻慢，缺乏一种对严守程序的重视与敬畏。这起事件的本质，是工作人员太过自信，由于误操作导致停机停堆。太不自信与太过自信,都是核电站工作人员的大敌。"想当然"是企业管理制度的大敌,更是与核安全文化理念背道而驰,切切当以为训。

这个"误合的开关"的案例,其后续结果带有某种戏剧性,我相信对许多企业管理者在如何对待这类事情,尤其是合理使用人才方面,会有正面的参考价值。

现在的网络流行语中有一个"C位"的说法,表示一个人在团队中处于核心位置。出于保护当事人的个人隐私的原因,我在这里不便透露这个案例中主人公的真实姓名,但由于他是这起事件的主角,因此我姑且将他称为C君吧。

我去大亚湾核电站工作之初,首先要通过一个专门针对领导干部的技术和管理培训。有一次,给我讲课的一位老师讲了许多事故的案例,其中就包括发生在两年前的这起"钥匙事件"。老师还讲了一个看法:"今后C君在核电站再难有出头之日了。"我听了这句话,心头一震,觉得不至于这样吧。我当时问老师,假如我们俩碰到这种事,会发生什么情况?老师说,很难讲不会犯他的错误。他的话是实话,我完全同意。我还讲了一个观点,类似这样的事故,我们固然不愿意看到,但是既然发生了,从机组长远运行和队伍长期建设的角度来看待这个问题,也未尝不是一件好事。老师对我的这个观点有所保留,他说,最好是这类事件发生在别人身上,我们吸取他们的教训而不重犯。我也知道,这样固然很好,但生活经验告诉我们,经验总是肤浅的,教训才是深刻的,间接的经验总比不上直接的教训使人更加刻骨铭心。

列宁说过,只有肚子里的婴儿和坟墓里的死人才不会犯错误。我一直认为,不要怕犯错误,因为错误是我们生活的一部分,缺了这个错误,我们的生活将失去许多色彩。即使是这起事件中的主角C君,我认为今后也要恰当地使用,因为这种刻骨铭心的错误,可以使他变得更加成熟、坚强。在钥匙管理这个领域，我相信，全公司再没有人有比他更触及灵魂的自省了。从那之后，我就把此事放在心上了，总想找机会把这起事件的前因后果搞清楚，以便自己能就如何恰当使用C君做出比较准确的判断。

有一次，我参加大亚湾核电站早会和运行一处的周例会，C君也在场。我仔细观察他的行为，发现一个细节，就是他用右手的几根指头把那支笔玩得很溜，就像架子鼓的鼓手们为了增强某种节奏感，或者只是单纯为了"耍酷"而在手指间玩转鼓槌一样。从这个细节，我合理地推断，他平时应该比较喜欢动手，某种意义上讲，这也是一种能力或者优点。

我早就想找C君了解情况，今天正好是一个机会。于是，会议结束后，我请他到另外一个房间，让他将"钥匙事件"当作故事给我讲讲。C君详细介绍了当时的情况，他那时担任高级操纵员，那天上午主动到现场察看，发现有一把钥匙挂在那里。他对钥匙问题已经琢磨很久了，今天发现了这个问题，认为只要拔下来就行了，结果引发了跳机。他当时对要不要如实报告他的行为进行了激烈的思想斗争，最后决定还是如实报告（尽管推迟了20分钟）。他对组织上给予他的处分表示接受，认为这是应该的；同时，他也不希望被列入另类，好像永无出头之日。我告诉他，绝不会的，只要在实践中改正了错误，组织上照样会恰当地使用他。从谈话中，我感觉到C君这个小伙子还是很真诚的一个人，那次祸闯得是有点大了，但这两年来的表现一直不错，许多人也同情他。对于这一点，我直接向当时的生产部经理求证过。我把C君对我讲的话对他复述了一遍，请他根据自己对C君的了解，判断一下他说的话是真的还是假的。这位经理说，这些话听起来不像是假话，应该是真的，因为当时对这起事件进行的调查也就是这个结果。他这么一说，我的心里就有底了。对于这样一个人，公司还是应该合理使用，也就是说，应该采取诸葛亮的办法：服罪输情者虽重必释，游辞巧饰者虽轻必戮。C君后来的表现，应该属于"服罪输情"的类别，对他的处分应该"释"了，对他的恰当使用，就是给员工的一种导向。

有一次，我与C君的处长和部门经理参加一个活动，顺便谈起他的事情。我就问他俩对C君的看法，他们说想用，但不敢向公司提出来。我当场表态，你们该用还是要用，先做一些准备工作，我在合适的时机向公司总经理讲这件事情。后来，事情进展得比较顺利，C君回到他原来的值里，这就意味着恢复了他作为主控室高级操纵员的资格，但在正式上岗之前还要进行相关的培训。这种培训对他而言，相当于"罚酒三杯"，而且这也是对离开操纵员岗位一定时间后重新进行上岗前培训的通用性规定，不只是针对他的，因此他没有不接受的道理。他在进值的那次周例会上，当场表了态，感谢大家对他的信任与关怀。散会后，值长特意向我表示感谢，因为他们觉得此事是在我的推动之下解决的。我回到办公室，收到值长给我发的一封邮件。

"钥匙事件"给公司带来了巨大的损失，在领导和同事们的关心帮助下，经过一年时间我才慢慢走出事件的阴影，逐步恢复自信。我没带好队伍，给公司、C君及其家庭造成巨大伤害。事件后C君下运行，始终是我的一块"心病"。现在他重返运行岗位，使我和运行的同事都感受到领导的厚爱与胆识，我知道你们承担着很大的压力。请领导放心，不管他将来在这里还是到别处，只要在值里一天，一方面，我们会在工作中帮助他慢慢恢复自信；另一方面在工作中也会严格要求他，避免再出错，不辜负领导和同事们对他的期望和信任。

我看了此封邮件，也很感动，觉得运行这支队伍确实是值得信赖的，有了错误，领导层应该为他们创造改正错误的机会。我给公司总经理和分管生产的副总经理写了一封邮件。

今天早上我参加运行一处的周例会，获悉C君已经进值。他本人在会上表了态。在此之前，他一度有些思想波动，想去岭澳二期参加DCS（数字控制系统）的培训，后被生产部说服，还是留在值里。现在从相关方面的反映来看，生产部的这个举措是正确的，可以更好地起到激励和教育其他员工的作用。至于实际的作用到底如何，我们进一步观察吧。特此通报，请两位老总周知。

现在的C君成了"宝贝"，生产准备部也抢着要他。公司分管生产准备的领导与我商量，DCS培训人员正在选拔，C君的英语比另外一位年轻同事强，很想要他去。我讲了原来的意图，就是想让C君在哪里跌倒就在哪里爬起来，这样就给员工一个很好的导向作用。这位分管领导讲，选拔到DCS出国培训，这也是一种导向作用。我表示同意，他说再向公司总经理报告一下。当时的生产部经理助理曾经是C君的运行处处长，得知这个情况后，向我打电话询问，是不是要把C君调去搞DCS。我答复，是有人打他的主意，但放不放人由你们决定。这位经理助理说，既然有这样的想法，那我们就放人。他还提供了一个信息，去年集团主要领导说过一句话，像C君这样的人是不能选拔到DCS的。他说他是听另外一位部门领导传达的，但今年没有听到类似的说法。我说，这类的传言听听就算了，只要集团领导没有明确的指示，我们该用还是用。

几天之后，我收到 C 君发给我的一封邮件，主要是感谢我和生产部经理，给他创造了重返运行一线的机会。我给他回了一封邮件。

客气话不用多说了。人非圣贤，孰能无过。错误是我们生活的一部分，没有了错误，我们的生活就少了一些成分。你要辩证地看待这个问题。再说，你"闯"的那个"祸"的性质不同，属于经验和技能方面的问题，与你的人品和道德没有关系。古人说："君子之过也，如日月之食焉。过也，人皆见之；更也，人皆仰之。"事情过去很长时间了，就不要再去想它了，放下包袱，轻装前进，相信你今后会有出息的。祝你在新的岗位取得更大的进步。

两年之后的一天晚上，我正在办公室处理文件，C 君进来了，与我谈他在法国学习培训的收获和体会。我向他表示了祝贺，鼓励他珍惜现在的机会，好好锻炼自己。他拿了两瓶从法国带回来的红葡萄酒要送给我，当面表达感谢之意。本来，作为公司领导，在任何情况下都不能收取干部员工赠送的任何礼物。但是，那天不同，C 君拿出酒时的表情，满脸憋得比那两瓶红葡萄酒还要红，让人以为他干了什么见不得人的事情。我还没有开口，他先说话了："我们都知道您在廉洁方面做得很好，但我今天真的没有别的意思，只是感激您两年前为我提供了改正错误的机会。"

凡事有经有权，话说到这个份儿上了，我也就表现得人情练达一些，采取权变的方式来处理这个问题，于是，很爽快地说："好，这两瓶酒我破例收下了。"第二天，我就请秘书将其转交公司监察室，请他们按照规定处理。监察室主任到我办公室，向我解释说明《公司员工礼品、礼金上交处理规定》的相关内容，此类礼物如实进行登记，然后由本人领回自行处理就可以了。于是，我就让秘书保管，那一年春节在大亚湾核电基地的管理层集体团拜宴会上，将那两瓶酒拿出来让同事们分享了，并且声明这是有人从法国带回来的正宗红葡萄酒，如假包换。那天晚上，大家喝出了那两瓶酒的真正味道。

酒是喝完了，但对于这起事件的教训反思与经验吸取，则不应该画上句号。对于C君个人来说，应该是得到了应有的教训，他本人也得到了锻炼和成长。对于企业来说，则给我们提出一个更加严肃的课题：如何才能形成一种"容错"机制。关于这个话题，我也想以一个真实的例子加以说明。在讲故事之前，我先把我的结论说明：容错是创新的必然要求。

有一年春节期间的一个晚上，我陪我弟弟的孩子、上小学四年级的侄儿观看中央电视台播放的《中国诗词大会》某期节目。我之所以与侄儿一起观看，是因为自他上小学开始，我每周给他选一首诗词让他背诵，我认为这是对中国传统文化最大的尊重，也是最好的继承。当然，我"逼"侄儿背诗词，不是让他应付考试，而是培养和提升他的审美情趣。因此，侄儿对这个节目的兴趣非常浓厚。我觉得这个节目是融政治性、理论性、知识性与趣味性于一体的精品。在得到艺术享受的同时，节目中一个抢答环节的规则，引发了我的额外思考。

节目中有两个各有4人组成的团队，根据回答问题的得分高低决出胜负。其中有一个抢答环节，其规则是这样的：主持人与嘉宾老师出题之后，两队8人都可以按抢答器，其中只能有一个队员抢到答题权利。如果答对了，那么该队员得1分，其所在的团队也得1分；反之，队员与团队各被扣掉1分。抢答过程中，一个队员答错了，他和团队各被扣1分。下一道题，这个队员又抢到了，所幸答对了，个人与团队各得1分。两次结果对冲，分数没有增减。

乍一看，这个规则没毛病，对双方是公平的，抢答过程也没出现什么争议。但从深层次再想想，我觉得不仅有问题，而且问题还很大。

对于团队而言，抢答者答错了，不仅他本人被扣分，而且殃及他所在的团队也被扣分。这样的结果，就是无辜者受牵连，貌似"株连"，在无形中会引起队友对他的抱怨，影响团队合作的意识和氛围。对于个体而言，本人被扣分，下意识地会产生自我责备、羞愧、退缩的负面情绪，无形中会丧失勇气，影响他的能力发挥。对下一个题目，他大概率会犹豫退缩。

不论是对团队还是个人，这种"错即扣分"的规则，本质上是一种惩罚错误的思维逻辑，就是你一旦出错，就要受到惩罚，而且连带你所在的团队也要同样受到惩罚。

由此，我联想到读过的一个故事。有一道小学语文考试填空题：冰融化后是什么？老师的所谓"标准答案"是水。这个答案确实没毛病，冰融化后的物理形态确实会变成水。当然，如果故意"抬杠"的话，使冰融化的温度假如足够高，或许不经过水的形态而直接汽化掉了，一般人的肉眼看不到水这种形态了，哪怕"汽"的成分也主要是水。老师心目中的答案应该是水，学生只要填上"水"，就是对的。有一个学生给出的答案是"春天"，老师认为与标准答案不符，结果被扣分。

从物理上说，冰融化后变成水或汽，这是正确的。如果从文学的角度看，春天是冰雪融化、万物复苏的季节，这个学生的答案没毛病。当然，大冬天里，在实验室采取手段将冰融化成水，也是可能的。但在这个学生的心目中，他只要看到冰融化这一现象，春天的景象就浮现在他的眼前了，这也没毛病。

阅卷老师应该是语文老师，但他（她）恰恰忘记了自己是语文老师，而把语文课的考试当作自然课的考试了，这是典型的"角色错位"，肥没肥别人的田，不清楚，但肯定是把自家的地荒了。这样的评判，活生生地扼杀了一位"天才"文学家的丰富想象力。与此相似的一些填空题也是这类情况，比如，填"诸葛亮"是对的，填"孔明"就是错的；填"苏轼"是对的，填"苏东坡"就是错的，等等。

在我们的生活中，类似这样的事情还有很多很多。表面上，是恪守某种规则；本质上，是一种思维方式的僵化，其背后的价值观，就是不宽容犯错，不鼓励创新。殊不知，创新包含试错；没有试错、容错的机制和环境，就永远不会有真正的创新。创新，要从试错、容错开始！

前文中还提到了"经"和"权"，这也是中国传统文化特别是儒家思想的重要概念，反映了中国人对原理、原则的理解与认识，值得进一步探讨。

事物的多样性告诉我们，世俗的人类社会充满了各种各样的色彩，绝不只是"红与黑""是与非""对与错"那么简单，察疑与求真的难度是非常大的。作为一种处理事情的方式，必须将原则性与灵活性相结合，也就是中国古语中所说的"有经有权"。

汉字的"经"，原意为织布机上纵向的纱线，与"纬"相对，引申为时间的自上而下推移或永久不变的真理，"经过""经验""经典"等词均源于此。汉字的"权"，原意为秤砣，引申为重量，"权衡""权利""权变"等词均源于此。孔子认为，所谓"权变"，就是与常规相对的、有很大益处的行为。施行权变是有原则的：可以自己损害自己来施行权变，不要损害别人来施行权变。杀害别人而使自己活着，灭亡别人的国家而使自己的国家保存，这是君子不会做的。孟子认为，不变的原则是"经"，对原则进行变通是"权"，既能坚守原则又能适当变通的人，可以称为贤了。

唐代文学家柳宗元把"经"和"权"的关系表述得极为明白易懂，从而使这一对哲学概念具有普遍性的方法论意义。他在《断刑论》中写了一段话。

> 果以为仁必知经，智必知权，是又未尽于经权之道也。何也？经也者，常也；权也者，达经者也。皆仁智之事也。离之，滋惑矣。经非权则泥，权非经则悖。是二者，强名也，曰当，斯尽之矣。当也者，大中之道也。离而为名者，大中之器用也。知经而不知权，不知经者也；知权而不知经，不知权者也。

这段话非常值得各级管理者和领导者仔细玩味、咀嚼，从中体会其辩证法的思辨色彩。

按照柳宗元的说法，"经"是永恒不变的原理和原则，"权"是帮助执行原则的方法和手段，两者都是维护道德规范时不可缺少的。背离这一点，必定失之偏颇。没有"权"的"经"是拘泥的，而没有"经"的"权"是悖谬的。如果只知"经"而不知"权"，就是不知"经"；如果只知"权"而不知"经"，就是不知"权"。由此可知，柳宗元既反对死抱教条而不知变革，又反对离开原则而随心所欲。正因为有方法论作指导，柳宗元在政治实践中主张变革，突破僵化；在学术思想上提倡怀疑，兼收并蓄。他能被后世列入唐宋八大家，绝不是浪得虚名。

那么，如何运用"经"与"权"呢？孟子举了一个形象的例子：男女授受不亲是应该遵循的礼仪，这是"经"；但是，兄嫂落水，伸手相助，不能说是违反了这个准则，而是灵活运用了这个准则，这就是"权"。孟子的水平实在是高，以一个生活中极有可能出现的场景为例，就把这个理论上深奥、实践中难行的哲学观念解释得清清楚楚、明明白白，强过千言万语。

综观历史上善于用兵之人，都懂得通权达变，以机敏巧妙的迂回战术解开死结，此所谓"兵不厌诈"。战国时，魏将庞涓率军围攻赵国都城邯郸，赵国求救于齐国，齐王命田忌、孙膑率军救援。孙膑认为，魏军主力在赵国，内部空虚，就建议田忌带兵攻打魏国都城大梁，因而，魏军不得不从邯郸撤军，回救本国，路经桂陵要隘，又遭齐军截击，几乎全军覆没。孙膑这一避重就轻之计，避免了与魏军正面交锋，既减少了损失，又达到了原定的目标，"围魏救赵"也被奉为军事史上的典范。如果齐军只是按照一般的军事逻辑，直趋邯郸，与魏军正面交锋，很可能又是一个"戈尔迪之结"，不仅不能解围，反而会中了庞涓的"围点打援"之计。

这个"戈尔迪之结"，也是历史上一个很有意思的话题。戈尔迪是古希腊神话传说中小亚细亚弗里吉亚的国王，他在自己以前用过的一辆牛车上打了一个分辨不出头尾的结子，并把它放在宙斯的神庙里。神开示说，能解开此结的人，将能统治亚洲。然而，多少个世纪过去了，无数聪明智慧的人面对"戈尔迪之结"都无可奈何。亚历山大大帝远征波斯时，有人请他看了看这个古老的"戈尔迪之结"。经过一番尝试后，亚历山大挥剑将此死结劈成两半，"戈尔迪之结"也就被破解了。

严格执行法律、制度即"经"，这个道理在很多情况下是对的。问题在于，任何"经"都不是放之四海而皆准的"宇宙真理"，都需要接受实践的检验，否则，就变成"普世价值"了。在现实生活中应克服一个误区，就是不能把"经"和"权"的外延和内涵随意扩大，更不能偷换概念，因为这两个概念具有相对的固定性。除了现实社会生活的复杂性之外，还要对一些哲学范畴加深认识。最典型的几对范畴如下。

实事求是与解放思想。实事求是是"经",是原则;解放思想是"权",是方法。实事求是解放思想的基础,解放思想是实事求是的体现。

敬畏制度与执行到位。敬畏制度是"经",是原则;执行到位是"权",是方法。敬畏制度是执行到位的基础,执行到位是敬畏制度的体现。

严于律己与宽以待人。严于律己是"经",是原则;宽以待人是"权",是方法。严于律己是宽以待人的基础,宽以待人是严于律己的体现。

有人认为,"权"是不必要的,甚至是有害的,其理由是,既然有了"经",就应该严格执行,否则就容易偏离正轨。"经"可以有优先级,但不可以随意变通。孟子所举的"嫂溺援之以手者",其实也不是什么"权",而是遵循着更为重要的人道主义的"经",因此并不需要引入"权"。需要"权"的"经"也就不是什么"经"了。当然,为了保证一致性,"经"是越少越好、越简明越好,正如法国哲学家笛卡尔所说:"少量法律将其严格执行,能把国家治理得更好。"有人还认为,中国要成为民主、自由、法治的现代化国家,一个重要的步骤就是提高人们的守法意识,只有被严格执行的法律才是真正的法律。

这些观点从不同的角度来看,都有其合理性。我们需要认识到,"经"与"权"也是一个历史的范畴,它也会随着社会的进步而不断变化,而不是一成不变的。"经"指不易的常理,"权"指据时的变通;"经"有稳固性,"权"有变异性;"经"是原则性,"权"是灵活性。作为一种思想方法,如果没有"经"的原则性与"权"的灵活性相结合的处世与理事的基本方略,通向法治国家的道路反而愈加漫长。

案例二：消防系统误动的背后

有一次，岭澳核电站中间控制室出现某设备报警。同时，消防水泵自动启动。当班主控操纵员根据报警卡，立即派出现场操作员就地检查，发现辅助变压器的消防喷淋系统动作，而现场却未见到明火。由于现场水雾很浓，难以判断是真火情还是误报警，操作员在现场严密监视的同时，立即要求电气及仪表维修人员火速赶来。

维修人员到场查看后，认为需要停运辅助变压器的一个系统，以便进行检查。经与电网联系后，将该系统停运。经过相关部门检查后，认为辅变本身运行一切正常，判定为消防系统误动作。进一步检查发现，辅变的消防喷淋阀在线存在问题，向喷淋阀水探测回路供水的阀门处于关闭状态。时间一长，水探测回路失压导致喷淋阀误动作。

这到底是怎么回事？经查阅操作记录，发现某天有一名隔离经理与一名现场操作员一起执行解除辅变主隔离操作。操作员在执行辅变消防系统在线时，发现准备的解除隔离操作单没有按照管理要求标明设备的最终状态。因涉及的消防阀较少，再加上回去取程序路程太远，于是没有使用规程进行辅变消防水阀在线操作，操作后也未在解除隔离操作单上签字。这些违规操作导致在线失误，水探测回路供水阀门没有按照要求被开启，水压力慢慢下降。

进一步调查发现，有一次现场巡视人员没有发现水探测回路压力的异常下降。连续两天的夜班期间，现场巡视员没有实地读取辅变消防压力表的数据，而是根据记忆填入虚假数据。这一系列的"神操作"，导致失去了缺陷的最后发现和补救机会，使辅变消防系统的设备状态失去控制，最终辅变消防系统误动作。

本案例中最大的隐患，就是隐瞒不报和掩盖过失。核电机组的运行与维护工作是一项复杂的技术工作，即使涉及安全方面的任何一件小事，也必须将其放置在"台面"上，暴露在"阳光"下，以达到事件处理的高度透明。核安全容不得有一丝一毫的弄虚作假和投机取巧，员工必须无条件严格遵守工作程序，这是防止同类事件再次发生、确保核安全的必然要求。

二、诚实守信，严肃纪律

汉代文学家刘歆在《遂初赋》中说："求仁得仁，固其常兮；守信保己，比老彭兮。"说的是孔子在追求仁义的过程中，效法彭祖的著书、治学和为人的精神，努力做到恪守诚信，遵守信约。

对于诚实守信的问题，它服从管理学中的"值得定律"，就是一个人如果从事的是一件自认为不值得去做的事情，往往会抱着敷衍了事的态度，因而就很难把事情做得完美。由此联想到20世纪60年代，大庆油田的职工在石油会战的实践中，形成了一种"三老四严"的作风和精神：对待事业，要当老实人，说老实话，办老实事；对待工作，要有严格的要求，严密的组织，严肃的态度，严明的纪律。核电从业者要像大庆油田的职工那样，严格秉承"三老四严"的优良作风，诚实守信，严肃纪律，做有理想、有道德、守纪律的优秀员工。

案例一：一起严重的造假事件

有一次，大亚湾核电站维修人员处理完引漏管硼结晶问题后，在做再鉴定试验时发现该阀门行程超标，实测值远高于标准要求。维修人员随即查阅了该阀门在10年大修时的完工工作包，发现工作负责人在工作中及填写工作包数据时存在严重的造假问题，不但记录的阀门行程和开关时间与事实严重不符，而且还在品质再鉴定记录单中模仿质量控制（QC）人员的签字。通过查询历史资料及事件调查，发现该当事人曾经有过三次类似的违规行为。

这起事件暴露出三个方面的问题，具体表现在"再鉴定过程中未仔细测量行程"、"伪造试验数据"和"伪造 QC 签字"。工作负责人在测量时很随意，没有仔细认真测量；没有及时填写数据到再鉴定单上；补填再鉴定单时，也没有向电气人员询问正确的数据，而仅凭印象随意填写。尤为严重的是，该工作负责人模仿 QC 人员在鉴定单上签字。另外，QC 人员对行程测量工作重视不够，过于相信工作负责人，没有对行程测量进行独立验证，没有督促工作负责人及时填写再鉴定单并签字。

安全和质量是核电的生命。质量是干出来的，而不是监督出来的。没有过硬的质量，安全工作无从谈起。这起事件给我们的启发就是个人的诚实守信是核安全文化中的重要变量，在工作中必须倡导"零失误、零缺陷、零宽容"，发现一起，就要严肃处理一起，直至全体员工形成诚实守信的良好行为习惯。

案例二：一次考试作弊事件

有一次，大亚湾核电站在培训中心举行的新员工外培补充课程考试中，发生了多名学员作弊的事件。经公司监察室组织调查核实，共有 11 名学员在监考老师在场的情况下，存在抄袭、夹带等作弊行为，其中 1 人还存在不听监考老师劝阻、扰乱考场秩序的行为。

考试是对知识和能力的一种测定。对一个即将走上生产岗位的技术人员来说，考试作弊危害极大。这将埋下事故的隐患，可能给正常安全生产带来难以估量的损失。因此，那些在学生时代不认真学习、考试试图蒙混过关的人，到了安全责任重于泰山的核电岗位，应当赶快纠正恶习，踏实做人，认真学好技术，绝不可弄虚作假，害人害己。

有关这次作弊事件的处理经过，我查阅了自己当时的相关工作笔记，各种人物的态度都不尽相同。一部分离退休的老同志、老领导认为，考试作弊性质恶劣，必须严肃查处，有的人主张"二话不说，直接开除"。在公司内部，越是接近事件中心的人，越认为处理应该适可而止，但他们没有想到外界的反响竟会如此强烈。有人主张，管理者要埋单，对学员应该宽容一些。当然，每个人的管理思想和处世风格不同，处理的结果也不可能强求一致。再说，这种事情也没有一个明确的标准，因为以前从来没有碰到过这样的事情，我们没有经验，这也是客观情况。我本人的态度在一则日记中做了记录："我对这个事情的看法是，处罚太轻，不足以起到应有的震慑作用，对于核电站来说，这类事情真是'是可忍，孰不可忍'。"

经过上下反复讨论研究，最后决定，对当事人和管理者都要进行处理。处分决定的主要内容是："鉴于这起作弊事件的性质严重，破坏了公司的正常培训秩序，违反了公司纪律，在员工中产生了较为恶劣的影响，为严肃公司纪律，教育本人和全体员工，公司决定，给予考试作弊人员留用察看处分，察看期分别为一年或半年。"

这起考试作弊事件本身是坏事，但由于公司处理得比较恰当，客观上起到了严肃的警示作用。对员工而言，认识到考试作弊是性质严重的弄虚作假、欺骗公司的行为，违反了公司的相关规定，今后谁也不能以身试法，广大员工特别是青年员工应该从中吸取教训，认真遵守公司各项纪律，切实提高自身业务知识和技能水平，在工作学习中体现和发扬勤勉上进、诚信务实的优良作风，以扎实的业务能力、良好的职业操守，立足本职岗位，为公司安全生产和企业发展做出自己的贡献；对于组织而言，这起事件暴露出来的培训管理问题，与公司的核安全文化要求是背道而驰的，通过调整管理干部、优化培训管理程序，为杜绝类似的违规违纪事件提供了组织保障。

三、客观求是，严谨自律

求是，就是探求真谛、规律的意思。客观事物和客观规律，需要我们通过艰苦的努力、不断的实践，去发现、去认识。一切从实际出发，一切从核安全出发，只有做到从严守纪、从严自律，才能真正做到尊重客观，求真务实。

案例一：一条审计引出的细则

有一次，审计人员对某次核电机组大修中的某个改造项目的费用增加（变更）合同进行了审计，发现用于该（变更）项目结算的工作时间表格与实际情况有不一致的地方，部分人员的姓名及在现场的时间与该表格不符；现场执行单位对国外派遣的技术人员没有相关的考勤、记录机制，对人员资格也没有确认，所以不能对人员等级（收费依据）及工作时间进行准确界定，导致合同计价依据不够可靠。

对于发现的问题，审计并没有自己"一家说了算"，而是主动和其他部门沟通协调，认真讨论，既积极主动提出建议，又严守权责的界限，最后由审计部牵头，联合合同处、工程处等共同制定了《外籍人员劳务管理细则》（以下简称《细则》），对相关管理细节进行规范，使问题得到圆满解决。

这项《细则》的出台，一方面，是现存问题的有效解决方式；另一方面，也完善了公司管理制度，从制度上保证了外籍人员劳务管理的工作质量。

我经常说这么一句话，就是审计部门要充分担当"经济医生"的角色，而不能仅仅是"经济警察"。管理出效率，管理保安全，管理是要靠制度来保障的。审计人员由一件小事出发，从中发现问题，然后联合其他部门制定《细则》，从根本上解决外籍人员劳务管理的问题，这就是一种客观求是的工作态度，它的价值体现就是尊重客观、求真务实。

案例二：一根被污染的气管

有一次，岭澳核电站的工作人员在完成了对一个设备的检修之后，正准备关闭二次侧人孔门时，发现密封面人孔门处辐射水平较高。于是，立即通知辐射防护人员到现场进行检测。结果显示，现场物品有不同程度的放射性玷污，二次侧人孔门及内部平台也有较大面积的放射性玷污。

经辐射防护人员查找原因，发现污染源来自一根接触辐射剂量的气管。该污染气管，使得蒸汽发生器二次侧及检修层面被大面积污染，有可能导致放射性物质扩散，也可能导致现场工作人员体表玷污，进而可能导致体内污染的风险。

辐射防护工程师进一步调查后得知：前一天下午，蒸发器检修人员准备进入作业区时，发现原先布置在现场的两根气管较短，不能满足作业现场的要求，而支持人员又没能找到符合长度的气管，情急之下，从另一个工作场所拿了一根长气管供现场使用。而这根气管，是被放射性污染过的，最终导致了蒸发器二次侧部分设备和工作平台被污染。

这起污染事件发生的根本原因，在于没有遵守控制区的管理规定，误用被污染的气管，其诱因是工作准备不充分。如果开工前就准备好长度满足要求的气管，就不会"临阵找枪"。另外，服务支持人员粗心大意，加上现场缺少明显的提示，导致忙中出错。

主动配合、快速响应、急人所急，整个协作过程令人欣慰，但忽视和违反了工业文明的严谨作风和对自己的严格要求，造成了不良后果。庆幸的是，污染源被及时发现了；遗憾的是，污染事件毕竟还是发生了。假若这种遗憾未被及时更正，遗憾就可能转化为贻害，相关人员也会受到谴责和处理。

责任心的有无与强弱，决定了办事的最终结果；执行力的有无与强弱,则决定了效率和效果能否真正统一。前者是意识、理念,后者是行动、办法,两者相辅相成。一根小小的气管能够彰显责任心的强弱,一个关键时刻的选择能够透视出员工严谨自律的真假。

第三节 精力投入

《汉书·匡衡传》中说:"(匡)衡好学,家贫,庸作以供资用,尤精力过绝人。"宋代苏轼的《练军实策》中说:"民三十为兵,十年而复归,其精力思虑,犹可以养生送死,为终身之计。"这里的"精力",指的是人的精神气力。

《警世贤文·勤奋篇》中有两句著名的诗句"宝剑锋从磨砺出,梅花香自苦寒来",其寓意是说一个人通过坚持不懈的努力和在困境中的历练,可以获得成长和进步,展现出自己的优秀品质和杰出能力。这就需要全身心地、长时期地投入一项事业之中,也就是要投入自己全部的精力。

精力投入这个维度,可以拆解成3个要素:精力投入是一个全心全意做事的过程,要求做到毫无保留;在全身心投入的同时,还需要自我提升,提高自身技能和不断丰富经验,达到持续改进的目的;在自我提升的基础上,才能在自己的工作岗位上发挥才智,既体现了自身的价值,又为公司做出了贡献。

一、毫无保留,全心投入

一人操心一处安,众人操心处处安。再大的困难,只要能够用心工作,全心投入,就可以很好地完成。无论何时,无论何地,无论何岗位，都需要孜孜不倦、任劳任怨、全力以赴地投身于自己所从事的事业。

案例一：开与关之间

有一次，大亚湾核电站 1 号机组的一台泵要解体检查，两名运行现场操作员进行电气开关隔离操作。他们在确认设备编码后，一名操作员下意识地将操作手柄由"垂直"位置转至"水平"位置，挂票上锁；另一名现场操作员按照监护制要求进行独立核对时，也认为操作手柄在"水平"位置为断开，结果导致原本已经断开的开关被误合上。

次日早上，化学值班人员巡视时，对原本已经挂票上锁的开关进行了检查，结果发现该泵电源隔离错误，并立即报告隔离办公室的当班人员。运行人员现场确认，该开关为合闸状态，随之立即将该开关断电隔离，避免了潜在的人员触电风险。

由于隔离操作人员的下意识作祟，没有认真核对设备状态，也没有很好地执行本书第一章中介绍的"明星自检"，同时现场监护不到位，结果导致开关隔离错误，本该断电隔离的设备没有断电，给维修人员带来了触电风险。化学巡视人员秉承对工作认真负责的态度，对设备状态进行了细致的检查，发现了这个不易被发现的错误，并能够及时报告相关部门采取纠正措施，将事故消灭在萌芽状态。

任何设计都可能存在缺陷，但未必人人都能发现，正所谓"外行看热闹，内行看门道"。作为一名肩负重大责任的核电运营员工，绝不能浅尝辄止，而需要用心领会。这一开一关之间，差之毫厘，失之千里。员工的责任心是否淡薄，精力是否全心投入，在工作的点点滴滴中均能被这把标尺测量出来，因为无数经验与教训告诉我们：在程序面前容不得半点虚假。通俗地说，就是"播下什么种，结出什么果"。只有全心投入精力，问题和事故隐患才能及时被发现，也才能及早被处理。

案例二：叠坐的燃料组件

电力行业中有一个"欠载保护"的概念，是指在电动机运行时，当负载突然消失或负载过小，使电机耗电过低，可能出现电机失速或损坏时的一种保护措施。这种现象就犹如两个正在顶头的人，其中一个人突然撤出，另一个人在惯性的作用下，一定会向前冲去并有可能摔倒。有一次，大亚湾核电站2号机组大修卸料操作时，发现换料机传输小车还在燃料厂房一侧。于是反应堆厂房的换料操作人员打电话询问燃料厂房的操作人员"小车为什么还没传回来"，燃料厂房的燃料操作人员以为是上次忘记将小车传回到反应堆厂房，就毫不迟疑地将装有组件的传输小车又传回到了反应堆厂房。反应堆厂房的换料机操作人员将下一个乏燃料组件慢速下插装入倾翻机时，发生欠载保护。

随后的检查发现，上一个乏燃料组件仍在倾翻机内，致使下一个组件下管座叠坐在上一个组件的上管座上，从而发生欠载保护。事件发生后，当事人立即向上级报告，并根据相关规定将燃料组件先后放回到燃料厂房的安全位置。

这起两组燃料组件发生叠坐事件的主要原因，是反应堆厂房的换料操作人员和燃料厂房的燃料操作人员精力不集中，信息沟通不足，对燃料组件的下插和抽出作业没有进行认真的检查和监视。

燃料操作是与核安全直接相关的重要操作活动，并有明确的要求：应使用现有的各种手段，对每个组件的抽出或插入时刻进行监视。如果燃料厂房的燃料操作人员多问一句"现在应该卸第几个组件了"，或者将传输小车传回反应堆厂房前检查一下，该问题也许就可避免；如果反应堆厂房的换料操作人员在将下一个乏燃料组件装入传输小车前，检查传输小车的情况，这起叠坐事件也可以避免。

工作中的精力投入，可以表现在每一个方面、每一个环节。精力投入的程度，能够通过我们的工作成效进行检验，一般投入和全心投入会有上天入地的差异。责任心是一个人最基本的素质，没有责任心是一个人最不可原谅的缺点。一个人的威信何以建立，有无责任心是最为关键的要素。轻信和大意都是责任心的大敌，我们一定要努力克服。

二、自我提升，持续改进

提升与改进，都是改变旧有情况，使有所进步的意思。只有不断学习、自我提升，勇于接受新知识，才能持续不断地创造新的工作成就。经营自我，就是发展自我的职业生涯，让自己成为一个有自信、善沟通、肯负责、能决断的人，从而快速提升个人的竞争优势。

案例一：一次失误的切换

有一次，岭澳核电站2号机组解列后，反应堆维持在12%的功率平台。当主控室操纵员按计划进行汽轮机轴封供汽系统两个阀门之间的切换操作时，完全打开来自辅助蒸汽的电动隔离阀，再关闭来自主蒸汽的电动隔离阀后，结果就立即出现某一个仪表的压力低报警。

操纵员发现轴封蒸汽密封管路压力下降为零，于是进行手动操作，但发现压力仍然没有变化。此时凝汽器压力迅速上升，真空快速恶化，产生冷凝器故障信号叠加，最终导致反应堆自动停堆。

反应堆自动停堆的原因有多种，但就本次事件来看，主要原因是操纵员不熟悉轴封供汽切换操作，对轴封供汽压力下降导致停机的风险认识不足。此类事件以前也曾经发生过，这次事件暴露出对同类事件的经验反馈不足，从而出现措手不及的情况。同时，对出现异常时的报告和处理也不及时，反映出该操纵员应变能力不足。

任何事物在发展变化过程中都有可能出现意外。传统的做法，都是采取"兵来将挡，水来土掩"的办法，做应急处理。但它属于消极的办法，难以处置变化中的新变化，情况中的新情况。积极的做法，则是及早制定应急预案，全面考虑各种可能，因变而变，因势利导，始终掌握情势演变过程的主动权，以保证在任何情况下都能充满自信、游刃有余地处理发生的各种问题。这次事件最为关键的问题，在于操纵员在自身技能不足的情况下又不主动寻求帮助，最终导致反应堆的停堆，这个教训是深刻的。

案例二：心中的"问号"需要拉直

有一次，岭澳核电站2号机组满功率运行中主变C相高压套管绝缘层被击穿，绝缘失效，由此引发了一系列设备和系统的连锁反应，最终导致反应堆自动停堆。

事件的起因是，在机组大修期间，大修指挥部临时决定更换C相变压器。但在工作包中未附套管试验规程，且指令过于简单。在更换变压器过程中，工作负责人按工作指令要求进行高压套管介损试验。但是他不知道电容量的参考标准，没有比较套管电容量的变化，仅根据工作指令进行了介损值的比较。当时，高压套管电容量的实测值与出厂值相比，偏差将近20%，远远超出了偏差不能超过5%的国标规程，以及电容量增加不能超过4%的厂家规程。

事后分析，主变C相高压套管早就存在隐患，但在大修期间却没有被发现。一个小小的电容参数偏差没有引起足够的重视，导致高压套管没有及时更换，造成了本次严重事故。工作负责人在执行和审查环节缺乏质疑的态度，是事故发生的主要原因。

每个人都有自己的技术特长，也会有自己的知识盲点。比如，在这起事件中，本来应该搞清楚一系列问题，为什么要做这个试验？这个数据有什么用？如何判断数据是否合格？结果却是一个小小的电容参数没有引起重视，带来严重的后果。

我们经常在一些施工现场看到"安全第一，质量第一""安全来自长期警惕，事故源于瞬间麻痹"诸如此类的大幅警示标语，但口号叫得震天响也无济于事，关键还是要在平时的培训和学习中，将心中的各类"问号"拉直，才能够在应用时得心应手。核电事业严谨的工作流程，客观上需要员工成为"万事通"，成为"杂"家。这起事件给我们的最大警示，就是员工要想培养强烈的责任心，不仅工作能力需要自我提升，工作态度更需要自我端正。

三、发挥才智，体现价值

东汉文学家徐干在《中论·智行》中说："苟有才智而行不善，则可取乎？"即一个人拥有才智不难，但要把自己的才智发挥得淋漓尽致，用到该用的地方，也就是不能"行不善"，否则，才智就是不可取的。要让自己的聪明才智充分发挥，必须与时俱进、开拓创新，激发自主意识，让人生价值得以体现。

案例一：用心发现隐性问题

有一次，一位年轻的系统工程师在大亚湾核电站2号机组进行设备检查时，发现发电机前端排油管与发电机本体连接处有轻微渗油痕迹。这引起了他的警觉，于是他非常谨慎地爬上旁边的栏杆并仔细地检查，发现在排油管上一处不易察觉的部位有线状裂纹缺陷，裂纹处有油渗出并冒出气泡。这说明，发电机氢气有泄漏。他将此情况立即报告了主控室及主管领导，又协助相关部门进行现场检查。经证实，该处漏氢且最大含氢量达3.8%，已经接近4%的爆炸极限。随后，执行处进行了临时堵漏，成功防止了一起潜在的氢爆事件，避免了一次发电机损坏事件。该员工获得当年度公司避免重大设备损坏奖金奖。

在巡检中能够发现发电机本体与管道连接处有轻微渗油痕迹，说明这名系统工程师在平凡的工作中炼就了一双"火眼金睛"。更加难能可贵的是，他还能主动做进一步检查，并最终发现排油管上有线状裂纹缺陷。这说明，作为系统工程师，不仅需要有经常性的巡视安排，而且需要凭借职业的敏感和娴熟的专业技能对设备状态进行跟踪判断。

青春是宝贵的，为核电事业挥洒青春的人更是可敬的。正如这位年轻的工程师所言"发现隐性问题要用心"，同样，在核电事业发展的征途中，日复一日，年复一年，默默耕耘，倾情奉献，需要的也是一颗心，一颗勇于承担、敢于承担和善于承担的责任心。

案例二：从平常中发现不平常

有一次，岭澳核电站1号机组的大修刚结束3天，在现场巡检过程中，两位系统工程师发现一个阀门顶盖上有积水，仔细观察又发现该阀盖上部空间有轻薄的蒸汽。通过分析检查，认为泄漏源不是阀门盘根，于是申请1级工作票，请现场服务人员配合拆除该阀门保温层，以便进行详细检查。在拆除阀体保温层后，未发现漏点，这时发现蒸汽来自该阀门下游管道的保温层，于是继续拆除该部位保温层，发现位于阀体延伸管接头与下游管道焊缝边缘的漏点。相关业务单位采取临时消除缺陷的措施，并每天巡检该部位，直到下一次大修对该缺陷进行彻底处理。

在这次事件中，系统工程师并没有根据经验粗略地检查，轻率地认为是阀门盘根漏气，而是经过敏锐的观察，透过泄漏蒸汽形态思考真正的原因，怀着疑问，查找漏点。在各部门的配合下，最终发现了准确的漏点部位，并进行了妥善处理，确保了设备及人员的安全，避免了机组非预期的瞬态和可能的损失。

如果工作人员在巡检设备过程中走马观花，敷衍了事，或者不深入细致，不寻根问底，又怎能发现真正的漏点呢？只有本着对工作极端负责任的态度，才会细致入微，认认真真地检查设备，最终发现一系列的现象和隐藏的缺陷。

读一故事，明一道理。从本案例中可以看出，故障缺陷本不复杂，但不加思考就不可能了解真相。充分发挥自己的聪明才智，从平常中发现不平常，从不平常中追问平常，就是从发现问题到解决问题的过程，而这正是一名系统工程师责任心的体现。

第四节　工作激情

西晋文学家赵至在《与嵇茂齐书》中说："哀物悼世，激情风厉。"所谓激情，就是情感被激发。最佳的工作效率来自高涨的工作热情，我们很难想象，一个工作兴趣淡薄的人会全心地投入工作，取得很好的工作效果。而兴致勃勃会让人更好地发挥想象力和创造力，在短时间里取得惊人的成绩，同时起到感染他人的效果。

工作充满活力，懂得付出和奉献，以饱满的热情投入工作，必然会行动敏捷、高效。主动的心态是一种对人生的热爱，对生活的激情，而在我们的具体工作中，主动进取更是一种创造力，可以在不经意间起到查漏补缺的作用。对成功的渴望，有利于保持长久的工作活力和主动精神，为了实现目标而竭尽全力，这是一种最好的自我激励行为。

每个人都渴望成功，公司为员工提供了通向成功的舞台，但同时也需要员工以饱满的工作激情付出更多的汗水与努力。工作激情这个维度，可以拆解成3个要素：工作活力，感染他人；主动意识，查漏补缺；渴望成功，激励自我。

一、工作活力，感染他人

工作中充满活力，犹如向干涸的麦田注入一股鲜活的泉水，源源不断，润人心田。要保持活力，就要热爱自己所从事的工作，懂得付出和奉献。保持阳光心态，以饱满的热情投入工作中，行动敏捷、高效。

案例一：年轻人的"演武场"

有一年，公司举办了一次历时半年的员工技能比武大赛，在公司范围内掀起了新一轮学技术、比技能的高潮。这次比武活动，有近2800人次总共参加了91个项目的角逐，部分参赛单位全员参加，一些项目还邀请合作伙伴单位员工参加。"以赛促练、以练促学、以学促进"，通过技能比武锻炼了队伍，树立了榜样，传承了技术，各方面反映都很好。

其实，在此次活动之前就已经陆续开展了各种技能比武活动。由公司团委和青联牵头，各级团组织充分调动年轻员工的激情和活力，推动了全公司范围内经常性的技能比武活动。各部门也纷纷将技能比武活动列入年度工作计划，并投入相应资源，使各项赛事组织井然有序，比武项目设计更贴近生产一线。公司通过组织技能比武活动，促进了员工的竞争和交流，激励了员工努力提高技术水平和自身素质，为核电站技术型人才的培养和成长提供了良好的环境。

大亚湾核电站在起步时，国家给予了高度重视，从全国各地调来有经验的优秀人才投入建设和生产。随着核电发展速度的加快，公司进入了大批量人才培养阶段，年轻人多缺乏专业知识和动手能力，因此，通过开展技能比武活动，营造学技能、比技能的氛围是非常重要的。团委和青联抓住青年人的成长需求，发挥青年人好学上进的特点，把技能比武办成一个年轻人的演武场，是激发工作活力的好方法。

群众是真正的英雄，群众中藏龙卧虎，人才济济，问题不在于有没有，而在于如何发现。特别是青年人，创造力旺盛，善于学习与创新，敢干敢试敢怀疑，敢于挑战，勇于争先，这些都是企业最珍贵的财富。公司多年来组织的历届技能比武活动，成为公司团委组织动员青年员工锻炼成才的主场和抓手。这就充分说明，不愿意发动群众，不鼓励创新，任何活动的效果都会打折扣；反之，相信群众，依靠群众，鼓励创新，宽容失误，非凡的效果自然不难呈现。

案例二："东部风情"启示录

如何与公众进行有效的沟通，加深公众对核电的正确理解，历来是一个比较棘手的问题。外界对于核电的认识还比较粗浅，加之美国三里岛核事故、苏联切尔诺贝利核事故和日本福岛核事故这三起人类迄今为止最严重的核事故的负面影响，使得国内公众对核电存在一定的误解和恐慌，如果采取传统的"就核电说核电"的媒体说教方式，很难达到目的。

面对这种现实的情况，有一年，大亚湾核电运营公司组织策划了以"东部风情"为主题的系列宣传活动，邀请了全国30多位知名摄影家、文化界名流和媒体记者，以深圳东部"黄金走廊"为主线，以大亚湾核电站为主体，覆盖风光优美的大鹏湾、南澳、大鹏、葵涌及大小梅沙等周边地区，通过摄影家的镜头，展示核电安全文化和企业品牌，体现核电人对环保事业的关注，以及对社会强烈的责任感。

那次系列活动，从不同的侧面和角度，全方位地反映了核能给社会生活带来的巨大变化。通过核电科普巡回展览前期的预热宣传，展现公司的开放管理模式及对周边地区高度的社会责任感；通过组织和实施采风活动和巡回展览，体现企业对环境保护的高度重视；通过编辑《东部风情》画册，表达公司将企业发展与环境保护相融合、经济建设与精神文明建设相统一的人文理念。该项目荣获2006年"第七届国际公关案例环保类金奖",扩大了企业的知名度和美誉度,让社会公众进一步认识到核电是安全、可靠和清洁的能源。

进入新产业易,改变旧思维难。如何引导对核电事业有认识误区和心存疑虑的公众,需要发挥创造性思维。将一个企业品牌的宣传与一个城市的品牌有机"嫁接",通过城市宣传企业,通过企业展示城市,无疑是创新性思维的一次有益探索与实践。组织策划"东部风情"系列活动,是公司公关策划众多"公众接受核能宣传活动"中的一个缩影,它的成功举办,表明公司对周边地区高度的责任感得到了社会各界的认同和支持。10多年的公众接待和遍及国内多地科普巡回展览的统计显示,到大亚湾核电基地参观的公众对核电这种新能源给予了热情的关注,核电作为安全、可靠、清洁能源的形象进一步树立。

二、主动意识,查漏补缺

《论语》中说:"欲得其中,必求其上;欲得其上,必求上上。"唐太宗李世民借鉴孔子的这一思想,在其《帝范》中说:"取法于上,仅得为中;取法于中,故为其下。"这些说法,与现代人所说的"高标准、严要求"是一脉相承的。

树立高尚的人生目标,是要让我们的人生有高度。工作激情来源于发自内心的主动,而主动心态和进取精神则是一种对人生的热爱,对生活的憧憬。在企业的经营管理活动中,主动进取更是一种创造力和竞争力。

案例一:主动"偷师学艺"

大亚湾核电站联合变压器十年大修的成功,标志着我们对自主化维修有了更进一步的理解。经过不断总结,公司在厂家专有技术方面,可以通过合作的方式"偷师学艺",其中一个例子是"联变套管升高座密封垫更换"的工艺学习与消化。前3支套管更换密封是在厂家负责人指导下完成的,前后花费了3天的时间,工作人员记录下了整个工艺流程中的每个操作细节,对于一些关键步骤,则用数码相机拍照,定格瞬间,作为培训的绝好教材。等到后3支套管更换密封时,只用1天半就可以熟练地完成了。

联变密封更换工艺是一项技术性、操作性很强的工作,在没有参考资料的情况下,如何尽快掌握这门技艺,已经超出了学习本身的范畴,实际上表现为一种先进国家对知识产权的保护和封锁。但问题是,它本身不构成知识产权的核心内容,只是与核心技术相关联的包装程序。因此,这种学习法律上并不禁止,但也不提倡,属于可教可不教、可学可不学的范畴。对于国外的成熟技术,我们不能仅仅满足于会使用,不出问题,还要有所发现,有所思考,有所创新,有所进步,把核心技术掌握在自己手里,这既是学习和起步的必需,也是进步和成熟的必然。

学习的途径有很多。别人越是保护和封锁,对于强者来说,越能激起学习的激情和动力;对于智者来说,更易产生学习的灵感和技巧。应当说,"偷师学艺"是一种普遍现象,有心者,有志者,莫不如此。大亚湾核电站的高起点起步正是得益于这种"借鸡下蛋""借船出海",到最后,"偷师"也好,"借鉴"也罢,都凭借着我们自己对事业的执着追求和主动意识,在别人提供的基础平台上自主掌握,最终实现全面超越。

我们的事业是一项开创性的事业,我们的事业蓝图是在一张白纸上绘就的。我们尊重外国专家,但不盲从外国专家,更不能完全依赖外国专家,不能缺乏自己的努力和坚持。自己要自信,但不能自负,更不能说大话。正确的做法,就是相信自己,用大无畏的精神去征服一个又一个难题。只要拥有一颗渴望成功的心，则什么难题都不能成为难题。

案例二：漏水的天花板

有一次，大亚湾核电站的模拟机维修人员，在每日例行巡检中发现大厅天花板有轻微的渗水，随即采取了相应的预防措施，并加强了对渗水区域的巡视和监控，同时积极配合有关部门查找渗水原因。

有一天晚上，突降暴雨，3位留在工地的模拟机维修人员都是新员工。考虑到模拟机大厅渗水的根本原因尚未找到，于是他们一起到控制室察看，结果发现模拟机主控室原本渗水的天花板漏水情况加剧。于是，他们迅速通知相关人员，采取了应急处理措施，保护了重要设备的安全。为防止漏水事件进一步扩大，其中2位员工还当夜留守在控制室，轮流巡查，直至次日早上大雨停止，防漏处理人员赶到现场作进一步处理。

该事件是培训中心成立以来最大的一次设备安全事故未遂事件，据事后分析，当夜可能直接遭受雨水浸蚀而损坏的设备众多，其中仅26块记录仪的总价值就高达百万元人民币。同时考虑到大量备件的采购周期较长，将导致模拟机在相当长一段时间内不能运行，模拟机培训将受到严重影响。3名新员工放弃周末休息，以严谨的工作作风和良好的安全意识，确保了模拟机设备安全，避免了公司财产的重大损失和对运行培训工作的重大影响。

千里之堤，溃于蚁穴。天花板漏雨可能只是一滴两滴，但对于模拟机设备而言，却会导致颠覆性的灾难。3名新员工从看到下雨，到赶往现场察看，没人要求他们这样做，但他们的责任心到位了，不管有没有要求，都能自觉行动，这才是最珍贵的。

三、渴望成功，激励自我

《尚书·禹贡》中说："禹锡玄圭，告厥成功。"汉代文学家桓宽在《盐铁论·结和》中说："黄帝以战成功，汤武以伐成孝。"前者的意思是，大禹在治水成功后，帝尧赐给他黑色的瑞玉（玄圭）以示奖励；后者的意思是，黄帝战胜了蚩尤而建功立业，武王以灭掉纣王而作为对文王尽孝的功业。这些说法，都是成就功业或事业的意思。

成功的感觉是世界上最美的享受，它能带来一种油然而生的力量，催促人们勇敢坚强地往前走。每个人都渴望成功，然而成功并不是一蹴而就的。成功的鲜花，从来都是由汗水浇灌出来的。

案例一：一颗渴望成功的"冠军之心"

大亚湾核电站两台机组投产 10 多年来，凝汽器水室内壁涂层的自腐蚀渐趋严重。从第二次大修开始，涂层都要重新修复，既费时又耗资，而且只能维持 5～6 年的使用寿命。

水室腐蚀状态的进一步恶化，使设备的健康状况和可靠性受到严重的威胁，无法满足机组 18 个月换料周期运行的需要，存在极大的安全隐患。利用大亚湾核电站两台机组长周期大修窗口对水室实施防腐改进处理，是一次从根本上解决问题的有利契机。

正确选择防腐方案，是项目成功的前提。经过对大量的国内外凝汽器水室防腐方法的调研，并经过对各种防腐方案的技术可行性、经济性进行细致分析和比较，最终选择了一种方案，经历了多次评审，遇到了各种问题和质疑甚至反对，但项目组做了大量的论证工作，一次又一次地回答和解释各种问题。最终，方案获得了一致通过。

该方案内容庞杂，包括焊接、打磨、渗透、探伤衬胶、脚手架搭设、喷砂等工作的程序、施工方案准备及风险分析。由于施工工艺复杂，工作量大，施工过程中必须对每一道工序进行质量检查和控制，并严格把关，稍有疏忽就会导致缺陷产生。

在项目现场施工过程中，因窗口期非常紧张，项目组采取了"只要现场有工作，现场就有项目组工程师在岗"的工作方式，对质量计划中的每一个控制点，严格按照验收标准检查和把关。经过56个日夜的奋战，项目组终于在某次大修的既定时间窗口中顺利实施了该项目，彻底解决了长期困扰大亚湾核电站凝汽器水室的腐蚀问题，保证了机组的安全稳定运行。

敢于迎接困难和挑战，是项目成功的保证。项目组在碰到困难和障碍时，从未回避和气馁，而是通过反复的研究、汇报、论证，最终使项目获得了批准。该项目较为庞杂，接口部门多，实施中不可避免地遇到很多问题。但是项目组凭着高度的责任心和强大的执行力，将所有问题一一化解。

细心工作和甘于奉献的精神，是项目成功的基础。为了保证项目实施中的质量，项目组成员分阶段24小时倒班，同时，还发现并消除了设备存在的安全隐患。

该项目无论从准备阶段还是现场执行阶段，以及完工验收阶段，都充分体现了项目组成员对工作标准的一种高度认同。没有渴望成功的内在动力，就不可能在工作中迸发出激情。一位美国NBA资深教练说过一句话：永远不要低估一颗冠军的心。每一位员工、每一个项目团队，在面对形形色色的工作难题时，都应该胸怀一种渴望成功的坚强信念，困难才会向他们低头。

案例二：一种走向成熟的年轻

有一年，公司安排刚参加工作一年的小秦，担任恢复8组控制棒在线功能的改造项目责任工程师。项目改造所需的一些专用工具及芯片，原计划全部委托外商承做，但是外商报出了近500万法郎的天价。面对外商的漫天要价，小秦和项目组仪表工程师迎难而上，依靠自身努力全面掌握了各种技术，依靠自主力量一举闯过"技术关"，不仅提高了团队自主创新能力，而且为公司节省了工程改造成本。

有一次，小秦被指定为大亚湾核电站"十年安全评审"项目主要负责人之一。他带领项目组的核心成员日夜奋战，编写《十年安全评审整体大纲》，建立安全参考文件体系和组织管理方法流程，组织审查电站实际状态和安全分析。经过3个多月的艰苦努力，一套严谨、翔实而又切实可行的"十年安全评审"项目的审查原则、策略和方法终于诞生了，并获得国家核安全局的高度赞誉。

"十年安全评审"项目刚刚结束，小秦又马上被指定为"十年大修工程改造"项目的总负责人。在项目实施过程中，小秦负责相关的协调工作。为了不耽误关键路径，他昼夜坚守在现场解决难题；在项目组碰到困难、别人提出疑问时，他和项目组一起编制现场复查程序，在现场度过一个个不眠的核查之夜；当国家核安全局提出评审意见时，他与项目组成员又连夜进行缜密的理论计算，解答了一个又一个问题。

参加工作以来，小秦从来没有一次完整地休完年假，总是以大亚湾核电基地为家，周末也常常与项目组的同事一起奋战在现场。"十年大修工程改造"前后持续了75天，他曾连续45天没回过家。

在近10年的工作中，小秦先后参与了"十年安全评审""十年改造""十年大修工程改造"3个"十年"项目。他的成功，是刻苦努力的结果。接受任务后，他一门心思扑在项目上，与项目组成员一起天天加班到深夜，对每一个环节进行认真研究，对每一个细节进行细心推敲，虚心请教，认真演算，其全身心投入的精神是他不断取得成功的关键。

小秦的成功，还在于能够凝聚团队，共同拼搏。他与年长者打交道，与年轻人共甘苦，与国内外专家、国家核安全局的专家都有过融洽的合作。其中，角色多变，任务各异，对所承担项目的熟悉程度也深浅不一，但他都能带头示范，亲力亲为，与其他成员精诚团结，受到普遍的尊重和欢迎。

年轻人快速成长靠什么？不是时间的自然延续，而是从一开始，就要确立必胜而不败的超强信念。就以小秦来说，论经验，他不见得比老员工多；论技能，他也不见得一枝独秀，但他取得的成绩却与他的实际年龄无关。这种现象只能说明一点：全心投入，超越自我，年轻正是走向成熟的资本。

第五节　合作意识

《国语·晋语三》中说："逐之恐构诸侯，以归则国家多慝，复之则君臣合作，恐为君忧，不若杀之。"这段话讲的是春秋时期的一次战争中，秦国俘虏了晋惠公，秦穆公与大臣们商量如何处置他。公子絷认为，如果把晋惠公放回去，担心晋国君臣合作，将来会给秦国带来威胁，不如把他杀了。这就是"合作"一词的出处。

合作，是二人或多人一起工作以达到共同目的。合作是要讲究技巧的，如同磨墨，力不均难闻墨香。正所谓"同心山成玉，协力土变金"，在一个缺乏凝聚力的环境里，个人再有雄心壮志，再有聪明才智，也不可能得到充分发挥。只有建立严密有序的集体组织和高效有力的团队协作，才能克服重重困难，甚至创造奇迹。

合作意识这个维度，可以拆解成3个要素：主动给予，寻求帮助；开放接纳，谦和诚恳；乐于分享，全局观念。

一、主动给予，寻求帮助

合作是双方的互动，只有在乎团队成功的人，才会自然地互相寻求和提供帮助。尊重别人，才能得到别人的尊重；帮助别人，一定能得到别人的帮助。主动给予，寻求帮助，表达的不仅是合作，更是信任。

案例一：急事就要急办

岭澳核电站 1 号机组大修即将结束时，发生了反应堆冷却剂系统 2 号主泵轴瓦及轴套损坏的事件，如不迅速处理，年度的发电目标将会受到影响。公司迅速成立跨部门的紧急事件处理机构，抢修方案也很快被提上议程。为了尽快解决问题、恢复生产，抢修工作计划安排得非常紧凑。其中，邀请法国主泵生产厂家人员迅速赶赴现场，协助维修人员对损坏部件进行紧急更换工作，被列为关键路径。

当向法国公司紧急采购技术服务、工具和备件的工作要求下达时，离既定的抢修计划开工日期只剩下不到 4 天时间，其中还包括了周末。相关领导通过工前会的形式明确要求，短短几天内必须落实合同谈判签约、备件订货、运输报关等工作。

为争取时间，与供应商连夜进行了历时 5 小时的谈判。在谈判过程中，供应商报价非常高，而且明确表示，我方必须承诺接受其报价后，才会启动相关工作。在谈判休会的有限时间里，谈判小组成员认真研究对策，并在后续谈判中与法国人据理力争。

各协作方通力配合，活动跟踪十分紧密。谈判结束的第二天上午，商务小组工程师早早地就携带抢修合同的文件，挨个部门登门办理合同推荐手续。按正常审批流程，本来需要两到三周的项目，一个上午便完成了，在当天下午便签订了抢修合同。

收到紧急采购要求后，成立项目紧急采购商务小组。随后，商务人员与时间开始赛跑。中国与法国存在着 7 小时的时差，有关工作不得不延续到深夜。整个谈判、签约过程只用了一天一夜的时间。

在紧急采购过程中，商务人员为了配合抢修，虽然碰到了许多困难，但通过与供应商进行艰辛的谈判和对采购、运输过程密切的跟踪，最终将困难——克服，为抢修第一线提供了有力的支持和保障。

不到4天时间，可以说是掐着秒表完成了这一不可想象的紧急任务。其中的不确定因素实在是太多太多了，但中国的核电事业就是在无数个这样的日子里从无到有、从小到大、从弱到强，一点一点被开创出来的。这里体现的一个核心元素，就是协同配合、合作共赢的精神，缺乏这种精神，我们的事业就不可能成功。

案例二：延迟生效的运行图册

有一次，岭澳核电站1号机组主控室操纵员准备检查确认一组核燃料组件控制棒的调节范围，在主控室寻找一份运行图册，却未找到。经了解，该运行图册尚未生效。主控运行人员填写了24小时事件单，相关部门将此事定为内部运行事件。

这份运行图册的编写、校核和审查已经完成，但比原生效的时间延迟了10天。编写人立即于当天向文档资料处说明情况，并申请更改授权审批人，于次日完成了运行图册的审批签字过程，运行图册正式生效，并分发给相关部门。所幸的是，虽然运行图册延迟生效，但由于还有其他支持性文件可供使用，因此没有耽误工作。

本次内部运行事件，在三个环节上有明显失误。

第一，编写图册迟缓。编写人单方面认为图册生效前主控室已有最新的设计报告，可以暂时代替运行图册，能够满足当前运行需要。因此，编写人对图册编写重视不够，没有为流转审批生效留出足够的时间。

第二，资源安排不合理。在运行图册编写期间，正是进行零功率物理试验和升功率物理试验阶段。图册编写人既是本次大修科内总协调人，也是物理启动试验项目总负责人。在计划变动、工作叠加和时间紧张的情况下，难以分身，但没有寻求支持，因而造成图册编写工作进展缓慢。

第三，跟踪不力，应变不足。在审批人出差的情况下，编写人没有及时跟踪处理，更没有采取应变措施，最终导致图册未能及时生效。

责任心是一个素质系统，而不仅仅是思想上的重视。对实践中可能出现的新情况和新问题，必要的困难估计、提前量的安排，都应当体现在运作程序中，以便在出现紧急情况时，或挖掘内潜，或争取外援，或调整分工，以策周全。所谓"取法于上，仅得为中"，说的就是这个道理。宁愿把事情想得困难多一些，准备得充分一些，有备无患，失误的可能就会大大降低，取胜的把握也就大大增强了。

二、开放接纳，谦和诚恳

《后汉书·岑彭传》中说："光武深接纳之。"意思是光武帝刘秀结交罗致了岑彭这员大将，进而壮大了自己的力量，这就是所谓的"接纳志士以谋大举"。诚恳是指诚实而恳切，《晋书·温峤郗鉴传论》中说："微夫人之诚恳，大盗几移国乎！"

合作要讲究技巧，拥有宽广、开放、接纳的胸怀，抱着谦和、愉快、诚恳的态度，同时又加上忍耐精神的人，是非常幸运的。大海之所以成其大，不仅因为它纳百川，更因为它把自己放得低。如果持以开放的胸襟和谦和的心态，每个人的胸怀也能像大海一样广阔。

案例一：众志成城除隐患

有一次，岭澳核电站的一个阀门外漏，解体消缺不到一个月的时间内，该阀门再次发生外漏。解体发现出口阀座严重损坏，出现脆裂，大部分碎片已进入系统中。同类事件在大亚湾核电站曾发生过多次，属于重发事件和共模效应。外漏事件没有规律性，有时三个月发生一次，有时半年发生一次。据不完全统计，两个核电站累计发生了至少6次外漏，但均未引起足够重视，因此得不到根治。

根据维修人员的分析，脆裂的直接原因是温度过高。设备管理处系统工程师对这一判断产生了质疑，为了查找事故的根本原因，系统工程师主动牵头，在相关部门的大力支持下，进行了大量的现场调查，并运用根本原因分析方法（RCA），对事件及检修过程的时序活动、维修历史、运行活动、相关的温度调查、传热学计算、管线位置标高等方面进行了全面分析，对可能的原因进行逐一排查论证，最终找到了阀门发生脆裂的根本原因：由于温度探头布置不合理的设计缺陷，使温度探头不能正确反映整段管线的真实温度。针对这个设计缺陷，很快就采取了彻底的消缺措施，为核电机组的安全运行排除了一个隐患。

为了避免或者减少设备异常对机组安全运行的影响，以最快的速度处理核电站生产技术问题，要求每一个参与的部门和专业人员都尽职尽责，以开放的心态，诚挚的态度，整合并调动相关资源，迅速行动。该隐患的消除得益于系统工程师主动牵头，各相关专业人员积极配合，在数据收集和分析过程中发挥了团队的智慧和力量。

责任心与执行力相辅相成。责任心是前提，靠执行力来体现。具备较强责任心的人，自然会主动想办法提高执行力，特别是靠团队来体现并完成的执行力。只有大家共同肩负起应尽的责任时，众人"拾柴"火焰才会高！

案例二：合作共赢同船渡

大亚湾核电站联合变压器的十年大修项目，从策划到现场实施历时2年，其中户外操作的23天尤为艰苦。

联变本体维修过程中出现了不少问题，特别是与日本三菱公司首次合作，现场检修负责人需要了解和熟悉现场，日方专家不能用英语流利沟通，日语翻译有时又不够专业，十分影响工程进度。维修人员对维修环境的熟悉过程、天气变化等，也给整个项目带来了许多困难。

但是，大修项目组成员凭借丰富的检修经验和顽强拼搏的意志，对日本三菱公司的变压器试验方案、套管密封垫更换、变压器油处理等多项关键路径检修工艺进行大胆的管理优化，搬掉了一个又一个"拦路虎"，终于使变压器大修实际工期比原定工期提前了7天，一次送电成功。

多方合作，需要掌握与以往不同的现场检修合作模式。日本三菱公司的人员熟悉变压器安装工艺控制检修流程，而在役变压器的检修工期、检修现场环境、设备状态等方面与设备安装时有很大差别。双方意见产生严重分歧的时候，现场工作只能先停下来，口语、肢体语言、书面语言全部派上了用场，待讨论、沟通好一个个细节和问题后再继续工作，使双方在维修工艺和流程方面最终达成一致。

项目开工后的10天时间里，天公不作美，有时甚至是连续两三天的雷暴天气。虽然现场做了防雨措施，但遇到长时间的阴雨天，变压器的许多检修工艺还是无法进行的，只好将方便拆卸的设备全部拆到室内检修。天气稍有好转，马上实施户外作业，分秒必争。

其实，并非所有的高技术项目都需要高智慧的脑力劳动。在一个集体项目中，那些看起来并不起眼的平常工序，比如翻译、维修、安装、保养、检查等服务环节，都至关重要，大家"划"的都是同一条船，要想一直向前，所有人、所有环节的努力，都应是同一个方向的。

三、乐于分享，全局观念

《诗经·卫风·木瓜》中说："投我以木瓜，报之以琼琚。"即你给我一个木瓜，我就回赠你一块美玉。这种相互分享的观念，与印度古谚语"赠人玫瑰，手有余香"所表达的含义是一样的。

如果我有一个苹果，你有一个苹果，我们交换，各自还是只有一个苹果；如果我有一种思想，你有一种思想，我们交换，各自就都拥有两种思想。合作是为了共同的目标，站在全局的高度上一起分享合作的成果，才是各个合作方共同的追求。

案例一：报纸订阅难题破解记

在网络和微信高度发达的当今时代，人们对诸如报纸、杂志这类纸质媒体的关注度已经大大下降了。但在20世纪80年代初期的大亚湾核电基地，订报纸是一项非常重要和严肃的事情。从那时开始，公司为每间宿舍订阅一份深圳的报纸，供员工学习和了解国内外大事和新闻。

20世纪90年代中期以后，《深圳特区报》与《晶报》，《深圳商报》与《深圳晚报》均配套赠阅，于是每间员工宿舍就开始有了两份报纸。但从2003年起，《晶报》和《深圳晚报》不再免费赠送；2004年开始，深圳报业集团四家报社实行独立核算，又相继提价；与此同时，大亚湾核电基地员工宿舍数量已扩大了一倍。如果保留原有订报方式，势必大大增加开支。如此一来，宿舍是否继续订阅两份报纸成为争议的焦点。

针对这一情况，公司通过内部网络和邮箱进行了"员工宿舍报纸调整调查"，提供几种方案，分析利弊，同时宣传宿舍报纸调整的经济和环保方面的意义，供员工思考选择。根据网上调查结果所表明的员工喜爱的报纸排序，在"一室一报"的原则下，制订了第二年员工宿舍报纸订阅方案。同时，积极与报业集团协商沟通，如实反映四份报纸信息逐渐趋于雷同的现实，取得他们的理解和支持，在不需要大幅增加成本的情况下扩大了报纸的订阅面。

在得知深圳报业集团业务调整后，相关人员首先分析了员工宿舍报纸订阅方案调整计划的可行性。压缩订报虽然每年可以节约几十万元，但牵涉公司内外各方面的关系，需要智慧化解，而不是硬性对付。削减订报，不仅影响部分员工喜欢读报的习惯，而且会影响深圳报业集团属下几家报社的利益。

宿舍报刊订阅方案在调整过程中，充分考虑和权衡了基地内几家公司、员工和各报社等方方面面的利益，制定并分步骤实施了人性化的举措。公司最终从环境保护和强化报纸有效覆盖面的角度，通过协商，合情合理地解决了两年来延续的难题。

不管事大事小，要想办成事、办好事，唯一不变的是都得用心去办。订阅报纸本是一件丰富员工精神生活的好事，但根据新的情况调整订报方案，却涉及一连串棘手的利益选择，这就是变化中的转化。能根据变化了的情况，从大局出发，及时采取合情合理的行动，就可能将出现的不利因素化解于无形。

案例二：DV拍摄流产记

有一年，公司决定举办一次"人因工具卡现场实践DV大赛"，目的是推动人因工具卡的应用实践，减少人因失误。这里所说的"人因工具卡"，就是本书第一章中展示的那6张卡片。在某部门领导还没有相应安排的情况下，一名员工便主动发邮件请示部门领导，建议组队参加此次比赛，部门领导采纳了这一建议。于是，3名员工就着手张罗此事，并进行了分工，由1人总体协调，1人负责写剧本，1人负责拍摄。随后，编写剧本初稿、参加DV拍摄要求的培训、寻找拍摄所需的演员、制订具体的拍摄计划和时间表，这些工作都相继完成。但3人就剧本进行讨论后认为，剧本内容太多，很多细节不具备拍摄条件，需要进一步修改。大家一致同意增加1人出谋划策，以便对剧本做进一步修改。但是，直到作品提交的截止时间，剧本修改稿还没有出炉，原因是几个人一直未能抽出时间共同讨论剧本。

本案例中，员工能积极主动地参与公司活动，这是值得鼓励的。问题在于整个拍摄筹划过程中虽然有分工，但缺乏合作意识。从拍摄流产的结局推断，在组织讨论优化剧本后，3人没有进行后续工作，也没有人主动去承担接口工作。据了解，在DV拍摄计划流产后，没有人主动向领导汇报，更没有人主动承担相应的责任。显然，作为代表部门参加公司比赛的项目，相关人员在全局意识、主动合作方面存在缺失。

《诗经·大雅·荡》中说："靡不有初，鲜克有终。"意思是说，很多事情都是有了开头，但很少能到终了。能够坚持把事情做到底的人，就是具有高度责任心的人。能在工作之余积极参与公司的活动是好事，但事情办得虎头蛇尾就会前功尽弃，出现"一个和尚挑水喝，两个和尚抬水喝，三个和尚没水喝"的尴尬情形。这个小案例恰当地诠释了《荀子·修身》中所说的一个大哲理："路虽远，行则将至；事虽难，做则必成。"

第六节　助人精神

"助人者，人恒助之；善人者，人亦善之。"助人，就是雪中送炭，送的是一缕光、一丝暖。帮助别人不一定是物质上的帮助，简单的举手之劳或一句关怀的话语，就能让别人产生久久的激动，所谓"良言一句三冬暖"。如果能做到帮助曾经无意识地伤害过自己的人，不但能显示出博大的胸怀，而且还有助于"化敌为友"，为自己营造一个更为宽松的处世环境，这就是《道德经》中所说的"大小多少，报怨以德"。

助人精神这个维度，可以拆解成3个要素，这3个要素也可以理解为助人精神的三层境界：第一层境界，响应需求，帮助他人；第二层境界，牺牲自我，成就他人；第三层境界，不求回报，乐助他人。第三层境界更令人感动，这是真正的助人，闪耀着人性深处的光芒。

一、响应需求，帮助他人

积极的心态有助于看到希望，保持进取的旺盛斗志，最终克服困难。一个具有积极心态的人，最大的快乐就是给予别人。主动配合他人有助于营造良好的团队氛围，促进企业的和谐。学会用乐观、积极的心态面对人生，自觉培养奉献精神，展现助人的善意，应是一个优秀团队成员的重要品格。

案例一：专用工具的合理利用

岭澳核电站二期项目开工以后，为了提高专用工具的利用率，节省投资成本，针对公司现有工具库中可用于工程安装建设的专用工具，生产准备协调组展开了工程安装建设专用工具的可用性与可借性的论证与协调工作。经过对专用工具库的摸底排查，在2年时间内，共向外借出安装调试专用工具8批次222项。

工欲善其事，必先利其器。专用工具对于核电站的建设与运营至关重要，尤其在工程建设期间，需要大量专用工具。对于新增建的核电站，如何有效利用基地内运行机组的专用工具，而不是耗时又费力地另行购买，从而有效降低核电站的建设与运营成本，是摆在工程建设、生产准备和电站运营者面前的一个课题。

在专用工具协调过程中，仓库保管人员在大修后盘点码头露天工具库时，发现有 32 套专用工具也许能用于工程安装调试。生产准备部工具协调人获知这一情况后，立即与工程公司相关部门联系，对这批工具进行了多次仔细排查。由于距离岭澳核电站一期的建设已经相隔数年，部分专用工具信息不完整，不仅需要查阅当年的资料，而且还要访问当年的建设者才能确认。在运营公司工具库人员的配合下，工程公司相关技术人员在工具现场仔细核查与拍照后，向曾经参加工程建设的老一辈工程师进一步咨询，确定了相关工具的准确用途。虽然最终部分专用工具不适宜岭澳核电站二期工程建设，但也为专用工具的仓储管理提供了依据。

专用工具准备协调组能够积极响应需求，不仅进行岭澳核电站二期专用工具可用性与可借性论证、出借和协调等工作，还深入现场，对专用工具的储存、使用等进行普查。这是相关部门间的配合与协助，凝聚了项目组成员的智慧和助人为乐的精神。

岭澳核电站二期专用工具协调成功，在于所有项目组成员都能互相帮助，共同进退；在于积极响应需求，帮助他人。这是一个统筹管理、节约投资、有效利用资源的典型案例。许多事情，只要你愿意，就能做到，该克服的困难，也能克服，用不着什么豪言壮语。只要你响应需求，挖空心思，巧妙统筹，自然就会把不可能变成可能。

案例二：服务台前的"窗口"功能

有一次，工程公司的一名员工打电话到大亚湾核电基地公关中心前台咨询会务事宜。在电话中，前台员工态度欠佳，言语措辞比较傲慢尖刻，引起对方不满，于是向上级部门进行了投诉。

在获悉此事后，负责公关的部门立即了解事件过程，结论是前台员工态度生硬，没有摆正自己的位置。为消除不良影响，公关部门向对方致歉。同时，为避免此类事件再次发生，组织全体接待员工进行了反馈，进一步强化服务意识。

接待工作看似平常琐碎，但要做好亦非易事。前台工作虽然只是一般性的接待工作，却是公关部门的第一扇"窗口"，也是整个公司的第一扇"窗口"，接待人员所传达的信息影响着社会公众对公司的第一印象。因此，公关部门重申，前台接待人员要以热情友好的态度，认真周到地接待每一位来访者，为公司加分，而不是失分。

这件事情虽小，却折射出该员工在服务意识及责任意识方面的缺失，未能主动积极地响应需求、为客户提供服务，其工作态度影响了工作质量和服务水平，无法令被接待人员满意。就此案例而言，事件发生在集团内部成员公司之间，补救较为简便，也不至于产生恶劣的后果；但如果发生在与外部公众之间，后果可能非常严重，有可能损害整个公司乃至集团的形象，影响公众对集团的整体认知和评价。

企业不是衙门，服务不是关卡；工程生产是"红花"，其余都是"绿叶"。前台的责任就是为顾客提供高质量的服务，其服务品质的优劣，既代表企业形象，又体现机制效能。作为一名前台员工，必要的会议保密规范要遵守，但不能成为任何态度粗暴、终止服务的借口。说一千道一万，体现责任心不仅只检测自己分内的工作效果，还取决于是否积极响应需求，乐于帮助他人。

二、牺牲自我，成就他人

牺牲自我是团队精神的一种充分表现，是个人崇高人格与博大胸襟的体现。忘我和无私是走向成功的捷径，成就他人是最大的成功。只有具有强烈责任心的人，才能够释放出最大的热情和力量，达到忘我和无私的境界。

案例一：一封特殊的感谢信

有一次，在公司的内部网页上，一封深圳市公安局大亚湾分局致大亚湾核电基地某单位的感谢信引起了人们的关注。

信里说，运营公司维修部现场服务处党支部和服务处电子兴趣小组的同志们，为了改善民警的工作条件，利用自身的优势，自发利用业余时间研制红绿灯手动控制遥控装置，为提高疏导交通的效率和效果起到了积极的作用。

随着核电生产建设的快速发展，大亚湾核电基地人员、机动车数量急剧膨胀，尤其在上下班高峰期，交通拥堵现象十分突出。多年来，大亚湾公安分局现场民警不辞辛苦的身影印在了公司员工的脑海里，也印在了现场服务处员工的心里。他们一直在想着能为疏导交通的民警做些什么，把民警从红绿灯手动控制装置中解放出来。

试着研制红绿灯手动控制遥控装置，是员工的自发行为。他们发挥自身的技术优势，利用业余时间制作了红绿灯手动控制遥控装置，改善了大亚湾核电基地的交通秩序，减轻了民警的工作负荷，提高了效率。该案例充分体现了自发响应需求、帮助他人的精神。

解决问题的方法有很多，但最和谐、有效的方式就是互谅互帮互助。这一过程，可以概括为简单的几个词：看了、想了、做了、成了。正是这样简单的表达，更彰显责任心的可贵。

案例二：一位敬业的年轻"老师傅"

有位小伙子，是汽轮发电机组检修的一把好手，员工敬重他的技术水平和敬业精神，因此尊敬地称他为"老孙"。

说起老孙的敬业，熟悉他的人无不称之为"拼命三郎"。每次大修前，老孙都要仔细检查和核对检修计划，并结合平时的现场缺陷合理布置检修项目，到仓库一一核实重要的检修备件，尽量做到项目无一疏漏，项目之间的逻辑关系安排合理。

大修开始后,发电机检修平台就成了老孙的家。老孙几乎每天都是第一个到达检修现场,最后一个离开。他时而提笔记录,时而动手复查,整个检修项目完全在他的掌控之中。检修关键工艺的督导、重大起吊项目的工前检查、检修数据的复核等,哪里需要,哪里就有老孙忙碌的身影。

老孙负责的现场,总是有条不紊的,物品摆放井然有序,作业记录清晰完整。老孙的认真是出了名的,任何质量偏差都逃不过他的眼睛。与他共过事的人普遍反映:"和老孙一起干活真累,但干得踏实,心里有底。"

汽轮发电机检修历来是个备受关注的重大项目,为了确保大修质量,老孙是场内场外下足了功夫。质量控制(QC)工作讲究方法,老孙对现场发现的偏差和不足不是生硬地责难,而是场内指导辅以场外沟通。

老孙经常参加合作伙伴检修人员的班组早会,在会上与大家一起交流工作经验,并对一天的工作安排进行重点提醒。大伙都说,老孙已经完全融入检修的各个环节中。

"工作一分钟,敬业六十秒",这是对老孙的真实写照。老孙除了出色完成本职工作之外,还特别讲究工作方法,注重沟通交流,无论是与同事还是合作伙伴,他都能通过充分的沟通,传递工作要求,以确保工作质量。他在工作过程中准确掌控重点和关键环节,及时纠正偏差,是团队中不可或缺的一员。

"拼命三郎",一拼工作态度,二拼工作实效,三拼工作方法。过去人们从古书中获得的那个"拼命三郎"的形象,在新时代又被赋予了新的内涵特征。

三、不求回报，乐助他人

一方有难，八方相助。帮助他人，共同进步，这应当成为核电员工最大的快乐。自觉的给予是令人感动的，不索取回报的给予更令人肃然起敬。这是真正的奉献，闪耀着人性深处的光芒。

案例一：锲而不舍找程序

一次，工程公司一名工程师因岭澳核电站二期的主蒸汽、主给水管道设计的需要，到运营公司档案馆查找岭澳核电站一期设计建造期间国外公司提供的主管线焊接程序。按照常规的文档检索方法，文档人员先后根据用户提供的程序号、系统名、图纸号、管线号、焊口号，在安装文件、焊接文件、安装完工报告、设备运行维修手册等各种不同类别的文件中进行了查询与检索，都没有找到该工程师所需要的焊接程序。为此，他又向相关安装和维修部门专业人士进行了专门咨询，也没有找到。

在多方查找未果的情况下，文档人员并没有放弃。他在下班之后一直把这件事放在心上，主动找焊接专业技术人员做进一步的咨询，获取更多的文档检索信息。同时，他凭借自己对文档比较熟悉的专业优势，在缺乏直接相关信息的情况下，利用日常查找文件的空隙，翻阅了大量的案卷。经过3天不懈的努力，终于在安装公司向业主公司移交的常规岛安装工程施工程序档案案卷中，找到了工程师需要的这份程序。

一般而言，文档人员主要是通过文件的主题、分类、文档编码等途径，结合自己掌握的文档检索知识和用户提供的信息进行检索和查找。在本案例中，只要能想到的途径都尝试过了，不论是计算机文档管理系统，还是库房的文档分类实体，都没有找到用户需要的文件档案，这对文档人员而言，可以说是尽职尽责了。文档人员经过努力寻找到可供检索的信息后，又与工程师联系，双方密切配合，一丝不苟、认真细致地在工程档案库房中查找，最终从安装承包商移交的档案中找到了所需要的文件。

文档工作是一个专业，也是一份职业，平平淡淡、默默无闻、枯燥乏味，做出成绩不容易，得到用户的满意更困难。责任心强的人，除了对自己的本职工作精益求精，在工作的各个领域中积极追求卓越，还能为顾客提供职责要求之外的服务，自愿承担不属于自己职责范围内的工作，自觉自愿地帮助同事，并与之合作完成各项作业活动。自觉的给予令人感动，不索取回报的给予更令人肃然起敬。

案例二：合理建议避免设计缺陷

岭澳核电站二期污水处理站，是核电站所有生产和生活排放污水的处理系统。该系统设计之初，因现场场地因素限制，在设计处理上曾就排污量为某吨/天的问题进行过争论。

设计方认为，电站污水处理系统按日排污量一般不大于某吨/天，不需要按照岭澳核电站一期设计能力进行，只要按某吨/天的处理能力设计即可。

生产准备工程师在参与污水处理站合同包的招评标时，认为污水处理能力设计量偏小。为证实此疑点，该工程师不迷信权威，立即加班加点翻阅大量岭澳核电站一期污水处理系统的资料，最终以翔实的数据、资料向设计单位反馈了自己的建议：岭澳核电站二期排污量处理能力应最少按某吨/天进行设计。最终，该建议被设计单位和采购部门接受，避免了岭澳核电站二期污水处理系统在设计上的缺陷。

如何把大亚湾核电站、岭澳核电站一期的经验反馈落实到新的核电站系统设计中，是生产准备的一项重要工作。生产准备人员均来自维修、设备管理、运行等相关部门，反馈生产经验是岭澳核电站二期工程提升设备质量和系统功能的法宝。按照公司安排，从设备采购阶段开始介入工程，尽早了解设备系统的特点，并将大亚湾核电站、岭澳核电站一期生产活动中出现的问题、缺陷、改造项目及时反馈到新的设备和系统中，可以为提高岭澳核电站二期的工程质量、减少设备缺陷、少走弯路做出贡献。

生产准备工程师本着质疑的态度和认真细致的作风，发现并解决了工程设计阶段的不足，从而保证了工程的质量。虽然设计不是这位生产准备工程师的本职工作，但由于他有积极奉献的主人翁精神，因此遇到设计缺陷时反而能够积极有效地应对。

岭澳核电站二期工程对于所有核电人而言，都是一个全新的挑战，必须要求所有抽调及分流人员不讲条件，不求回报，互帮互助，共担风险。在那样一个关键而特殊的时期，我们的生产准备工程师经受住了考验，并交出了一份出色的答卷。

第七节　担当责任

宋代文学家司马光在《谏西征疏》中说："所愧者圣恩深厚，责任至重。"这句话讲的是司马光认为自己深受神宗皇帝的恩典，但由于所肩负的责任重大，因此不得不劝阻神宗不要与西夏开战。

司马光所说的责任，是一个人不得不做的事情，或者一个人必须担当的事情。责任产生于社会关系中的相互承诺，真正对一个人有价值的，不是在其身上或者周围发生了什么，而是对此做出了什么样的反应，以及从中学到了什么；更为重要的是，能够担当什么样的责任，承担什么样的使命。

当我们在担当一项责任时，就要付出一定的代价，但也意味着获得回报的权利。敬业是一种精神，一种态度，它表明对本职岗位的热爱和敬重；做事环环留心，步步留意，严防失误，不找借口，也是对责任的一种担当；只有勇挑重担，并且以强烈的奉献意识克服艰难险阻，才能被赋予更多的使命，也才有可能获得更大的成功和荣誉。

担当责任这个维度，可以拆解成3个要素：爱岗敬业，不计得失；严防失误，不找借口；勇挑重担，不畏艰难。

一、爱岗敬业，不计得失

爱岗敬业，就是在平凡的岗位上挥洒汗水，燃烧激情，因而是可敬的。敬业是一种精神，一种态度，无所谓工作轻重、职位高低、环境优劣，体现的是一个人的工作态度和综合素质。在工作中要牢固树立正确的观念，做到立足本职，不断学习业务知识，增强业务技能。

案例一：职业精神诚可贵

大亚湾核电基地办公生活设施维修合同的结算方式，一直是按合同规定的人月单价与维修人数每月进行结算。随着市场情况和大亚湾核电基地内自身业务的变化，原有模式的弊端渐渐显露出来。每新增一个服务区域，合作伙伴公司就要求增加相应的维修工人；有时区域间本可共享服务来避免人力浪费，但是由于新增区域距离远，不得不在各区域增加维修工人；服务区域面积有大有小，工作效率各有差异，对于整个合同执行过程的管理也比较困难。

有鉴于此，合同采购小组与合作方沟通，提出对合同模式进行改进。在征得对方同意的情况下，合作伙伴按照新的模式进行了报价。由于涉及的内容比较庞杂且工作量较大，合作伙伴报价后，合同采购小组对报价内容进行了反复修改和调整，并进行了多回合的谈判，最终双方均认可了合同的单价、服务范围的面积及合同的总价格。

新的服务合同签订之后，财务人员在审查一项清洁服务合同时发现，清洁服务合同与维修合同中相同区域的服务面积数据不一致，维修面积比清洁面积多，于是及时告知了采购小组。

虽然合同谈判已经结束，但是为了维护公司利益，采购小组决定在合同签订之前再与合作伙伴沟通，更正以前双方已经确认的服务区域面积。经过努力，对方认可了新的合同计算面积，并按照实际面积计算了价格，签订了合同。合同金额比第一次谈判时每年减少了几万元。

合同采购小组成员分别来自合同部门、行政部门、预算管理部门和财务部门。小组成员为了公司的利益，顾全大局，尽力去争取，并且最终维护了公司利益。

案例中，财务人员在审核清洁合同面积的过程中凭借职业惯例，将两个服务区域相同的合同进行了对比，发现了服务区域面积数据统计错误，这是爱岗敬业的一种体现。采购小组及时更正错误，积极与合作方沟通，最终达成一致，也是爱岗敬业的一种体现。

说了千万遍的"爱岗敬业"，究竟应该如何理解？合同采购小组成员和财务人员用几万元的小数字给出了一个"标准"答案。古语说"在其位，谋其政"，对待岗位上的所有工作，首先要有一种职业态度。因为这种态度，发现了合同模式的弊端；因为这种态度，修改了原有的合同模式；也是因为这种态度，又针对具体合同做了相应的变更。所有这些细节，均表达了员工担当责任、认真敬业的职业精神。

案例二：毫厘之差酿大错

有一天，一项重复三次的检修活动，使原本平常的一天变得格外凝重。由于工作组成员的粗心大意，岭澳核电站2号机组的一项设备维修工作一而再、再而三地返工，并导致一台泵的零部件多次损坏。

该泵检修工作负责人有着丰富的类似泵组检修经验，工作组成员也大多进行过该泵的全面解体检查工作。应该说，工作团队的技能和知识毋庸置疑，能够胜任这台泵的全面解体检查工作。可是，第一次检修后启动泵进行再鉴定，泵运行仅 1 分 13 秒即被强制停运。现场检查发现，有黑色粉末状物体从盘根压盖处流出，随后盘根压盖过热变红。在解体检查过程中，判断这个故障的根本原因是压盖紧固螺栓没有拧紧。

真是祸不单行，在第二次检修过程中再一次发生了失误。安装时速度过快，导致油封在安装过程中通过泵轴的轴肩时造成翻边，第二次检修结束后的再鉴定不合格。

综观这两次检修失误，都源于人的疏忽，而不是技能问题。核电设备极其复杂，关联众多，一个小小的失误都会引起一连串的反应，并造成损失。几颗小小的螺栓，却引起了核级设备的损坏，这是最令人痛心的事情。螺栓少拧几圈，端盖拿得不正，这本来是不该发生的错误。即使具备工作能力，但如果缺乏敬业精神，工作时粗心大意，也难以保证工作质量。

一个有责任心的员工，一个工作踏实的员工，一个合格的员工，不但要拥有过硬的业务技能，更要在工作的过程中，仔细关注每个细节，认真做好每件小事。

二、严防失误，不找借口

"人人都是一道屏障"的含义，就是在处理事情时环环留心，步步留意，每个环节的工作到位了，失误也就远离了。不找借口，就是不推诿过失，不逃避责任。

案例一：做一份事，哪能付双份钱

运营公司与某公司签署过一项维护服务合同，结算方式是根据合作伙伴人员考勤表，以实际出勤人工日乘以人工单价，并按季度付款。为了规范对乙方工作的管理，经双方协商，将合同中的工作划分为劳务人力支持与外包项目两类工作，并针对外包项目签署了另外的维护合同，支付方式根据技术部门签发的验收报告并按季度付款。这两份合同分别由不同的商务人员签订，两份合同的执行期限重叠2个月。

有一次，预算控制人员在审核合同的第三季度付款时发现，两份合同存在重复支付服务费用的问题。财务部门得到信息后，对两次支付情况做了进一步核实，确认这两次付款存在对乙方2人重复支付问题，重复支付的金额为4万余元。随后经与承包商协商，财务部在第三季度付款中扣回了重复支付的金额。

本次事件中，考勤人员在进行考勤时没有根据实际情况及时进行核实，便填制并报送了与实际人数不符的考勤表，也没有发现两份考勤表上合作伙伴人员与实际人数有差异，从而未能从源头杜绝重复支付事件的发生。同时，考勤人员与合作伙伴之间、考勤人员与商务人员之间、财务与商务人员之间都缺乏必要的沟通。

本次事件中涉及的两个合同，是由不同的商务人员与合作伙伴签订的。如果在签订合同时能够充分考虑合同内容发生变化时可能给公司带来的影响，事先与技术部门进行有效沟通，提醒技术部门在具体操作中关注可能存在的问题，本来是可以避免本次事件发生的。

另外，在款项支付前，会计人员与预算控制人员都应该对支付申请单的各项资料的真实性进行严格核对。可是在本次重复支付事件中，两名会计人员也没有认真细致地对两份合同进行研究，没有对两份合同执行中可能存在的重复情况提出异议。

本案例中，虽然重复支付的金额不大，而且最终没有给公司造成经济损失，可是就"严防失误，不找借口"这点来说，不能不引起我们的高度重视。这种失误，并不存在任何高难度的技术因素，只是由于沟通不足，相关环节没能有效发挥作用，导致重复支付发生。

我们经常说"人人都是一道屏障"，但要想真正发挥屏障作用，确实严防失误，只有口号是远远不够的，关键是在处理事情时要环环留心，步步留意，人人把关，事事审核，每个人把每个环节的工作都切实做到位。

案例二：事后诸葛亮，是最好的吗

有一次，大亚湾核电站化学人员进行化水系统卸酸工作。连接好卸酸软管后，打开槽车出口阀，开始卸盐酸。仅约1分钟，卸酸接头断裂。化学人员立即关闭槽车出口阀和卸酸管路入口阀，用水冲洗流到地面的盐酸，并联系维修人员处理。

事后检查发现，接头从法兰根部断裂，塑料管道烫手发软，并有粘连性，已经被严重腐蚀变薄和穿孔。在此之前，曾经对该阀门的卸酸接头进行了更换，但是接头的材料不符合使用要求。

这起卸酸接头断裂事件的具体原因有三点：一是相关工作人员在管道材料选型方面的技能与经验不足，更换接头材料未经过论证；二是没有主动去获取与此系统管道设计的相关信息；三是没有严格审查备件的完整性和符合性问题。

虽然断裂的只是一处卸酸接头，但反映出的问题却是立体的。核电站强调程序，并非简单机械地重复程序，一定是建立在高度责任心之上的理解程序和把控程序。这个案例中，接头材料的变更存在随意性，直接违背了核安全三要素之"严谨细致的工作作风"（另外两条要素是：勇于质疑的工作态度和相互交流的工作习惯）。同时，不能总是在事故发生后查找原因，然后罗列一大堆借口，因为人因事故本来是可以避免的，无论事后把原因归结得如何细致和准确，一旦造成人员伤亡或者财产损失，后悔都无济于事。因此，不能总是做事后诸葛亮，而是要把相关工作做在前头，以增强对可能发生事故的预见性，并制定相应的处置预案。

三、勇挑重担，不畏艰难

责任让人坚强，让人勇敢，也让人知道关怀和理解。树立正确的责任意识，勇于承担责任，不仅是个人道德品质高尚的体现，也是做好本职工作的根本保证。事实上，只有勇于承担责任，有着强烈的奉献意识，在工作中甘于付出，乐于奉献的人，才能被赋予更多的使命，也才有资格获得更高的荣誉。

案例一：主动请缨挑重担

有一次，大亚湾核电站 2 号机组处在反应堆装料过程中，当改造后的换料机按自动模式装料至第 126 步时，因换料机意外移动造成燃料组件弯曲变形，直接导致大修工期延误 38 天。

事件发生后，燃料操作人员面临很大压力，情绪低落。面对这种情况，相关领导组织大家深刻反思，并充分认识到，要改变目前换料机管理的被动工作局面，彻底避免类似事件发生，必须以此为契机，对换料机的维修与管理在体制上进行大胆的改革和创新。为此，他们把事件作为行动的号角，知耻而后勇，主动请缨，由燃料专业团队承担起当时被称为"烫手山芋"的换料机维修工作，并提出维修、操作一肩挑。

换料机维修已被外国厂家垄断了十几年，公司内以往的分工由其他专业处负责。为了打开局面，他们集中全处最优秀的人才，并从其他专业抽调少量技术骨干，组成了专业齐备的年轻维修队伍，向公司立下了军令状，制定了 3 年全面实现自主化维修的工作设想。

经过两年多的不懈努力，在近 3 年的 11 次大修中，燃料操作全部实现100%的正确率，创造了历史最好水平。设备健康状态比过去明显好转，在大亚湾和岭澳核电站的几次大修中，装卸料操作不断刷新历史最短工期。燃料专业团队因此而获得了中央企业某年度的"精神文明号"称号。

无论一个部门的工作性质如何，对待高危工作都绝不能降低标准、丧失原则。工作失误，可能是技能不足，也可能是违章操作、责任心缺失，我们要区别对待，前者批评教育，后者绝不姑息。事件发生后，现场服务专业人员能够认真总结经验、深刻反思，不被困难吓倒，努力寻找管理和技术上的空白，积极开拓业务，大胆实践，向工作的深度和广度延伸，努力实现自主化，为公司节约了大量的成本。

古今中外，大千世界，月有圆缺，人无完人。知错就改，有错必纠，这是一般的境界。而现场服务专业人员不仅做到了这一点，还能面对困难，主动担纲，顶着压力，开拓进取，其敬业、专业、创业的精神难能可贵。这种崇高的精神境界，正是"创业、创新、创优"品质的集中体现。

案例二：设计，不仅仅靠灵感

有一年，公司生产准备部门在总结大亚湾核电站和岭澳核电站一期经验的基础上，借鉴国内外核电站安全标准的良好实践，设计了一份某型号核电机组的《安全标志标准化图册》。该图册对核电站使用的所有安全标志进行规范化，包括安全标志的含义、规格尺寸、材料选择、制作工艺、现场固定方式等。

在图册设计过程中，工程师严格按照国家标准，对安全标志进行设计，力求科学、合理和使用方便。对国家标准中没有明确规定或没有涵盖的安全标志，工程师参照国际相关准则和核电站同行的相关做法，进行自主创新。

由于安全标志在安全颜色、尺寸、材料选择和制作工艺等方面都有严格的要求，因此，在设计完成后，工程师不厌其烦地核对设计的细节问题，包括安全颜色的选择是否符合国家标准、尺寸是否满足现场环境要求、材料是否满足沿海核电站的日常使用管理要求等，努力做到精益求精。

既然作为标准化产品，就要适用各个基地的情况。在开始设计的时候，工程师就考虑到普遍适用性。在大亚湾、岭澳核电站目前经验的基础上，照顾到该型号标准化的需要，大量使用了一些标准化的元素。例如，所有的安全标志的格式尽量保持一致，留出Logo标志区域，颜色使用国家标准色卡名称等，既可以适用于大亚湾基地，也可以适用于其他核电站。

在编写、印刷完成后，立即提供一份给生产部门参考使用，并且双方约定在今后的使用过程中，现场安全标志保持一致，如有改动，双方共同商议。最终定稿时，设计人员决定采取活页的形式，以便将来升版、补充，提高了使用便利性。在类别上和材料选择上没有太多限制，极大地方便了使用者。

核电机组型号《安全标志标准化图册》的编写，是一件对安全生产非常有意义的事情。回顾图册的整个设计过程，有诸多启迪。

第一，国家的安全标志没有对核电站的一些特殊要求进行覆盖，但由于核电站安全标志对安全生产的重要作用，核电站亟须一套属于"自己"的安全标志。在这种情况下，生产准备工程师没有等待，也没有推脱，而是勇于把这份工作"揽"上身，借鉴国内外核电站安全标准的良好实践，热情投入，主动创新，精心设计，谨慎选择。

第二，由于安全标志在安全颜色、尺寸、材料选择和制作工艺等方面都有严格的要求，因此，在设计初稿完成后，生产准备工程师不厌其烦地核对设计的细节问题，并考虑了安全标志牌现场使用的特点及联排布置方式等。

第三，在工作中，工程师没有闭门造车，没有搞"一言堂"，而是尊重工作的现实环境，大量使用了一些标准化的设计元素，积极与使用者沟通、交流、协商，以保证图案设计的科学性和适用性，让工作朝更好的方向发展。

安全标志的设计工作是复杂的、烦琐的，这就要求参与设计的工作人员必须细心、耐心、专心，最重要的是要有责任心。否则，过程中的烦琐和冗长会让工作成果大打折扣。另外，沟通与合作是工作顺利进行的保证，任何一项复杂的设计任务，仅靠个人闭门造车都会收效甚微。

设计，并不仅仅只要灵感，更需要勇气、智慧和责任。

第三章
执行力建设

企业的领导者和管理者在工作中经常会不同程度地碰到如下9项具体问题。

①决策不能有效执行。

②部门主管授权有限。

③员工无法发挥能力。

④组织体系效率低下。

⑤团队协作精神缺乏。

⑥业务流程流于形式。

⑦绩效考核不起作用。

⑧规章制度形同虚设。

⑨企业文化虚无缥缈。

这些问题的产生，各有各的原因。但最根本的一条，就是企业缺乏执行力，或者说执行力变弱了。所谓执行力，就是组织有效率地决定事情、员工有效果地具体贯彻实施的能力。执行力本身是一种非财务指标，但它的强弱直接影响企业的劳动生产率和组织绩效，而后者又是由经营效率和经营效果来衡量的。

效率，是指能够对劳动生产率的变化做出判断的能力；效果，是衡量管理者达到对其工作要求的结果。效率注重的是流程，而这种效率也是团队的效率，而非个人的效率；效果注重的是流程与模块，以及联系它们之间的业绩，因此，效果既注重效率，也注重结果。执行力是企业利用各种资源达成目标的能力与手段，就是强调领导、管理和执行的效率和效果的统一。只有既有效率又有效果的执行，才是真正的执行力。

很多企业领导者认为，"领导就是做决策，执行则是下属的事情""我的精力是有限的，我只抓大事，不管小事""我靠授权来管理"，等等，但一旦执行不到位，就归咎于下属的能力有限，然后不断地找人、换人，企业绩效也因此而不断下滑。实际上，一个领导者的行为决定着下属的行为，进而演变成这个企业的风气。一个企业的管理者，每天只是去思想而不注重执行，就不要期望下属去执行他的决策。

《汉书·董仲舒传》中说："临渊羡鱼，不如退而结网。"现代社会中也有一句非常精彩的话：思考并不能使我们养成一种新的实践方式，而具体的实践则可以帮助我们形成一种新的思维方式。这说明，只有实践才能产生业绩，而只有取得好的业绩，才说明企业具有竞争力。企业要想达到预期的战略目标，脚踏实地地强化执行力是唯一正确的方式。不断地发现和培育执行力，是企业的一项十分重要的战略任务。

企业执行力的重要意义，具体表现在以下四个方面。

首先，只有正确的执行才能使战略落地。战略是企业的"雷达"，决定着企业发展的方向，也决定着企业的生死存亡。因此，制定适宜的战略成为企业的首要任务。但是，即使是最好的战略，它也无法自动实施，因为正确的战略不能保证企业各个部门、所有员工都能够正确地工作。换句话说，企业并不是一台自动化程度很高的"电脑"，以为只要输入正确的战略，就能自然输出满意的结果。战略的本质中有不可控制、非常规和不可预测的因素，需要执行要素的充分配合。战略方案的变化是一种常态，需要执行手段的不断适应。随着时间的推移，战略在实施中可能遇到问题，或者市场环境的变化使得战略不再有效。在这种情况下，"输入最好的战略，自然输出最佳的结果"的思维将带来严重问题，简单地修改战略将无法奏效。从这个意义上来说，制定战略的同时就应该想到执行，思想和行动要紧密联系在一起同步前进。

其次，只有准确的执行才能使战术实施。战术是战略的细化和具体措施，它解决的是执行问题。一些人往往认为只要有了战术，战略就可以得到完美执行了，结果发现战术也同样需要准确的执行才能达到目标。如果说战略解决的是方向、目标及为什么这样做的问题，那么战术解决的就是怎么去做的措施问题，战术执行就是具体的实施。尽管战术制定是一项很具体的工作，但战术执行仍然充满着复杂性和不可控性，执行成效直接制约着战术的成功。任何战术的成功，都包含"战术制定"和"战术执行"这两个必不可少的步骤，而这两个步骤集中体现的是企业经营管理的能力或者综合素质。因此，不能割裂开来或者片面指责究竟是"战术失误"还是"执行失误"，企业领导者对这两种失误都有不可推卸的责任。

再次，只有严格的执行才能使组织运行。 企业是一个组织，但并不是一个一般性的组织，而是一个需要在市场上拼生死的组织。这样的组织如果缺乏严格的执行力，则意味着组织没有任何力量可言。组织的管理是一个过程，包含着为完成目标而进行的一系列活动，包括计划、组织、指导、控制和协调，这些活动必须依托执行才能得以实现。执行是组织管理过程中的关键环节之一，只有适当的人在适当的时间开始关注适当的细节时，一个组织才能真正地落实一项适当的计划。

最后，只有尊重执行才能使文化扎根。 企业文化是企业成长的灵魂。一种优秀的企业文化，会使企业有一个好的前景；而一种差劲的企业文化，将葬送企业的前程。企业文化需要不断地竞争才能生存，而只有执行才能使企业文化的根越扎越深。不管什么样的公司，企业文化都必须解决三个问题：一是公司应该做什么，二是如何做，三是需要什么样的人来做。只有有效的执行才能最终回答这三个问题。

核电企业，属于大工业企业的范畴。大工业企业是典型的科层组织，执行力是企业这种科层组织取得经济绩效的基础保证。一方面，以学术界为主的大多数人认为，在企业这种典型的科层组织内，最缺乏的是创造性的智慧、谋划和战略性决策，以及民主开放意识的淡漠，等等，尤其是在市场经济体制中，决策的失误是致命的；最害怕的是独断专行和不负责任地、机械式地执行命令而不知变通，强大的执行力会将错误的决策贯彻得非常到位，从而产生巨大的负面效应。但是，另一方面，越来越多的在经济部门和企业中从事决策管理工作的第一线人士，却有另外一种相反的看法，他们日益认识到，在科层组织中并不十分缺乏智慧和谋划的创新能力，最缺乏的是将制度执行到底、执行到位的强大执行力。执行力弱化已经成为影响组织正常高效运作的首要而严重的问题，已经成为影响经济发展的根本问题，甚至可以说，执行力弱化已经是一个影响到国家、民族、政府、企业、社会团体等组织的竞争力，影响到中华民族兴盛的大问题。因而，分析形成执行力弱化的原因并寻找解决问题的对策，就是一件很有意义的事情。也就是说，通过增强"有激情、有能力、有担当"的责任心，努力克服"拖拉、马虎、二过"的顽症，切实提高把事情"做到位、做完整、做漂亮"的执行力。

　　我曾经利用5年的业余时间，不脱产攻读法国哥贝诺尔经济管理学院的工商管理博士学位，所研究的课题是"企业执行力的概念模型及其度量方法：基于中国核电企业的实证研究"。后来，以这篇博士学位论文为核心内容出版了一本专著《企业执行力》（新华出版社2015年11月版）。这篇论文的研究方法，就是我在本书的绪论中提出的CDE分析模型。利用这种方法，可以对"执行力"这个概念进行操作化定义，然后就可以对其进行度量了。

　　为了度量"企业执行力"这个抽象的概念（C），首先要把它的抽象程度降低，拆解成"效率"和"效果"这两个维度（D1、D2）。但这两个维度的含义还是比较抽象的，无法直接度量。因此，我们继续把它们拆解成具体的、可度量的行为要素。所谓效率高，可以用两个要素来描述：一是工作的节奏快（E1），办事情不拖拉，不让无关的事情干扰正在进行的工作，也不会把时间浪费在与工作无关的事情上；二是计划的完成度高（E2），今天的工作不会无缘无故地拖到明天，自己的工作也不会毫无理由地交由他人。所谓效果好，也可以用两个要素来描述：一是工作的质量好（E3），一次就把事情做好，而不需要因工作质量不符合要求而重新来过；二是目标的达成度高（E4），做任何事情都有明确的目的性，在一项工作做完之后，往往能够达到预期的目标。

虽然组织的效率是不能够直接度量的，但工作节奏和计划完成度则是可以度量的；同理，虽然效果不能够直接度量，但工作质量和目标达成度是可以直接度量的。这样，我们就把"企业执行力"这个概念通过降低抽象程度的方法，变成了可以直接度量的要素，也就是说，对它进行了操作化定义（见图3-1）。

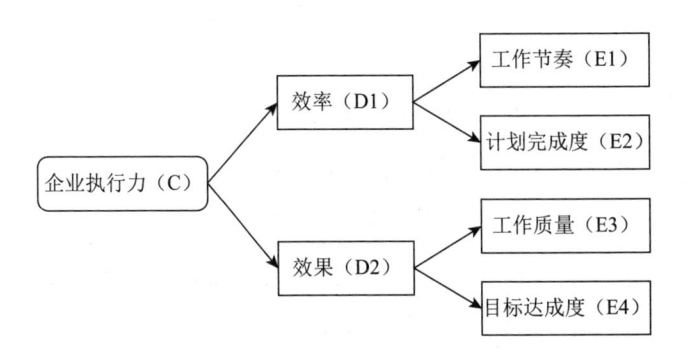

图3-1　企业执行力的操作化定义

图3-1的4个度量项目属于主观性的问题，在很多情况下无法用具体的定量指标来衡量，但它是属于心理可度量的变量，也就是说，可以通过问卷调查的形式，通过设计一组相关的问题，请被调查者对这4个要

素的主观感受做出选择。通过对调查问卷得到的数据进行因子分析和多元线性回归分析，就可以找到影响"企业执行力"（因变量）的要素（自变量）。

我在博士学位论文中，选择了12家具有较大影响力的中国核电企业（包括当时中国大陆所有的核电站）作为研究对象，收集到1410份调查问卷，约占所研究对象总数的13.2%，其中有效样本为1096份，有效率为77.7%。通过因子分析，将调查问卷中的所有问题转化为有意义的、具有说服力和便于管理的一组因子，然后对这些新产生的因子进行一系列的多元线性回归分析，最后得到一个关于中国核电企业执行力的最优回归方程，即

$$企业执行力 = -1.22 \times 10^{-16} + 0.243 \times 组织结构 + 0.225 \times 企业价值 + 0.115 \times 人际关系 + 0.266 \times 组织学习 + 0.116 \times 市场营销 + 0.134 \times 绩效管理$$

这个方程表明，对企业执行力影响最大的6个自变量是组织学习、组织结构、企业价值、绩效管理、市场营销和人际关系。我在博士学位论文中，首先对企业执行力的影响因素进行了理论分析，提出了一个"导向型结构变量"的学术概念。在上述方程中，组织学习和市场营销属于能力导向型结构变量，组织结构属于制度导向型结构变量，企业价值和人际关系属于文化导向型结构变量，绩效管理属于激励导向型结构变量。

值得指出的是，我在博士学位论文的研究假设中，还有一组战略导向型结构变量，但研究结果表明，战略导向型结构变量中的任何一个要素都没有出现在最优回归方程中。从表面上看，这个结果似乎比较奇

怪，甚至有点惊人。但实际上这个现象是有理由的，这是因为核电行业具有与其他行业的本质区别，这就是核安全的特殊性。

在核电企业里，员工耳熟能详的一句话就是"质量第一、安全第一"。核电企业的绝大多数从业者为技术人员，为了确保核安全，核电企业的员工每天都在兢兢业业地做好自己的本职工作，战略导向型结构变量所包含的一些因素（如企业愿景、产权结构、决策管理、危机管理及领导者的变化等），与他们的日常工作的相关性不是太大，也就是说，他们的日常工作并不受企业战略变化的影响。

当然，企业战略并不是不重要，而是关心战略的人员具有一定的层次性。一般而言，公司级领导者和部门级管理者较一般人员更关心企业战略，但此次调查对象中的这两类人只占很小的一部分（在调查问卷中，被调查者的7.2%为部门级管理者，2.4%为公司级领导者），因此在经过因子分析和多元线性回归分析之后，将有关战略的信息过滤掉了。假如单独把公司管理层的数据拿出来分析，也许就会突出战略导向型结构变量对企业执行力的作用。例如，我在进行初步研究时，选择集团总部的部分人员为调查对象，收集到44份调查问卷，结果表明，战略导向型结构变量是最重要的变量。这个结果，与集团总部人员主要从事战略管理的实际情况是相吻合的。这个结果也表明，本章所介绍的分析模型的要素，只是根据核电企业的调查而得出来的，并不一定适合其他类型的行业和企业，这是需要特别提请读者朋友加以注意的。

根据前述企业执行力的回归方程，我们可以得到一个有关企业执行力的"三环"模型（见图3-2），然后，分别对组织学习、组织结构、企业价值、绩效管理、市场营销和人际关系这6个维度及其构成维度的要素进行具体分析和度量。

图 3-2　企业执行力的"三环"模型

第一节　组织学习

《吕氏春秋·先己》中引用《诗经·国风·郑风》中的"执辔如组，两骖如舞"，汉代学者高诱对这句诗做了注释："夫组织之匠，成文于手，犹良御执辔于手而调马口，以致万里也。"组，是指高明的车夫手执缰绳自如地驾驭马匹拉车；织，是指纺织品经纬纱线的结构。组织的引申意思，就是安排分散的人或事物，使具有一定的系统性或整体性。

组织学习是指组织为了实现发展目标、提高核心竞争力而围绕信息和知识技能所采取的各种行动，是组织不断努力改变或重新设计自身以适应持续变化的环境的过程。

人类迎接知识经济挑战的最好办法，就是不断地学习知识和创新知识。知识被认为是企业获得和保持持续竞争优势的主要源泉，知识传播被广泛地强调为企业竞争的战略性问题，企业唯一的竞争优势或许就是比它的竞争对手学习得更快的能力。企业核心能力的本质是企业特有的知识和资源，学习就是一个获取知识或技能的过程，以提高企业或专业人员开展各项活动的能力。

　　清末洋务运动的代表人物张之洞在《劝学篇》中说："穷维古来世运之明晦，人才之盛衰，其表在政，其里在学。"学习有助于个体或群体工作得更好、更快、更有效率或者更为聪明。知识的传播是指知识、技能、信息和新思想等通过跨越时空的扩散，使组织内不同个体之间实现知识信息等共享的过程。知识传播承担着知识从其拥有者传送到接收者，使接收者了解和分享到同样的知识信息的任务。知识，也只有知识，才是企业竞争优势的根源。知识的学习与传播是构建企业核心能力的基础与手段，组织的持续学习能力是构建企业强大执行力的不竭动力，只有做到"工作学习化、学习工作化"的组织，才是具有强大执行力的组织。

　　我通过对中国12家核电企业进行的问卷调查表明，员工个体特征的不同，对于组织学习的认知具有明显的差异性。

　　图3-3所示的组织学习—年龄的均值折线表明，刚参加工作的被调查者对于组织学习的认知最为强烈，表明年轻员工具有浓厚的学习兴趣。待工作几年之后积累了一些工作经验，学习的兴趣就大为降低了。一般来说，随着年龄的增长，其所承担的工作任务的重要性也会增大，对于有些人来说，职称和职务也会上升，因此会重新认识到学习的重要性。待超过60岁的退休年龄后，认为自己的职业生涯已经结束，因此学习的兴趣降为最低。

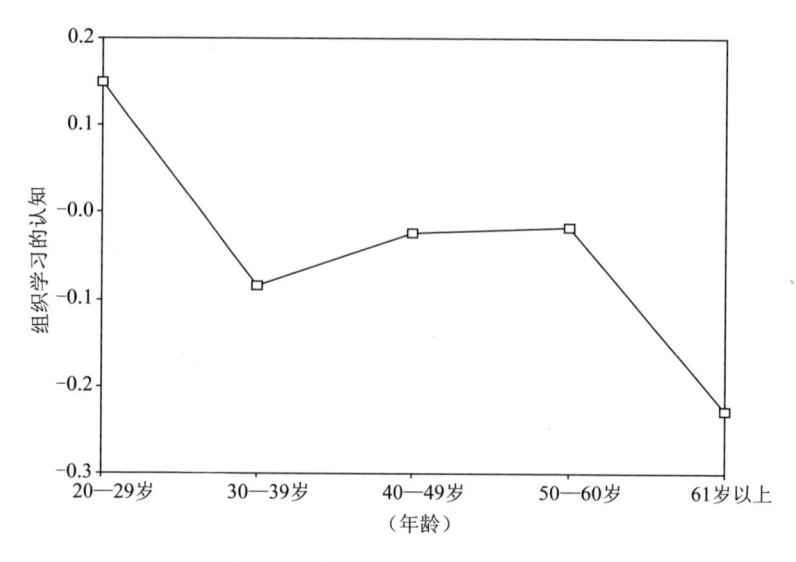

图 3-3　组织学习—年龄的均值折线

图 3-4 所示的组织学习—工龄的均值折线表明，工龄为 3 年以下的被调查者对于组织学习的认知最为强烈，这是因为他们认为自己的工作时间不长，缺乏完成本职工作所必需的知识与经验，因此，对于组织学习的必要性和重要性的认知最为强烈。随着工龄的增长，知识与经验也有一定的积累，因此学习的兴趣逐渐下降。当工作了 20 多年之后，发现原来所具备的知识与经验不能够适应工作岗位对自己提出的新挑战，因此重新认识到学习的必要性，但也不会超过刚参加工作时的那种学习劲头。随着逐渐接近退休年龄，认为自己到了"船到桥头车到站"的阶段了，于是学习的主动性和积极性降到最低。

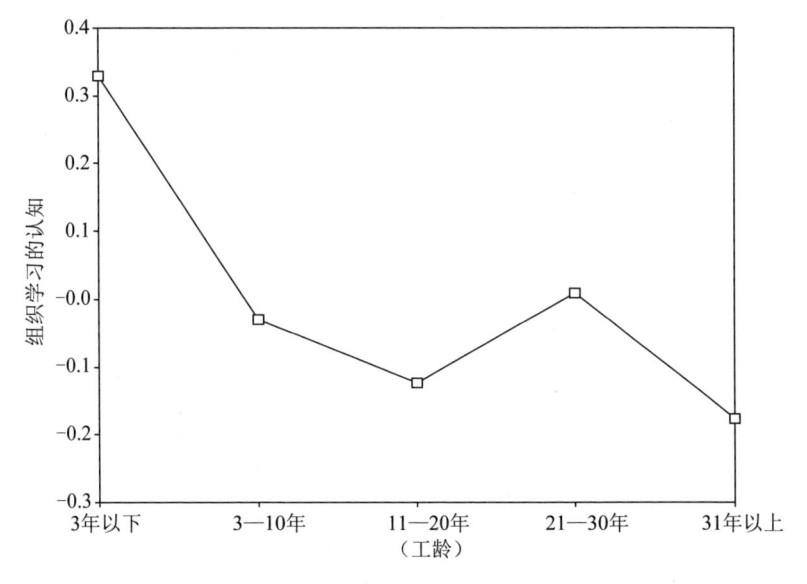

图 3-4　组织学习—工龄的均值折线

图 3-5 所示的组织学习—职称的均值折线表明，没有取得职称的被调查者对于组织学习的认知最为强烈，待有一定的工作绩效而取得初级职称之后，这种认知的强烈程度急剧降低。当取得高工级职称后，对于正研级职称的渴望，又激起了其学习的兴趣，这种认知又变得强烈起来了。在取得正研级职称后，基本上就是企业的高级专家了，本身的地位和获得尊重的满足感，又使这种认知重新变得强烈。

我的研究表明，在核电企业里，学历不同的人，对组织学习的认知并没有显著的差异性，表明在核电这样的高科技企业里，不管什么人，都认为组织学习对企业执行力具有显著的影响。

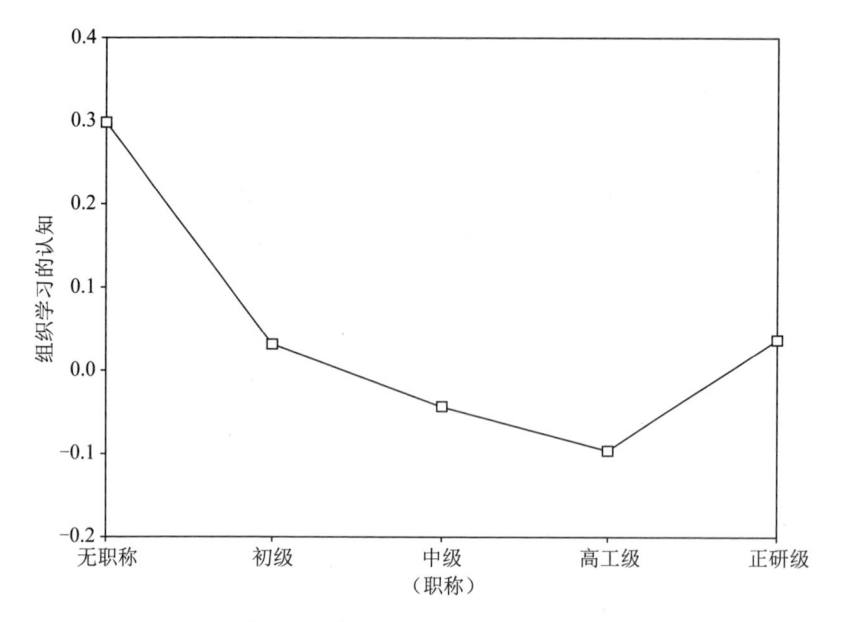

图 3-5 组织学习—职称的均值折线

在前文所述的企业执行力的公式中,组织学习属于能力导向型结构变量。通过组织学习而建设学习型组织,不仅贯穿于企业的生产研发之中,也存在于员工的职业生涯培训之中,学习的效果主要体现在三个方面:研发能力、员工培训、知识与经验传递。

一、研发能力

研发,是研究与开发的简称。研究,是指与新产品、新技术、新工艺相关的基础与应用研究;开发,是指新产品的设计开发与试制。在知识经济时代,研发能力已经被公认为是一种关键的生产要素,它的多少与强弱,可以改变一个企业乃至一个国家在国际分工中的比较优势。

企业研发能力的强弱,是组织学习成果的直接反映。大亚湾核电运营公司坚持围绕核电站安全生产进行研发能力的建设。以工程改造为例，自大亚湾核电站商业运行以来，先后消化并实施了上千项技术改造。经过多年的积累，在"引进、消化、吸收、创新"的思想指导下，具备了以自主设计能力、中长期改造项目规划能力、改造项目作业现场风险控制能力、标准化输出能力和工程改造人才培养能力为主的工程改造五大核心能力。同时，公司坚持结合自身实际情况进行技术创新，不断在设备管理、生产管理、重大安全生产问题解决等方面持续发力，取得了一系列成绩。在通过提升研发能力取得经济效益的基础上，还通过科技创新工作培养出了一大批核电技术专家，也赢得了诸多荣誉与认可。大亚湾核电站先后获得国家专利、省级优秀论文、省市级科技进步奖几百项，评选出公司级科技进步奖上千项。在这些能力的基础上，集团相继成立了设计公司和研究院，研究与开发面向未来十年、二十年甚至更长时间内的技术产品，为集团乃至整个中国核电产业赢得未来的竞争优势而持续努力。这些都是企业通过学习型组织的建设，在研发能力方面所取得的成就，为企业的高质量发展奠定了固本创新的坚实基础。

二、员工培训

组织学习的概念，实际上是从个体学习借鉴引申而来的。组织是由个体构成的，也只有人才能学习，因此，个体学习是组织学习的重要前提和基础。同时，组织不是个体的简单加总，组织学习也不是个体学习的简单累加。组织不只是被动地受个体学习过程的影响，而且可以主动地影响其成员的学习。组织的集体智慧高于个人智慧，组织拥有整体搭配的行动能力。对员工进行各种类型的知识与技能培训，便是组织这种整体搭配能力的具体体现，也是增强集体智慧的重要环节。

大亚湾核电运营公司在借鉴法国核电厂人员培训先进经验的基础上，参照"系统化培训方法"（SAT），逐步建立起以"全员培训、授权上岗、终身教育"为特色的培训体系,并随着公司的成长不断创新和发展。公司针对每个工作岗位,提出岗位人员应具备的全面能力要求,编制和实施相应的培训大纲,促使人员达到这些能力要求,并对整个培训过程进行评价和反馈。这样,公司的每个员工在从事各项工作之前,都必须接受适当的培训并获得相应的授权与工作资格。对于某些重点课程,每年定期进行复训和考试,达不到要求的人员不能上岗。值得一提的是,这些培训和授权上岗要求不仅仅针对公司自身员工,对于与公司合作的外部伙伴单位人员同样适用,是名副其实的"全员培训"。

在核电站对员工的培训中,对运行操纵员的培训最为严格。一个普通大学生进入企业,通过一定程序的筛选,被作为核电机组运行操纵员的培养对象,一则以喜,就是进入了一个令人羡慕的核电主流职业行列;一则以"苦",就是从此以后他们的工作和生活底色就是"痛"但不一定"快乐着"。从开始培训到获得运行许可证,也就是说可以有资格操纵核反应堆了,需要4年左右的时间,相当于又读了一个大学本科。在此期间,需要通过130门左右的课程考试,其中绝大多数考试是闭卷,而且达到80分才算及格。模拟机理论考试倒是面试,表面上似乎比闭卷考试轻松,实际上,面对几个资深考官当场进行的各式各样的"灵魂拷问",真的不如安安静静地答一份考卷。所复习过的资料,堆积起来有2米厚,甚至更厚。从运行操纵员到高级操纵员,又要经过3年左右"炼狱"般的学习和培训生活。支撑他们坚持到底的力量,就是一颗对核电安全高度负责的责任心!

有一次,我在大亚湾核电站接待一位国家档案馆的副司长。我向她介绍了包括上述操纵员培训的核电站基本情况,参观了现场。这位副司长发了一句感慨:"听了你们的介绍,看了现场的情况,我认为,核电员工的待遇再怎么高,都是应该的!"我说感谢你对我们的工作和员工的理解，我们会永远保持对核安全的敬畏之心，并且尽自己的全力守护好核安全。我之所以讲这件事情，就是要告诉读者朋友，中国核电的安全是可以保证的，社会各界对我们中国核电从业者还是要保持足够的信心，只要我们这些人在岗位，核电机组安如磐石！

三、知识与经验传递

传统的经济学理论认为，土地、劳动力和资本是创造财富的基本要素。20世纪，这些要素确实发挥了重要作用。但是，除了上述要素之外，必须要加上可能更为重要的科学、技术、创新、创意与信息，概括为一个词，就是知识。

第二次世界大战之后，德国、日本这两个战败国，很快就复兴起来了，凭的是什么？要说资源，这两个国家属于资源短缺型国家。经济学家的研究表明，这两个国家在战后的快速复兴，凭的是它们积累下来的雄厚的人力资本。战争虽然破坏了日本和德国两国的物质资本，但并未破坏其充裕的人力资本；再加上这两国悠久的文化传统和重视教育的现代国策，为经济发展提供了大量高素质的劳动力，这使两国的经济发展得以建立在高技术水平和高效益的基础之上。

美国"钢铁大王"卡内基曾经说过一句无比霸气的话："我的厂房、机器设备均可搬走，但只要把人员给我留下，几年之后我仍然是钢铁大王。"这句话，正是道出了人力具有资本的属性，可以从无到有、从小到大、从少到多地持续创造价值。

人的劳动，尤其是一些比较复杂的专业化劳动，不是天生就会的，必须通过专门的培训，劳动过程也是一种培训。现代社会对劳动力的要求更为专业化和技能化，因此，仅仅凭借劳动者在劳动过程中通过摸索而掌握劳动对象所需要的专业和技巧，是远远不够的。这就出现一个对劳动者进行专门培训并将劳动力转化为人力资本的新课题。

人力资本体现在人身上的知识、技能、经历、经验和熟练程度等，这些资本通过后天投入才能形成。人力资本通过人力投资而形成，其中最重要的是教育投资，通过教育可以提高劳动者的质量、劳动者的工作能力和技术水平，从而提高劳动生产率。也就是说，人的知识和技能的形成是投资的结果，并非一切人力资源，而是只有那些通过一定形式的投资、掌握了知识和技能的人力资源，才是一切生产资源中最重要的资源。

企业组织本身就是一个知识体，它不断地吸收知识，转化并产出新知识。在企业内部，信息、知识与经验的传递，既是组织学习的方法，也是组织学习的结果。在这方面，我每年都要向新员工提出要求，并且把我自己的"独门秘籍"告诉他们，就是三个词：纸上谈兵（攻读书本、知识储备）、交头接耳（私下请教、相互交流）、搬弄是非（举一反三、触类旁通）。通过这样的知识与经验的传递，促使他们发生两种变化：由"白手"变成"黑手"，由"白领"变成"蓝领"。这两个变化的含义，就是不能整天待在办公室里坐在电脑前敲击键盘，而是要深入基层一线，与老工人、老师傅打成一片，把理论知识转化为现场实际操作的技能。

大亚湾核电运营公司一贯重视知识与经验的传承，并通过各种方式来实现信息传递。公司构建了内部网络体系，通过内部网络分享各类信息、知识与经验。同时，通过出版内部技术刊物《大亚湾核电》，为技术交流提供信息平台。公司还通过"师傅带徒弟"的方法，加强知识与经验的传承，促进新员工的快速成长。为了提高组织学习的能力，公司还在积极探索能够提高员工之间分享知识与经验的激励措施，建立交流信息、分享经验的平台。

如果没有管理思想的革命，技术革命反而会成为包袱。在企业内部，各种有形无形的组织壁垒，是阻碍知识与技能传递的严重障碍，而使不同部门之间进行无障碍的交流，对于提高组织学习的能力是至关重要的。这类组织壁垒，就是先进的信息技术带来的"包袱"。有一次，我去某个业务处长的办公室与他进行交流，他给我展示他们处的一个小平台，员工要进入时必须输入密码。我问他，其他部门的员工能否进入。他说，我们这个小平台仅供处内交流，不允许别的部门的员工进入。我当时就对他说，你们这种做法是典型的公司部门之间的组织壁垒，不应该存在，因为只有别的部门的员工愿意进入、能够进入，才说明你们的相关信息和知识对他们有价值，相互借鉴才能发挥出这些信息的最大效能。况且，你们处所形成的这些信息与知识，也有其他员工在工作实践中相互配合、交流的一份功劳，他们当然有权分享共同创造的"知识产权"。后来，我又在不同的场合，针对类似的情况，多次要求各部门要主动、自觉地打破组织壁垒，让公司内部的员工（甚至也应该包括与我们的工作密切关联的相关合作伙伴公司的员工）可以无障碍地交流、分享。我作为公司领导的这种倡导，还是起作用的，后来就基本听不到还有哪个部门有这种人为设置的组织壁垒了。

知识与经验传递，其实是一个知识管理的话题。人生大都在经历和体验的积累中工作、生活、交往。很多人有经历也有体验，遇事、遇人都知道怎么处理，但仅限于自己的心知肚明，无法用规律、规范的方式表达出来，成为可以与人共同分享的智力成果，也就是说，只有经历而没有归纳为经验。实际上，经验是可以表述的，因为如果经验不可以被表述，人类就不可能有浩如烟海的知识与文化，一切的知识和文化都来自人类对自然、对社会、对人本身的体验。人类总是在不断的体验中获得新的知识和力量，并又不断通过新的体验来完善和发展灿烂的知识和文化。日常生活和工作中的经验，都可以明示并形成相对稳定的模块，即公式化或流程化，经验只有变成公式或流程才有力量。这也就是我们为什么总是强调经验反馈的意义所在。

20 世纪 60 年代，李宗仁归国时，毛泽东与李宗仁原来的秘书程思远先生谈话，程思远讲到美国总统肯尼迪生前在他的办公桌上总摆着一部《毛泽东选集》。一位国民党的朋友告诉程思远，肯尼迪也用毛泽东思想办事，而且把毛泽东思想概括成两句话："调查不够不决策，条件不备不行动。"毛泽东问程思远："你知道我是靠什么吃饭的吗？"程思远一时不知道毛泽东问话的含义，只好说不知道。毛泽东说："我是靠总结经验吃饭的。"然后又说，"以前我们人民解放军打仗，在每个战役后，总来一次总结，发扬优点，克服缺点，然后轻装上阵，乘胜前进，从胜利走向胜利，终于建立了中华人民共和国。"陈毅元帅对毛泽东有过"不二过"的评价，就是说毛泽东善于从过去的错误中吸取经验教训，绝不会第二次犯同样的错误。

在自然科学和社会科学领域里，存在着反馈这一概念，如反馈电路、反馈信息等。关于什么是"反馈"，有这样一则笑话。一次，孩子不解地问："爸爸，人们常说'反馈'，它是啥意思？"爸爸解释道："反馈就是你给别人办事或送礼后，对方也给你办事。""噢，知道了。"过了几天，爸爸又用这个词考儿子："聪明的宝贝，你能举例说一下什么叫'反馈'吗？""能！"接着，孩子说："反馈就是我姑夫给我爷爷、奶奶送了好多礼物后，爷爷、奶奶把我姑姑反馈给姑夫。"我们在忍俊不禁之余，从这个孩子的"活学活用"中对"反馈"的含义可能会有更直观的理解。一般来说，凡是把系统末端的某个或某些量用某种方法或途径送回始端，就称为反馈。从反馈对系统所产生的作用来分，可把反馈分为正反馈和负反馈。正反馈可对系统的某个功能起到增强的作用，负反馈则可对该功能起到削弱的作用。反馈可以定义为对听到的、读到的或者看到的东西的回应，它通常是行为或者过程本身的信息，而不是某一个特别的消息。简而言之，反馈就是报答与共享。推而广之，经验反馈就是经验的积累与共享。

核电站在运行和维修活动中，经验反馈十分重要，它是在工作中确保少犯或不犯同类错误的重要手段。当然，经验反馈与经验主义是两回事，在强调经验反馈重要性的同时，也要注意避免犯狭隘经验主义的错误。在时间、环境和人员发生变化的情况下，如何借鉴过去的经验而为现实工作所用，这是一门大学问，不是靠照抄照搬就行的，当经验演变成教条的时候，也会犯教条主义的错误。因此，正确的思维方式与行为方式，应当是充分发挥人的主观能动性，借鉴而不是照抄过去的经验，从而真正起到举一反三、触类旁通的效果。

经验反馈的本质，是一个学习能力的问题。学习对于每个人来说，它不仅仅是一种精神享受，更是一种生存状态。孔子把学习分为三种："学而知之"为上；"困而学之"为中；"困而不学"为下。"困而学之"，目的明确，态度端正，把学习作为生活的一部分，作为生存和发展的必要手段和必需途径。通过学习，可由无知转化为有知，可由知之不多转化为知之甚多，可由对社会和自然的盲目性转化为自觉性。我一直主张，要使我们的员工队伍做到"学习工作化、工作学习化"，这是提高学习能力的重要方法。学习能力的提高要注意把握三个环节，也就是学习的"三力"模型。

学习的意识：就是学习者具有学习的主观愿望，这是学习的原动力。

学习的压力：就是造成一种竞争的环境因素，迫使学习者不得不学习，这是学习的驱动力。

　　学习的形式：就是要倡导组织学习，建立学习型组织，这是学习的推动力。

学习的主要内容就是学习知识。英国思想家培根在200多年前就提出了"知识就是力量"的命题，直到今天仍然不时为人引用，这说明它是人类智慧的结晶。1984年，美国未来学家托夫勒在《预测与前提——托夫勒未来对话录》一书中提出，"知识就是力量"现在已经过时了，今天要想取得力量，需要具备关于"知识的知识"。这个"知识的知识"，实际上就是指取得和驾驭知识能力的管理知识，而知识管理是管理知识当中非常重要的内容。

所谓知识管理，就是为企业实现显性知识和隐性知识共享提供新的途径，知识管理是利用集体的智慧提高企业的应变和创新能力。要进行知识管理，必须明确知识的含义，它有四种表现形式。

　　理解性知识：知道是什么的知识（Know — What）。
　　推理性知识：知道为什么的知识（Know — Why）。
　　管理性知识：知道是谁的知识（Know — Who）。
　　技能性知识：知道怎样做的知识（Know — How）。

知识具有一些共同的特征。

一是知识的边际效益是递增的。这是新经济的一个很重要的现象。两个人中，每人都有一个苹果，相互交换，每人还是只有一个苹果；如果是知识，俩人交换就变成每人有两种知识了。

二是知识的影响难以度量。由于知识需要有人创造，而创造出来的知识的影响却难以度量，这就可能造成给创造人的激励不到位。工人在生产线上生产了多少产品，很容易计算；但一个企业管理者到底做了多少贡献，则很难测量。

三是知识和人有时候难以分离。有些知识是可以学来的，有些是可以买来的，但有的知识是无法学来的，它是以人为载体的。企业家的很多管理知识是装在他的脑子里的，与他这个人是合为一体的，这个知识是很难量化的。

四是知识的产生和应用很难管理。由于知识的创造是没有规律的，因此就不能按照平常的管理方式来进行管理。员工并不是每天坐在办公室里按部就班地工作就可以创造出知识，对这类知识型员工的考核就要与普通员工有所不同。

五是知识的传播、获得、应用效果具有很强的主观特色。同样是听讲座，有的人觉得收获很大，有的人就可能觉得毫无意思，这就是知识的传播、获得和应用的主观特色，它完全取决于知识受众的主观感受。

正是因为知识具有上述特征，因此，对于企业而言，加强知识管理就显得尤为迫切和重要。知识管理包括几个方面：建立知识库；促进员工的知识交流；建立尊重知识的内部环境；把知识作为资产来管理。基于知识链的知识管理，能使企业成为学习型组织，使企业具有创新能力。基于知识链的知识管理的要点，在于建立对参与知识链的员工进行奖励的激励机制。企业应把重心放在建立核心知识的基础上，与其他企业进行知识的交流和共享。知识链管理模式下的知识管理坚持如下几个原则。

一是保密原则。知识在知识链中不断地传播、转化、利用，企业必须明确哪些知识属于企业核心的保密知识，哪些知识是能够给予共享的知识。一方面，企业要保持自己的核心知识，以便建立竞争优势；另一方面，企业也要参与知识联盟的知识交流与知识共享，在交流与共享知识的同时使企业获得新的知识，不断丰富企业知识库。

二是交流原则。企业内部是一个知识链，每一个处于知识链的各个环节中的成员，必须进行知识的交流，这就需要建立团队的工作模式，通过团队的合作与交流，使企业的知识得以发挥最大的效益。

三是开放原则。要建立一个开放的企业知识平台，让所有成员能把自己的新的知识添加到知识平台上去，丰富企业的知识，同时也可以吸收和利用外部的知识。

四是共享原则。知识不是物质财富，它并不因为产权的转移而丧失对知识的使用权，不具有收益递减法则。相反，知识具有收益递增的特性，使用得越多，产生的效益越大。因此，知识链的成员之间加强知识的共享，可以分享个人的知识和经验，减少团队的学习时间。

学习型组织是一种新的组织模式，从组织行为理论的角度看，学习型组织的最大特点，就是组织具有自适应功能，通过内部和外在的学习，使组织获得创新能力。组织学习的类型包括：显性学习、隐性学习和过程学习（干中学）。基于知识链的知识管理，将显著提高组织的学习能力和学习效果。首先，每个知识链的成员不是从个体的利益出发，而是要从整个知识链的角度去理解与企业相关的知识，并且从知识链的角度出发去拓展知识空间。其次，知识链具有传递效应，通过知识链的传递关系，使个体成员的学习获得拉动和推动效应，从而提高了组织的学习效率。

我在参与大亚湾核电站1号机组十年大修的整个过程中，发现大修管理中表现出四个"80%"的规律性现象。

80%的问题发生在管理方面（有些措施在执行的过程中打了折扣）。

80%的问题发生在合作伙伴身上（对核安全文化的理解没有彻底到位）。

80%的问题是对规章制度执行不力（主要是一些不良工作习惯得不到切实纠正）。

80%的问题发生在多次劝告之后（除了经验反馈有欠缺之外，也有极少数工作人员明知故犯的意味）。

这四个"80%"都反映了经验反馈的失效与知识管理的不足。知识管理的最重要作用就是可以有效避免重复性地犯相同的错误。因此，重视并加强知识管理，对于改进核电站的运行和维修管理工作，具有不可或缺的重要意义。

经验反馈是必需的，但有可能变成经验主义；知识管理是必需的，但有可能变成教条主义。经验即使成为公式或流程，其应用范围与条件也是有限而不是无限的，而且别人的经验是经过多次失败的经历而总结出来的，或许对自己并不实用。正如美国"股神"巴菲特曾经说过的那样："经验应该是世界上最值钱的东西，也是别人无法抢走的最重要的个人财富。"这就涉及另外一个与经验相对应的概念——教条。由经验反馈上升到知识管理，就有可能派生出一个发展方向——把经验和知识变成教条。

所谓教条，原指宗教信徒崇拜和遵守的信条，后泛指强迫人们盲目奉行的某种僵死的抽象定义或公式。所谓教条主义，就是脱离了自己的现实，一切从书本出发，在实际情况下不知变通，不会把理论应用于实际，而且对书本知识的理解也不一定正确。教条主义就是拘泥于主义而放弃真理，拘泥于过去的认识而放弃重新认识不断变化的世界。一切教条主义都有其共同的哲学基础，这就是唯心主义、主观主义和形而上学。教条主义既是一种思维方式，又是一种价值观，同时还是一种话语体系。

经验本来是好东西，如果不善于学习和借鉴，就会变成坏东西。经验的升华，就是理论；对理论的盲从，就是教条主义。假如我们在经验反馈的过程中得到的是教条，失去的是思想，那么这种接受经验的做法就是失败的，既是学习方法的失败，也是经验本身的失败，更是思维方式和行为方式的失败。教条主义的根源不在于理论本身，而在于理论学习者的思维方式。正如本书第一章中引用刘伯承元帅说过的那段话："同一部《孙子兵法》，马谡用法就是教条主义，孔明就不是。庞涓、孙膑同师鬼谷子，可是一个是教条主义，一个就不是。"在实际生活和工作中，我们需要经验，因为自己的经历和体验毕竟是有限的，但我们反对狭隘的经验主义；我们也需要教条，因为我们的行为必须要有一种思想作指导，但我们反对僵化的教条主义。经验主义与教条主义都是知识管理的大敌。正确地借鉴经验而避免狭隘的经验主义，恰当地运用教条而克服僵化的教条主义，这是管理艺术达到一个较高境界的具体体现。

第二节 组织结构

汉代文学家王延寿在《鲁灵光殿赋》中说："于是详察其栋宇，观其结构。"这里的结构，是指由组成建筑物整体的各部分的搭配和安排。

组织结构，属于制度导向型结构变量，是表明组织各部分排列顺序、空间位置、聚散状态、联系方式及各要素之间相互关系的一种模式，是整个管理系统的"框架"。

企业组织结构，就是对企业管理进行的组织设计，具体地说，就是企业内部各个部分的构成及其之间的比例关系。企业通过组织结构的设计，使组织主体"以一种可以说明的有序方式"来完成其固定的工作，确保企业追求规模生产及利润扩张战略目标的实现。组织部门设置是否合理，各部门职能分工是否明确，各部门是否能适应公司发展形势的要求，业务流程是否科学可控，这些都是决定组织结构有效性的重要组成部分。

强大的执行力，必须要有科学的组织结构进行支撑。组织结构既可能增强企业执行力，也可能削弱企业执行力。企业组织结构必须与组织发展战略和功能的变化相适应，企业的战略和组织结构之间必须存在一种和谐。组织创新是通过营造良好的组织结构与文化氛围来协调各部门的行动，调动部门成员的积极性，最终达到改变组织中人员的行为，提高企业执行力的目的。

我的研究表明，在企业内部，不同岗位、不同职责的人，对组织结构的认知有着显著的差异性。图3-6所示的组织结构—职务的均值折线表明，在所调查的12家中国核电企业中，一般人员、技术人员、处/科级管理者、部门级管理者和公司级领导者这五类人员中，对于组织结构的认知存在显著差异性，其中最重视组织结构的是公司级领导者，可见，组织结构如何设置，是领导的事情。

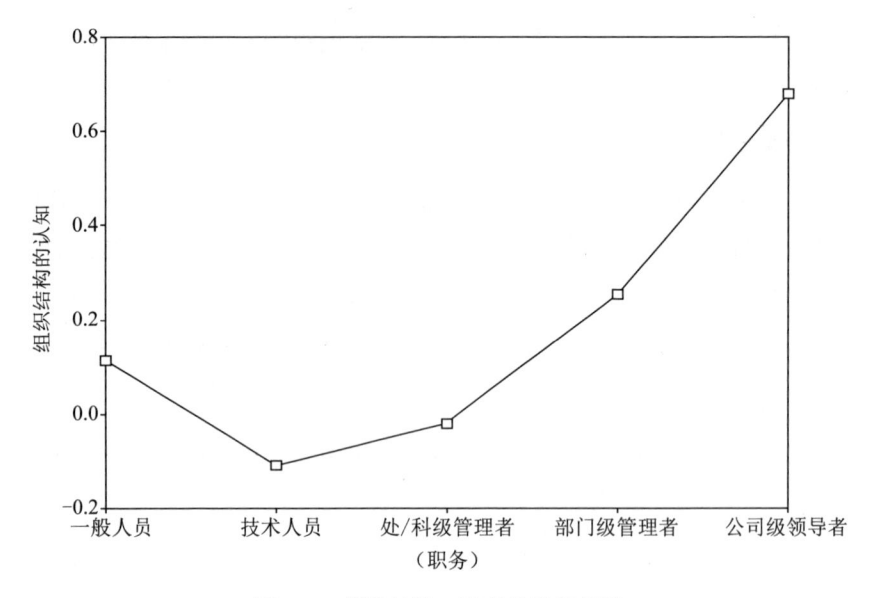

图 3-6　组织结构—职务的均值折线

组织结构属于制度导向型结构变量，其要素是部门设置、部门协作、部门适应性和业务流程，部门设置和业务流程两个要素需要不断地进行调整和优化，以提高部门运作的有效性和对内外环境变化的适应性，使业务流程的运作更有效率。这就要求企业定期对既有的组织结构进行评估，适当采取一些微小的调整，给员工以某种程度的新鲜感，以增强部门的适应性，这对于提高企业执行力是十分有效的。

一、部门设置

部门设置，就是确定组织中的各项任务的分配与责任的归属，做到分工合理，职责分明，以有效地达到组织目标。

企业组织的部门设置，基本上有两种比较常用的指导原则，即科层制和扁平化。

科层制，是通过层层委托的代理关系，遵照命令完成企业内部交易的组织形式，是企业内部形成的一种上下级之间控制与被控制的关系，也称为等级制度。在企业中，科层组织从高层到低层构成一个权力序列，最高权力来自企业的资本所有权，以下权力逐级由上级委托。科层的最终决策权，集中于权力的顶层。系统内的权力自上而下逐级递减，高层控制低层。最典型的科层组织结构就是军队，其显著特点就是逐级下达命令，下级对上级负责。军队的战斗力强弱，往往是由这种科层结构的有效性决定的。

扁平化，是企业为解决科层结构的组织形式在现代环境下面临的难题而实施的一种管理模式。当企业规模扩大时，原来的办法是增加管理层次，即纵向强化；而现在的有效办法是增加管理幅度，即横向扩展。当管理层次减少而管理幅度增加时，金字塔状的组织形式就被"压缩"成扁平状的组织形式。

科层制与扁平化，究竟哪种管理形式更好？我以为，对这种问题的回答，永远也不会有一个标准答案，只能是此一时、彼一时，具体情况具体分析。一切都层层传达的科层制，存在着明显的非理性，所带来的体制僵化和官僚主义，也是现代企业组织效率低下的组织制度性原因。军队是最典型的科层结构，但如果为了提高效率，军长跳过师长，直接指挥到团、营甚至连，这仗肯定没法打。

大亚湾核电运营公司的部门设置，遵循标准化管理的思路实施。部门设置的标准化，体现在各个职能部门和处级单位都有自身的组织机构规范，规定了该部门和处级单位的组织机构、组织职能、人员配置。同时，标准化不仅体现在公司的部门设置上，也体现在分公司的机构设置上。按照标准模式设置的各个核电站，在人力资源规划、人员数量和结构配置上也保持一致，真正做到了按照标准化模式进行公司的组织配置,构建起标准化组织管理体系。

二、部门协作

协作,是指在目标实施过程中,部门与部门、个人与个人之间的协调与配合。协作是多方面的,也是广泛的,只要是一个部门或一个岗位为实现承担的目标需要得到外界的支援和配合,都应该成为协作的内容,一般应包括资源、技术、配合、信息方面的协作。

在企业内部,对部门协作造成最大障碍的因素就是组织壁垒。我在前文中所举的那个"处内小平台"的例子,只是冰山的一角。我对那个案例的解决方案,就是动用作为公司领导的职责"权威性",要求当事部门负责人解除这种壁垒。在实际的企业运作过程中,要想有效解决形形色色的组织壁垒,并不是下一道"命令"那么简单的事情,因为它涉及三个不同的执行层面。

一是战略解读能力。组织负责人在接受公司指令时有自己的理解,如果这种理解是正确的,组织执行就错不了;如果理解是一知半解或者干脆就是错误的,就会导致组织执行力的扭曲。

二是指令承接能力。组织是承上启下的,一方面对于公司指令会进行组织层面的二次分解和计划安排,另一方面会将这些分解和计划作为指令传达给组织成员。这两种行为的任何一个方面,都考验组织的指令承接能力,不足的能力一定会导致无力的执行。

三是团队管理能力。团队的整体执行力取决于成员个人,如何协同团队成员、合理配置团队成员、正确激励团队成员、培养提升团队成员,是团队执行力的决定性因素。团队的执行输出仅靠强制命令是远远不够的,但在实际的企业运作中,大部分管理者都停留在了命令传达和结果索取的简单逻辑上。

有效打破组织壁垒，使不同部门之间进行无障碍的交流，这对于加强组织学习的能力是至关重要的。针对上述影响部门协作的三个层面的因素，大亚湾核电运营公司从企业文化建设的角度出发，一贯倡导企业所秉承的核心价值理念，特别是团队合作的价值观，采取了很多行政性的措施，以促进部门间的顺畅合作。

一是睦邻领导。把核电生产过程中关联程度最高的四个业务部门（生产部、维修部、技术部和安全质保部）负责人的办公室安排成邻居，以方便他们遇事可以快捷地沟通与协调。

二是平台开放。各部门内部的各种技术与管理平台，在不违反相关保密纪律的前提下，一律向全公司和相关合作伙伴公司开放，以方便大家及时共享信息和经验。

三是决策透明。通过各种会议的形式，把生产运行过程中需要部门协作的事项拿到桌面上，公开讨论，集中决策，然后分头布置各自的任务。

四是行文简约。在各类技术与管理文件的签署方面，明确规定一份文件只允许有起草者、审核者和批准者这3人签字，文件形成过程中需要部门协作的事项，一律通过不同的沟通与交流方式征求意见，文件一旦正式颁布，一般不允许部门挑战其权威性。

上述措施，在相当长的一段时间内解决了一部分问题。但随着时间的推移，加之部分负责人在个人素养方面的差异性，也使得这些措施在执行过程中会有不同程度的打折扣现象。比如"睦邻领导"这一条，本来公司的出发点是好的，但实际上部分部门领导之间即使在"抬头不见低头见"的现实氛围中，仍然不愿意"串门"。这类问题，也只能是通过教育引导和组织调整等"组合拳"的方式逐渐解决，因为在很多情况下是属于部门负责人的个性及其素养的问题，不是单靠行政命令就可以奏效的，而是需要他们在工作实践和生活现实中慢慢地加以领悟。至于是"渐悟"还是"顿悟"，那就要看他们的"慧根"如何了。

三、部门适应性

适应性，是一个生态学的术语，是指生物体与环境表现相适应的现象。适应性是通过长期的自然选择形成的。生物体对环境的适应性，根本上是由遗传物质决定的。适应之所以具有相对性，是由于遗传基因的稳定性和环境条件的变化相互作用的结果。

企业与所处社会环境的适应性，类似于生物体与环境的适应性，其根本是企业的"基因"所决定的。企业对环境的适应性，其表现形态是企业的运作稳定、有效，其中起主导作用的因素，是企业内部组织机构即部门设置的适应性。假如部门不具有适应性，那就意味着企业的运作是不稳定的，随时都可能出现颠覆性的问题。

组织结构的核心要素是部门设置和业务流程，公司要想持续发展，必须随着内外部环境的变化对自身组织结构进行调整，以使组织结构适应发展需要。

大亚湾核电运营公司在不同历史阶段的组织机构的设置，都是不尽相同的，有些时期的变化还比较大。随着全国范围内核电基地的不断增加，多基地运营的局面逐步形成，随之而来的便是组织机构设置的改革与创新。针对相同技术路线、不同区域的核电机组的运维管理，成立了若干个运营分公司，负责所在区域核电站的生产准备与区域运营工作。针对不同技术路线、不同区域的核电基地的出现，成立相应的区域分公司，全面推进特定技术路线的核电项目专业运营工作，迈出了跨技术路线运营的步伐。针对未来可能还要增加的核电基地，成立了生产准备专业化办公室，全面负责生产准备的标准化推进工作。

随着各个区域分公司的成立并开始运营，为了更好地使公司组织管控模式适应公司的快速发展，需要进一步理顺公司总部与各个分公司之间的关系，确定公司总部与分公司之间的职能分工与协作关系，确保建立一个运作高效、分工合理、责任明确、持续改进的核电运营企业制度，为提高公司核心竞争力，不断走向专业化、市场化的核电运营之路打下坚实的基础。为了实现这样的目标，公司开展了"组织管控项目"的专题研究，旨在确定总/分公司职责划分，明确总/分公司机构设置，健全管控机制，确保组织机构设置能够适应公司快速发展的要求。实践证明，公司当初在组织机构设置方面的未雨绸缪，确实收到了切实的效果，部门的适应性得到了实践的检验。

四、业务流程

业务流程，是为达到特定的价值目标而由不同的人共同完成的一系列活动。这些活动之间不仅有严格的先后顺序限定，而且对活动的内容、方式、责任等也都必须有明确的安排和界定，以使不同活动在不同岗位角色之间进行转手交接成为可能。活动与活动之间在时间和空间上的转移，可以有较大的跨度。

业务流程管理，就是把看似复杂无序的事物加以归纳整理，找出其中赖以发展的规律，然后把最重要的环节按照规律排列成一个因果清晰的程序，最后通过制度和文化，强化对程序的遵循和执行。一句话，把复杂的过程简单化，把简单的过程标准化。一个科学的业务流程，使大家的目标、任务、考核标准非常明确，有很强的操作性。

部门业务流程的科学可控和部门之间的良好协作，是公司整体组织顺畅运作的重要前提。核电企业的业务流程，是一个基于科学性的系统化管理架构。公司通过构建全方位、全覆盖、全过程的信息系统，高度集成并整合了各管理职能的各项活动,实现了涵盖生产、维修、技术、安全、流程、管理等领域的各个业务的信息系统,支撑起了公司和各部门的管理工作,有效控制了各项业务流程和部门间业务的流转与合作。

从企业投资者的角度来讲,好的业务流程设计必然是能够为企业带来最高利润的设计。因此,对业务流程的效益分析是评价业务流程的一个重要方面。以核电机组的大修流程为例,近年来,各核电基地的机组大修工期不断缩短,质量持续改善,随之而来的就是经济效益的大幅度提高。这个逻辑也是很清楚的,工期缩短,意味着有效发电时间(负荷因子)的增加;大修质量的改善,意味着机组发电能力(能力因子)的增强。两者的叠加,使得发电量增加后的售电收入随之增加。这种效益的取得,除了广大技术人员的不懈努力之外,科学、系统、便捷、有效的大修流程管理评价与改进活动起到了中枢和核心的作用。

应当指出,任何业务流程都不会一直合理、科学、有效。随着企业的不断发展壮大,外部的市场环境和内部的组织结构会随之发生变化,业务流程的持续优化甚至再造,将是一种必然的趋势。能够顺应这种变化趋势的企业,就具备了基业长青的"基因"。

第三节 企业价值

价值,泛指客体对于主体表现出来的积极意义和有用性。在经济学中,价值是商品的一个重要性质,它是凝结在商品中无差别的人类劳动,代表该商品在交换中能够交换得到其他商品的多少。

价值观,是个人或社会群体有关情感投入(赞成或反对某事)的信念。价值观的主体可以是一个人,也可以是一个群体。企业价值观就是一种以企业为主体的价值观念，是企业人格化的产物。具体地讲，企业价值观就是一个企业在追求经营成功的过程中，对生产经营和目标追求，以及自身行为的根本看法和评价。简单地说，它解释了企业秉承什么、支持什么、反对什么。积极向上的企业价值观，能够促使员工自觉地去维护企业利益，为企业生存和发展贡献自己的智慧和力量，并把维护企业利益和促进企业的发展看作是自己最有意义的工作，极大地激发了员工的工作热情和积极性，从而提升了企业执行力。

图 3-7 所示的企业价值—年龄的均值折线表明，在核电企业中，随着年龄的增长，对企业的感情越来越深厚，对企业价值的认同度也就越来越高。这也说明，企业价值不仅仅是企业领导者所终身追求的目标，更是全体员工的共同利益。

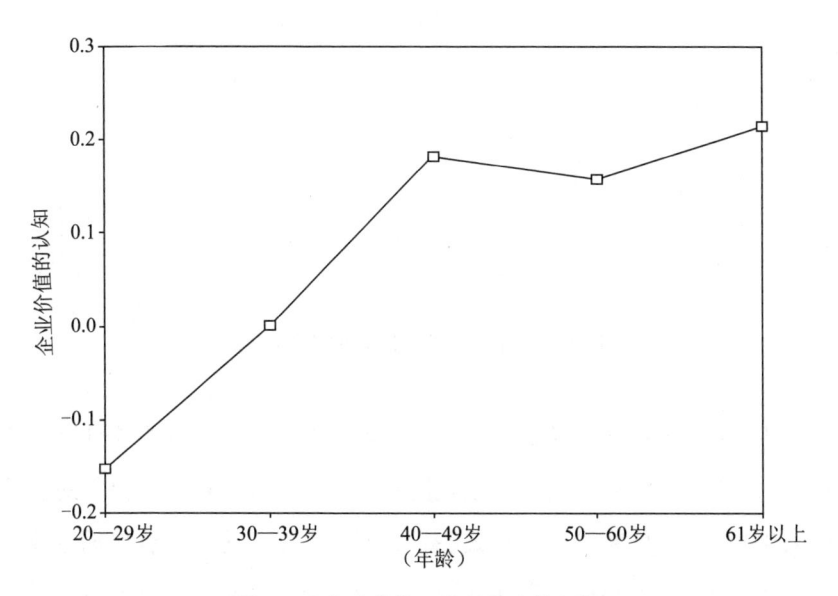

图 3-7 企业价值—年龄的均值折线

图 3-8 所示的企业价值—职称的均值折线表明,在核电企业中,还没有取得职称的员工,对企业价值保持着一种神秘感,因此认同度就比较高;当取得初级职称后,觉得企业价值与他们的工作和生活的关联度似乎不过如此,因此认同度降到最低;随着更高职称的取得,重新认识到企业价值与自己的职业生涯发展密切相关,因此,认同度也持续上升。

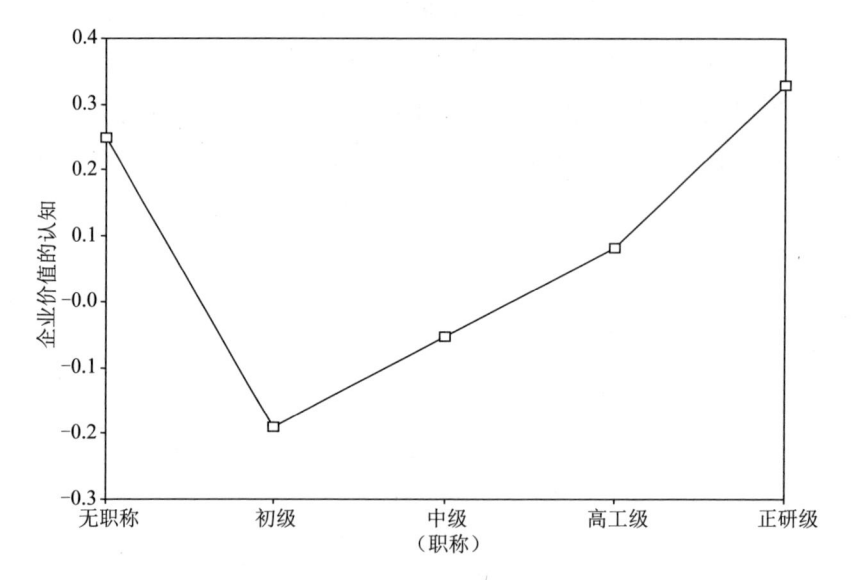

图 3-8 企业价值—职称的均值折线

图 3-9 所示的企业价值—职务的均值折线表明,在核电企业中,随着职务的提升,所肩负的责任也在同步提升,因此,职务越高,对企业价值的认同度也就越高。这也说明,企业价值是作为一个合格的企业领导者所终身追求的目标。换句话说,企业价值也就是企业领导者自己的价值体现和价值追求。

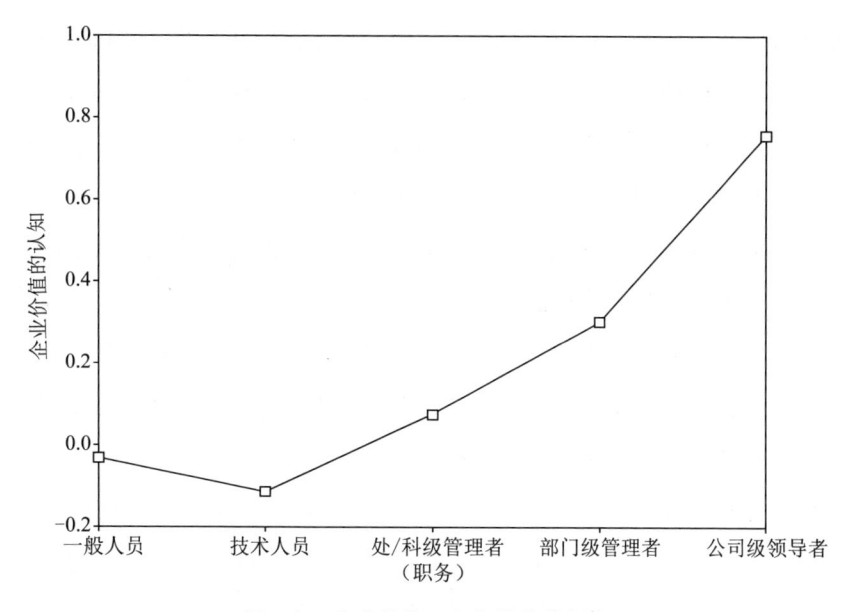

图 3-9　企业价值—职务的均值折线

企业价值属于文化导向型结构变量，企业要站在企业文化建设的高度，不断地倡导企业所秉承的核心价值理念。团队精神、群体凝聚力和创新意识这 3 个要素是核电企业最为看重的价值观，应该不断地予以倡导并对具体的行为进行有效激励。为了促进团队合作，在激励机制方面要更多地对团队的贡献进行奖励；为了加强群体凝聚力，各种工作团队就要想办法加强对团队成员的吸引力，成员之间的合理搭配可以提高彼此之间的吸引力。更为重要的是，公司要制定各种激励员工开展创新活动的措施。

一、团队精神

团队，是由基层和管理层人员组成的一个共同体，它合理利用每一个成员的知识和技能协同工作、解决问题，以实现共同的目标。团队就是在技能上可以取长补短的少量人，他们承诺达到共同的目的和绩效目标，并且按照相互负责的方式行动。好的团队具有任务专业化和劳动分工的特点，但整个团队要拧成一股绳以达到一项所确定的结果，最终的效果是整体大于部分之和，团队比个人更具有创造性。

团队精神是大局意识、协作精神和服务精神的集中体现，核心是协同合作，反映的是个体利益和整体利益的统一，并进而保证组织的高效率运转。团队精神是团队的灵魂，没有团队精神的团队只是一具空壳而已。如果在团队忠诚或团队精神的鼓舞下，人们能够以负责的态度来增强公共利益，那么团队将会更为有效。

有这样一句格言："没有一只鸟会升得太高，如果它只用自己的翅膀飞升。"其实，何止是鸟，人也一样。人与人之间只有互相帮助，才能获得更大的成功。人的认知力就是理性和理智的交融贯通，我们永远也无法成为"无所不能的人"。无论是自然界的鸟还是我们人类，想要飞得高，想要有所成就，就离不开他人给你的推力。同样，倘若企业每个成员都能互信团结，都具有分享与协作的意识，并有为集体奉献的团队精神，那么，不仅个人的才能会得到淋漓尽致的表现，企业的整体执行力也会大大提高，企业成功也就成为一件必然的事了。

大亚湾核电运营公司弘扬团队合作理念，在意识层面上坚持尊重人、培养人、鼓励人，促进员工与公司共同发展，而不是要求团队成员牺牲自我。在行为层面上则通过"三段式沟通""遇到问题及时请求帮助""与上级保持沟通"这三种沟通方式来促进团队成员之间的沟通；通过倡导"个人的安全我负责，同事的安全我有责，核电的安全我尽责"的价值理念来增强团队的核安全意识；通过提倡"相互交流、相互理解、相互信赖、相互尊重、相互支持、相互激励"这六个"相互"来提升团队的凝聚力。

在核电机组的运维活动中，有一项特别的活动，就是大修，它是指某一台核电机组经过一个燃料循环周期的运行之后，需要停下来进行更换部分核燃料组件，同时对某些设备和系统进行全面检修的生产活动。大修是一种社会活动，在这个过程中需要全体参与者发挥自觉的能动性，这就需要发挥团队精神，而其思想基础就是整体意识。

所谓整体意识，就是凡事从大局出发，发挥整体作用的一种思想和观念。整体意识是使大修的全体参与者认识到大修活动仅靠个人或小团体的力量是难以成功的，更多的工作都要由不同的单位和员工来协作完成。从大修管理的角度来说，如果把大修活动看作一台戏的话，大修指挥部就是导演，各个项目组是演员。各个演员的节目演好了，整台节目自然也就精彩了。大修指挥部的工作重点是接口管理，具体的项目由项目组各自去完成。以大修工期为例，从大修指挥部的角度来看，对于进度快的项目，要提醒他们稳住或慢下来，对于慢的项目则要催促他们加快。这就是一种整体意识，着眼于整体的工期，而不拘泥于个别项目的独进。这就犹如一辆汽车，各个零部件的寿命必须匹配，某一个部件的寿命不长会影响整辆车的寿命，但某一个部件的寿命特别长，对整辆车的寿命延长并没有实际的意义。

大修管理活动中的整体意识，主要体现在以下几个方面。

一是树立大局意识。大局，是一个相对于低层次和部分的范畴，也是一个变化的范畴。凡是上一个层次的东西，对于它的下一个层次来说就是大局；凡是整体的东西相对于个体、局部都是大局。大局的可变性表现在，某个层次属于大局的东西，换了一个参照坐标或层次后，它就变成局部或部分了，反之亦然。可见，所谓大局意识，是指低层次、个体和局部要服从高层次、整体和全部。"追鹿者不见山，攫金者不见人"，如果只顾埋头于局部的工作，其他部分就会视而不见。杜甫有两句诗"会当凌绝顶，一览众山小"，如果工作视野里随时出现的是整个大修活动的全貌，那就不会孤立地去看待自己所从事的局部工作。良好的大局观可以使人拥有敏锐的判断力，进而有力地促进局部的工作进展。

二是强化服务意识。大修活动是众多参与者的集体活动，离不开部门与部门之间、团队与团队之间、项目与项目之间、人与人之间的相互协作，这就需要有强烈的相互服务意识，也就是我们常说的"人人为我，我为人人"。服务意识有多少，得到的回报也就有多少。作为一名组织的成员，服务意识应该牢牢扎根于自己的内心深处，尤其是团队的管理者，作为团队的核心，服务意识更是不可缺少的。服务意识的思想基础，就是一种换位思考，也就是人同此心、心同此理。一群人先后走进电梯里，先进去的人有两种行为：一种是自己往里走，给后面的人腾出空间，这是有服务意识的表现；另一种是为了自己出电梯时的方便，就站在门口，至于别人能否挤进去，则不关自己的事情，这就是没有服务意识的表现。在工作链当中，合作伙伴做好自己的工作，为业主提供服务；业主履行自己的职责，为合作伙伴创造良好的工作条件，这也是服务。因此，服务意识不仅是服务部门所必需的，而且是所有大修参与者都应该具有的一种思想和观念。

三是倡导团队意识。我们强调个人在集体中要有团队意识，但现实生活中常常看到的是一种所谓的"团伙意识"，虽然两者有重叠的部分，但它们之间有着本质的区别。正如团结是褒义词，勾结是贬义词一样，团队是褒义词，而团伙则是贬义词。有些人常常以团队意识之名来掩盖团伙意识之实。团伙意识是放大了的个人意识，是个人意识的泛化，其中蕴含的个人意识，是居于绝对优势地位和强劲力量的个人意识对其他个人意识的左右，经年累月后泛化为集体意识。再之后这类意识控制了整体局面，置身其中的处在从属地位的个体需求和个人意识不得不退缩，乃至消亡，从而形成了凝固的团伙意识。团伙意识一旦形成，就很难破解。因此，在大修管理中必须倡导团结合作的大团队意识，而反对一切从本单位、本部门利益出发的"团伙意识"。

四是培养超前意识。人无远虑，必有近忧。我们经常说的"质量第一，安全第一"，实质上就是一种强烈的超前意识。大修水平的提高，是一个逐渐积累的过程，而强烈的超前意识则可以大大促进这个过程。发挥超前意识最重要的条件是思维活跃，也就是要求大修参与者突破思维定式的局限，以更广博的胸怀、更深远的眼光来看待事物的发展，并且配合崭新的知识、独特的思维及大胆的想象，来摆脱陈旧的、僵化的、传统的观念束缚，克服并超越自身认识的局限性，从因循守旧、故步自封的状态中解脱出来。只有意识超前的广度和深度，以及优良的工作质量，才能在实际工作中体现出厚度和高度。超前意识是整体意识的助推器。

二、群体凝聚力

凝聚力，原本是一个物理学概念，指物质结构中分子与分子、原子与原子之间黏合在一起的某种内在力量。后引申为文化学、伦理学的概念，通常指群体或某一社会共同体内部各成员因共同的利益和价值目标，结为一个有机整体的某种聚合力。由于存在凝聚力，社会共同体才保持着自身的内在规定性；一旦凝聚力消失，社会共同体便会趋于解体。

群体凝聚力，就是把成员聚集在群体中，并在精神上凝聚为一体的所有积极力量。一个群体有无凝聚力，是由群体成员的态度决定的：对群体忠诚，对群体的工作有责任感，对外来攻击积极防御和反抗，与其他成员志趣相投并保持友谊关系。群体凝聚力的强弱受以下因素的影响。

一是群体的领导方式。根据管理学者们的研究，在专制的、民主的、自由放任的三种领导方式中，以民主的领导方式的群体凝聚力最强。

二是群体与外界的关系。同外界处于隔离状态的群体，凝聚力较强。

三是群体的规模。规模较小者，凝聚力较强。大规模的群体，往往会分化为一些小的基本团体。

四是成员稳定性。群体成员较为稳定者，凝聚力较强。群体凝聚力的形成，需要群体成员有相当的稳定性。

五是群体内部的奖励方式和目标结构。不同的奖励方式，影响群体成员的情感和期望。采取个人与群体相结合的奖励方式，有利于增强群体的凝聚力。同样，把个人与群体的目标有机地结合起来，也有助于增强集体观念和凝聚力。

总的来说，凝聚力的来源，在于群体成员的集体效能感与归属心理在共同责任权利意识上的对应一致。所谓"共同责任权利意识"，是指群体成员在群体行动中，对群体内需要协同配合的目标、责任、权利、义务，以及责任目标与权利义务相互统一的意志。

由于核安全的特殊敏感性，核电企业围绕着核安全文化而形成的"共同责任权利意识"是比较强烈的。上述五种影响群体凝聚力的因素，对于核电企业员工来说，基本上都是正相关的，因此，就使得核电企业具有更强的群体凝聚力。除了上述的基本行业特征之外，大亚湾核电运营公司还坚持用企业共同价值观教育和引导员工，凝聚力量，形成全体员工共同的行为取向，把员工的精神、思想和行动统一到企业发展战略上来，通过全员核安全震撼教育、人因工具卡应用、企业文化征文比赛等企业文化建设的一系列活动，极大地提升了员工的群体凝聚力。

三、创新意识

创新，是指以现有的思维模式提出有别于常规或常人思路的见解为导向，利用现有的知识和物质，在特定的环境中，本着理想化需要或为满足社会需求，而改进或创造新的事物。

创新意识，是指企业持续学习与不断寻求自我超越、持续提升企业发展的内在驱动力，更是企业追求成长和永续经营的决定性因素。大亚湾核电运营公司一贯重视创新意识和能力培养，鼓励员工进行创新。针对核电行业的具体特征，公司按照"以提升能力因子为主线，实施科技创新计划；以增加核电机组的发电能力为突破，实施技术改造；以提高核电站整体安全水平为契机，实现核电站安全延寿运行"的思路，积极统筹和实施一系列具有前瞻性的攻坚计划，谋求运营业绩的进一步突破，在创建世界一流专业化核电运营企业的过程中，努力呈现科技创新的独特魅力。

通过创新实现我国核电产业的"自主设计、自主制造、自主建造、自主运维"，这是中国核电人的共同追求，也是核电领域创新活动的主要目标。以核电机组的大修活动为例，这种自主化具有特别鲜活的历史价值和时代特征。

在某一次核电机组大修期间，我听到一种说法："把洋顾问留在办公室。"这个话的意思很清楚，就是我们在大修过程中不能总是依赖外国顾问，而是要更多地依靠自己的力量，进行自主化维修。中国核电领域坚持高起点起步，走"引进、消化、吸收、创新"之路，按照国际标准稳步推进核电自主化进程，为我国核电发展起到了示范作用。在核电站的维修方面，问题不在于要不要自主化，而在于如何实现自主化及判断自主化的标准。

从本质上说，自主化与标准化有着不可分割的联系。标准化有着不同的层级，采用不同层级的标准化，将直接决定着自主化水平的高低。国际标准化组织（ISO）将标准化划分为六个层级：国际标准化、区域标准化、国家标准化、行业标准化、地方标准化和企业标准化。大亚湾核电站的维修标准是从法国电力公司（EDF）引进的，几十年来，法国电力公司利用自身管理模式积累的经验，为大亚湾核电站的建设和运营提供了有力与有益的技术支持，在利用经验反馈方面与中国企业建立了合作伙伴关系。那么，法国电力公司的"标准"能否就是"国际标准"呢？我们说，真正意义上的"国际标准"并不存在，更多的是国家标准和行业标准。核电站的维修技术标准化，目前国际上并没有一个统一的标准。对于我国来说，引进法国电力公司的管理模式，是实现核电自主化和规模化发展的有效途径之一，当然也是实现维修自主化的前提。只有当我们的维修实践活动达到一定的量之后，才能通过创新把我们的经验固定下来，从而制定出适合本国国情和企业情况的核电站维修标准，这是完全实现自主化维修的一个必然结果。

正如标准化具有层级，自主化也存在一个层次的问题。

一是国家层次。对于国家与民族来说，没有政治上的自主化，就意味着没有国家主权与民族尊严，自己不能掌握自己的命运；没有经济与技术自主化，中国人就只能成为外国企业的"打工仔"，整个国家的经济成为国际经济大舞台上的跑龙套者。政治上的自主化，必须以经济与技术自主化为基础，同时为经济与技术自主化创造良好的环境；经济与技术自主化反过来也会增强我们在政治上的自主化。

二是企业层次。企业核心竞争力的实质是不可替代性，而不是替代他人性。企业在技术和管理上没有自主，就意味着不具备不可替代性，也就是没有核心竞争力，就会在激烈的国际国内市场竞争中无法争得一席之地，最后归于失败。用今天的话来说，这种不可替代性就是"卡脖子"技术的直接市场表现。

三是个人层次。《共产党宣言》中说，没有个人的发展便没有整个社会的发展。员工个体没有特殊的技能，没有"一招鲜"，就没有竞争力，因而也就无法在工作中创造更好的价值，也无法实现自身的价值，甚至有时候连维持最基本的生存都很困难。

上述三个层次的自主化是相辅相成的，各个层次之间存在着相互的因果关系，忽视了哪个层次，都不是完整意义上的自主化。

核电自主化的内容有很多，重要的是以下几个方面：自己能设计、自己能制造、自己能建造、自己能运行、自己能维修。从自主维修来说，在少部分人的思维中有一种简单化的倾向，就是仅仅以少用或不用外国人作为判断维修自主化的标准，外国人多了，就不是自主化；不用外国人，才是自主化。事实上，判断维修自主化的标准有很多，如雇用外国专家与技术人员的数量、备品备件的国产化比例、依靠企业自身力量解决技术问题的能力等。我们在大修实践的初期，由于没有积累很多经验，还需要外国顾问在某些方面进行指导；由于国家在某些设备制造方面还没有国产化的能力，因此我们不得不进口一些必需的备品备件；由于企业自身还不完全具备对于某些技术问题的诊断与解决能力，因此还需要借用国内和国外同行的力量。

从技术革命的角度来说，中国一百多年来一直就是一个所谓的"追赶国家"，实施的是"追赶战略"。追赶的方式有很多种。

第一种，人家领先的技术，一直未公开，我们费了九牛二虎之力居然也掌握了，也许还比前面的人落后，但比后面的人已经先进许多了。这种办法就是所谓的"填补空白"，或者叫作"突破"，它的思维特征就是"有比无好"，至少可以不被别人"卡脖子"了。

第二种，人家发明了一种技术，我们站在前人的肩膀上，"在巨人的肩上跳高"。更进一步，或者在这种技术形成产品的工艺或功能改进上，玩出新花样，这也是一种办法。

第三种，技术也是商品，在某个时期或某个领域具有稳定性，不可能存在真正意义上的"日新月异"。因此，你虽然研发出了新技术，但如果你愿意卖，而且我愿意买，那就等于我获得了这种技术。中国自1978年实施的改革开放政策，就是"技术换市场"，让出市场买进技术。随着我国技术的进步、经验的积累和能力的提升，开始追求"自主知识产权""自主品牌"，这是对"技术换市场"办法的扬弃。

第四种，选择在技术完全更新换代的当口儿，在技术革命的节骨眼儿上，实行"卡位"战略，掐准了点儿，在某项技术或某个领域取得领先。

核电是一个技术密集型的产业，其复杂性非普通公众所能想象。核电这个产业链，是许多复杂技术的集成，假如一个企业甚至一个国家能够掌握全部的技术，那就相当于实现了核电自主化。尽管水平可能有高有低，但只要掌握了核心技术，这个自主化的成绩就是非常了不起的。核电站的维修是一项复杂的系统工作，在这个系统中有许多技术环节。除了前文所说的标准化之外，维修自主化还要建立在自主设计、自主建造、自主运维的基础之上。没有自主设计，我们就不了解核电站主要系统和主要部件的设计思想；没有自主建造，我们就不了解设备制造过程中的一些关键技术；没有自主运维，我们就无法摸清设备的特点与性能。因此，判断是否实现了自主维修，这是一件很复杂的事情，要努力避免任何简单化、机械化、表面化和形式化的倾向。

当今世界技术进步日新月异，管理水平不断提高，国际合作日益增强，交流机会越来越多。这些因素就决定了自主化是一个过程，而不是一种结果。但是，这是不是就说我们永远也达不到自主化的目的呢？也不是。问题的核心在于，我们如何理解自主化的实质。在经济全球化的时代大背景下，自主化的含义与过去应该有所不同。自主化不一定是自己去研究开发每一个单项技术和单项技术创新，而是可以通过对成熟技术的自主集成来实现更高层次上的自主化；不一定从头做起，而是可以在已有技术的基础上，进行改进创新；实现自主化也不一定是自己独立研发，而是可以开展国际合作研究开发。从这个角度来重新认识维修自主化的实质，就具有现实的指导意义了。

根据以上分析，我们可以认为，核电站的维修自主化要把握两个环节：自主化管理与市场化运作。简单来说，就是这样一个公式：自主化＝管理型＋市场化。过去，我们想与人家交流与合作，但人家封锁我们，逼得我们只有自己摸索，这是"奋发图强、自力更生"的精神动力。随着国际环境的变化，我们应该积极地利用国内外两个市场与两种资源，对于某一个技术问题，谁有本事我就请谁来出主意、想办法，借以启发我们的灵感，开阔我们的思路，而不是把自己关在一个封闭的小圈子里冥思苦想，这就是市场化。对于具体技术方案的决策权操在我们手中，解决技术问题过程的管理权操在我们手中，这就是管理型。

花最小的代价取得最大的利益，得到最切实际的经验，这是最高明的智慧，可以使我们达到事半功倍的效果。因此，我们所提倡的维修自主化，应该是一种管理行为自主化，即自己进行决策，自己当家做主，这个过程是一个开放的过程，而不是故步自封、闭门造车。要承认落后，承认落后才能改变落后；要学习先进，学习先进才能赶超先进。事实上，中国核电的发展历程，就是这样一个不断学习先进、赶超先进的过程，过去是如此，现在是如此，今后也应当仍然是如此，因为它是我们不断进步、不断成功的法宝之一。在这个不断学习的过程中，逐渐掌握技术、积累经验，最后达到或超过国际先进水平，这才是我们的最终目的。

我国在《国家中长期科学和技术发展规划纲要（2006—2020年）》（以下简称《纲要》）中明确指出，"在关系国民经济命脉和国家安全的关键领域，真正的核心技术是买不来的"，而要在未来的国际竞争中掌握主动权，就必须提高自主创新能力，在若干重要领域掌握一批核心技术，造就一批具有国际竞争力的企业。自主创新的主体是企业，这实际上是国家对于国家层次自主化的总纲，表达了国家追求自主化的意志与决心。从企业的层次来说，就是要通过一个个具体项目的实施来逐渐掌握技术并进行自主创新，进而实现自主化。在企业实施自主化的过程中，技术人员通过自己的刻苦钻研，掌握技能，进而增强自己的竞争能力。这三个层次的自主化环环相扣，相互促进，缺少其中的任何一个环节，自主化就是不完整的，甚至是无法实现的。

承认差距，是为了缩短差距；学习先进，是为了赶超先进。大亚湾核电基地在前十几年的历次维修活动中，都聘请了一定数量的外国顾问。客观地讲，一方面这些顾问在某些关键技术问题的解决过程中，还是发挥了独特的作用，这样的例子有很多。因此，我们对外国顾问在帮助我们迅速掌握核电站的维修技术方面所起的作用，应该充分承认。另一方面，迄今为止，一些少量的技术窍门还是掌握在外国人手里，人家不轻易给我们，这样的例子也有很多，对此我们也不必讳言，因为我们所处的就是这样一个真实而残酷的竞争环境。这些技术窍门，你可以说它们是核心技术，也可以说不是。但从本质上来说，凡是我们自己不会的，都应当是对方的核心技术。从对方的角度来看，一般性的技术他们可以告诉我们，但核心技术一般不愿意告诉我们，因为这是他们赖以生存的手段。

我们经常讲核心竞争力，但对什么是核心竞争力，常常是语焉不详。正如前文所述，企业的核心竞争力在于不可替代性，而不是替代他人性。因此，我们要想培育自己的核心竞争力，就必须走出天天想着替代别人的误区，而是在别人不可替代性方面多动脑筋、多下功夫。许多技术工作可以找人替代我们去干，而对技术和管理问题进行决策则是谁也无法替代我们自己的。

"把洋顾问留在办公室"这个说法非常形象，它的精神实质，就是我们在核电站维修过程中不要有依赖思想，而是主要靠自己的力量解决问题，进而实现自主维修的目的。在这个过程中，我们也要充分发挥"洋顾问"的作用，千方百计把他们脑子里的好想法和手中的好技艺"掏"出来为我所用，否则，我们请他们所花的那么多钱不就浪费了吗？善用别人的资本（包括智力资本）是更大的聪明，这是知识经济时代对管理者和决策者的根本要求。

当技术不只是一般的技术，还成为能够起主导作用的资本时，就是知识经济，它的特性就是将知识或技能变为资本，而且成为生产力中的支配要素。我们必须明白，知识资本不可能全都是从我们自己的脑子里出来的，因此我们要善于利用这些资本，也就是要善于利用"外脑"，这是一个很经常、很普遍、很迫切、很重要的事情。从这个角度来说，"洋顾问"也不能总待在办公室里，还应把他们请到会议室和现场。如果他们无所事事，总在海边溜达，万一我们碰到问题想"问"的时候，他们却"顾"不上，这不就麻烦了吗？从顾问自己的角度来看，可能认为你不问我就不须答；而对于我们来说，就是要主动地去"问"，促使他们"顾"得上，而且必须"顾"。在会议室里和维修现场，真正地帮助我们解决问题、提高技术水平，这才是"洋顾问"的恰当位置。

引进和借鉴只是手段，自主和发展才是目的。在包括大亚湾和岭澳核电站一期的建设和运营中，标准化和系列化已经在技术、管理和人才培养方面成功实践并形成效益。通过大亚湾核电站的引进建设，实现了岭澳一期的自主建设；通过岭澳一期的高起点投运，又开始了岭澳二期的高起点建设，并且形成了中国改进型压水堆核电技术（CPR1000）这一自主技术品牌，同时也促使这一系列核电站每千瓦造价实现了由2000美元、1800美元到1500美元的大幅降低，标准化和系列化的优势得到了充分体现。大亚湾和岭澳核电站的实践证明，只要思路正确，决策果断，措施得当，执行到位，我国核电国产化和自主化不仅是做得到的，而且是可以做得快、做得好的。

第四节　绩效管理

绩效，是成绩与成效的综合，指的是组织中个人（群体）特定时期内的可描述的工作行为和可衡量的工作结果，以及组织结合个人（群体）在过去工作中的素质和能力，指导其改进完善，从而预计该人（群体）在未来特定时间内所能取得的工作成效的总和。

绩效管理，就是依据主管与员工之间达成的协议来实施工作内容的一个动态沟通过程，是通过对人的管理去提高企业和个人成功概率的思路和方法，它不仅是对目标（事情）的管理工作，更重要的是对人的管理与开发工作。实际上，绩效管理是一个完整的系统，这个系统包括几个重要的构件：目标/计划、辅导/教练、评价/检查、回报/反馈，仅盯住系统的一个构件，是不能很好地发挥作用的。在目标与如何达成目标之间形成共识的过程中，需要明确以下的要求和规定。

①期望员工完成的工作目标。
②员工的工作对公司实现目标的影响。

③以明确标准说明"工作完成得好"是什么意思。

④员工和主管之间应如何共同努力以维持、完善和提高员工的绩效。

⑤工作绩效如何衡量,即绩效标准是什么。

⑥指明影响绩效的障碍并提前排除或寻求排除的办法。

绩效管理的核心有两个:评估机制与分配机制。一个科学的评估机制,不但要面向过去,正确总结和评估员工的工作价值,更要面向未来,引导和激励员工掌握与公司战略一致的专业能力。一个合理的分配机制,不但要公正地给员工以利益回报,更要在员工和公司之间建立起一种相互信任和相互期许的关系。假如这样的绩效管理体系真正建立起来,那么对企业执行力改进的作用是不言而喻的。

图3-10所示的绩效管理—职称的均值折线表明,未取得职称的员工,对绩效管理的认同度非常高,这是因为,他们刚参加工作的薪酬,是他们成为独立的社会成员唯一的经济来源,因此,十分在意完成什么样的工作目标可以拿到多少报酬。随着工龄的增长和职称的提升,对绩效管理的心理预期慢慢减弱,有时候甚至不太在意了。当其中一些人的职称达到正研级高工时,他们就非常在意自己的工作成就和身份地位在组织评价体系中的重要程度,因此对绩效管理又重新重视起来了。

图3-11所示的绩效管理—职务的均值折线表明,部门和公司两级的管理人员,对绩效管理的认同度比较高,因为绩效管理是他们手中的一项管理工具,尤其是公司级领导者,绩效管理的工具涉及全员工资奖金的分配、各级干部职务晋升的依据,或者说,绩效管理就是他们的本职工作。

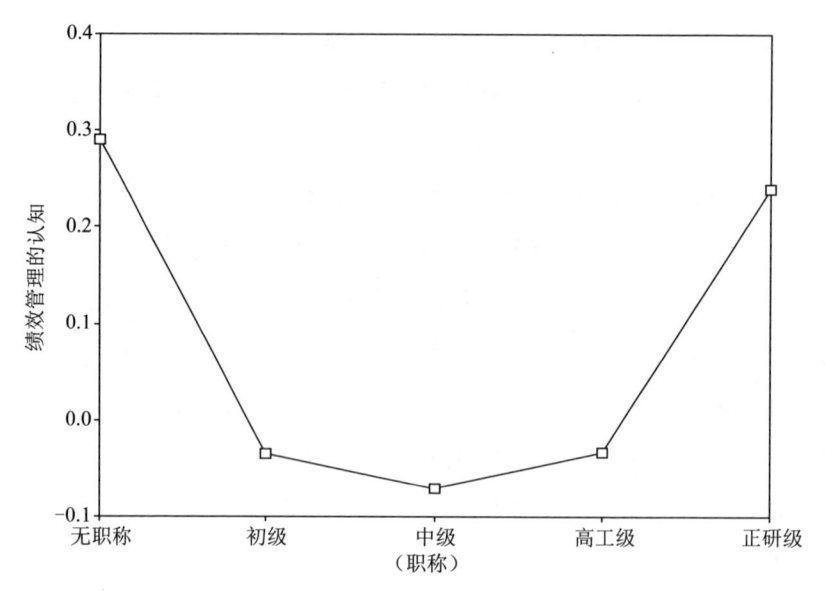

图 3-10　绩效管理—职称的均值折线

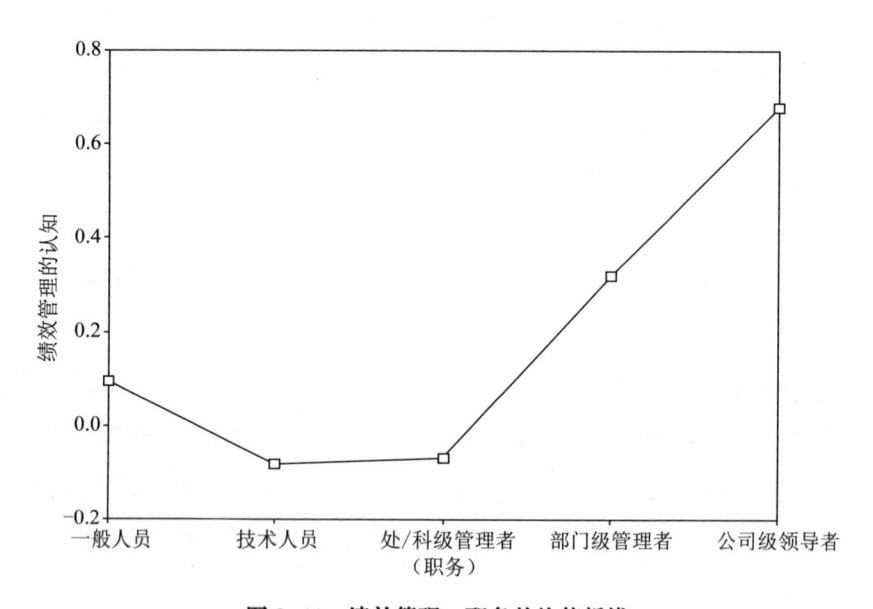

图 3-11　绩效管理—职务的均值折线

绩效管理属于激励导向型结构变量，员工最为看重的是职业生涯规划、薪酬管理、绩效考核和奖惩机制。组织要关心每一位员工的职业规划，尽可能为他们创造发展的机会；要进一步完善薪酬制度，使员工的劳动获得应有的报酬；制定公平、合理的奖惩机制，使表现好的员工受到奖励，使表现差的员工受到警示。

一、职业生涯规划

职业生涯规划，就是对职业生涯乃至人生进行持续的系统的计划过程。一个完整的职业规划，由职业定位、目标设定和通道设计三个要素构成。

核电企业，尤其是核电机组运维人员的职业定位，由于其承担着确保核安全的极端重要的职责，因此，一般来说不应有短期尤其是临时的观念，而是从进入企业的那一天起，就要做好比较长期的个人打算，公司也会通过培训、筛选和个人意愿调查等方式，尽最大的可能，将合适的人安排到合适的岗位上。以社会上都知道的核电"黄金人"为例，他们是当初大亚湾核电站兴建之时就选派到法国、英国进行运行培训的113名青年技术人员，在国外学习培训历时3年，人均花费130万法郎，如果将这笔钱兑换成黄金，那么可以铸造一个与真人一样大的人，"黄金人"也由此而得名。他们熟练掌握了核电站的生产和管理技能，迅速成为核电站各岗位的骨干。通过30多年的职业实践，这批人中的绝大多数都在核电运维的技术和管理领域发挥了巨大的作用。这就是职业定位长期化所取得的长期性效益。

职业生涯规划的目标设定，是因人、因事而定的，除了本人的兴趣、能力、意愿等因素之外，还有组织的需要和安排。我主张企业的大多数员工要走技术专家的道路，而不是总想着去当个什么"官"。有一次，集团人力资源部的一位负责人到大亚湾核电站参加欢迎新员工入职大会并做了讲话。他在讲到核电站出人才时说，这些年来我们出了多少处长、多少部门经理、多少总经理，等等。我当时作为会议主持人，陪他坐在主席台上，对他的说法并不认同，但也只能是皱皱眉头。待会议结束后，我把他拉到一边，谈了我的意见，就是我们核电企业要更多地鼓励员工钻研技术、提高技能，在技术线上规划自己的职业生涯，更多、更好地直接创造价值，要多讲企业培养出了多少工程师、多少高级工程师、多少研究员级工程师、多少在企业内外有重要影响力的高级专家，而不是鼓励大家在管理线上"挣扎"（也就是削尖脑袋想着去当"官"）。两种不同的价值观，会对新员工的发展产生不同的影响。

职业生涯规划的目标设定，自然就与发展通道设计联系起来了。大亚湾核电站在机组运行几年之后，一些人感觉自己的职业生涯走到了尽头，再没有发展了。实际上，许多人有这种想法，还是源于想走管理的道路，但管理岗位也就那么几个，千军万马走独木桥，对于大多数人来说是走不通的。针对这种实际情况，我在各种场合都表达了"两条腿"走路的思路，就是要彻底打通技术发展的通道，使得大家原来认为的走技术路线相当于"h"的那个短腿（我将其形象地命名为"小板凳"），变成与管理线平行的"H"的两条长腿（我将其命名为"长梯子"）。这样一来，很多人就会觉得走技术路线也是有出息的。为了进行组织设计上的配套，我极力主张在公司层面设置"总工程师"岗位，成立总工程师办公室，各部门按照专业划分设置若干名副总工程师，核电站设备管理采取"系统工程师"责任制，旨在强化技术人员的责任感、荣誉感和归属感，同时解放管理线上的管理者们对于管理和技术"两手抓"的疲于奔命状态。

任何事情都不可能一蹴而就，有时甚至还要"穿新鞋走老路"。我的这个思路本来是逻辑自洽的，也符合大多数人对自己未来职业发展的预期，但在实际操作中就变调了。起初，很多人认为，公司层面设置总工程师的条件还不成熟，因为没有合适的人选。我当时就主张，让主管生产的副总经理兼任总工程师，先把架子搭起来，然后慢慢物色、培养、选拔。与此同时，在生产现场选拔几位按专业划分的副总工程师。后来经过公司领导班子的讨论，认为还是先选拔副总工程师。不管怎么样，工作先做起来了。

任何新生事物，都会有滑入既有路径的可能性，也就是物理学中的"路径依赖"。有一次，我参加一个高技术岗位人员（我将他们称为公司技术领域的"大腕儿"）的座谈会，有一位技术水平高、资格老的同事发言时抱怨，说他们现在虽然身处高技术岗位，但没有调动资源尤其是人力资源的权力。我在发言时对大家讲了当初设置高技术岗位的意图，就是请你们这些技术"高手""能手"们针对现场发生的技术问题提出解决方案，经过相当范围的讨论后形成共识，然后由管理线组织力量予以实施。常言道，君子动口不动手。你们是"君子"，只要动动口就行了；而管理线的同事则是一伙"小人"，需要亲手把你们的想法变成现实。我最后也直率地指出，如果我们打破一种"官本位"，又建立起来另一种"官本位"，那么这种改革是没有意义的。希望大家对公司在这方面的改革意图加深理解，然后通过你们的努力，为把公司全体员工的发展通道由过去狭窄的"h"小板凳变成舒展的"H"长梯子，做出有益的探索，积累经验，然后得以逐步实现。

我后来从大亚湾核电站调到阳江核电站工作，在组织机构的设置方面，就想体现我的上述"打通技术职业发展通道"的思路。但遗憾的是，后来集团确定走"群堆"管理的路线，各个核电基地的组织机构都由集团统一确定。我的这个改革思路，就算彻底夭折了。后来，集团虽然也搞了总工程师的岗位，但始终没有真正到位，只是搞了一个副总工程师的岗位，各成员公司就更是无声无息了。这就是中国体制改革的困难所在，总会按照路径依赖的思维，即使穿着"新鞋"，也会自觉不自觉地滑到自己熟悉的"老路"上去。实际上，真实的社会生活环境应该是一片广阔的旷野，个体与群体的生活不能被限制在某一条"路径"或"轨道"上。

对于核电企业来说，员工职业生涯规划是一件非常重要的事情，不把这件事情做好，员工对企业就没有归属感，最终还是留不住人，或者说，即使留住了人的身，也留不住人的心。细致而精确的规划，可以帮助管理者了解什么时候缺人、缺什么人、怎么解决。目前，比较简单的事情还是在做，比如，根据企业发展内外部需求和人力资源的实际状况，进行人力资源发展的规划，内容涵盖现状分析、供求关系、组织结构、能力提升、管理改进和风险分析等；公司通过推行"定岗""定编""定级"的"三定"工作，对现有业务和岗位设置进行评估，形成了标准岗位设置方案和岗位规范。这些常规性的工作，虽然不能从根本上解决问题，但维持现状还是基本够用的。

二、薪酬管理

薪酬，在中国的语境中是两个字。薪，指薪水，又称薪金、薪资，可以用现金、物质来衡量的个人回报都可以称之为薪，也就是说，薪是可以数据化的。酬，指报酬，又称报答、酬谢，可以理解为一种着眼于精神层面的酬劳。

在现实的企业管理环境中，往往将两者融合在一起运用。从广义的角度讲，薪酬是由两种不同性质的内容构成的，包括经济性报酬和非经济性报酬。经济性报酬，是指付给员工的工资、奖金、各种津贴和福利等显性的报酬；非经济性报酬，主要包括工作保障、身份标志、给员工更富有挑战性的工作及晋升机会、对突出工作成绩的承认、培训机会和优越的办公条件等，是一种隐性的报酬。

薪与酬，就像硬币的两面，必须同时存在，同时考虑。有些企业给员工的工资不低，福利也不错，员工却还是对企业有诸多不满；有些企业，给的工资并不高，工作量不小，员工很辛苦，却很快乐。究其根源，还是在付"酬"上出了问题。当企业没有精神、没有情感时，员工感觉没有梦想，没有前途，没有安全感，就只能与企业谈钱，员工与企业之间变成单纯的金钱交换关系，员工对企业没有归属感。因此，既然是薪酬管理，就要把握好"薪"与"酬"的平衡关系，不能顾此失彼，更不能本末倒置。

对于经济性报酬，大亚湾核电运营公司倡导"能高能低"的薪酬管理机制，通过增加多种形式的浮动薪酬部分，加大薪酬与绩效考核的关联性，从而引导员工沿着战略发展需要的方向，不断完善自身能力，实现业绩的持续提升。同时，公司对重要管理人才和专业技术人才实施差别化的福利待遇，以激发员工的工作热情和发展愿望。

对于非经济性报酬，公司通过不断完善晋升方式，进行有组织、有计划的员工职业生涯管理，建立了以专业类别为基础的行政管理、专业技术、运行操作、技能作业、业务职能等人才管理序列和初级、中级、高级、资深级、掌门人等管理层级，完善了以"责、能、绩"为导向的技术岗位聘任机制，规划了各类人才的未来专业发展方向，营造了"能上能下、鼓励拔尖"的用人氛围。

许多企业，每年都会进行劳动模范、技术能手、优秀党团员等评比活动。在对这些先进人物进行表彰和奖励时，大多数企业还是采取发放钱物的办法。这样做，当然也是一种鼓励，但是，有无可能采取更加灵活、更能起到示范作用的奖励方式呢？比如，如何做到让员工将"薪"比心，从工资与收益之外得到最大限度的满意？

我曾经在大亚湾核电站设想过这样的表彰模范员工的方法。由企业为他们制订旅游或疗养方案，他们本人可以带一两位家属，尤其是带正在上小学或初中的子女，使他们从小就对作为父母的模范人物产生心理上的崇敬，他们就会说"我爸爸（妈妈）是劳动模范，他们带着我去旅游了"，以此来增强他们在同学和亲友中的自豪感和荣誉感。反之，如果公司只是给他们发一笔哪怕是数额比较大的奖金，尽管可以用这笔钱办很多事情，但是对于他们的子女来说，没有任何的感觉，因此也就起不到对他们的精神熏陶和行为示范的作用。

我在阳江核电站工作期间，也设想过另一种表彰方法。我于30年前第一次去阳江时，发现一个现象，就是家家户户大门前的那副春联写得特别好，各种书法形态都有，而且内容也不俗。后来才知道，阳江是我国著名的书画之乡，是国画大师关山月的故乡，书画之风特别浓郁。我在阳江核电站工作期间，结识了许多当地的诗词书画大师。具体地说，我用自己创作的诗词与他们进行艺术交流，也交换过数量不少的书画作品。我当时就有一个想法，每年评比出的各类模范员工，不发钱物，而是请当地的画家们为他们画一幅肖像，在核电站选择一个合适的场所，展览一年。第二年待新的模范员工产生后，每个人的肖像由他们本人收藏，在作品上还可以由画家签名、企业盖章，若干年之后，这幅作品对于他们的家庭或家族来说，就是一件非常珍贵的文物。我以为，这种表彰先进人物的办法，肯定比发他们一笔"巨资"要有意义得多，也有价值得多。

可惜的是，我的上述两种设想，由于种种主客观方面的原因，都没有实现。我也想得通，因为我深知管理就是一门遗憾的艺术，总有不尽如人意之处，管理者的设想总有得不到别人理解和支持的时候，那就把自己认为合适的想法交给时间。只有时间才是一位伟大的作者，它能够写出未来的结局。

三、绩效考核

绩效考核，是企业绩效管理中的一个重要环节，是指考核主体对照工作目标和绩效标准，采用科学的考核方式，评定员工的工作任务完成情况、员工的工作职责履行程度和员工的发展情况，并且将评定结果反馈给员工的过程。

大亚湾核电运营公司通过推行"全员绩效计划"（TOP），建立了包括绩效计划、绩效实施、评估和反馈、结果应用等在内的闭环管理模式，使绩效管理成为工作改进和指导员工职业发展的工具，而非单纯的奖惩手段。同时，尽可能做到考核过程的公开、公正和公平，提升人才发展的效率。通过 TOP 行动的目标分解与量化，使得公司每位员工都对自己所负责的工作一目了然；通过清晰的数据，又可以动态地看到工作的完成情况，使工作更加有效。这种通过层层传递与分解的方式，可以使工作任务落实到每位相关职位的员工身上，让大家共同参与。这样不仅能够使努力付出的人得到更高的回报，同时也可以时刻鞭策稍稍落后的员工，增强了团队的凝聚力和战斗力，也提升了组织的执行力。

对于企业来讲，集体绩效相对于个人绩效而言，更加强调对集体的整体认同。公司通过开展"全员绩效计划"行动，以先进的绩效管理理念、管理方法，建立起一套融系统性、科学性、激励性与企业和员工共同发展为一体的绩效管理体系，以提升干部员工的执行力。通过采用目标分解法（DOAM）和关键结果领域（KRA）考核工具，将上游战略目标逐级分解，层层落实，最终使员工绩效和组织集体绩效紧密关联，从而达到激励的目的。

任何事情，都会有利弊的两面。上述绩效考核方法仅仅展示出有利或积极的一面，在实践的过程中，还有种种不利或消极的一面逐渐暴露出来。这种情况，任何一家企业都会经历过或经历到。

曾几何时，在网络上流行着一篇题为《绩效考核毁了索尼》的文章，在全球范围内引起巨大的反响。该文的作者，是曾在索尼公司就职的一位技术开发人员，因此，他的经历和观点具有某种真实的"镜头感"。文章认为，索尼公司实行绩效主义，使得员工逐渐失去工作热情。公司为统计业绩，花费了大量的精力和时间，而在真正的工作上却敷衍了事，出现了本末倒置的倾向。在这种情况下，公司是无法产生"激情集团"的。

所谓"激情集团"，是指公司那些不知疲倦、全身心投入开发的集体。在创业初期，这样的"激情集团"接连开发出了具有独创性的产品。索尼当初之所以能做到这一点，是因为当时的领导人井深大能够点燃技术开发人员的心中之火，让他们变成为技术献身的"狂人"。

所谓"绩效主义"，是指业务成果与金钱报酬直接挂钩，员工是为了拿到更多报酬而努力工作的。因为要考核业绩，所以几乎所有人都提出容易实现的低目标，追求眼前利益的风气蔓延，索尼精神的核心即"挑战精神"消失了。大家都极力逃避责任，因此也就不可能有真正的"团队精神"。

文章说，在索尼充满活力、蓬勃发展的时期，公司内流行这样的说法："如果你真的有了新点子，来。"但是如果上司总是以冷漠的、"评价的眼光"来看待自己，恐怕没有人愿意背着上司干事情，那是自找麻烦。如果人们没有自己受到信任的意识，也就不会向新的更高的目标发起挑战了。能否让员工热情焕发，关键要看最高领导人的姿态和做法。

索尼当年之所以取得被视为"神话"的业绩，也正是因为有井深大这位杰出的企业领导人。但是，井深大的经营理念没有系统化，也没有被继承下来。文章说，也许是因为井深大当时并没有意识到自己的经营理念的重要性。

我看完这篇文章后，与其说对索尼感到遗憾，不如说对索尼的创办人之一的井深大感到悲哀，因为他没有把自己的经营理念写下来，留给后人参考。正是因为这个例子，我后来发展出一种管理理念，倡导员工和管理者要多写文章，因为只有写文章，才能"把思想变成文字，把经验变成知识，把实践升华为理论"。我还由此发展出一个"匠员家"理论：如果一个人只是会干活，那么他充其量只是一个工匠；如果他在干活的同时，还能对周围的同事进行经验传授，那么他就有资格成为一名教员；如果他在会干、会教的基础上，还会写文章，那么他就有可能成为本行业的一位专家。

索尼公司的企业领导人井深大，在管理企业的本职工作中，他是一位行家里手，同时也能对同事和下属进行教育引导，以使他们变成为技术而献身的"狂人"，否则，也不可能把索尼这个当时的"巨无霸"企业带到世界巅峰的位置上。但是，令人遗憾的是，他只是"会干""会教"而"不会写"或者"不愿写"，因而，他的历史定位只是一位在企业管理领域的"工匠"与"教员"，而没有成为一位行业的"专家"。这不仅是他个人的损失，也是索尼这家杰出企业的损失，更是全人类在企业管理思想方面的巨大而永恒的损失。

说到绩效考核，我曾经回顾自己在上硕士研究生期间经历的两次考试事件，用现在的视角反思当年的经历，觉得学校考试与企业考核这两者之间有着极大的相似性和遗传性，它们真可谓是"同宗同源"。

我在上硕士研究生期间，经历过两门印象深刻的专业基础课考试，不管是开卷还是闭卷，本质上其实没有什么区别，充其量是考查学生的记忆力。我后来感悟到，在研究生阶段进行这样的考试，其实是没有什么意义的，某个学生记忆的知识再多，能多过各类工具书吗？在工作中需要的时候，去查工具书或教科书就行了。研究生、研究生，顾名思义，就应当是以研究为"生"，它的主要价值体现就是探索未知的领域，当然也离不开已有的知识作为基础，但是，主要还是考查学生应用已有知识的能力，而不是知道或不知道哪些已有的知识。至于哪道题答得好或不好，真的不重要。比如，我没有专门去计算机系上过编程课，但也编制出了管用的计算程序，而且还提前一年完成了毕业论文。假如我花半个学期的时间去上编程课，也未见得编出好于我实际使用的程序；相反，也许由于耽误了半年的时间，提前毕业就是不可能的。这也就是中文系的学生未必会吟诗作赋的道理，因为研究规律和欣赏评判这方面的能力并不能自动解决实际创作的问题。

以让学生答一份试卷的方式进行考试，倒是最简单，但也是最没有作用的。我的建议是，研究生期间除了公共课，对于专业基础课和专业课，最好采取面试讨论与提交专题报告相结合的形式。我的本科毕业论文，其实就是导师结合我即将在研究生阶段需要运用群论这一研究工具，而专门为我布置的一篇群论综述的专题报告。最后，导师给了"优秀"的评价。我认为，这种形式达到了最佳的效果。我说的"最佳"不是指导师的评语和评分，而是我在做硕士毕业论文中确实运用了群论的概念与方法，达到了学以致用的最佳效果。

从学校的课程考试联想到企业的绩效考核，其实也存在着同样的问题。谁都知道，企业没有业绩考核不行，但凡事就怕冠冕堂皇的"泛化"，因为它一定会走到形式主义的窠臼中去，把考核本身作为一项也被考核的工作内容，最后的结果就是，从上到下整天折腾那几个考核的数字，开拓创新的内在驱动力越来越弱，甚至越来越危及团队合作的主动性和有效性。我将这种"唯业绩考核论"的行为概括为"四泛"：泛程序化、泛指标化、泛定量化、泛考核化。这就是马克思所说的人的"异化"，简单地理解，就是学校不知道为什么要考试、怎样考试，企业不知道为什么要考核、怎样考核，只要考试和考核本身这件事情发生就是了。

集团对各成员公司的考核内容中有一项"摸高值"，就是年初时由被考核公司自己提出来在什么项目上可以"摸高"，从而在一般性的考核得分基础上拿到加分，这样就有可能被评为"五星"公司，当然员工拿的奖金就多了。但是，事情的滑稽之处在于，既然年初就能够想到本公司要在什么项目上有可能"摸高"，那么，公司领导层在资源配置方面不向这方面倾斜才是怪事。这样一来，有意无意地削弱了公司其他正常工作的资源。我一直就对这项"摸高"的"发明"不太赞同，原因就是它的逻辑是滑稽的，从哲学上来说，这种做法的实质，就是唯心主义的先验论，直接违反了唯物主义的反映论。正确的做法应该是，年底考核时，要对被考核公司进行评估，如果集团觉得哪家公司的哪一项工作做得好，对全集团的年度绩效或战略目标有特殊的贡献，那就给它颁发"专项奖"。要知道，有些特殊贡献是不可能在开始时设计出来的，只能在过程中做出来、干出来，当然也会有运气的成分，但大体上可以反映该公司的独特能力。

不正确的考试与考核所导致的"异化"的结果就是：学生与老师相对立，素质与分数相对立；员工与企业相对立，能力与业绩相对立。这种对立所产生的结果，既不是学校的目的，也不是企业的追求。

前文说到的"四泛"，在某些特殊的情境之下，它与安全透明诚信文化氛围的营造是有逻辑矛盾的。多年前，阳江核电站1号机组主控室外墙上挂着一个电子屏，显示每个值每周的人因事件数。我曾经提出过质疑，这种对运行人员每时每刻的赤裸裸的感观刺激，对改善员工的行为和透明文化的形成，到底起正面作用还是反面作用？有哪个人愿意自己每天处于众目睽睽之下被剥光衣服？这不关乎公开透明，而关乎人性尊严。不考虑人性尊严的管理，终究不会落地，也不会得到人心。对于具体人和事的处理，更体现领导层潜意识中的理念。文化氛围的形成，是长期德治与法治相结合的结果，其过程必然超过我们每个人的职业生涯甚至生命周期。因此，面对考核，一定要避免"四泛"，而是要分析问题的实质和考核的导向性。

话又说回来了，世界上没有什么事情不能考核，没有什么人员不应被考核。绩效考核是评价工作人员价值和贡献的重要手段，但是也要避免由"四泛"导致的形式主义和管理"异化"现象。这就需要在绩效评估中把握三条原则：一是兼顾短期与中长期绩效，年度考核与任期考核相结合；二是兼顾结果与过程，结果考核与过程评价相统一；三是兼顾绩效与激励，业绩考核与奖惩结果相对应。只有这样，才能够从源头上避免形而上学的机械唯物主义，而是真正遵循了马克思主义的精华：辩证唯物主义和历史唯物主义。

治企没有偏方，管理没有捷径。世界上不存在任何一种放之四海而皆准的绩效考核标准和方法，企业管理者唯一能做的事情，就是根据行业和企业的特点，不断地在实践中去试错，直至找到某种最符合本企业实际的方法。即使找到了这个方法，也不能一劳永逸地生硬执行，而是要根据变化了的主客观条件，随时进行适应性的微调，在某个特定的发展节点上，也要进行果断的改革。

四、奖惩机制

中国古代早有官吏奖惩制度，从秦简《为吏之道》中记载的"五善"（忠信敬上、清廉勿谤、举事审当、喜为善行、恭敬多让）、"五失"（夸以迣、贵以大、擅制割、犯上弗知害、贱士而贵货贝）的规定，到清代的"议叙"（考核官吏以后，对成绩优良者做出评价，以示奖励）、"处分"（对犯罪或犯错误的官吏，按情节轻重给予处罚）制度，都是封建社会"吏治"的重要内容。

一个没有执行的制度等于没有制度，而制度的执行关键在于奖罚。企业管理的核心就是奖罚，因为员工的行为方式和态度就是依据企业奖罚而逐渐形成的，而企业文化本身就是企业员工的价值观和行为心理态度。奖励与惩罚，都是企业的重要激励手段，前者是正强化，后者是负强化。企业奖励什么行为，就是鼓励员工多发生类似的行为；同理，惩罚什么行为，也就是希望在员工中抑制甚至杜绝类似行为。奖罚不分明，表面上损害了企业制度，实质上歪曲了员工的行为心理和企业价值观，给企业造成了致命的"内伤"。我们要建立现代的企业文化，必然要求企业有力地执行企业内部的绩效制度和奖罚制度，正确引导员工应具有的企业价值观和行为心理。

在管理领域，作为奖惩制度的两种具体方式的表扬与批评，本质上都是激励的武器，都要恰当地使用。从调动工作积极性的角度来说，奖比罚有效；从维护纪律严肃性的角度来说，罚比奖管用。至于两种武器用过之后所产生的所谓"风险"，则是管理者在使用这两种武器之前就要想到，并且有预防措施的另外一个问题。"噎"虽因"食"而起，但绝不能因"噎"而废"食"。说到底，这是管理艺术的问题，需要每一位管理者孜孜探求其中的韵味。

在某一次大亚湾核电站的大修期间，发生了几起轻微污染事件，大修指挥部对此提出了劝告，请各单位加强管理，以杜绝此类事件的发生，但收效不大。在这种不得已的情况下，为了杀一儆百，指挥部断然决定对某单位发出整改通知。事后，现场出现一些疑似人为破坏电缆的迹象，有人怀疑是不是与整改措施有关。持这种看法者的理由是，许多没有出过事的单位对这种无事件纪录很珍惜，一旦受到批评，这种纪录被"打破"，因此就出现了破罐子破摔的情绪。有人据此提出，今后要注意批评的方式，不能采取太过严厉的措施（诸如发出整改通知书）。

除了批评，还有表扬。有些单位因良好行为受到大修指挥部的口头表扬，我问指挥部的一位负责同志，如果把口头表扬改成书面表扬会怎么样？他说，有两个问题，一是担心刚刚书面表扬完就再出事情；二是书面表扬是要奖励钱的。

上述两个例子说明，"批评"和"表扬"这两个武器是不能随便用的，因为"成本"很高，除了钱之外，还有"风险"。这就提出一个问题：在管理中如何正确使用正激励（表扬）与负激励（批评）的方式？换句话说，如何理解批判的武器与武器的批判这两者之间的关系？

所谓"批判的武器"与"武器的批判"，源于马克思曾经说过的一句名言："批判的武器当然不能代替武器的批判。"这句话的意思是，无产阶级反对资产阶级的斗争不能停留在口头上的批判（即"批判的武器"），而应当更注重于实际的斗争（即"武器的批判"）。

理论是晦涩的，让我们还是回到现实的具体问题中来。在前文所举的两个例子中，我们姑且可以把"口头表扬"理解为"批判的武器"，把"整改通知"理解为"武器的批判"。马克思说，武器的批判胜过批判的武器。由此推之，我们是否可以说"整改通知"胜过"口头表扬"呢？换言之，"整改通知"与"口头表扬"哪个更有效？从前面的两个例子可以看到，"整改通知"更有效，因为有人感觉到"痛"了，即使有人蓄意破坏，也是一种"痛"的表现；而"口头表扬"所起的作用似乎并不大，因为没有产生使人感觉得到的变化。由此看来，"武器的批判"可能更为有效。

说到实际的效果，也要进行客观的分析，不能一概而论。关于能不能将"口头表扬"变成"书面表扬"，大修指挥部的想法与做法当然有其道理。不过，如果再往深一步想，我们要问一问：把"口头表扬"都变成"书面表扬"，由此带来的"风险"是不是就一定是由表扬的方式所引起的？即使真是如此，我们也不能因噎废食，否则，就是"一朝被蛇咬，十年怕井绳"。因此，我们在实际工作中不要害怕"批判的武器"，而是要经常地使用这个有效的武器，因为它在很多时候能够起到正面的激励与导向作用。对于批评，也有两个方面：一个是批评者本身的认识问题，另一个是被批评者的态度问题。

在现实生活中，我们有时候必须做出困难，甚至是痛苦的抉择，因为这将决定我们的新旅程。在这个方面，励志故事《鹰的重生》似乎能够给人类提供更多的启迪。

鹰是世界上寿命最长的鸟类，有的年龄可以达到70岁。然而，要活到那么长的寿命，它必须在40岁时做出痛苦却重要的抉择。当鹰活到40岁时，爪子开始老化，无法有效地抓住猎物；喙变得又长又弯，几乎碰到胸膛；翅膀也变得十分沉重，因为羽毛长得又浓又厚。这时，它只有两种选择，要么等死，要么经过一个十分痛苦的更新过程，就是150天漫长的等待。它必须很努力地飞到山顶，在悬崖上筑巢，停留在那里，以确保安全。鹰首先用它的喙击打岩石，直到完全脱落，然后静静地等待新的喙长出来，并用新喙把指甲一根一根地拔出来。当新的指甲长出来后，再把羽毛一根一根地拔掉。5个月后，新的羽毛长出来了，它便又能够自由翱翔，获得另一个30年的岁月。这就是鹰的痛苦涅槃。

只有把旧的习惯、旧的传统等沉重负担通通抛弃，才有可能像故事中涅槃之后的鹰那样重新飞翔。假如对于一些不好的现象不敢批评、不善批评，那么其结果就像一筐苹果中的一个苹果烂了而不拣出去，其他苹果都会跟着烂掉。对于管理者而言，假如在一个人面前失去原则性，就会在所有人面前失去权威性。企业的成长具有一定规律，必有其成功之处，如鹰的利爪。但也正因为"大"了，其喙、其爪使得其"执行力"在衰退，其羽毛使得其"肌体"日益臃肿，其"敏感度"日益迟钝。这时，我们需要客观地自我评估，然后以果敢的决心和坚韧的毅力，做出根本性的改变。

表扬与批评都是激励的手段。"慈不掌兵"是管理者所必须坚守的一种价值理念，有时候需要"以霹雳手段，显菩萨心肠"。核电机组的大修是一个系统工程，对下一个十年的安全稳定运行具有重要意义，加之参与的单位很多，因此必须加强纪律性。正如前文所述的那样，一方面，如果指挥部在一个单位面前失去原则性，那么就会在所有单位面前失去权威性。另一方面，同类型的事情，在此时用表扬，在彼时就应该用批评，经验固然可以借鉴，但绝不能照搬。有时候表面上起了作用，但极有可能是"蒙"的。对于已经取得成功的人们来说，是否能在成绩面前客观地分析自己的过去？以前成功的经验，就一定能在日后继续"弘扬"吗？我们能否积极地看待当初的逆耳之言？这也是一个人能否成就大事的重要心态基础。

关于奖惩机制的问题，我初到大亚湾核电运营公司任职时，听到一种带有强制性的"打D"制度。这种制度设计的考核标准是，把员工的绩效表现分为A（优）、B（良）、C（中）、D（差）、E（极差）五个档次。前三个档次，人们还能接受；E档很少，除非是犯了无法挽回的重大错误或罪行而到了被直接开除的程度，一般情况下没有人被打E。人们意见最强烈的是D档，一旦哪位员工不幸"中招"，工资、奖金及与自己职业发展的一系列相关联的因素都要受到影响。不幸的是，公司硬性规定必须给员工总数2%的人打D，其制度设计者的理由是，只要在人群中，就一定会分出"左中右"，因而就必须有人是D。我曾经与公司51个党组织和行政单位的负责人谈过话，他们中的绝大多数人反对这种制度。只有一位处长表示赞同，我再深入一问，才知道他从来没有给员工打过D，因为他所在的部门在"排队"时，他们处没有轮上，属于"站着说话不腰疼"的好运气，有员工挖苦说这个处交了"狗屎运"。我就问他们，这个制度难道不是公司赋予你们的一种管理工具吗？他们说是的，但在实际工作中很难使用，因为很难把属于D档的人找出来，每年只好按照"排队"的方式轮着来。在我的价值认知中，这种办法实属荒唐。

　　鉴于绝大多数中层管理者对这一制度如此抵制，我作为分管队伍建设的公司领导，就不能无动于衷。于是，针对这一问题进行专题调研。制度设计者认为，只要是人群，就有"左中右"。这个想法原本也是唯物的，但遗憾的是，它只是一种形而上学的机械唯物主义，简单地认为只要有人存在，就可以按照某种标准排出先后次序来。这种人恰恰忘记了一个事实，我们所从事的是一项伟大的事业，需要遵循历史唯物主义和辩证唯物主义，就是说虽然有一个人群，但由于做事情是按照团队成员分工协作的模式进行的，不是以简单、机械、粗暴的方式就可以排出优劣次序的。比如，在铁匠铺里，一个人拉风箱烧火，一个人用锤子击打烧红的铁料，你能说哪一个就比哪一个差；再如，放羊的与割草的相比，就很难分出谁的贡献小、谁的贡献大。况且，退一步讲，就算是能分出高低上下，但对于一个团队来说，即使排到最末位的成员，他的绩效表现也可能是合格的，就比如百米短跑比赛，总有人是冠军，有人是最后一位撞线的，但即使是最后一位，也打破了这个项目的纪录，也是优秀的运动员。在这种情况下，生搬硬套地采用一些销售型企业中类似"末位淘汰"的考核制度，显然是荒唐而滑稽的，因为它不符合历史唯物主义和辩证唯物主义的世界观和方法论。公司硬性扣他的工资和奖金，就显得既无道德底气，也无情感底气，只有一点点"以强凌弱"的强权底气了。而强权底气如果没有道德底气和情感底气做支撑，那它只是一种"有气无力"的苟延残喘，没有丝毫的生命力。

问题是存在的，原因是清楚的，结果也是显而易见的，接下来就是如何解决了。经过上上下下多次反复的讨论，我与当时分管生产的公司领导商议，最终将这种僵化的硬性按比例"打D"的制度，改为设置一些"红线"和"高压线"的办法，只要员工的绩效表现碰到这两条"线"的相关标准，就自动是D或E，不用他的行政主管领导每年费尽心思地搞什么"轮流坐庄"了。这个新的制度公布之后，得到了全公司绝大多数干部员工的好评和拥护，尤其是基层班组的负责人，有一位甚至与我开了一个善意的玩笑，说他们有一种"解放区的天是晴朗的天"的那种心情，从此之后不用再"得罪"人了，而是把自己的主要精力放在更有价值的现场管理工作之中。

第五节　市场营销

市场营销，是商品或服务从生产者手中移交到消费者手中的一种过程，是企业或其他组织以满足消费者需要为中心进行的一系列活动。市场营销既是一种职能，又是组织为了自身及利益相关者的利益而创造、沟通、传播和传递客户价值，为投资者、客户、合作伙伴及整个社会带来经济价值的活动、过程和体系。

市场营销是企业绩效的最直接体现，管理层应予以高度重视。营销能力主要表现为开拓市场的意识及其能力、产品和价格的竞争力、促销的力度、营销网络的建设、开展营销调研及收集和利用市场营销信息的能力等。市场营销能力是企业在市场营销活动中所表现的基本技能和专业水平，是企业参与市场竞争的基本要素。采取何种市场营销方式，取决于产品、顾客、市场环境等诸方面的因素，关键是营销方式要对市场环境具有很强的适应性，这是企业执行力极为重要的一个方面。

以各种方式努力扩大客户群，是市场营销的应有之义。虽然核电站的产品是电力，市场的目标客户群是相对固定的，就是收购电力的电网公司。但除了电网公司之外，核电企业还有其他一些战略合作伙伴（如承包商、供应商等），这些方面的客户关系管理也要予以加强。

图3-12所示的市场营销—年龄的均值折线表明，刚参加工作的年轻员工，对市场营销根本不在意，这是因为，他们刚参加工作的主要任务，是赶紧熟悉和掌握能够履行职责的知识和技能。随着年龄的增长，在公司内部所担负的职责也越来越重要，不论是技术岗位，还是管理岗位，越来越认识到薪酬对员工的正向激励作用，需要多发电、多卖电，以增加公司的收入；也越来越认识到扩大业务工作中的合作伙伴圈子的重大价值，进而以最小的成本完成最大效益的工作任务，这两者的叠加，促使整个公司对市场营销予以更多的关注。

图3-13所示的市场营销—职务的均值折线表明，职务越高，说明在公司里担负的责任越大，也就更加重视市场营销。对于公司级领导来说，市场营销就是他们的本职工作的重要部分，因为只有把公司的产品

送到客户手里，企业的收入才能增加，企业的价值才能体现。

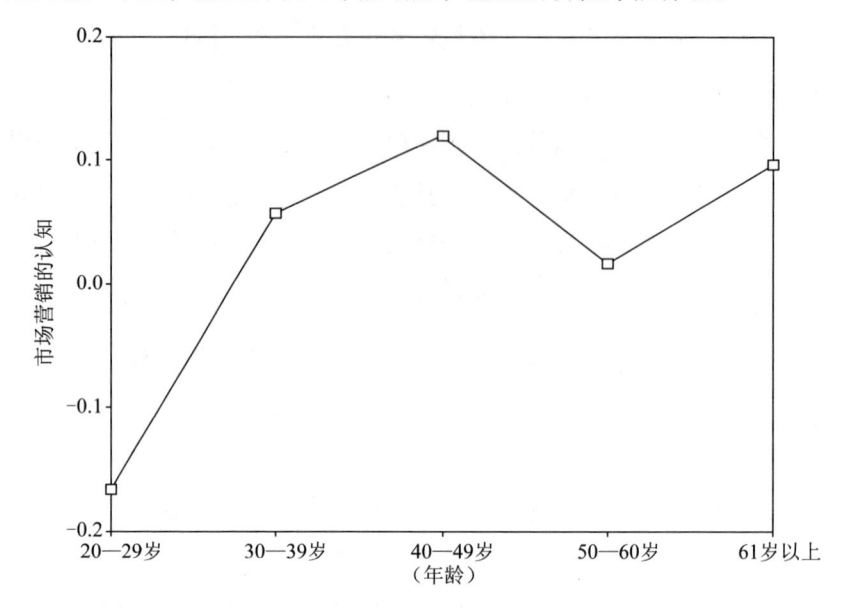

图 3-12　市场营销—年龄的均值折线

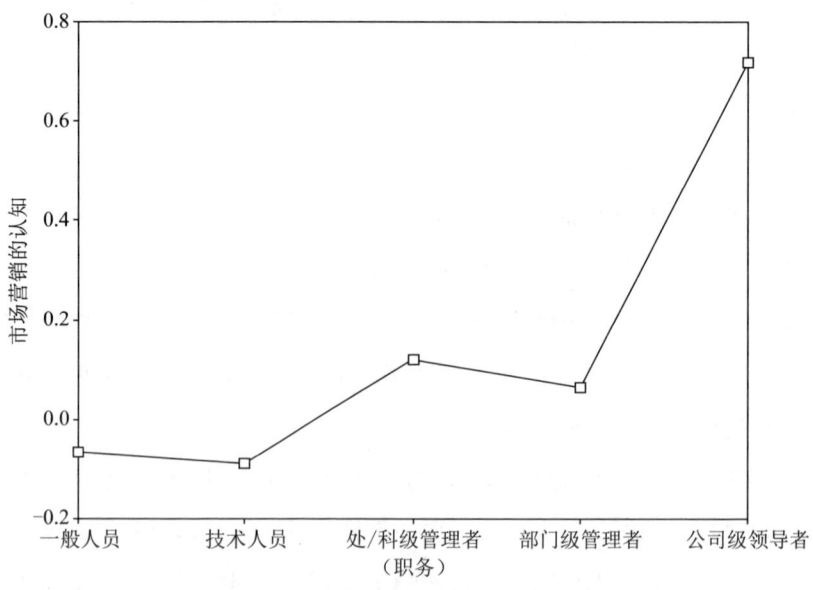

图 3-13　市场营销—职务的均值折线

市场营销属于能力导向型结构变量,这个维度可以拆解成两个要素:清晰的目标客户群、密切与客户群的关系。

一、清晰的目标客户群

目标客户,是指企业提供产品和服务的对象。企业应当根据每一项产品和服务选择不同的目标客户,只有确定了消费群体中的某类目标客户,才能有针对性地开展营销并获得成效。

核电企业的产品是电力,因此市场的目标客户群是比较固定的,其中最直接的客户就是电网公司。同时,公司的战略合作伙伴也构成了另一个客户群体。随着专业化运营战略的实施,公司的市场营销业务开始有了新的内容,即公司的产品已经不仅仅局限于"电"了,还包括提供核电项目专业化运营、输出核电运行维修技术服务、提供生产准备标准化服务、提供程序体系文件移植、提供专家支持服务、开展核电技术专业培训等方面。

自实行核电机组专业化运营以来,大亚湾核电运营公司先后签署了《红沿河核电厂生产准备支持与合作意向书》、《红沿河核电厂运营人员培训服务合同》、《宁德核电厂生产准备支持服务意向书》、《宁德核电厂一期运营人员培训服务合同》及其《补充协议》、《红沿河核电厂专家支持服务合同》、《宁德核电厂专家支持服务合同》、《阳江核电厂生产准备委托协议》、《宁德核电厂核岛大修总承包框架协议》、《红沿河核电厂核应急技术支持框架协议》、《台山核电厂核岛大修总承包服务框架协议》、《宁德核电厂一期重要岗位培训服务合同》、红沿河核电和宁德核电《生产准备体系文件移植合同》等重要协议和合同。通过为这些目标客户提供与核电运维相关的产品和服务,公司自身的能力和社会影响力也得到了较大的提升。

二、密切与客户群的关系

对于发电企业的主要客户——电网公司，大亚湾核电运营公司坚持以客户需求为导向，定期组织召开技术和管理层会议，促进与电网公司的沟通交流。同时，还建立了核电站运行、维修、电能计量等基层小组，以季度定期会议的形式，研究解决相关技术问题。通过促进电网、核电、抽水蓄能电站之间的横向联系，商讨解决联网管理重大问题。公司还建立了制度化的年度客户满意度调查机制，并根据调查结果逐条落实客户的反馈意见。对于各战略合作伙伴，公司则主要从合作伙伴人员培训与管理、长期合作模式、沟通协调机制等方面入手，加强与之建立长期良性的战略合作伙伴关系，促进合作伙伴的人才培养和人力资源建设，使其顺应公司未来的发展。

新的形势，提出新的要求。为了切实做好新形势下的市场营销工作，运营公司先后出版了《市场及营销业务管理（试行）》《市场及营销运作与执行（试行）》等程序，用以规范市场营销相关工作。同时，通过各种措施积极开展市场调研，结合公司发展战略制定市场经营与营销工作的思路，不断完善报价能力、技术经济分析能力和定价能力，逐步提升对市场需求和发展的预见和解读能力并制定相应措施，加强对外部环境的信息收集工作，积极收集、研究竞争对手的状况与发展信息，以及国家政策变动的信息。

第六节 人际关系

人际关系，是指人与人之间彼此借由思想、感情、行为所表现的吸引、排拒、合作、竞争、领导、服从等互动关系。广义地说，也包含文化制度模式与社会关系，主要表现为人们心理上的距离远近、个人对他人的心理倾向及相应行动等。

人际关系，归根结底受客观社会关系的制约，反过来又深刻地影响着社会关系各方相互作用的形式。人际关系反映了交往双方需求的满足程度。若交往双方能相互满足对方的需求，就容易结成亲密的人际关系；反之，则容易造成人际排斥。

在企业组织内部，疏通人际关系的目的，就是通过满足员工的需求，同时达到组织目标来创造一种双赢的局面。假如存在一种亲密、和谐、信任与合作的人际关系环境，那么员工就会感觉身心愉悦，表现在工作上就会更有积极性、主动性和创造性，企业的执行力也就得到了提升。因此，努力营造一种亲密、和谐的人际关系氛围，是企业领导者和各级管理者的责任，也是持续提升企业执行力的重要环节。

营造和谐的人际关系，可以使得大多数员工在组织里感受自己的价值体现，并且具有较高的荣誉感、责任感和归属感，真正将企业看作是一个大家庭，每个人在这个家庭里都会感觉心情舒畅，都能体会到融洽的人际关系。员工需要进一步端正自己的工作态度，不仅只期望"人人为我"，而且也要时常想着并且实践"我为人人"，从而通过一个个具体的行为或事实使得自己给他人留下良好的印象，这样才能形成良好的人际关系。

图3-14所示的人际关系—工龄的均值折线表明，刚刚入职企业的员工，正处于青春热情奔放的时期，以彰显个性作为塑造自己社会形象的主要方式，这个时期，对于人际关系的重要性的认识是肤浅的、随意的。随着在公司的时间延长，不仅自己的同事圈子扩大了，而且在生活和工作的实践中也许碰了不少的钉子，于是对自觉、主动地营造良好的人际关系有了比较深刻的认识。当自己在公司工作20多年后，身份、

地位、形象都基本上确立了，这个时候，对人际关系的重要性的认知就再一次显得比较随意一些了。

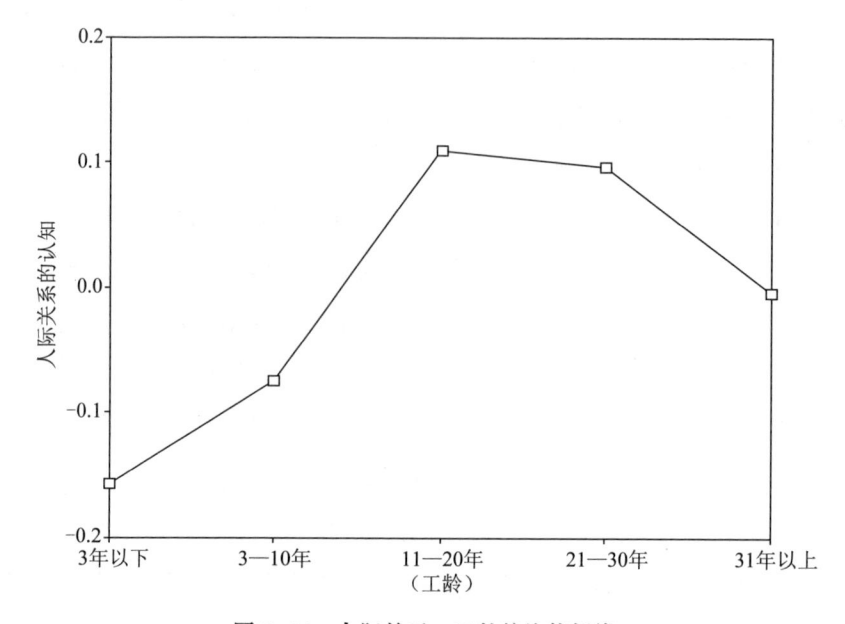

图 3-14　人际关系—工龄的均值折线

图 3-15 所示的人际关系—职务的均值折线表明，员工随着在公司内部职务的提升，尤其是在管理岗位历练后，深深感知到人际关系对于自己的成长具有不可替代的重要作用。作为公司领导，更是把营造和谐的人际关系作为自己的本职工作之一，因为他们深知，只有公司内部的人际关系良好，员工才能对公司有较强烈的归属感和忠诚度，工作的主动性和创造性也就更加自觉地发挥出来了。这样的结果，对公司的绩效具有正向的关联性。

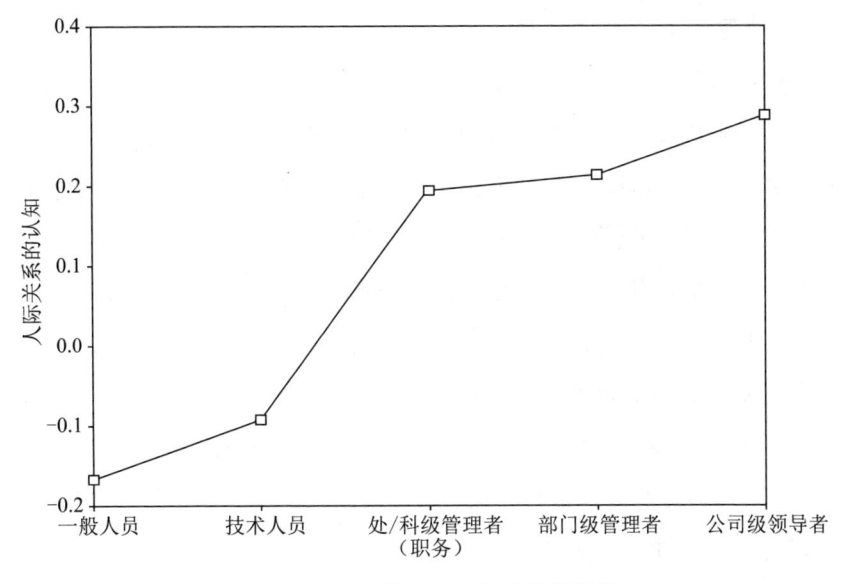

图 3-15　人际关系—职务的均值折线

人际关系属于文化导向型结构变量，这个维度可以拆解成两个要素：肯定同事、善解人意。

一、肯定同事

人际关系包括三种成分：认识成分，指相互认识、相互了解；动作成分，指交往动作；情感成分，指积极情绪或消极情绪、爱或恨、满意或不满意。其中，情感成分是核心成分。

要想实现良好的人际关系，首先必须有共同的组织目标；其次是团队成员之间应该做到相互欣赏，切实做到"对话而不对抗，交流而不交锋，讨论而不争论，补台而不拆台，妥协而不威胁"。这就需要每个团队成员能够不断提升自身的专业能力，做一个充满专业主义激情的人、一个职业事业化的人，同时也要有严于律己的思想，有宽阔博大的心

231

胸,有肯定同事的善意。

说到肯定同事,首先要从尊重和肯定老前辈开始。我有一次在会议之前,与一位班子同事谈起某一位在核电领域享有崇高威望的专家型领导。没有想到,这位同事本来是在那位老前辈的提携之下成长起来的,但他却以不屑的神情、轻蔑的口吻说:"他已经是过气的人物了!"我听了此话,无言以对。中国明代有一则寓言故事《东郭先生和狼》,古希腊的《伊索寓言》中也有一则类似的故事《农夫与蛇》。这位同事的行径,真是为东西方这两则寓言故事提供了一个生动、真实的"现实版本",因为有人说他的行为就像那只恶狼和毒蛇。这种人的"上台",其实就是用人导向上"重才不重德"的错误结果,其教训是极为深刻的。

《孟子·梁惠王上》中说:"老吾老,以及人之老;幼吾幼,以及人之幼。天下可运于掌。"不论什么人,都会有老的那一天,也都会在自己的职业领域成为"过气的人物",这是自然规律,也即天道。如果认识不到这一点,而仅仅以"势利之交"来处理人际关系,那是有违人伦的恶行。现在一些有权有势的人搞小团伙、小圈子的人身依附,这是一种势利思想和市侩作风,是我们应当坚决反对和摒弃的。我们经常说榜样的力量、率先垂范的力量,一个企业的领导班子及它的各个成员,大家必须都有这种中华民族尊老爱幼的美德,而且真正通过率先垂范而成为大家的榜样,才能为整个企业、全体员工所信任,进而产生无法估量的重大人格力量,才有真正良好的人际关系。

人与人之间的相处,如果没有信任为桥梁,再多的付出也是徒劳的,而尊重对方,是获得对方信任的基础条件。团队合作是工作的行为取向。在行为层面上,应积极倡导六个"相互",即"相互交流、相互理解、相互信赖、相互尊重、相互支持、相互激励",这些内容正是良好人际关系的重要内涵。这些文化理念内容的研究和提出,既是对核电企业如何建立良好人际关系的指导，也是对公司广大员工的殷切希望。通过多年良好企业文化的熏陶，公司广大员工已经完全接受和认同了这些理念，并努力在自己的工作中予以实践。本书第二章中的案例，很多都是这方面让人欣慰和敬佩的事例。

土地的主人，不是在其上面散步的人，而是在其上面耕耘的人。从这些事例中，我们会得到一种深切的感悟，那就是我们的员工才是可亲可敬、可尊可佩的，他们才是企业这块土地上辛勤耕耘的主人，他们更是企业发展壮大的力量所在。作为企业组织，只有全心全意为他们服务，才是搞好人际关系的王道、正道、康庄大道；其他所谓的"技巧"或"艺术"，虽然可能在某时某事上会起点作用，但终究属于旁门左道。

二、善解人意

人际关系，顾名思义，就是人与人之间的关系。要搞好人际关系，离不开了解对方的心思和意图。本书第一章中讲到的"三位思考"，应用于处理人际关系方面，也具有方法论意义的普遍性价值。可以说，做到"三位思考"的人，就是一个具有相当高思想境界的善解人意的正人君子。

第四章
队伍建设

第四章 队伍建设

队伍，原意指军队的队形，所谓"三人一队，五人成伍"。《宋书·何承天传》中说："兵强而敌不戒，国富而民不劳，比于优复队伍，坐食廪粮者，不可同年而校矣。"现代汉语中，队伍所引申出的含义是指有共同职责或特点的集体。

军队之所以有战斗力，在于有严明的纪律约束，而这种约束所起到的效果的表象之一，就是队伍要听从指挥、令行禁止，达到整齐划一的程度。这就是所谓的"队伍建设"。典型的例子是孙武"斩姬练兵"的故事。

春秋时期齐国的军事家孙武，以十三篇兵法（即著名的《孙子兵法》）作为送给吴王阖闾的见面礼，吴王请他用宫女作为练兵的示范。于是，孙武把宫女分为两队，让吴王的两个爱姬作为队长，按照孙武的指令进行操练。吴王的两个爱姬不敬畏制度，将列队训练视为儿戏。孙武在经过两次重申纪律之后，还是不见效果，于是果断把吴王的两个爱姬斩首，然后继续操练。孙武通过这种办法，为宫女们树立起军纪的严肃性，最后完成了训练任务，向吴王交差。吴王虽然因两个爱姬被斩而心有不快，但已经通过这次"斩姬练兵"了解到孙武的军事才能了，于是任用孙武为将，并在他和伍子胥两个人的辅佐之下，在内政和军事方面都大有起色，在诸侯中树立了威名。

现代企业管理中，队伍建设是一个全面的过程，主要包括以下重要内容。

一是培养团队意识。加强成员之间的沟通和交流，建立良好的合作关系，强化团队意识和集体荣誉感。

二是提升工作能力。通过培训和学习，提高成员的专业技能和综合素质，增强工作能力和竞争力。

三是加强领导能力。培养领导者的能力，激发成员的工作激情，制订有效的工作计划，处理团队中的冲突等。

四是形成激励机制。开展内部竞赛，设立荣誉称号，组织外出交流等活动，增强成员的归属感和自豪感，激励成员发挥更大的力量。

五是强化文化共识。倡导团队内的文化建设，塑造团队精神和形象，加强成员对团队核心价值观的理解和认同。

以上这五个方面，属于一般性的企业队伍建设内容，因而具有某种"广谱"特征，就是说用在哪家企业都可以，没有什么差异性。问题的核心在于，企业要根据自己的行业和企业特点，找到并采取有针对性的加强队伍建设的措施，也就是说，只有"特效药"才能解决本企业的独特问题。

《宋史·岳飞传》中记载，有一次，岳飞打了胜仗，宋朝的军队统帅宗泽对他非常欣赏，同时也提醒他应注意的事项："尔勇智才艺，古良将不能过，然好野战，非万全计。"于是，宗泽把自己的一套阵图赠给岳飞，请他在今后的作战中加以揣摩应用。岳飞却说："阵而后战，兵法之常；运用之妙，存乎一心。"意思是说，如果只是死搬兵法套路，先摆好阵式，再去迎敌，这实在是太平常了，没有什么奇特之处；一个将领最重要的素质，就是要知己知彼，敌变我变，才能出奇制胜。宗泽听了岳飞的话，对他的才能更加欣赏了。

核电是高技术密集产业，技术复杂，专业众多，核安全责任重于泰山，这些特点决定了必须特别重视运营维修人才队伍的建设问题。公司党委深刻理解"以人为本"的内涵与本质，结合核电企业对团队意识的高标准，努力搭建经营管理人才、专业技术人才、技能人才和党群工作者各展所长、各尽其能的平台，积极实现企业和员工的共同发展。在队伍建设方面，公司党委进行了有益的探索，形成了一套适合核电行业和企业特点的队伍建设体系化方法与度量指标。

第一节　队伍建设总体目标

大亚湾核电基地南区餐厅西边的小山坡上，竖立着一块巨幅宣传标语牌，内容是："建设一支有理想、有道德、有文化、有纪律的核电员工队伍。"这是一条非常好的标语，符合核电起步之初对员工队伍建设的要求。根据员工队伍的结构特点和公司发展的目标要求，党委提出了队伍建设"人才优、技能优、制度优、业绩优、文化优"的"五优"总体目标（见图 4-1）。

图 4-1　队伍建设总体目标的"三环"模型

一、人才优

人才是最重要的战略资源，是企业发展的第一资源。优秀的企业是优秀的人才共同创造的，"人才优"必须作为队伍建设始终坚持的目标之一。创建学习型组织，不断提升人才队伍的文化素质、知识能力水平，提升人才队伍的凝聚力、战斗力和竞争力，是队伍建设的一项基本工作。

做到"人才优"的关键，是要建立起好的培养选拔机制，具体来说，就是要建立四种机制。

一是以能力素质为核心的人才培养开发机制。

二是以竞争择优为原则的人才选拔任用机制。

三是以绩效考核为标准的人才价值评估机制。

四是以职业发展为导向的人才激励约束机制。

为创世界一流的专业化核电运营企业，实现集团和公司中长期发展规划中所制定的目标，公司需要培养和吸纳大批优秀的核电运营和管理人才，需要建设一支人才足够优秀的核电队伍。核电运营人才必须具备较高的文化素质、合理的知识结构、足够的运营管理经验和较高的能力水平，这一切都依赖于核电运营者自我学习反馈的优良特质。

（一）较高的文化素质

运营公司拥有一支高素质、高学历的员工队伍，中高级职称以上人员占公司员工总人数的50%，本科以上学历员工占员工总人数的68%。这支队伍相对年轻，很长时间以来员工平均年龄为30岁，其中35岁以下员工占员工总人数的75%，50岁以上员工仅占员工总人数的5%。公司员工大部分从事一线安全生产工作，生产线员工占公司员工总人数的90%以上。

核电的专业化、市场化运营，需要一批熟悉核电运营生产流程，有较高带队伍能力，具备较高素质的管理人才。公司对各层级管理者的内在素质要求是：高层管理者要为核电专业化运营指明方向，谋划市场化经营，善于带领队伍、承担使命、打好硬仗；中层管理者应有统筹规划、科学决策的谋划意识，善于进行全局性的思考，有影响、推动他人的协调能力，能选才育人、激励团队、勇挑重担；基层管理者要能提升班组团队的凝聚力和执行力，能抓计划、促落实，解决业务工作中的实际问题。

（二）合理的知识结构

核电站的运行管理需要大批具有运行资质的核电站操纵人员、设备检修与维护人员、电站技术支持人员和技术工人。各个专业的技能水平对整个队伍的影响可用"木桶原理"来解释。倘若某一个专业的技能水平偏弱，那么这个专业势必成为公司的技术短板，这块短板对公司设备问题的整体处理能力有显而易见的制约作用。一个技能难点有空白，就可能导致更大的系统风险；一个问题解决不了，就可能延误工期。晚一分钟发电上网，对公司来说都是风险和损失。一个优秀的核电技术人员，应具备合理的知识结构、扎实的核电知识和较高的专业素养，对核电站的技术特性和设计特点要非常清楚，能够准确判断核电站的系统运行状态、设备工作状态，能够针对不同的运行状态、事件、事故，按照相应的运行规程进行操作和处置。

（三）管理经验和能力

核电技能人才队伍的建设和壮大，必须跟得上核电快速发展变化的形势。当核电发展出现技能人才需求时，要随时保证能有队伍冲得上、顶得住、拿得下。真正拥有高技能核电人才队伍的现场，应该是风平浪静，平稳运行，而不是警报不断，事件频发。通过多年来对运行事件的经验反馈总结，我们发现，核电快速发展导致企业对人才技能的要求越来越高，尤其是现场管理能力稀释后，有相当一部分事件发生的直接原因，就是当事人的管理经验和能力缺乏；而对某些表面看是设备故障导致的停机停堆事件做根本原因分析后，发现相关工作人员的隐患识别技能不足，应急预案准备不充分，这说明当事人发现问题并妥善解决问题的技能欠缺，尤其缺乏团队成员经验与技能方面的互补性。可见，提升员工的个人工作技能，尤其是提升团队的管理经验和能力，使整个团队能够主动发现问题并妥善解决问题，仍然处于任重而道远的状态。

二、技能优

发展核电，人才是关键。一支多专业均衡发展、技能过硬的核电人才队伍，是核电企业的核心竞争力。我们倡导员工立足本岗、钻研技能、勇挑重担，争取早日成为本领域的"杀手锏""神枪手""掌门人"，并有较强的团队合作精神，追求卓越，持续改进，不断提升机组的运行业绩。

（一）杀手锏

锏，是古代的一种兵器，形状像鞭，有四棱。"杀手锏"在武侠小说中是指在搏斗时出其不意地用锏投杀敌人的绝招，比喻在关键时刻使出的最拿手的本领；绝招即绝技，超群的技艺，一般人想不到或不具备的手段、计策。由于核电行业的特殊性，当核电某些设备或系统稍微有点"伤风咳嗽"，相应专业科室的"医生"必须给予及时有效的"医治"，积极进行合理干预；倘若遇到重大设备的系统故障，就需要众多专业的"医生"共同会诊，攻克难关。

（二）神枪手

神枪手，通常能够百发百中、弹无虚发，击倒对手准确无误，即使是最难击中的位置也能轻而易举地击中。有的放矢，才能击中要害；对症下药，才能收到疗效。在核电运营管理中，只有解决问题的技能还远远不够，核电站真正需要的是善于发现问题并妥善弥补的技能。系统有问题，有人能冲上去救火灭火，这还只是被动的"技能优"；能把问题消灭在萌芽状态，把机组的隐患缺陷识别出来并加以有效预防，那才是真正的"技能优"。

（三）掌门人

掌门人，原指武林中执掌某一门派的人，现在多指在某方面或某领域的学科带头人或权威人士，也指有特别贡献的技术尖子。核电庞杂的专业构成决定了核电行业的复杂性，也决定了核电专业人才的独特性和重要性。核电领域几乎没有完全的通才，只有某个领域、某个系统的专家。为了适应核电发展需要，确保工作目标实现，在公司人力资源长期规划的基础上，运营公司制订了《运营领域核心人才培养实施计划》，以细化落实运营领域核心人才培养工作。根据形势发展的需要和现实情况，运营领域核心人才培养工作应在核电站厂长、高级运行经理、技术掌门人等高端核心人才培养和培训体系建设方面取得突破。

三、制度优

企业管理必须实现现代企业制度的规范运作、依法治理。而要规范运作，制度就必不可少。对于核电运营企业，仅有完备的上层文件约束和管理规定还远远不够，还需要操作层面的文件，需要将原则和指引实实在在地转化为具体要执行的程序。

（一）"一切按程序办事"

程序是前人智慧和经验的结晶，是实现安全和效益的法宝。程序是对知识经验的固化，通过记录工作的实践与思考，实现同类型工作的知识共享。可以说，程序体系的不断升级完善，就是消除技术盲点或漏洞、管理日臻严密的过程。只要遵守程序，就能有力保障工作质量。只有严格遵守程序，才能确保核安全。对于核电行业而言，"红线"是程序对于各类活动和行为的最基本的要求，神圣而不可逾越。在核电企业，所有的干部员工，无论职位高低，无论工种差异，都要有强烈的"红线"意识，时刻提醒自己及同事勿踩"红线"。

核电站是一个庞大而精密的体系，核电站的程序体系是核电站安全运行的基础，它全面体现了设计者对核电站安全运行的所有思考，规定了核电站系统参数的所有要求，构建了核电站全部工作过程的逻辑体系，设置了核电站全部操作的行为规范。因此，确保一切按照程序体系操作运行，就成为确保核电站安全运行的核心。可以说，这些规则与标准，是人们从过去千百次的失败与教训中总结出来的真知灼见。以大亚湾核电站为例，1988年建设期间就参考法国在运核电站，完成了8000多份生产程序的编写，后来又进一步融合了法国核电运行经验、中国香港中华电力公司的管理精华，并且以此为基础，逐步加入了本土化运行的经验和教训。迄今为止，大亚湾核电程序体系（管理程序、技术程序）已扩展到3万余份，形成了全覆盖、全流程的程序体系，为后续投运的众多核电站提供了程序模板。

"一切按程序办事"，是公司队伍建设的重要导向，也是公司制度管理的重要手段。历史上几次严重的核安全事故警示我们，如果没有完善、细致和准确的制度程序严格规范员工行为，就可能发生严重的错误，酿成灾难性的后果。多年来，公司根据核电站管理的特点及国外核电站的良好实践经验，已经制定了较完善的规章制度。选择安全第一，许多事情就必须严格按程序办事，否则，"人人都是一道屏障"就是一句空话。历史的经验也告诫我们，要"一切按程序办事"，没有"例外"。只有执行健全完善、正确可靠的制度程序，核电安全和质量才有保障。

基础好，并不意味着制度就完美无瑕，制度随着企业的发展和技术的更新需要不断完善。比如，本书第二章中曾经讲过一个案例，在对一次大修中某个改造项目的费用增加（变更）合同审计的过程中，审计部发现外籍人员劳务管理存在重大流程问题，且无执行依据，有较大潜在商务风险。后来，公司制定了《细则》，及时规避了相关风险，从制度上保证了外籍人员劳务管理的工作质量，进一步完善了公司的管理制度。

（二）制度的可执行性

制度是生产关系的一种具体表现形式，好的制度可以促进工作效率的提升，不好的制度反而会约束生产力，降低生产效率。要做到"一切按程序办事"，就要保证制度、程序是"可执行的"。制度、程序具备可操作性，是保证制度有效的前提。制度必须符合生产和工作的实际，让员工入心、入脑，才能为核电的安全和质量保驾护航。为使程序、制度切合现场工作实际，保证程序的可执行性，公司把修改、优化和完善运行程序作为一项经常性的工作。

作家冰心说："如果你简单，那么这个世界也就简单。"要提高制度的执行力，就必须使制度简化。企业管理的许多实践活动表明，并非制度条文越具体、越精细，执行力就越高，而是看究竟有多少能够得到认真执行，确实起到作用。有些制度条文执行不力，固然与有令不行，执行规章制度不严格、不认真有关，但规章制度太庞杂、太烦琐，导致实行不了、监督不了，何谈落实？与其平均使劲，不如牵住"牛鼻子"，化繁为简，制定出重点突出、简单明了的制度，让人人都记得住，也能执行。

（三）流程的多屏障设计

核安全管理体系是核电企业最重要的管理体系，决定了安全管理的基本框架。在充分借鉴和吸收国际先进的核安全管理理念和经验的基础上，公司构建了贯穿于企业生产经营活动的以安全、质量为核心的一体化管理体系，将安全责任与安全目标连接起来，实现"层层都是安全关口，人人都是安全屏障"的深层次、精细化、标准化安全管理，用纵深防御树立安全框架，用责任落实强化风险意识，用组织设计管住风险行为，用独立监督盯牢风险隐患，用应急措施化解事故风险，为核电发展筑起一座坚固的安全堡垒。

在经历过美国三里岛和苏联切尔诺贝利核事故以后，为了确保核安全，全球核电站的设计、建造和运行采用了纵深防御的原则，从设备上和管理措施上提供多层次的重叠保护。纵深防御体系不仅能防止事故发生，而且在事故发生时能确保放射性物质不发生泄漏，主要包括五层防线。

第一层防线，防止核电站偏离正常运行和系统故障，要求按照合适的质量水平和工程实践，保守地设计、建造和运行核电站。

第二层防线，检测和纠正偏离正常运行的情况，防止运行事件升级为事故工况。设置了安全专用系统，防止或尽量减少假设始发事件所造成的损坏。

第三层防线，假定极少可能发生的事件未被前一层的防御制止，也必须是设计基准中所预期的，即使发生也能使之达到稳定的、可接受的状态。

第四层防线，处理已经超出设计基准事故的严重事故，保证放射性后果保持在"合理可行尽量低"的水平，防止事故扩大。

第五层防线，减轻事故工况下可能的放射性物质释放后果，实施厂区内和厂区外的应急响应计划，努力减轻事故对居民的影响。

实践经验告诉我们，并不是最强大的一层防线保证核安全，而是最弱的一层防线决定了核安全的命运。因此，对纵深防御的每层防线都要给予同等重视，要求达到同等水平的坚固，确保杜绝短板效应。行政管理方面也设立规程、培训、授权等屏障，在防止事件发生、保障核电站运行安全水平上同样发挥了不可或缺的作用。坚持保守决策，通过流程的多屏障设计来提高制度执行的安全性，通过流程的优化和改进提升管理水平和长期效益。

未来核电站对安全生产业绩的要求越来越高，很大程度上取决于企业的内部管理水平。公司应用信息技术，建设适合核电行业特色的企业资源计划（ERP）管理平台，提高核电运营管理水平。随着ERP的流程梳理和上线运行，未来的制度、程序体系还需要有很大的调整和优化，制度的规范性、可操作性将通过信息平台得到进一步的简化、优化和固化，流程的运转效率将得到很大提高。在保证安全的前提下，制度流程的高效率将成为"制度优"的又一重要指标。

四、业绩优

优良的业绩是公司赖以生存的根本，也是公司回报社会的直接体现。要想取得优良的业绩，就要不断提升核电站安全运行水平，不断提升机组发电能力，打造出一支具有创造优良业绩能力的核电运营队伍。

（一）安全水平

安全发电，是核电生存和发展的基础。一个注重经济效益的核电站，首先必须是安全的核电站，只有长期处于高标准的安全水平，才能获得相应的经济效益。公司始终坚持"安全第一，预防为主"的原则，致力于将安全、质量与责任融为一体，完善管理制度，规范工作行为，巩固安全屏障，培育优秀的安全文化，为社会提供安全、可靠、环保、经济的电力。我们经常听到新进的核电员工抱怨说核电制度多，"一切按程序办事"，没有自己发挥的空间，严重限制了创新的余地，影响了生产效率。从表面上看，这种抱怨似乎是对制度、程序效率的质疑，但其实往深层次讲，这是安全与效益的关系中谁放在第一位的问题。我对核电安全的理解是：安全是第一业绩。核电安全才是立本的基础，实现效益只是经济目的，在制度程序与生产效益之间没有必要、也不允许找平衡点。任何情况下，核安全都必须处于绝对优先的位置，不能以忽视安全换进度、以牺牲安全换效益。

（二）发电能力

发电能力的不断提升，不仅是运营电站水平的体现，也是电站经济能力上升的体现。如何更加深入地挖掘机组的发电能力，是所有核电人一直孜孜以求的目标。公司一方面加大对安全文化的宣贯，保证机组不因人为的不安全行为使发电能力受到损害；另一方面高度重视技术研发，通过技术改进来提升机组的发电能力。以技术改造为例，公司的改造项目分为维持或提高安全水平的改造、提高核电站经济性的改造、提高设备可靠性的改造。经过多年的积累，通过"引进、消化、吸收"到"自主化"的发展历程，公司已经具备了自主设计能力、掌握中长期改造项目规划能力、改造项目作业现场风险控制能力、标准化输出能力和工程改造人才培养能力，为提升发电能力奠定了坚实的基础。

（三）人才培养

人才培养是队伍建设水平的重要衡量指标，也是提高业绩水平的核心保证。随着核电发展的加快，各专业的人才缺口都较大，梯队建设尤为急迫。在新员工入职后，核电站不仅为其设计了详细的培训计划，还在实际工作中为他们安排了专门的师傅，推行"师傅带徒弟"的制度，帮助新员工尽快成长，以确保公司的业绩水平和发展目标的实现。在核电员工向核电"人才"转变的过程中，员工本人的学习导向是否明确，学习意愿是否强烈，是否能积极投身到学习活动中去也很重要。从个人层面来说，自我认知能力和自我学习能力的高低，决定着员工在核电成才道路上能走多远；从组织层面上讲，它是决定学习型组织能否真正创建、核电的专业化运营能否顺利实现的重大问题。

五、文化优

文化是企业的"魂",没有优秀企业文化的企业不是一个真正意义上的好企业。同样,文化对于企业的队伍建设至关重要,只有注入了优秀企业文化的队伍,才会是一支战无不胜的队伍。早在大亚湾核电站建设之初,公司就十分注重企业文化的培育。在大亚湾创建与发展初期,公司一直倡导"安全第一、质量第一"的核安全文化;在大亚湾发展的转型时期,主要倡导"蓝色、透明、共赢"的文化理念;时至今日的发展新时期,本着"成为世界一流的专业化核电运营企业"的愿景,公司进一步加强企业文化建设,并修订完成了新版企业文化理念体系。

(一)核安全重于泰山

在人类的价值体系中,安全始终是最重要、最基础、最具稳定性和可持续性的要素,离开了安全,人类创造的任何价值都将置于风险之中。中国人讲"无危则安,无损则全"。核电,既不能危,更不能损。核安全,关乎国家兴亡与人类的未来,因而应予以最大限度、最为周密、最高层次的关怀。全球核电的三次重大核事故以铁的事实警示人们:核安全重于泰山。核安全是一件脆弱的事,因而需要最严格和最坚固的守护。对待核安全的态度和行为,反映了最真实、最高级的人性——天理良心。敬畏核安全、守护核安全,就是致良知。

核安全是核电的生命线。如果向后看,没有以往安全稳定的生产运行,就没有核电的昨天和今天;如果向前看,不能继续保持安全稳定的生产运行,也不会有核电的明天和未来。在长期的实践中,公司创立和发展了以核安全为核心的企业文化特质和管理体系,其中,核安全始终处于第一位。在公司新版的《企业文化手册》中明确提出了"安全发电,诚信透明,团队合作,追求卓越"的企业价值观,其中,安全发电是其核心内涵和第一价值取向。这些措施都有助于提高队伍的安全文化意识。在实际工作中，公司一贯向员工倡导"人人都是一道屏障""纵深防御""保守决策""严谨细致的工作作风""勇于质疑的工作态度""相互交流的工作习惯"等优良的安全理念，并在实际工作中严格遵照执行。公司每年开展的安全文化震撼教育及"安全月"等活动，都是为了通过安全文化教育，提升全员安全文化水平，促进公司业绩持续创优。

（二）创世界一流水平

创世界一流水平一直是企业的追求，它的实现必须依靠所有内外部因素的共同作用。公司始终瞄准国际一流，依靠优秀的团队、先进的管理，与国际对标，自我评估，持续改进，不断实现更高水平的安全与质量；持续提升专业能力，及时跟踪、掌握行业先进技术，不断超越自我；加强经验反馈，注重总结提升，确认、固化和推广良好实践，实现标准化、专业化，发挥协同效应。

创世界一流，需要有一支优秀的队伍。公司在人员招聘、人员管理、人才培养方面一直坚持高标准、严要求。以大亚湾核电站的运行人员培养为例，从1984年启动运行人员招聘开始，至1994年大亚湾核电站投产，生产准备工作整整进行了10年，从一开始就确定按国际标准对生产运行人员进行培训的方针，这就是"找最好的老师"，"按世界一流水平培训"。1989—1990年，公司分三批共派出了113名运维人员赴法国、英国培训，他们学成归来后，在核电安全生产中发挥了顶梁柱作用。这批人就是后来有名的"黄金人"。低头靠勇气，抬头靠实力。他们的心中早已牢牢树立起"一定要管理好我国内地第一座大型商用核电站"的强烈使命感和责任心。

（三）大团队精神

团队合作，不论在核电企业内部还是外部，都是取得事业成功的必要条件。一花独放不是春,百花齐放春满园。大亚湾核电站和岭澳核电站的建设和安全运营,辐射带动了我国核电产业整体能力的提升,为我国核电的持续快速发展奠定了坚实的基础。在这个过程中,涉及许多具体的责任划分和利益纠葛问题。就以工程建设和生产运营之间的关系来说,双方不是简单的甲乙方,而是一个项目的阶段性责任的承担者,今天的工程质量,决定了明天的安全运行,这个责任是共同的,也是终生的。大团队协作,在特大型核电项目建设过程中,永远不会过时,永远也不能缺少。因此,在指导思想上必须秉承"一个项目、一个目标、一个团队、一个标准、一种文化"的团队合作理念,在具体问题上要具体分析,按照各自的责权利(不管是有形的还是无形的)解决问题。

大亚湾核电项目早在供应合同谈判阶段,就努力促使外方逐步向国内设计、制造、施工单位转让技术,从而加速了我国核电设计、施工等相关产业的技术进步和设备制造的国产化进程。通过按国际标准参与大亚湾核电站的建设和运营,国内设计、制造、施工和技术服务单位掌握了国际上先进的经营管理理念和相关技术,国家核电产业国产化、自主化能力有了明显提高,对秦山二期及后续核电工程建设起到了重要的示范作用。大亚湾核电站投产后的技术改造项目,基本立足国内,充分发挥国内相关单位的作用,促进其整体能力的提升。

推进国产化,实现自主化,是我国核电事业快速发展的重要条件,也是我们所努力追求的目标。岭澳核电站一期在建设过程中,全国共有17个省、市的181家制造厂和供货商提供了设备,整个电站设备制造的国产化率达到了30%。岭澳二期的设备国产化率有了新的提高,按价值计算,1号机组核岛部分超过50%,2号机组超过70%,上网电价与当地脱硫火电相比具有竞争力。核电自主化依托项目的首批工程,以招标方式引进国外第三代先进型压水堆核电技术,在首批机组建设的同时，使我国的技术人员积累相关经验，为后续机组的自主化建设创造条件。通过这些标准化和系列化的有效措施，使国内相关企业进一步增强参与核电站建设运营的能力，为国内其他核电站的建设运营创造更多、更有效的经验。

在企业内部，由于核电运营是科技密集型行业，涉及纷繁的学科类别，唯有协作才能成功。这就要求核电人必须有大团队精神，让团队合作成为干部员工的行为取向，并努力做到：目标一致，服从大局；相互信任，主动沟通；客户导向，和谐共赢；知识共享，共同发展。运营公司在安全生产和经营管理中，十分注重培养员工的团队合作精神，在意识层面和行为层面均提出了团队合作理念，并要求广大员工贯彻执行。在队伍建设的实践中，运营公司大力提倡团队合作精神，提倡知识和经验分享，提倡员工之间的互帮互学。

需要特别指出的是，进一步发挥大团队的作用，这不是权宜之计，而是根本大计；不是临时措施，而是"王道"。要发自内心地尊重和依靠合作伙伴和团队成员，多对话、少对抗，多交流、少交锋，多讨论、少争论，多妥协、不威胁，只补台、不拆台，大家在共同的奋斗中结成牢固的战斗友谊，并把这种友谊转化为推动核电安全生产的内在动力。

第二节　队伍建设五种意识

为实现"五优"的队伍建设总体目标，公司对干部带队伍的思路和能力提出要求，必须培养员工的五种意识（见图4-2）。

图 4-2　队伍建设五种意识的"三环"模型

一、拔尖意识

企业通过持续改进工作中的不足，在所属的行业或领域争创一流，是任何一个有理想的企业的共同目标。没有理想，没有标杆，便失去了奋斗的原动力。作为企业中的一员，每个员工都必须具备这种"持续改进、争创一流"的拔尖意识，不满足于既有的工作成绩，而是向更高的标准看齐，形成你追我赶的工作氛围。

拔尖人才是指专业知识深厚、实践经验丰富、潜心钻研业务、具有创新能力的员工，他们在管理上具有战略眼光，管理思路清晰，善于团结各方，是公司发展的核心力量。公司在思想意识层面积极对员工进行引导，在员工中倡导拔尖，使广大员工感知拔尖、愿意拔尖和勇于拔尖。

(一）持续改进

任何工作如果确定了标准高度，明确了冲刺目标，就能激发人们的潜能，使其全身力量都迸发出来。同时，如果给人施加适度压力，增加负重，他们往往会尽最大努力去为理想奋斗。倡导拔尖，就要破除循规蹈矩、四平八稳的观念，按部就班永远不会有自主创新，更拔不了尖。工作要完成好，达到高质量、高效益，必须要有创新精神、精品意识。运营公司注重营造环境，为拔尖人才提供了成长的土壤和舞台，初步形成了一种有利于拔尖人才成长和干成事业的氛围。今后还要进一步解放思想、更新观念、营造环境、创新机制，建立健全一套包括发现、评价、流动和激励的有效机制，促进拔尖人才脱颖而出。

（二）争创一流

如果做工作不求拔尖，不争一流，觉得差不多就行了，就背离了核电站"高标准、严要求"的理念。抱着"差不多"的心态，很难把事情做到最完美，达不到最高水准，做出来的事情要么有"拷贝"的痕迹，要么已经是别人"嚼"过的东西。公司提倡员工要把事情做到位、做完整、做漂亮，正是为了维护规章制度的尊严，保证安全生产持续改进，实践追求卓越理念，推动核电运营管理水平不断提高。我们的最终目标，就是要把五星红旗插到世界核电运营管理水平的最高峰。

二、较真意识

企业要持续改进不足，就要敢于和善于坚持真理，不唯书，不唯上，只唯实。这就要求企业领导者和员工具有强烈的较真意识，凡事从企业和社会的最高利益出发，而不能囿于小团伙或小圈子的利益，进而达到超越自我的目的。近几年，公司在工作中坚持发扬民主，促进干部提高自身素质并带头讲真话，用适当的方式方法引导和教育员工，大力倡导"坚持真理、超越自我"的较真意识，起到了加强队伍建设的作用。

（一）坚持真理

在现实生活中，有的人面对假大空，不敢直面、不敢揭露，而是采取息事宁人的态度，保持一团和气；有的人在考验面前，不是着眼于企业利益和长远利益，而是看重个人的得失进退，凡事先替自己打算。也有个别干部员工奉行"多栽花、少栽刺""事不关己、高高挂起"的庸俗处世哲学，淡化较真意识，有人甚至认为较真是钻牛角尖，是愚钝的表现。这类思想意识与求真务实的要求是格格不入的。

作为认真的正强化，较真表现了不达目的不罢休的决心，不解决问题不撒手的执着，更是对工作质量的不懈追求，是对职责的正当坚守。接下来我举一个本人亲身经历的事例。

核电站的设备编码，由 10 个字母和数字构成，称为"十字码"，这些字母和数字各有不同的含义。例如，D1RCP001PO 是由 10 个字母和数字组成的，它的意思是"大亚湾核电站 1 号机组反应堆冷却系统 1 号主泵"。一些员工为了图省事，常常把编码前面的某些字母或数字省略掉。表面上只是少写一个字母或数字，看起来是一件微不足道的小事，但事情并不是这么简单，这种省略行为的本身就埋下了安全隐患。比如，如果省掉了"1"，别人可能不知道是指"1 号机组"还是"2 号机组"。另外，这种省略本身反映了工作作风的不严谨。为了促使员工队伍进一步强化严谨的工作作风，我决心以规范书写设备编码为抓手，要求员工在各种文件、报告中把设备编码写齐全，不能省略任何一个字母或数字。我第一次在会上讲这件事情时，是笑眯眯地以规劝的口吻说出来的，但没有效果；第二次是严肃地正式提要求，效果仍然不明显。事不过三，第三次就要较真了，有谁少写一个字母或数字，请交 500 元作为对集团扶贫助学的"自愿"捐款。这种做法颇有一点前文讲过的孙武"斩姬练兵"的意味。正如马克思所说：一切问题都能找到它们的经济根源。在两个月之内，共收到此类被迫的"自愿"捐款26000余元。在此过程中，无人对该不该交钱向我提出异议，最后起到了我原来设想的效果。当然，这期间也有一些使人不愉快的事情，各种议论陆续传到我的耳朵里，主要是对我的工作方法提出疑问，而没有一个人对规范设备编码书写这件事情该不该抓提出过疑问，后者正是我要解决的问题。

对于设备"十字码"书写不完整事件的处理，实际上就是一次较真活动，客观上起到了提高工作质量的导向作用。事实上，不论是从党性，还是从执行制度和安全生产职责，以及强化责任心的角度来说，较真都是很有必要的。不愿较真，严格地说就是不负责任，是一种失职和渎职的行为。

（二）超越自我

自身硬，才能腰杆硬、底气足。《论语·子路》中说："其身正，不令而行；其身不正，虽令不从。"党员干部应该率先垂范，带头遵守法规制度，严格自律，在完成急难险重任务中冲锋在前，在涉及切身利益时讲奉献、顾大局。较真不是较劲，更不是钻牛角尖。较真要善于把握火候，做到因事而异，因时而异，有理有利有节。做到既能妥善解决问题，又不引发新的矛盾；既能严肃认真地贯彻执行规章制度，又能最大限度地为核电事业凝聚人心。较真要着眼大局和长远，抓住本质和主流，善于在求同存异中取得共识，在取长补短中互相促进，而不应主次不分、处处苛求、事事计较。较真并不是为鸡毛蒜皮而锱铢必较，为琐屑纷争而睚眦必报，这样的较真不足取。较真必须与人为善，坦诚相见，出以公心，防止偏见。这样的较真才有利于把每个人的积极性、主动性、创造性充分调动起来、发挥出来，统一思想，协调行动，使工作水平不断达到新的高度，从而也使较真者完成对自身能力、经验和品行方面的超越。

三、责任意识

责任，就是担当，就是付出。责任是沉甸甸的，要履行好它，就要有不畏艰险的韧劲和勇气；出了事情要敢碰、敢抓，要"好汉做事好汉当"，这就是责任意识。企业要实现自己的经营目标，履行自己的社会责任，就要大力倡导每个部门、每位员工牢记自己所应承担的责任。行业特点决定了核电是一个既非常神圣而又充满风险的事业，必须由有高度责任意识的人从事相关的工作。公司号召各级管理干部以身作则，带动全体员工进一步增强"不畏艰险、勇于担当"的责任意识。

（一）不畏艰险

要履行好责任，就要有不畏艰险的韧劲和勇气。只有勇于承担责任，有着强烈的奉献意识，在工作中甘于付出、乐于奉献的人，才能被赋予更多的使命，才有资格获得更高的荣誉。只要我们的队伍坚决践行"安全发电、诚信透明、团队合作、追求卓越"的价值观，不怕苦，不怕累，就一定可以把事情做得更好。值得欣慰的是，一种积极向上、敢于面对挑战的精神，越来越萦绕在我们的队伍当中。

（二）勇于担当

当前我国核电产业处于快速发展的阶段，带来了前所未有的机遇，在集团内部实行专业化运作模式，也给核电运营开拓了广阔的市场，正好有机会发挥人力和技术优势，为业主创造价值，借此实现企业价值。一些专业化公司已开始转变原有的经营模式，积极开拓市场，并在外部市场迈出了坚实的一步，取得了初步成功。目前集团集核电、风电、水电和太阳能等清洁能源于一体，业务链将会拓展到更多更宽的领域。运营公司广大员工也要拓宽思维，不断强化开拓意识，才能适应公司快速发展的需求。

四、开拓意识

《后汉书·虞诩传》中说："先帝开拓土宇，勤劳后定，而今惮小费，举而弃之。"开拓的本意，是指从小到大地发展、扩大，对象一般是范围较大的事物。开拓意识，就是运用发散思维谋求企业发展道路的一种意识。俗话说，"天上不会掉馅饼"。企业要生存、要发展，就不能拘泥于维持自身的生产经营现状，而是要拓宽思维、放远眼光，向市场要效益。企业在实现理想的过程中，既会取得成绩，也会碰到困难；既会听到赞誉，也会受到责难。这就要求全体员工具有一种不骄不躁、荣辱不惊的高尚境界，听到表扬不要沾沾自喜，听到批评不要耿耿于怀。在企业大发展时期，新问题、新挑战层出不穷，这就要求全体员工表现出一种"咬定青山不放松"的韧劲，具有一种"戒骄戒躁、锲而不舍"的开拓意识。

（一）戒骄戒躁

戒骄戒躁，就是要警惕产生骄傲和急躁的情绪，树立高远志向，保持勇往直前的勇气。要实现目标，肯吃苦、愿奉献是基本前提，公司鼓励员工保持埋头苦干、无私奉献的情怀。没有量变，就不会有质变，拔尖不是一朝一夕就能实现的，需要付出大量的汗水和心血。没有事业心、责任感，害怕吃苦受累，干的只能是一般工作。只有瞄准精品，充分吸收借鉴已有的各种成果，不怕艰辛，埋头苦干，才能有所突破、有所成就。倡导开拓，就要破除唯我独尊、故步自封的束缚。稍微取得一点成绩就沾沾自喜，自认为已经到达了成功的顶峰，这是十分有害的思想。这种人往往会在取得一定的成绩后目中无人，只承认自己不承认他人，谁都看不上，不肯接受他人的观点或建议，甚至什么意见也不肯听取，从而导致自我封闭，失去了继续上进的动力。在实际工作中，有这种思想的人往往表现为缺乏耐心：一方面，他们有一定的能力，并已牛刀小试，初见成效；另一方面，他们认为自己的功劳或成绩很突出，应该让其他人都为之侧目。这是十分有害的思想和行为，应该坚决摒弃。

（二）锲而不舍

《荀子·劝学》中说："锲而舍之，朽木不折；锲而不舍，金石可镂。"企业在实现自己理想的过程中，既能取得成绩，也会碰到困难。外部环境的变化给公司发展带来一定威胁，公司内部也存在一些问题需要解决。但无论做什么事情，只要有恒心、有毅力，专心致志地去做，就没有不成功的，所谓"世上无难事，只要肯登攀"。爱岗敬业，就是要认真对待自己的岗位，无论在什么时候，都要尊重自己的岗位职责，并且负责到底。不论在任何岗位上工作的员工，都要认真负责，注意严防失误。一旦出现失误，也要做到不找借口找方法。这体现的是一种负责、敬业的工作精神，一种诚实、主动的工作态度，一种完美、积极的执行能力。

五、廉洁意识

廉洁意识的培养，一是靠加强学习和接受教育，不断提高自身修养和素质，不断完善和修正个人的人生观、价值观；二是靠健全的廉政制度体系和监督机制，以及由此而逐步形成的廉洁文化氛围。公司在廉政建设工作实践中，非常注重员工廉洁意识的培养。新员工从加入公司的第一天起，就对他们开展廉洁从业教育，组织他们学习公司相关廉政制度。在人手一册的《员工手册》上，就印有公司的基本廉洁从业纪律，要求公司员工特别是党员干部，忠实地维护公司利益，不利用公司所赋予的职权去谋取私利。这种能自觉遵守公司制度和纪律，将公事和私事彻底分开，理智抵御诱惑和腐败的行为，就是廉洁意识。

（一）公私分明

《史记》中说："天下熙熙，皆为利来；天下攘攘，皆为利往。"在现代社会，每个人的合法切身利益都应受到尊重和保护，重要的是不能为了自己的私利而损害公利，这就要求每个人能够经受住不当利益的诱惑，表现出"君子爱财，取之有道"的良好风范，时刻保持清清白白、堂堂正正。明代郭允礼的《官箴》中说："吏不畏吾严而畏吾廉，民不服吾能而服吾公；公则民不敢慢，廉则吏不敢欺。公生明，廉生威。"这则经典古训，言简意赅地阐释了做官以廉为先的要义。"官"拥有公共权力，为官清廉是指正确行使被赋予的权力，不能公器私用，不能以权谋私。

（二）抵御诱惑

唐代文学家王勃在《上刘右相书》中说："源洁则流清，形端则影直。"大亚湾核电基地是老一代核电人建成的一片净土，当年的建设者们在艰难困苦的环境中，在技术基础薄弱的条件下，靠着边学边干的精神，为我们创立了一个安全运营和持续发展的核电基地，同时也以艰苦奋斗的作风和廉洁奉公的品质，为后续的核电员工留下了一种献身核电、淡泊名利的精神。员工只有具备强烈的法纪观念，才能坚守原则和底线；只有具备良好的职业道德，才会忠实地维护企业利益；只有具备廉洁的思想和意识，才能坚决地抵制"糖衣炮弹"的诱惑。思想的松懈，意识的薄弱，是腐败产生的内在根源。集团范围内曾经发生过一起重大经济腐败案件，让公司每一位员工都强烈地感受了一次心灵和思想的震撼。只有自觉地增强廉洁意识，防微杜渐，才能不为贪所害，不为利所动。

《晏子春秋·内篇杂下》中说："橘生淮南则为橘，生于淮北则为枳，叶徒相似，其实味不同。所以然者何？水土异也。"这就说明，外部环境对人的影响是显而易见的。员工只有内外兼修，才能抵制住各种各样的诱惑；公司只有不断增强员工的廉洁意识，才能建设一支廉洁的队伍。

第三节　队伍建设良性循环

要促进队伍建设良性循环，实现"五优"目标，关键是要创造一种良好的人才机制，用"制度优"引导员工树立"人人都可成为有用之才"的理念，激励员工岗位成才。一个好的机制是人才成长的"助推器"，它能够增强队伍的活力，并最大限度地发挥人的潜能，使人力资源得到充分利用，实现员工的"业绩优"和"技能优"，从公司层面看，这就是"人才优"和"文化优"。

所谓好的人才机制，就是让那些勤勤恳恳、兢兢业业为核电事业奋斗的人心情舒畅，得到发展；使那些平时马马虎虎、混日子的人有危机感；把那些只考虑个人利益、损害企业利益的人坚决清除出去。运营公司通过改进干部管理、技术岗位管理、薪酬管理和员工关系管理，着力打造并完善公司用人机制和激励机制，初步形成"干部能上能下，岗位能升能降，薪酬能高能低，员工能进能出"的机制，实现了队伍建设的良性循环（见图4-3）。

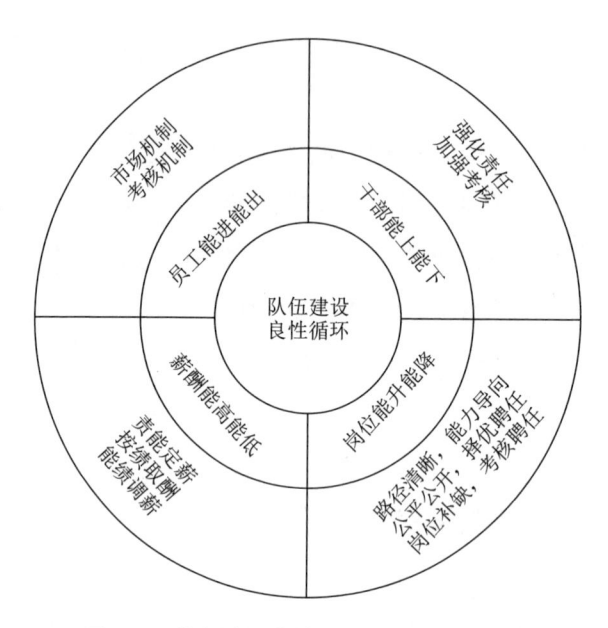

图 4-3　队伍建设良性循环的"三环"模型

一、干部能上能下

《韩非子·内储说上》中说:"齐宣王使人吹竽,必三百人。南郭处士请为王吹竽,宣王说之,廪食以数百人。宣王死,湣王立,好一一听之,处士逃。"这个历史典故说的是,齐宣王喜欢听吹竽,而且喜欢300个吹竽手合奏。南郭先生本来不会吹竽,但每次也混迹其中,装模作样地吹。宣王死后,他的儿子湣王继位,却喜欢独奏。于是,南郭先生只好卷起铺盖逃之夭夭了。

在人们一般的印象中,干部似乎都是"能上不能下"的。有些干部其实不能干事,甚至还有官僚作风。一部分干部公德和私德都有问题,但有些问题被认为无伤大雅。一部分干部虽然没有什么实绩,但依然身居高位。这些现象的存在,主要是因为对干部的责任没有强化,考核没有到位，因此才会有许多干部就像南郭先生那样滥竽充数地混日子。假如把他们一个一个地拉出来展示，则业绩好坏、品德优劣就一一暴露在聚光灯下了。

（一）强化责任

在企业内部，没有什么工作是不能考核的，也没有什么人是不需要考核的。2005年的年度绩效考核，公司首次将总经理部成员纳入考核范围，实现了全员绩效考核。随后，公司制定了《领导干部年度绩效考核管理办法》，规范了总经理部成员和部门经理的年度绩效考核。每年年初，根据公司资产经营、安全生产、党风廉政建设责任制和年度重点工作任务，以及管理改进计划，制订总经理部成员和部门经理的绩效计划，分解落实公司战略目标在领导干部层的责任，提高公司的战略执行力，推动公司业绩的持续提升。每年年末，按照绩效计划对总经理部成员和部门经理进行年度绩效考核，考核结果与奖金分配挂钩，并运用到任期考核中。为了更加有效地落实集团战略，不断增强集团核心竞争力，促进集团整体业绩的持续提升，公司根据相关要求，进一步优化了《领导干部年度绩效考核管理办法》，通过对集团和公司经营目标及战略焦点进行逐级分解并有效承接，层层落实各级干部的责任，进一步提升执行力。

（二）加强考核

公司改进了干部任期考核方式，加大了任期考核力度。对干部的任期考核，从年度绩效考核、述职评价、民主测评、考核访谈和顾问评价5个维度进行评价，提高了干部任期考核的有效性和科学性，考核结果作为干部任用的主要依据。2007年，公司对任期届满的13名干部进行了考核，对考核结果为不称职的3名干部的岗位进行了调整。另外，公司重视干部梯队建设和干部结构优化，加强了对年轻干部的培养和使用。公司党委确定了干部调整指导性原则，对根据工作情况适时安排年轻干部与年龄较大干部的接替工作进行指导。

二、岗位能升能降

拥有一支具备核心能力的技术人才队伍，是公司可持续发展的关键因素。自2006年以来，面对公司发展的新形势，公司加大了技术队伍建设力度，对技术岗位管理进行了逐步改进，形成了以"责任、能力、业绩"为导向，以"职责明确，严格标准，公平公开，择优聘任，能上能下"为原则，以技术岗位补缺聘任、年度考核和任期考核相结合的技术岗位考核聘任体系，促进了技术和管理两条线协调发展。

（一）路径清晰，能力导向

对技术岗位管理的改进工作，首先从岗位管理的基础工作做起，通过"三定"（定岗、定编、定级）工作，理顺技术岗位设置，拓宽专业技术人员职业发展通道，明晰各级技术岗位，尤其是高级技术岗位的职责和任职资格。在专业技术人员职业发展通道方面，建立了专业技术、运行操作、技能作业、业务职能等序列，每个序列设置了初级、中级、高级、资深级等层级。在明晰各级技术岗位职责方面，重点理顺技术人员与管理人员的责任分工，赋予技术人员适当的技术责任，从责任链上鼓励技术人员钻研技术。

（二）公平公开，择优聘任

改进技术岗位管理的重点是打造技术岗位考核聘任新机制。将岗位技术授权作为岗位聘任的基本条件，以责任、能力和业绩作为聘任上岗的考核内容，不唯学历、不唯职称、不唯年限，择优聘任。聘任上岗时，同时明确岗位考核指标，鼓励技术人员勇于承担技术责任。2007年，运营公司采用公开竞聘方式选聘了两名副总工程师，起到了鼓励拔尖人才脱颖而出的导向作用。另外，也加强了技术岗位的年度考核和任期考核。

（三）岗位补缺，考核聘任

公司从年度绩效考核优秀的人员中进行"优中选优"，破格晋升，鼓励拔尖，同时对年度绩效欠佳的人员给予警告，鞭策其及时改进。在任期考核时，采用部门考核、测评和公司统一评审方式对高级技术岗位人员的能力和业绩进行全面评价，考核结果作为岗位聘任的依据。2008年，公司对35名高级技术岗位人员进行了任期考核，根据考核结果，对能力和业绩突出的6名技术人员给予了岗位晋升，而对3名考核结果较差的技术人员则给予了岗位下调一级的处理。

三、薪酬能高能低

薪酬体系的设计与应用，直接影响到管理导向能否正确地传达到每一名员工，从而引导员工为一个正确的目标而努力工作，其"指挥棒"效应十分明显。2008年，公司根据新的发展形势，全面修订了公司薪酬管理制度，明确规定实行"责能定薪、按绩取酬、能绩调薪"的原则，以岗位责任和任职者能力确定基本薪酬水平，以组织绩效和员工个人绩效确定绩效薪酬，以员工绩效表现优劣和任职能力的提升调整基本薪酬水平，薪酬能高能低，短期激励与长期激励相结合。

（一）责能定薪

薪酬制度建立了基于薪点制的宽幅薪酬体系，不同薪级有适度重叠覆盖，员工立足本职岗位也有较高薪酬上升空间。同时，建立了年度绩效调资机制，年度绩效结果为"良好"及以上的员工，其基本工资可获得上调，改变了以往只有岗位晋升才能调资的刚性做法，以"小步快跑"的方式激励员工在同一岗位上做出长期的持续贡献。例如，一名运行现场高级技师，如果努力工作并取得优良业绩，他的基本工资可以达到副处级岗位的水平，这一点对于激励老员工发挥自身经验优势起到了积极的导向作用。相反，对于年度绩效考核结果为"不胜任"的员工，其基本工资则要向下调整，改变了工资"能高不能低"的僵化局面。

（二）按绩取酬

建立薪酬绩效挂钩机制，全年所有的奖金，包括日常绩效奖金和年终绩效奖金，都与员工个人及所在团队的绩效考核结果挂钩，根据绩效，拉开收入差距，强调"干好干坏不一样"。奖金分配也完全与个人基本工资脱钩，与员工所在职级的收入水平相结合，以合理评价员工的岗位贡献。

（三）能绩调薪

"岗变薪变"，员工岗位变动后按照新岗位相应调整薪酬，以体现岗位责任。对于受到纪律处分、任期考核不合格、未通过岗位聘任等个人行为或绩效原因而降职的员工，其工资必须降下来。2008年，3名高级技术岗位人员在任期考核中未能通过考核，岗位职级下调，对其工资也同步做了下调处理。

四、员工能进能出

对于一个正常的市场化企业，本来员工能进能出不应该成为问题，但是，国有企业的长期"大锅饭"和"终身聘用"的体制所遗留下来的惯性，使得这种正常的人员流动机制成为不正常了，"需求导向、市场驱动"的用工机制没有建立起来。保持员工有序的适当流动，是促进队伍建设良性循环，增强队伍活力的有效途径之一。

（一）市场机制

针对长期以来公司缺乏员工退出的机制，2006年，公司经多次讨论，颁布实施了《员工退出管理制度》。当年，公司就根据此项制度终止了一名符合退出条件的员工的劳动合同，在员工中引起了极大的反响。2007年，公司又终止了两名符合退出条件的员工的劳动合同，打破了长期以来员工"能进不能出"的僵化局面。

（二）考核机制

2008年，根据《中华人民共和国劳动合同法》的要求，结合员工关系管理的改进，公司对员工退出的情形做了更为明确的规定，进一步规范了《员工退出管理制度》。制度中明确规定，除了员工严重违纪违规，公司可随时解除员工的劳动合同之外，员工违反劳动合同和员工手册的有关约定，以及员工多次被证明不胜任岗位工作的，公司也可以终止劳动合同。公司员工退出机制的建立，促使员工不断改进工作绩效，从而促进了组织绩效的不断提升。

第四节　干部任期考核

干部任期考核是公司队伍建设的重要环节，根本目的在于激发干部的工作积极性、主动性和创造性，全面提高干部队伍的素质及绩效水平，为公司实现"世界一流的专业化核电运营企业"的战略目标做好干部保障。

从党管干部的总体要求出发，公司党委明确了干部任期考核的工作方针：围绕干部任期目标，加强对干部管理能力和德才素质情况的全面考察；在坚持实绩分析、民主测评、个别谈话等方法的基础上，进一步完善民意调查、综合评价；按照定性与定量相结合的要求，把定量分析作为重要手段运用到各个考察环节中，进行量化对比分析，形成既有定性评价又有定量分析的综合评价意见。

2007年3月，公司出版了《关于干部试用期、任期考核的实施办法》（以下简称《考核办法》）。《考核办法》充分吸取了运营公司及其前身合营公司组织人事部门的工作经验，并补充了党管干部的有关要求，公司党委和组织人事部门根据《考核办法》，经过上上下下广泛的讨论与研究，建立了干部任期考核的绩效考核、述职评价、任职考察、民主测评、顾问评价的5维度模型（见图4-4）。

图4-4 干部任期考核的"三环"模型

在干部任期考核中，以上5个维度不是平均用力，而是结合公司对干部考核的历史情况和现实需求，分别给出恰当的权重。其中"绩效考核"和"述职评价"占干部任期考核综合评价60%以上的权重，因为这两个维度是干部三年来的绩效考核结果，也是干部任职表现评价的最主要依据；"述职评价"则是由评审小组对干部三年来述职述廉结果的一个综合评价，是比较具有权威性的评价平台。"民主测评"和"任职考察"的权重占 20%～30%，这是公司内部对干部任期考核的两个补充维度，可以考察到年度"绩效考核"和"述职评价"两个维度不能顾及之处。"顾问评价"是公司外部的一个专业性意见的补充，其权重一般为 5%。

干部任期考核 5 维度模型，是运营公司党委在干部管理工作中的一个有益尝试，它适应了公司改进干部管理工作、提高管理绩效的要求，为建立"能上能下"的干部管理机制奠定了良好的管理基础。

一、绩效考核

绩效考核是对被考核人任期内工作业绩的评价。被考核人任期内三年的绩效考核结果，能够比较客观地反映其工作业绩。任期考核时，组织人事部门将被考核人三年绩效考核结果的算术平均值，作为其任期内绩效考核的综合评分。其中，"A"为 95 分；"B"为 85 分；"C"为 70 分；"D"及以下不计分。公司干部任期内每一年绩效考核评价的目标都是具体的，评估与实现是客观的，最后达到岗位与职责的高度关联。

（一）目标具体

在考核之前，需要确定干部在绩效周期内要达成的绩效目标、能力等。绩效目标主要从干部的关键岗位职责范围（KRA）出发，紧密联系公司和部门的战略任务、经营管理目标而进行逐级承接，同时确定符合 SMART 原则的衡量标准，即目标要具体（S）、可评估（M）、可实现（A）、与公司战略目标或岗位职责范围相关联（R），以及有时限（T）。绩效计划的制订，需要考核人与被考核人通过沟通，对所确定的绩效目标、能力和个人发展计划达成一致，并形成考核人和被考核人双方的共同承诺。

（二）评估与改进

考核程序完成之后，考核人与被考核人应进行持续沟通。考核人须及时、全面、具体地反馈被考核人需要保持的优势，以及需要改进的不足，并就如何保持优势、改进不足进行辅导；被考核人也应积极寻求考核人的绩效辅导和相关资源支持，积极主动地管理个人的绩效。

（三）岗位职责相关联

被考核人与考核人按照双方承诺的绩效计划，根据过程记录、事实和数据，对绩效目标和能力的评分达成共识。考核人以被考核人年度绩效计划评估得分为主，结合能力评价得分、其他未纳入考核的工作完成情况等，同时根据本单位强制比例分布要求，确定被考核人的年度绩效结果。

二、述职评价

述职评价是干部任期考核的一个平台，主要流程包括制定考核细则、成立考核评审小组、实施前准备、考核实施、结果上报党委等几个步骤。考核过程由自我述职和考核评审小组的委员评价两个部分组成。述职评价的结果需上报公司党委，讨论通过后，则为干部在述职评价环节的最终得分。

（一）自我述职

这个环节是干部考核中的核心环节，要让干部本人充分地展示自己的工作成效，表达自己就各方面问题和情况的看法、解释乃至申诉。

在考评会开始之前，由党群工作部向被考核干部发出干部任期考核表，要求被考核人编写述职述廉报告的PPT演示材料。其内容一般包括：所在单位综合绩效责任制完成情况、个人主要业务工作完成情况、队伍建设及人才培养情况、廉洁从业和廉政建设情况、下一步工作设想等（具体内容由当年度的考核细则规定）。组织人事部门收集被考核人材料后，提前1～2天提供给评委。

考核评价委员会成员的一般构成：被考核干部的直接主管1名、上级领导1名、公司主要管理部门的党总支书记、人力资源部经理、人事处处长、党群工作部经理、审计部副经理等。评价小组组长由主管党建的党委副书记担任，执行组长由党群工作部经理担任。为了确保评分的有效性，党委副书记、被考核干部的直接主管、所在部门一把手及所在部门党总支书记的评分权重可以设定为1.5或2。

（二）委员评价

述职评价会由评价小组组长主持，评价干部时包括注意事项讲解、被考核人汇报任期表现情况及评分三个环节。在注意事项讲解时，被考核人可以以回避为理由，要求某一名评委离场，以保证评分的公正性。汇报环节，被考核人一般述职时间为10～15分钟，然后由评委和顾问公司的人员进行提问（是否有顾问公司的人员在场，由当年度的考核细则规定）。评审阶段，评委根据被考核人述职内容的几个方面，按照考核标准进行无记名打分。计分时，先对每位评委的评分进行汇总，然后去掉最高分和最低分，再按评委的评分权重计算算术平均值，最后得出干部的述职评价得分。

三、任职考察

公司干部任职考察的主要做法是：从德、能、勤、绩、廉五个方面出发，按照360度考核方法的要求，向其上级、同事、下属和协作部门相关人员征求意见，谈话人数一般为6～8人。谈话时应重点了解被考核人在任期内的履职能力、工作业绩评价及被考核人任职时经考察提出的缺点的改进情况。考核小组除编写考核报告外，还应给出一个百分制的评价结果，并量化打分，最后得出绩效评分。

从流程来看，干部任职考察主要步骤为成立考察小组、制订考察计划、实施考察、编写考察报告及评分4个阶段。

（一）成立考察小组

考察经理级、处级干部时，考察小组由党群工作部或人力资源部处长及以上党员干部任考察小组组长；考察科级干部时，由所在部门党总支或党支部的科级以上党员干部任考察小组组长。考察小组成员均为政治素质好、有较丰富的工作经验并熟悉干部管理工作的人员。

（二）制订考察计划

根据干部本人实际情况和任职岗位的特点，处级以上任期届满干部由党群工作部制订具体的考察方案，任期届满科级干部则由所在单位党组织制订考察方案。考察方案包括考察方式、考察时间、考察内容和考察范围等。考察一般采取谈话方式进行，辅以实地考察、查阅资料等方式。考察的重点是干部的思想品行和作风、工作业绩、管理能力、廉洁自律、个性特点、缺点和不足等。考察范围包括被考察人的上级、同级、下级及有工作关系的协作单位的相关人员6~8人。

（三）实施考察

被考察人在考察之前，须向组织人事部门提交本届任期的个人述职述廉报告，如实地反映本人任期内的主要业绩、管理工作和廉洁自律情况，以及工作中存在的问题等情况。组织人事部门审阅后，向考察小组提交干部的述职述廉报告，并由考察小组工作人员对被考察人述职述廉报告中的重点情况进行核实。在考察中，访谈人对被考察人出现较大分歧意见时（1/3访谈人认为被考察人不胜任或反映有证据的重大问题），要扩大考察范围，进一步了解情况，并且要有具体的事例。

(四)编写考察报告及评分

考察结束后,由考察小组综合分析考察情况,形成书面考察报告,内容包括考察对象的综合素质、个人特点、工作业绩评价、不足之处等。进行考察评分时,应着重考虑其直接上级和直接下属的评价,其评价权重为1.5,平级和协作部门人员评价权重为1。具体系数由考察小组根据实际情况确定。

四、民主测评

干部民主测评能够充分体现干部路线中坚持群众公认的原则,能够充分让广大职工群众发表意见,防止用人失察。民主测评的环节包括内容设计、实施、结果三个方面。

(一)民主测评的内容

民主测评的内容主要有干部德、能、勤、绩、廉五个方面。在管理实践中,公司党委尝试过多种表现形式,其中比较具有代表意义的有如下两种。一种是分层分类的干部民主测评表。它的设计原理是从管理层级(如经理级、处科级)、职能序列(如生产线、职能线)两个维度出发,针对特有的干部能力模型,设计特定内容的干部民主测评表。我们称为"分层分类"的干部民主测评内容,以尽可能确保测评的针对性。另一种是依托心理学测评,设计出多道相互关联的民主测评题,用具体行为来设计题目,这些行为背后隐含着德、能、勤、绩、廉五个方面的考核内容。通过这种设计,可以让测评从概念层面落实到日常工作中实实在在的行为层面,使测评更加直观,不泛泛而谈。同时,这种方式还可以测谎,防止出现前后不一致的评判。

(二)民主测评的实施

民主测评的实施可以通过两种方式进行,一是网上民主测评,二是组织专场民主测评会。通过网上民主测评的，可以向参加测评的群众发出 Outlook 邮件，请群众直接在网上测评后，再将结果传回组织人事部门。组织专场民主测评会的，需事前与被考核人所在部门党组织进行沟通，请他们协助组织民主测评会，通过填写纸质测评表来收集数据。但无论何种测评方式，都要求参加测评的范围包括被考核人的上级、下级、平级、横向协作单位代表及有关人员，而且一般应向 25 人左右发出测评表，以保证群众参与的广泛性。民主测评主要采取无记名方式进行，必要时可进行个别谈话。为了确保数据的真实性，如果参加测评的群众对干部的某一项不太熟悉时，他可以不对那一个细项进行评分。

（三）民主测评的结果

多年实践经验表明，由于群众在进行民主测评时，人情分的成分因素比较高，很少有干部民主测评的得分低于 70 分。因此，组织人事部门将民主测评的及格线定在了 70 分，而不是传统的 60 分。具体的评分依据为：低于 70 分为"不称职"；70 分（含）至 80 分为"基本称职"；80 分（含）至 90 分为"称职"；90 分（含）至 100 分为"优秀"。民主测评结果如为"不称职"，考核组将通过考察进一步了解有关情况。

五、顾问评价

顾问公司是引入的外来测评维度，具有很强的专业性。外部测评公司采用的主要是基于心理学的结构化测评方法，其主要做法是：对被考核人进行结构化或半结构化的多个提问，通过被考核人的回答，对其做出一个主观的评判。

（一）人岗匹配度测评

从表现形式上看，顾问对被考核人的评判更像是一场面试。在面试开始前，顾问会先阅读被考核人的背景资料，并通过被考核人的述职述廉过程，对之进一步加深了解。在提问阶段，顾问会采用事先设计好的问题，对被考核人进行询问，从而取得被考核人某项具体能力的支持材料。顾问还会采用追问的方式，跟进问题，以确实了解被考核人的行为事例的内容。

从考核内容来看，顾问主要针对被考核人的能力和动力适配性，去评估被考核人是否达到了较高的人岗匹配度。顾问公司会依据核电特点，设计出较为通用的干部素质模型，然后基于该模型设计出具体的考核内容。常用的考核要素，主要包括积极主动、决策能力、沟通能力、动力适配性、计划与组织能力等。干部在回答过程中，必须给出恰当的行为事例，否则就不能证明他具备了该能力。特别要指出的是，动力适配性是判断干部是否喜爱本岗位、是否具备潜力、能否进一步在下一个任期取得更大进步的考虑要素。动力适配性主要包括三个方面：职务适配性、组织适配性及地点适配性。顾问公司考察的重点是职务适配性，通过被考核人的"态度"和"行为"事例，评估被考核人内心的真实想法。

如何应用顾问公司第三方的评估成果，这是干部考核工作中面临的一个新问题。一般有两种方法。一是直接应用法，即将顾问公司的评估得分作为一个维度直接列入总分的计算中，但要求顾问不能向评委说出自己的看法，以免影响其他评委的评分。这个方法的缺点是，顾问的专业评估不能充分发挥成效，另外由于顾问评分的权重比较低，无法影响最终考核结果。二是间接应用法，即顾问在询问完问题后，向评委完完全全地表达出来，以确保评委更加公平、公正、合理地做出评分，但缺点是评委可能担心自己的评分太"业余"，评分会与顾问趋同，缺乏独立性，如果顾问的评判出现偏差，反而会引起对被考核人的误判。这类问题只能通过实践来改进，而不能采取主观的相信或不相信、采纳或不采纳。关于这个问题，我举一个案例表达我的价值理念。

有一年，公司通过公开考试的办法，直接选拔 5 位副处级岗位的干部。这项工作简称为"公开直选"。我作为考聘小组的组长，感觉到这个责任很大，因此事先做了比较充分的准备，其中也包括了聘请专业化的顾问公司。其中有两个生产岗位的副处长人选，通过本人的述职、考聘小组成员的提问和顾问公司的测评，下一个环节应该是考聘小组成员直接打分。但是，我作为组长，通过全程参加整个流程，感觉到这两位候选干部的直接上级和分管领导有一些不同的看法。针对这种情况，我没有引导小组往直接打分的下一个流程过渡，而是请相关同事继续详细介绍情况，大家进行一些适当的讨论。这时，公司党委组织处处长和监察处处长一起把我拉到一边，提出一个问题：大家这样讨论，会不会影响各位成员打分的独立性？

这两位提出问题的处长，在年龄上是我的老大哥，在资格上也比我老，我平时对他们是非常尊重的。他们能够对我提出这样的问题，说明我们平时的工作配合是融洽的，相互之间是信任的。这一次，涉及组织上是否能够恰当地选拔和使用干部的重大课题，我还是要切实负起责任。我对他们能够提出问题的行为表示了肯定和感谢，同时，也表达了我的观点。从表面上看，这个问题提的是对的，确实存在这种可能性。但这只是问题的一个方面，另一个方面，即使是公开考试选聘，其最终目的还是选拔出合适的人，放在合适的岗位上，而不是我们费这么大的劲，只是为了表面上体现"公开、公平、公正"的原则而走一遍流程就完事了。流程是重要的，但结果是更重要的。通过更加充分的讨论，大家了解更多的情况，每位小组成员打分的可信度反而会提高。至于个别成员容易受别人的影响，说明他们对这两位干部平时的实际表现了解得并不多，在这种情况下，他们勉强打出的分数的价值也是会打折扣的。

与其让他们盲目打分，还不如在充分了解情况的基础上更加慎重地打分。听了我的意见，这两位处长马上表示理解了，并赞同我的做法。最终，选拔出的两位干部还是胜任岗位职责的，这就达到了我们原来的目的，从本质上说也并未破坏"公开、公平、公正"的原则，因为形式上每个人还是独立打出了自己的分数。

类似这个案例的事情，在许多企业里都不同程度地大量存在。面对这种情况，很多人都会以"规则就是这样，我也没有办法"作为"不作为"的借口。实际上，并不是没有办法，而是不想有办法。在这个案例中，我们最后不是想出办法来了吗？而且效果是好的，总比让不了解情况的人盲目打分要强得多。这个案例也完全体现了我一直以来反对"泛程序化、泛指标化、泛定量化、泛考核化"的形式主义和教条主义的管理理念，凡事要抓住本质，如果仅仅是为了做事而做事，反而是一种极不负责任的官僚主义习气，是企业管理中的大敌，必须坚决予以摒弃。

2007年，公司按照干部任期考核5维度模型，对13名任期届满的干部开展了任期考核工作。对照岗位职责和绩效目标，通过绩效考核（30%）、述职评价（35%）、任职考察（15%）、民主测评（15%）和顾问评价（5%）5个维度的全方位考核，并对以上5个维度的得分进行加权计算，最后考核结果为，2名干部为"优秀"，6名干部为"合格"，2名干部为"基本合格"，3名干部为"不合格"。当年，公司根据考核结果，对相关人员重新进行了岗位安排。从事后的反馈来看，当年的干部任期考核取得了较为满意的效果，任期考核5维度模型较好地满足了干部任期考核工作的要求。

（二）考核评估的电子化流程

2009年以后，随着集团ERP项目的推进，电子化人力资源系统（e-HR）正式投入使用，标志着干部管理正式进入了信息化时代，集团各成员公司的干部管理工作更加规范化、制度化，工作效率也更高。在电子化流程中，干部任期考核环节简化为民主测评、被考核人提交个人述职述廉报告、纪检监察填写党风廉政意见、直接主管填写任期考核结果和使用意向、党委会审定考核结果。但是，这不是一个简单的流程简化，而是一次管理上的升级。因为干部的考核工作全面嵌入到人力资源管理体系中，并得到了切实的加强；干部任期考核模型的5个维度不仅得到了体现，而且焕发了新颜；年度绩效考核通过"全员绩效管理行动"得到了进一步的加强；干部的民主测评方式得到了进一步的改进；干部的能力测评（AC报告）融入干部个人的人力资源管理循环中；任期考核与选拔聘任、后备干部名单等环节实现了有机融合；等等。

随着理念的更新、管理的发展和技术的革新，干部任期考核工作也将不断与时俱进，顺应新的潮流。但是，有一点可以肯定，干部考核5维度模型的内涵不会过时，干部评估只会更加全面、客观、公正，使管理效率得到进一步提升。

第五节　廉洁从业建设

反腐倡廉是一项长期、艰巨和复杂的系统工程，不可能仅仅依靠刚性的制度和管理而"毕其功于一役"。长期以来，公司致力于建设"公私分明、抵御诱惑"的廉洁文化，多种措施并举，以期达到春风化雨、润物无声的效果。

建立一套科学的、系统的、适用的现代化管理制度，是企业规范健康发展的保证；依靠制度惩治和预防腐败，是做好反腐倡廉工作的根本途径。运营公司的制度框架分为四层：第一层为"母法"——《公司章程》；第二层为"公司政策"；第三层为"管理程序"；第四层为"执行程序"，主要包括《公司政策手册》《合同与采购手册》《质量保证大纲》《内部审计手册》《各级管理权限的授权规定》等制度程序。在这些基本制度框架下，公司各部门在其职责范围内制定管理程序和执行程序，形成了环环相扣、上下衔接的程序体系，使公司的各项工作，特别是经济活动的各个环节都得到控制，做到"四个凡事"，即：凡事有章可循，凡事有人负责，凡事有人监督，凡事有据可查。

运营公司自成立以来，一直致力于从三个方面推进公司队伍的廉洁从业建设，公司内部称为"建设反腐倡廉三道屏障"，即加强学习与教育，构筑思想防线，让员工不想贪；建立和完善程序，构筑制度防线，让员工不能贪；加强审计与监督，构筑管理防线，让员工不敢贪。按照这样的指导思想，公司建立了"规则至上，敬畏制度；瓜田李下，洁身自好；执行到位，结果导向"3个维度的廉洁从业建设"三环"模型（见图4-5）。

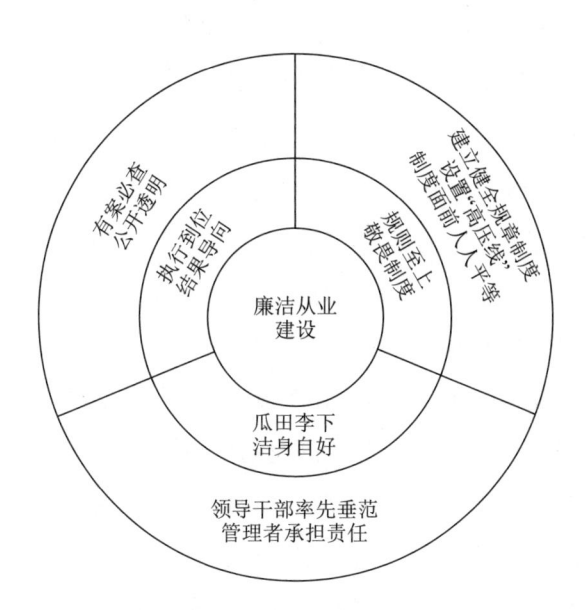

图4-5 廉洁从业建设的"三环"模型

一、规则至上，敬畏制度

运营公司经过多年不断的实践和修订完善，已经逐步建立了相对健全的程序制度体系。同时，通过宣传教育和学习培训，广大员工树立了"规则至上，敬畏制度"的意识，在工作中能自觉地"凡事有章可循"和"一切按程序办事"。

（一）建立健全规章制度

公司制定了一系列廉政制度和程序，如《员工违规违纪行为处理规定》《处级以上干部廉洁从业若干规定》《公司员工礼品、礼金上交处理规定》等。根据规定，公司员工在公务活动中不得以任何借口私自收受礼品、礼金。对于确实难以拒绝而收受的礼品、礼金，应在15天之内上交公司纪委、监察室，并按实际情况进行处理。我在本书第二章中讲到的收取C君两瓶红葡萄酒的案例，就是根据公司的规定处理的，绝不能马虎应付。因此，制度的建立完善，使反腐倡廉工作系统化、规范化，也为廉政教育和监督提供依据，使监督到位、有力。

以公司的合同采购活动为例，为了保证在合法合规、公平合理的基础上开展工程承包和采购活动，防止腐败和失误，公司在《合同与采购手册》中对各个细节都做出了详尽的规定。按照该手册的要求，承包工程或采购设备都要经过预算、立项、推荐、签订合同、监督执行、后续评价等控制环节，前一个步骤没有完成，后一个步骤就不能进行。任何违反这些步骤的行为都被视为违规行为，即使没有贪污受贿，也会受到有关部门的质疑和拒办，甚至受到严肃查处。采购活动中，为加强承包商、供应商管理，建立了"合格供应商清单"，只有经过技术、质保、商务等业务部门综合评审，才能成为公司合格供应商。清单以外的供应商，采购部门无权接受其投标，对合格供应商清单每两年复审一次，发现资质有问题或有违反商业道德行为的，立刻从清单中剔除，永不录用。这样不仅确保采购人员照章办事，也促使供应商谨慎行事，不敢搞不正之风。

（二）设置"高压线"

为使党风廉政建设责任制进一步落实，公司坚持逐级签订廉洁从业责任书，明确各级责任，推进队伍的廉政建设工作，营造良好的廉洁氛围。按照公司党政组织机构设置，责任主体主要分为公司党委／总经理部、党总支／部门和党支部／处三个层级。对各责任单位，其党政一把手为第一责任人。第一责任人年初签订党建和廉洁从业责任书，年末逐级进行考核。同时，党建和廉洁从业责任制纳入公司绩效管理系统，与经营业绩、安质环一体化管理，具体措施包括：编制出版一体化的考核制度；将三项考核的内容整合到一份绩效合约中；在三项考核过程中执行面谈一体化；考核结果设置一体化等。公司还将廉政宣传教育工作扩展至公司供应商、承包商等所有合作伙伴，以及员工家属。对廉洁从业重点岗位人员，公司开展廉洁从业进家庭活动，给员工家属致信和加强沟通，共建家企廉政防线。我在后面，将讲述一个我家里设置"纪委书记"的例子，就是这种"家企廉政防线"的一种体现。

（三）制度面前人人平等

在全体员工中，上至总经理，下至普通职工，都与公司签订了《廉洁从业承诺书》。公司大力开展廉政宣传教育，培养员工廉洁自律和奉公守法的廉政意识。纪律教育学习月活动是公司集中一段时间，对员工深入开展纪律教育活动的良好实践。

二、瓜田李下，洁身自好

三国时期的曹植在《君子行》诗中说："瓜田不纳履，李下不正冠。"即经过瓜田，不可弯腰提鞋；经过李树下，不要举起手来整理帽子。它的含义是：身处嫌疑之地，应该格外小心谨慎，以免遭到无端的怀疑，远离是非之地，才是处世之道。全体员工，特别是干部和掌管"人、财、物"的重要关键敏感岗位人员，要树立廉洁自律、自我严格要求和主动接受监督的意识，不要做"瓜田李下"的事情，时刻保持洁身自好。

（一）领导干部率先垂范

领导干部和敏感岗位人员廉政风险大，"常在河边走，哪能不湿鞋"，因此需要不断地加强教育，增强自律意识，让其明白手中的权力是组织授予的，不能作为谋取私利的手段和工具，也就是一定要时刻把自己与屁股下面坐的那把"椅子"分开，不要粘连在一起，不分彼此。为加强教育和监督工作的针对性，公司根据岗位人员的工作特点和岗位敏感性，明确和逐年更新廉洁从业重点岗位人员，并分为公司和部门两个级别加以管理。

前文中提到的"共建家企廉政防线"这个话题，其实是非常重要的，在很多情况下它远比单位的规章制度有效得多，它的实质是领导干部的率先垂范和以身作则。本章中曾经提到，十几年前集团范围内发生过一起重大经济腐败案件，让公司每一位员工都强烈地感受了一次心灵和思想的震撼。那天，我在大亚湾核电基地听完传达之后，晚上回到家里，马上召开"家庭会议"进行传达，并且当场推举女儿的姥姥为我们家的"纪委书记"，委托她对我们夫妇的社会交往进行监督，如果发现我们拿回家里的财物有什么不正当或不正常时，就要立刻予以询问并提出警示，从而将任何违纪苗头消灭在萌芽状态。

我在阳江核电基地工作期间，曾经给自己立下了"四个任何"的铁律：在任何时候、任何场合，不与任何想与核电做生意的社会各界人士进行任何形式的非工作联系。如果有人想与核电做生意，不管是提供服务还是产品，都是可以的，但要来办公室谈，而且要有相关职能部门的同事在场，不要私下里搞什么"感情联络"。因为我的心里非常明白，这些人找我，并不是看上我这个人，而是盯着我屁股下面坐着的那把"椅子"。我对自己的要求是：一不求官，二不求财，只求心安理得。这就需要自己在两者之间设置一道坚固的"隔离墙"，从而就不会被任何势力"围猎"。在我的日常生活中，亲戚、同学和朋友之间的往来，相互都秉持着"君子之交淡如水"的中国传统社交法则，我们家的"纪委书记"当得非常轻松，从来没有处理过任何一起"案件"。我以为，领导干部的率先垂范和以身作则，比任何的制度规范和道德说教都要有效得多、管用得多、持久得多。

（二）管理者承担责任

各监督部门在开展监督工作过程中，注意抓责任重点。一是对重点部门的监督，包括生产、商务、合同、采购、人力资源等主管钱、财、物的单位；二是抓重点环节，主要包括项目审批、招标投标、供应商（承包商）的确定、物资采购、资金管理等主要环节，并定期对这些敏感岗位的工作人员进行轮换；三是明确重点责任人，各部门党政领导是重点责任人，根据党风廉政建设责任制的规定，对本部门的廉政工作负责，年终对重点责任人进行考核和奖惩。

三、执行到位，结果导向

公司倡导按程序、制度办事，严格地执行制度，其执行的结果同时作为公司文化的一种导向。公司的监督体系包括外部监督和内部监督两个方面。外部监督主要包括国家核安全监督站、国资委、驻深工委、集团党政部门等，各部门对公司的安全生产、公司运作、资产保值增值等各方面进行监督；内部监督主要是根据《合营合同》及《公司章程》的有关规定建立的审计、质保、纪检监察等部门组成的内部监督体系。

（一）有案必查

公司每年偶尔会发生一两起员工违规违纪的事件。公司对这些违规违纪事件都会进行严肃处理，并作为警示教育的鲜活教材，以身边人和身边事对员工进行教育。同时，对违纪人员的惩处不是目的，而是一种教育方式，既教育违纪者本人，也教育广大员工。有一名员工违规持有与公司有业务关系的合作伙伴的股份，而不向公司报告和立即退股，其行为违反了公司纪律。虽然该名员工持股时间不长，尚未造成较为恶劣的影响，但公司根据《员工违规违纪行为处理规定》的相关规定，给予了该名员工行政警告处分，并扣除了部分奖金。公司通过对这一事件的严肃处理，教育广大员工要分清公私利益，严格遵守公司规定，要避免公私利益相冲突，不能因私废公、损公肥私、假公济私。

（二）公开透明

公司充分发挥群众监督作用，广大职工对公司各级行政部门及干部形成广泛的民主监督，通过合理化建议制度和职工代表大会制度，让职工代表审议监督公司工作。公司审计部门在工作中体现出三个特点：一是"全方位"，审计部门的职责突破了传统财务审计的范畴，涵盖了公司所有的经营活动，以"增收益、找漏洞、防风险"为审计重点；二是"独立性"，审计部门在行政上接受总经理部的领导，业务上直接向董事会报告工作，不受任何人的干扰；三是"全过程"，审计目的不只在于事后纠错，更在于事前及进展中的防范，审计贯穿于事件全过程。这就体现了我经常说的"审计部门要充分担当'经济医生'的角色，而不能仅仅是'经济警察'"。作为直接掌握公司财权的财务部门，由于参与公司合同商务招标工作，与供应商、银行等单位均有业务接口，业务人员很容易犯错。因此，财务部员工收取外部的礼品无论大小、礼金无论多少，都严格按照《公司员工礼品、礼金上交处理规定》予以办理。自公司成立以来，财务部每年的党风廉政建设责任制考核结果均为优秀，未发生过一起违纪违规事件。

第六节 企业文化建设

根植于大亚湾核电站的起步创业与成功运营，公司逐渐形成了一种具有核电产业鲜明特征、以核安全为核心的企业文化，并得到了精心的培育、继承和发展。公司企业文化建设的目标是：紧密围绕公司发展战略，以区域运营战略实施为契机，以实现世界一流的核电运营企业为目标，整合公司文化资源，发挥优势，形成合力，不断完善企业文化管理体系，全面推进公司企业文化建设，让员工在企业价值理念和行为方式上达成共识并付诸实践，形成良好的企业文化建设氛围，确保公司各阶段战略目标的如期实现。

要搞好企业文化建设工作，必须首先搞清楚企业文化的特质，然后才能有的放矢。核电企业文化的核心是核安全文化，需要具备五大基本特质（见图4-6）。

一是包容性与开放性。不自恋，不自满，不狭隘，胸怀宽广，打破"铁丝网"，摒弃"湾文化"，吸纳一切先进文化。

二是群体性与互补性。尊重个性，尊重创造，但不倡导个人英雄主义，而是鼓励全体员工团结合作，走群体奋斗的道路。单打独斗，万万行不通。要摆正自己的位置，不怕做小角色，才有可能起大作用。

三是自律性与进取性。有强烈的责任心，有严肃的自我批判精神，持续改进，追求卓越。你给公司添一块砖，公司才能给你搭建走向成功的阶梯。

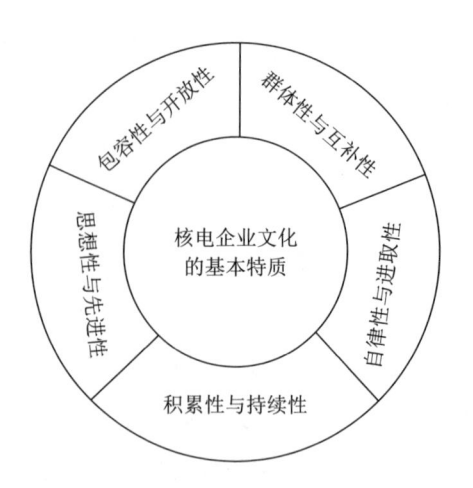

图 4-6　核电企业文化的基本特质模型

四是积累性与持续性。人类的主要功能就是"积累"与"传承"。"没有记录的公司，迟早是要垮掉的！"一个不善于总结的公司不会有光明的前途，一个不善于总结的个人不会有杰出的成就。

五是思想性与先进性。在阴影中待久的人，自己便会成为阴影的一部分。公司要求每一个员工热爱自己的祖国，热爱我们这个刚刚开始振兴的民族。只有背负着民族的希望，才能进行艰苦的奋斗而无怨无悔。爱祖国，要从爱父母、爱亲人、爱同事、爱公司的行为中表现出来。要以"产业报国"的方式去关心、去爱自己的国家，首先要珍惜国家的政治稳定、经济繁荣，从而为企业的发展提供良好的社会环境。在此基础上要赶超先进，而赶超先进需要从自己的刻苦努力奉献中表现出来。

随着公司新员工的大量加入，面对内外部环境急剧变化的新形势，如何适应新的发展形势，确保企业保持健康稳定发展的良好态势，使新员工继承并发扬优良传统，凝聚人心，保持和提升队伍活力，传承和创新核电优秀的企业文化，已成为各级管理者的重要战略任务。为此，公司按照"统一领导，分工负责，相融共进，全员参与"的原则，构建了理念体系建立、文化理念推广、先进典型培育、文化产品开发和品牌形象塑造5个维度的企业文化建设的"三环"模型（见图4-7）。

图 4-7 企业文化建设的"三环"模型

一、理念体系建立

成功的企业，都有其正确的、高尚的价值观。随着跨区域、跨技术路线专业化运营理念的建立和实施，核电运营队伍规模迅速扩充，同时公司内外部环境也发生了一些变化，公司的企业文化理念也需要进行及时更新。企业文化理念体系建立的过程，包括现状调查、系统分析、理念确定三个环节。

(一)现状调查

为了准确掌握公司企业文化的历史、现状及未来的改进方向，公司企业文化建设推进小组组织开展了公司企业文化现状调查活动。调查的对象为公司全体在册员工，调查方式以利用公司内部网络调查问卷为主，同时辅以电子邮件和纸质问卷相结合的方式进行。有效问卷为1084份，员工答题率达到49%，各组人数均在30人以上，符合管理科学研究中的最小样本量的要求。同时还安排了面对面的企业文化访谈，管理干部采用一对一的方式进行，员工代表座谈会分部门召开，邀请不同岗位层级的员工参加，覆盖了公司各个层级和部门。

(二)系统分析

通过从物质层面、行为层面、制度层面、精神层面的文化现状进行客观分析，诊断结论认为，公司已经形成了特有的以核安全为核心的企业文化价值体系。在公司诸多文化元素中，团队精神、公司形象、战略规划做得比较好，安全、文化、知识共享、保健因素仍有待改善，责任、创新、员工发展、领导力、考核激励、规章流程等方面有待提高，而服务意识、成本观念、透明度则亟须提高。基于公司的战略要求、行业特征和发展历史，公司提出了新版企业文化理念体系的总体方案。

(三)理念确定

公司企业文化理念体系包括"核心理念"、"管理理念"、"行为规范"及"制度、政策与支撑体系"四大部分。核心理念包括公司使命、愿景、价值观和企业精神四项内容。安全、质量、人才、成本和经营5种子文化是公司企业文化的重要支撑。经过公司管理层的多次集体讨论，新版企业文化理念体系于2008年年底最终确定。

二、文化理念推广

公司始终将企业文化建设列为公司重要工作，持续开展文化理念的宣传贯彻和落实工作，将企业文化管理列入年度工作计划进行跟踪，并取得了积极的成效。总结公司企业文化理念推广的经验，可以归纳为三个方面：公司领导示范，员工培训考核，开展特色活动。

（一）公司领导示范

公司领导层对企业文化建设工作十分重视，多次在公司重要场合提出并推动企业文化建设工作。2008年公司进行企业文化理念梳理工作期间，公司领导多次就工作方向、价值观讨论、工作总结等方面进行及时指导。每年的安全月活动期间，总经理部成员均会亲自进行安全文化授课，对公司员工进行全员培训。这项工作连续实施多年，已成为公司企业文化建设的特色项目。同时，公司领导层模范遵守各项国家法规、公司制度，严格按照党风廉政建设工作要求约束自己，并在实际工作中身体力行。公司成立至今，尚未发现公司领导出现违纪事件，为全体员工做出了良好的表率，形象鲜明地展示了公司的价值导向。

（二）员工培训考核

公司的企业文化以核安全文化为核心，在核安全文化培训方面起步较早，工作较为规范成熟。大亚湾核电站投运之初在引进技术和管理经验的同时，也将国际同行的核安全文化理念引入国内，并开发了翔实的员工培训课程。后来根据国际核电发展的最新情况，陆续组织翻译了国际原子能机构（IAEA）的有关资料，作为辅助培训教材使用，以开阔学员视野。

公司新版企业文化理念体系确定后，大力开展全员培训与考核。首先对新提拔的干部进行了企业文化专场培训，随后又集中开展了一次全员培训。培训过程组织有效、考核严格、参与广泛，使得全员企业文化认知率达到了 97.4%，远远超过了年初设定的 90% 的目标。公司还组织拍摄了运营公司企业文化教学片，用于后续教学使用。针对此后加入公司的新员工，公司还坚持根据到岗情况，在入职培训期间进行企业文化培训和考核。

经济全球化、知识经济和可持续发展，是当今社会发展的三大主题，在企业的文化宣传方面还要把握住时代特征。因此，对于参与企业文化工作的相关干部、员工，公司每年都会从中选送部分人员到专业机构接受系统的企业文化业务培训，以保证公司企业文化管理工作水平逐年提高。

（三）开展特色活动

企业的价值观具有层次性，其实现形式一般是由低向高不断攀升。企业的文化宣传，在引领企业价值观"攀升"的过程中，必须遵循"由低向高"这一渐进规律。公司为了实现企业文化宣传目标，开展了系列宣传推广活动，从视觉、听觉、行为三个层面同时进行推进，确保活动取得预期成效。

在具体方式上，公司通过举办演讲、辩论、讲座，组织文体活动，开展读书活动，举办实物、图片展览等多种方式来进行宣传。2009 年，公司还利用首届运动会等群众广泛参与的集体活动，将企业文化理念巧妙地融入其中，让员工在轻松愉快的氛围中体验，取得了较好的宣贯效果。《核电人》杂志还开展了企业文化主题征文活动，得到了广大员工特别是青年员工的热情参与。公司每年举行的安全月活动，全员参与，总经理部领导亲自讲课。公司还积极参与各种大型社会活动和公益活动，进一步宣传企业形象。

三、先进典型培育

经过多年来的实践，公司已经形成了一套集制度、评审、表彰、奖励于一体的激励机制，在进行物质激励的同时，更注重精神激励，引导广大员工将各种奖励激励转化为内在自觉自愿的良好工作态度和行为，为企业经营发展和文化建设做出积极贡献。

（一）建立激励机制

公司积极建立并完善内部奖励体系，逐步形成以奖励行为和奖励事件为导向的激励机制，促进公司中心工作顺利开展。奖励的因素包括但不限于以下几种。

①为公司社会形象的树立做出重大贡献。

②获得社会、政府或行业专业奖项，为公司获得重大荣誉。

③对公司业务推进有重大贡献。

④有重大发明、革新，为公司取得显著效益。

⑤为公司节约大量成本支出或挽回重大经济损失。

⑥对突发事件、事故妥善处理。

⑦向公司提出合理化建议，经采纳并有实际成效。

⑧顾全大局，主动维护公司利益，具有高度的团队协作精神。

⑨在培养或举荐人才方面成绩显著，以及公司认为其他值得奖励的因素。

⑩在公司服务达到一定年限并一贯忠于职守、认真负责、廉洁奉公，具有高度奉献和敬业精神。

（二）多种渠道推荐

公司目前设立的专项奖励包括公司年度奖和科技进步奖，此外还有党、工、团组织评选的各种先进，以此激励引导广大干部员工队伍。公司年度奖的重心为当年对公司发展、生产、安全质量、企业文化和行为规范等方面有突出业绩、影响最大的行为和事件。公司年度奖已得到广大员工的认同，其激励的形式和内涵逐渐深入员工心中。在公司专业化和区域化运营快速发展的形势下，公司年度奖制度将不断守正创新，持续强化激励作用，为公司成为世界一流的专业化核电运营企业的愿景提供有力的支撑，为企业和员工实现共同发展做出更大贡献。公司设立"科学技术进步奖"，以激励员工开展群众性的经济技术创新和建功立业活动的积极性、主动性和创造性，促进公司的安全生产、工程建设和技术进步。公司还积极参加国防科工委组织的"国防科学技术奖"评审活动和集团公司组织的"科技进步奖"评审活动。公司党委组织评选先进基层党组织、模范党员、优秀党员、优秀党务工作者，公司团委组织评选"五四红旗团（总）支部"、"优秀共青团干部"、"优秀共青团员"和"十佳青年明星"，工会组织开展了"生产线技能型优秀师傅"评选活动。

（三）多种方式宣传

《核电人》杂志对获得公司年度奖的团队和个人进行了大力宣传，2004—2008年评选的公司年度奖均在次年上半年出版了"公司年度奖特刊"，2010年以增刊形式出版了2009年的公司年度奖特刊，取得了较好的宣传效果。自2009年起，在《核电人》杂志的年度表彰专刊上，同时对技能型优秀师傅进行了大力宣传。通过对这些默默无闻奉献在培训一线的现场师傅们的优良行为进行宣传和表扬，促进了现场"传、帮、带"水平的持续提升，强化了学习型组织氛围的形成，在年轻员工中倡导了"学技能、精技能"的优良风气。在大修优秀青年负责人评选活动中，通过现场张贴参选标牌、横幅、大修板报、宣传稿件等多种方式加大宣传力度，以便通过树立先进典型，形成正确导向，激励和调动广大团员青年的积极性和工作热情。

四、文化产品开发

企业文化的宣传推广工作贵在有的放矢，只有充分认识形势，准确把握企业的特点和主要矛盾，才能真正起到推动企业发展的作用。在企业文化产品开发方面，公司通过纸媒产品、视听产品、操作工具等多种产品的开发，保证了企业文化理念在实际工作中的有效应用。

（一）纸媒产品

公司积极组织进行企业文化管理专著编撰。为了帮助员工准确理解公司企业文化理念的核心内涵，2008年编辑印发了《安全源于责任：运营公司员工责任心案例集》（主要内容纳入了本书的第二章），2009年编辑印发了《责任铸就辉煌：运营公司企业文化手册》，2010年编辑印发了《信念承载使命：运营公司党建与队伍建设的实践与思考》（主要内容纳入了本书的第四章和第五章）。《责任铸就辉煌：运营公司企业文化手册》获得了中国电力企业联合会评选的当年度"全国电力行业企业文化优秀成果优秀奖"。2009年还编辑出版了《大亚湾核电专业化运营》和《大亚湾核安全文化建设》等生产运维经验论著（原子能出版社2009年10月版）。后来，公司又陆续推出人员培训、质量管理、审计等方面的工作经验总结的专集。我在阳江核电站工作期间，组织编辑印发了《思想引领行动：阳江核电商运文集》，全面、客观、真实地反映了广大干部员工对项目成功所做出的贡献和他们的思想感情。

（二）视听产品

为了进一步做好企业文化的对外宣传工作，公司于2009年拍摄了企业文化宣传片《光影大亚湾》。该片获得了中央企业"国投杯"的企业文化电视专题片大赛银奖、配乐奖。创作公司司歌是推进公司企业文化建设工作的重要内容之一，广泛传唱司歌对广大员工理解和遵循公司企业文化核心理念、遵守企业行为规范具有重要作用。2009年下半年运营公司还组织进行了公司司歌歌词征集活动，2010年完成了谱曲。

（三）操作工具

在多年核电运营管理的实践基础上，公司组织开发了工前会、使用程序、明星自检、监护操作、三段式沟通、质疑的态度6张减少人因失误工具卡（见本书第一章），供现场使用，成为公司企业文化建设的特色产品。

五、品牌形象塑造

2009年，公司实施专业化运营战略，其后就大踏步实现了从单机组向多机组、从单技术路线向多技术路线、从单基地向多基地、从成本中心向利润中心快速转变。在这个转变的过程中，公司的企业文化也随之一起走过了形成期，由转型期向提升期过渡。随着异地项目的逐渐加入、分公司的陆续成立，公司逐步形成了企业文化领域的标准化和文化理念的快速复制机制，确保公司文化理念在异地项目的有效传承。

（一）视觉识别系统修订

早在2001年，当时的合营公司就着手研究和总结核电的企业文化，并完成了企业理念识别（MI）、视觉识别（VI）和行为识别（BI）等，出版了以《蓝色宪章》为代表作的核电企业文化蓝本。运营公司成立后，根据集团《视觉识别系统手册》的相关内容，及时对公司标志组合范例进行了增补，并在各种大型活动等公开场合广泛推广应用。新编制的企业文化手册中，对公司标志、公司旗帜、企业歌曲、核电人座右铭等内容进行了统一编录。

（二）争取外部认可

公司荣获"2009年度广东省优秀企业文化单位"，荣获中国企业联合会、中国企业家协会主办的第八届全国企业文化年会"全国企业文化优秀奖"。这些奖项的获得，既是对公司企业文化工作水平的肯定，同时也进一步提高了公司的社会知名度，提升了公司的品牌形象。

（三）打造人的品牌

在中国核电发展的波澜壮阔的大潮中，核电企业必须坚持以更高、更严、更优的企业精神，打造以诚信透明和团队合作为特征的企业品牌。通过全面提升员工文明行为，使企业员工成为具有科学精神、富有知识修养和文化底蕴的人，造就一支有理想、有道德、有文化、有纪律的核电运营队伍，实现核电运营管理生产效益的最优化、最大化，实现企业与员工的共同发展，为中国核电事业的健康稳定发展继续提供经济和文化基础，实现公司在追求卓越的道路上再创辉煌。

第五章
管理思辨

第一节　企业管理中的技术民主

在企业的日常管理中，使用最多的方式就是各类会议。我经常与同事和朋友自嘲，自己的大好青春年华，有一大半是在各类会场中流逝的。在生活和工作中，不只是我有这样的感受，很多人都会抱怨会议太多，而且相当多的时候只是"陪会"，花掉了许多时间。

应该说，"文山会海"是社会上最受诟病的顽症之一，有其普遍性，因此，人们的抱怨也是有道理的。关于会议的弊端，我曾经收到一位朋友发来的一个电子邮件，内容很有意思。

开会再开会，不开怎么会，本来有点会，开了便不会。
有事要开会，没事也开会，好事大家追，出事大家推。
上班没干啥，一直忙开会，大会接小会，神经快崩溃。
销售我不会，企划又没学，问我啥本领，专长是开会。
上午有早会，午后有午会，下班不能走，还要开晚会。
每周开周会，每月有月会，随时检讨会，年底是年会。
赴会要及时，小心选座位，最好靠边边，以免遭口水。
虽然在开会，谁也不理谁，有人忙协调，有人无所谓。
主席一上台，自称大掌柜，扯东又拉西，全凭一张嘴。
内容没准备，听来活受罪，差了十万八，大家还说对。
台上说什么，没人去领会，手机不时响，怎还不散会。
牛皮拼命吹，发言不干脆，时间过好久，不知轮到谁。
…………

打盹有技巧，脑袋不能垂，不然被逮到，就要倒大霉。
会开一下午，实在有够累，没听两三句，水喝好几杯。
说来真惭愧，开会千万回，快要退休了，还是不太会。
唱了大半天，到底会不会，你若还不懂，就要多开会。

这首"会议歌"的表现形式虽然是顺口溜，但完全可以把它当作一篇小小说来读。既然是小说，那就要符合小说的创作方法。鲁迅先生在谈到小说创作方法时曾经说，"作家的取人为模特儿，有两法。一是专用一个人，言谈举动，不必说了，连微细的癖性，衣服的式样，也不加改变，这比较的易于描写……二是杂取种种人，合成一个……我是一向取后一法的"，"人物的模特儿也一样，没有专用过一个人，往往嘴在浙江，脸在北京，衣服在山西，是一个拼凑起来的角色"。法国著名作家巴尔扎克也说过："为了塑造一个美丽的形象，就取这个模特儿的手，取另一个模特儿的脚，取这个的胸，取那个的肩。艺术家的使命就是把生命灌注到所塑造的人体里去，把描绘变成现实。如果他只是想去临摹一个现实的女人，那么他的作品就不能引起人们的兴趣，读者干脆就会把这未加修饰的真实扔到一边去。"

由此看来，中外大作家对小说的创作方法的认识基本上是一致的。为什么这种"拼凑起来的角色"比较形象呢？因为写小说不能拘泥于真人真事，小说中的人物必须典型化，而典型化则要从生活中的很多个同类原型中"去粗取精"，把取来的同类的"精"集中到所创作的人物身上，使其性格比生活中的更鲜明、更突出，也就是说，从生活的美升华到艺术的美，将生活的真实转化为艺术的真实。

前文所引用的这首"会议歌"的编写者，善于观察生活中的细节，把有关会议的种种消极现象进行高度的抽象和概括，读后给人一种忍俊不禁、似曾相识的感觉,这样也就达到了作者所要表达的艺术效果。看了此作的人,大可不必生气,倒是要开一个会,反思一下出现这种现象的原因。唐朝时徐敬业起兵讨伐武则天,骆宾王起草的《代徐敬业讨武曌檄》,把武则天骂了一个狗血淋头,说她是"入门见嫉,蛾眉不肯让人;掩袖工谗,狐媚偏能惑主",其罪行达到了"人神之所同嫉,天地之所不容"的境地,最后号召李唐宗室起兵讨武,"一抔之土未干,六尺之孤何托"。在文章的结尾,对这场战争的胜利充满信心,"请看今日之域中,竟是谁家之天下"。骆宾王也因此文而名扬天下。武则天看到檄文后发了一句感慨:"宰相安得失此人?"她认为骆宾王有才能却没能受到重用,是宰相失职未能推荐的结果,可见其对骆宾王确有惜才之心。从这个角度来说,武则天就是骆宾王的"知己"。清朝诗人丘逢甲在《题骆宾王集》诗中写道:"凤阁鸾台宰相忙,此才竟令落蛮荒。若将文字论知己,惟有当时武媚娘。"骆宾王所咒骂和讨伐的对象,竟是自己的知己,这便是历史的吊诡之处。

当我们听到牢骚的时候,不应反感,而该自省。平心而论,这首"歌"虽然在表现形式上极尽讽刺挖苦之能事,似乎是专揭会议的弊端,但也道出了部分实情,同时也展示了作者细致入微的观察能力和形象准确的概括能力。假如把这样的人放在合适的岗位上,或许他的聪明才智会得到更大的发挥,也就有可能少一些诸如此类的牢骚了。可惜的是,生活中到处可以看到"凤阁鸾台宰相忙"的场景,出现"此才竟令落蛮荒"的结果就是自然而然的了。"歌"里所描述的情景,实际上揭示出了一种会议的"异化"现象。所谓"异化",简单地说,就是变质。异化是指人会受制于自己所创造出来的情境。以金钱为例,人们创造了金钱,却也被金钱支配;人们发明了会议这种形式,反过来也会受到这种形式的牵累。

异化作为一个重要的哲学术语，首先出现在黑格尔的早期著作中，他从唯心主义立场出发，认为绝对精神经过逻辑发展阶段而形成绝对观念，这些观念不能作为纯粹抽象的概念发展下去了，于是就否定自身而转化为自然界，这种转化就叫"异化"或者"外在化"。青年马克思在《1844年经济学哲学手稿》中提出了人与劳动的异化，其含义就是人类自己创造的力量作为外部力量又反过来支配人类。马克思所说的异化包括四个维度：一是劳动者与其劳动产品的"物"的异化；二是劳动者与自身的"自我"异化；三是人与自己类本质的异化；四是人与人的异化。

自从异化这个概念产生以来，人们都怀着一种仇视的心理对待异化现象，认为异化只具有消极意义，而并无积极意义，因此主张消灭一切异化现象。其实，异化现象作为一种自然而然的社会现象，本身与昼夜交替、四季往复并无不同。它既无所谓善，也无所谓恶，不值得人们去憎恨，它按照自身的发展轨道产生着、变化着、消亡着。就它对人类社会生活的影响而言，既有消极的一面，也有积极的一面，有时消极的一面占主导，有时积极的一面占主导，因此不宜简单粗暴地一概加以否定。从生物学角度看，人体的同化作用与异化作用并存。当新陈代谢积极、旺盛、同化过程大于异化过程时，机体处于生长发育、机能水平提高的过程；当新陈代谢过程处于迟滞、衰老，异化过程大于同化过程时，将会处于机体衰老、各器官系统功能减退的状态。人类社会总是不断地制造着异化又消灭着异化，异化的创造、保持、扬弃、内化和消灭等，事实上构成了人类社会生活的全部内容，也构成了人性本身的形成和发展的全部内容。对异化现象的深入研究，具有社会本体论的哲学意义。总之，什么地方有人类劳动，什么地方就一定有异化产生，在各种各样的社会现象中，只存在异化的方向、强度、层次等量上的不同，而不存在有异化与没有异化这个质上的不同。

回过头来，再说会议的异化。会议、会议，开会就是为了议，议的目的是交流信息、落实工作、解决问题，而不是为了开会而开会。会议本身只是一种工作的手段或工具，无所谓好或坏；开会也是一种劳动，因此就一定会发生异化。在前文所引的那首"会议歌"中，本来是正当的会议，却出现了"开会就是工作，工作就是开会"这种会议被异化的现象。实际上，并不是会议这个手段自身的问题，而在于有些人没有用好这个手段，将开会作为目的，颠倒了目的和手段的位置。

有人说，会议浪费时间，效率不高，不如在现场解决问题来得实在一些。我为此专门写过一篇短文《会场与现场》（收录在我的《知与行：核电站大修管理思辨录》一书中），讲了如何理解会场与现场的关系，也就是说，应如何理解会议的必要性和有效性。

我过去经常听一位领导同志说一句话："议问题在基层，定问题在北京。"意思是说，在基层调研时可以探讨一些问题，但决策时一定要回到北京，集体开会讨论决定。我一直认为这个观点是正确的，我把它归纳为"调研在现场，决策在会场"。因为在基层调研时虽然接触了实际，但要说完全了解了真实的情况，则也未必，有时候"眼见"也不一定"为实"。况且，在集体领导的体制下，对一些重大问题的决策还是要通过会议的形式，大家充分发表意见之后才好决策，这样才能最大限度地减少决策失误，毕竟集体的智慧要强于一个人的头脑。至于一些特殊情况下需要现场拍板的案例，我认为不能没有，但也不能太多，因为考虑的因素不全面，有时候会以偏概全。从另一个角度看，会场最能体现民主集中制的原则。即使是纯粹的技术问题，也要实行民主集中制，只是最后进行"集中"的那个人必须充分尊重专家和内行的意见，做出符合实际的结论和决策。

关于内行与外行，以及少数与多数这个问题，我曾经碰到过一个真实的例子。有一次，大亚湾核电站召开某次核安全委员会会议（PNSC），涉及委员调整的议题。会议主持人说，现在有14人，为了表决的方便，应该为单数，因此，需要大家再推荐一人。

散会之后，我问当时也为委员的某部门经理："核安全委员会在进行技术决策时，是采取少数服从多数的方式吗？"这位经理非常聪明，马上就听出了我的弦外之音，说"我懂你的意思了"，我也相信他是真懂了。我要表达的意思是，涉及核安全的问题，是非常专业的问题，虽然有14个或15个委员，但其中一定有人对当时需要决策的问题的理解是肤浅的。在这种时候，赋予这种人表决权，无异于削弱了真正懂这个问题的人的表决权重。由此，我更加深入地思考了一个更为重大的管理问题：如何发扬技术民主。

正确的决断源于正确的思想方法，也离不开理性严谨、求真务实的技术民主和科学精神。核电站的运行维修是一种技术密集型的科学实践活动，不论在管理方面还是技术方面，都存在着许多未知的领域，都会发生一些预想不到的问题，没有哪一个或哪几个人在所有的领域和问题上都是权威的，都能够提出最佳的解决办法。严格说来，没有所谓的全才与通才。在这种情况下，就需要发扬技术民主，充分听取各方面的意见，然后才能做出正确的决策。当这一切由理念而提升到运筹层面的时候，我们都能够或将会感受到这对我们的现实生活与未来意味着什么。

民主的精神实质，在于使每个人的权利、尊严得到尊重和保障，而民主用以实践这种精神的原则是少数服从多数，这就意味着当少数人的权利或意志与多数人的权利或意志相矛盾的时候，少数人的权利就被牺牲了。由于技术问题的真理性的表现方式有其特殊性，因此，在发扬技术民主的过程中，不能按照一般的民主原则来进行决策。换言之，发扬技术民主是体现民主的精神，而不是照搬民主的方法。具体地说，在发扬技术民主的过程中，要注意把握下述四个要点。

一是辩证认识内行与外行的关系，后者对前者是启发而不是障碍。

所谓"行"，是指行业知识、产品技术知识等。我们通常所指的"内行"，是指具备这个行业的相关知识、产品知识及工艺技术的人；而我们所指的"外行"，则是指不具备这些知识的人。有句俗语："内行看门道，外行看热闹。"所谓"门道"，按照《辞海》的解释是："办事的门路或方法。""门道"充满了中华文明的哲学厚度。内行不认可的东西，在外行手里也很难广泛流行。这是文化的作用，不显露在浅层，但功效长久。

事实上，并不存在绝对的内行和绝对的外行，外行与内行之间的界限也不好确定。每个人，不论水平多高，都只能是某领域内的专家，在某领域内是内行，相对其他行业，仍是外行。"闻道有先后，术业有专攻"，每个人在是内行的同时，又是外行。专业，必须以一套严格高深的理论为基础，在专业范围内，有明显的内行与外行的差异，而一般职业无须以高深学理作为基础，只是按照例规行事，无内行与外行之别。即使是在技术领域，虽然成为专家不容易，但对某一个专业了解其基本的知识，还是办得到的，正如毛泽东所说的那样："入门既不难，深造也是办得到的，只要有心，只要善于学习罢了。"

外行看问题的角度与内行不同，有时恰恰能起到启发思路的作用，所谓"茅塞顿开"。美国"原子弹之父"、著名理论物理学家奥本海默，在领导科学家进行原子弹攻关时曾经说过一句话："即使看门人的意见，也会对原子弹的成功有一定的帮助。"内行虽然具有一些知识、经验和概念，但可能同时包含各种各样的成见和似是而非的"伪知识"。当一个内行面对一个具体的问题时，这些成见和"伪知识"也许会干扰，甚至蒙蔽内心的真实感受。在这种情况下，内行所掌握的"知识"所起的作用就不大了，往往是一些他们所缺少的常识会起到决定性的作用。只有"无知者无畏"的外行，才可能像安徒生童话故事《皇帝的新装》里的那个天真无邪的儿童，说出一句令人吃惊的真理。

在管理领域，外行领导内行，这种现象至今存在。究竟是内行领导内行好，还是外行领导内行好，不能一概而论。实际上，领导有领导的方法、责任、权利、义务等，与是不是内行或外行无关。领导必须起到领导的作用，不管是内行还是外行，不能带领下属走向胜利，这个领导就是不合格的。因此，不是外行不能领导内行，而是要有一个能与大多数人产生共鸣的大脑，才能指导一个行业。另外，外行领导内行里面的"外行"，通常又是指在管理领域的"内行"，这些人对企业战略方向的选择、管理运作体系的组建、人员运用与组织队伍建设、企业资源整合等有较强的操作能力，而这些通常又是技术"内行"者的弱项。因为技术再强，也只是一个人的力量，即使用另一个技术较强的人也不一定降得住他，这时所说的"外行"往往能抓住重点，将各种资源力量整合在一起，进而发挥整体效应。

外行领导内行，只是一个过程，也只是一个阶段，任何内行也都会经历一个从外行到内行的量变和质变的过程。外行通过学习，也能逐渐摸到内行的"门道"，努力做到"外行听起来像内行"；同时，内行要成为真正的内行，而不能打着内行的旗号蒙蔽外行，也要做到"内行听起来不像外行"。管理的魅力，不仅在于管理者知道的事情懂得该怎么办，更在于不知道的事情也懂得该怎么办；管理者往往是探索与总结达成目标的方法，再将方法作为"内行"的指导方向。这才是"外行"领导"内行"的真正含义。

以我本人为例，我在大亚湾核电站和阳江核电站的本职工作，是履行党委书记的职责。对于核电站的运行和维护，我是"外行"，这是不需要讨论的。那么，在这样的高技术领域的企业里担任党的领导工作，长期安于自己是"外行"，行不行？以我的亲身经历和我对别人的观察，说行也行，说不行也不行。说行，是因为许多"外行"的党委书记，似乎也履行了职责，并没有捅出什么大娄子；说不行，是如果"外行"的党委书记，无法把自己真正融入一线员工的工作和生活之中，哪怕是他/她再会做人，在干部员工中的威信也高不到哪里去。我在履行党委书记的职责时，对自己有要求，就是要尽快熟悉公司的主营业务工作，最起码要对一些专业问题听得懂，而且更要知道在某一个专业问题上谁懂。我一直认为，假如企业的党委书记只会照转、照抄、照念上级的文件精神，而不会结合企业的中心工作，转化为自己的思想和行动，那么，这样的党委书记是不合格的，也是不需要的。我在与专业技术人员打交道的过程中，从来不讳言自己是"外行"，既然知道自己是"外行"，那就要问、就要学、就要实践、就要提高，使自己变成"内行"。有一次，一位从事核电机组运行管理的同事给我发了一封邮件，里面有一句带有鼓励性质的话："您总说您自己是'外行'，即便如此，您也是一位'高级外行'，而这正是我们这些'内行'所需要的。"同事的鼓励，是我继续向"内行"奋进的精神动力。读者朋友读到的这本书，就是这种自我奋进的一个成果。

核电站是一个极其复杂的系统，在每一个技术领域里都有一些内行，这些内行在其他领域里也许就是外行；相对于技术人员这些内行，管理者也许就是外行，但就是这些"外行"，他们原来也是在各自领域内的"内行"。因此，在发扬技术民主的过程中，既要听取内行的意见，也要听取外行的意见，外行之于内行，并不是真正的"无知"，而是会对后者产生启发作用，因而也就不是内行决策的障碍了。

二是辩证认识目的与手段的关系，后者对前者是影响而不是决定。

在哲学史上，目的和手段的关系是一个很重要的研究命题。古希腊哲学家亚里士多德，明确地谈到了通过手段达到一定目的这一人类活动的特点。目的是活动"所追求的那个东西"，也即"一件事之所以被做的缘由"。他强调达到目的必须凭借手段，而使用手段又是为了达到某个目的。亚里士多德把人类有目的的活动的特点扩展到整个自然界，认为在自然界的运动中也存在着目的和手段的关系，导致了目的论。

目的和手段的关系是对立统一的关系。人们提出目的和实现目的，依赖于一定的手段。手段是提出可实现目的的现实条件，又是保证目的得以实现的现实力量。人们创造和使用手段，就是为了实现一定的目的。不与目的相联系、不能实际用来达到某种目的的手段，就失去了作为手段的意义。同时，手段的力量和作用，也只有在对象性活动中被有目的地使用，才能表现和发挥出来。不在对象性活动中被有目的地使用，手段就起不到作为中介的作用，就仅仅是潜在的或存在不确定性的手段。人的目的总是反映某种物质生活或精神生活的需要，但需要本身是与满足需要的手段一同发展的，并且是依靠这些手段发展的。在具备了一定手段的基础上，人们根据需要提出目的，为实现目的而奋斗；目的反过来推动、促使人们去创造新的手段；新的手段又引起新的需要，人们又提出新的目的。

目的和手段不是简单的因果关系，目的是手段开始的原因，在达到目的的过程中（达到的目的和最初的目的很少是一样的），手段在不断地与环境适应，不断影响着目的。合理的方法，是由规则决定的；同时，手段也对目的产生决定性的影响。目的和手段的主体是行为，目的和手段只有通过行为才能体现。目的的达成需要手段，但并非所有手段都可以采用，即使手段可以达到目的。

目的与手段在现实中并非泾渭分明，似乎某个时候主体以手段的形式存在，某个时候则活在目的之中。在现实意义上，二者是一个统一的过程，手段必然融合了目的，目的总是在手段和过程中铺展开来。在一个阶段，手段本身也可能成为近期的目的；在下一阶段，原有的目的又成为更高的目的的起点，成为新的手段。目的是非理性的，而手段是理性的。这体现在目的要求一个肯定性的结果，而手段受到否定性规则的制约。手段和目的互相制约，互相推动，构成了人类有目的的创造活动史。

美国民权运动领袖马丁·路德·金有一句名言："人们无法通过邪恶的手段来达到美好的目的，因为手段是种子，目的是树。"手段是种子，目的是树。这话说得多好！美好的目的怎么可以运用卑鄙龌龊的手段来达到？"只问目的，不择手段"是不善良的，如果要求的手段是不正当的，目的也就不是正当的，手段的卑鄙正好证明了目的的卑鄙。把手段当作目的，是一切愚昧的根源；把目的当作手段，是所有罪恶的开端。把手段视为目的，必然也意味着会将目的当成手段，反之亦然。愚昧和罪恶，从来就是一对"孪生兄弟"。

目的是"实质正义"，手段是"程序正义"。在发扬技术民主的过程中，目的是找到解决技术问题的恰当方法，而手段则是多种多样的，其中一个重要手段就是按照一定的程序进行技术决策。履行程序需要花费时间和精力，是有一些"麻烦"，但它是民主权利的体现，也是集思广益的过程，添了一些"小麻烦"，可以减少因决策失误导致的"大麻烦"。因此，在发扬技术民主的过程中，手段虽然不能完全决定目的，但它却可以对目的的达到产生决定性的影响。

三是辩证认识少数与多数的关系，后者对前者是帮忙而不是添乱。

不论是什么样的民主程序，都必须面临并必须解决少数与多数的问题。人类以往的民主实践，少数服从多数都是一个基本的原则。法国思想家卢梭曾经对民主的多数原则做过专门论述："多数的意志是至高无上的，而且是分辨政治是非的最高裁判者。少数总是错误的。除开生存的权利和争取变为多数的权利而外，少数不能要求任何权利来与多数对抗。"

少数服从多数，包含了人人平等的事实和理念，就是说每个人的智商大体相当，谁也不比谁强多少，谁也不比谁差多少。正是基于这样一个事实，那么多数人的智慧一定多于、高于或优于少数人的智慧，多数人认可的决定，多数情况下比少数人认可的决定包含的错误少，更接近于真理。其实，"真理往往掌握在多数人手里"这个道理，中国人早就知道，并且用一句非常形象的话来概括："三个臭皮匠（俾将），赛过诸葛亮。"所以，少数服从多数的原则和天才论、圣贤论是对立的。

少数服从多数的原则也存在局限性。人们对事物的认识不仅与自身的视野、认识能力有关，而且往往和自己的利益紧密联系在一起。这是导致少数服从多数原则局限性的基本因素。在实际生活中，多数人的视野、认识能力也是有限的，而且，在涉及个人或者小团体利益的时候，一个人的认识往往可能受到自身利益的干扰，甚至为了自身和小团体的利益，宁愿同意一种不正确的观点，或者因为追求自身的利益，自己的认识也往往被利益诉求扭曲，固执己见，损害大局。这样，以局部利益和私利为基础确立起来的，尽管是少数服从多数做出的决定，也很难是科学的、正确的。这是少数服从多数原则局限性的重要根源。正因为如此，少数服从多数也只能是相对科学的原则，它并不是一个十分完美的原则。

毛泽东说："许多时候，少数人的意见，倒是正确的。历史上常常有这样的事实，起初，真理不是在多数人手里，而是在少数人手里。"

这类事情并不鲜见。在一些领域尤其是自然科学领域，是不能用少数服从多数来解决科学问题的。科学常常是"多数服从少数"。因此，实行少数服从多数的同时，必须保护少数。从这个意义上说，多数尊重少数，也就是尊重实践、尊重科学、尊重真理。另外，少数的利益和权利不能被剥夺。比如，人的生存权利、说话权利、受教育的权利等，是不能被随便否决的。在一个不能保护少数的组织里，多数人的意志和利益也很难得到保证。尊重少数，意味着要保护少数人的话语权。法国思想家伏尔泰有一句名言："尽管我不同意你的观点，但是我愿意用生命来捍卫你表达自己观点的权利。"由此可见，话语权是民主权利的一种直接体现方式。如果少数人的权利与自由得不到保障，民主就可能变成多数人的暴政。当然，少数人在表达自己的意见时，也要有一种平和的心态，以理性的方式进行，而不能总是想着"不鸣则已，一鸣惊人"。压抑得太久了，一旦有了鸣的机会，就想震惊天下，吓人一跳，这是虚荣心在作怪。真正的平等意识，就是需要鸣就鸣，而不管惊人不惊人。

少数服从多数的民主原则，是决策主体行动的原则，不是思想的原则；是决定行动方案，不是讨论思想统一。民主原则是以相对多数或绝对多数表决结果来决定执行方案的，其核心词汇是"多数"和"执行"，而不是"一言堂"和"统一思想"，因为少数服从多数，不是少数人的意见服从多数人的意见，而是少数人仍然有权利保留自己的意见，但少数人的行为必须跟随多数人的行为方向，这显然不是确保意见的统一，而是保证行动的一致性。少数服从多数的民主原则，其最精彩的部分是民主讨论的过程，民主原则的精髓是尊重不同意见。多数人讨论，每一个人都有说话的权利，每一个人都应坚持"我可以不同意你的观点，但我捍卫你说话的权利"的理念，学会倾听别人的意见和看法。

"真理往往掌握在少数人手里"这个说法不一定准确，但"真理往往首先由少数人掌握"这个论断，则是站得住脚的，因为如果不是这样，真理的存在价值也就会大打折扣了。假如你在一个科技学术会议上对与会者大谈特谈"地球围绕太阳转"这个真理，相信很多人会认为你是一个"疯子"，尽管你说的是真理，但是绝大多数人已经承认了这个真理。在技术问题上，常常是少数人掌握着真理，少数人的意见是正确的。这时，就不能用少数服从多数来决策，而是少数掌握真理的人努力说服多数还没有掌握真理的人。在这种情况下发扬技术民主，并不是确保意见的统一，而是保证行动的一致性；也正是在这种情况下，多数人的意见对于少数人而言，是添乱而不是帮忙，因为少数人的正确意见得不到多数人的理解并在行动上予以支持，那么这种正确的意见在实践中也是行不通的，其蕴含的科学价值也就无从体现出来。

四是辩证认识真理与权力的关系，后者对前者是保护而不是制约。

学术界对真理的一般理解是：真理是符合其客体的理性的认识。但什么是理性，又成了一个判断的问题。按照德国著名哲学家尼采的说法，西方自启蒙运动以来，理性确立真理根本就是一个骗局。他认为理性思维是由权力架构所缔造的，所谓真理也如是，权力才是真理的依据。因此，他提倡意志——掌握权力的意志——才是建构真理的动力。

权力是使他人按照自己的想法行事的能力，使整个群体或组织向着更好的方向前进。换句话说，权力是将个体留在一个组织内的全部影响力，也就是影响他人行为的全部能力。权力的来源或基础由两部分构成：职位权力和个人权力。职位权力是指管理者或领导者在组织权力层级中所居的职位或正式身份所赋予他的权力，包括奖赏权力（通过奖赏优秀的表现对组织成员施加影响的能力）、强制权力（通过惩罚或扣留收入等方式来影响组织成员的能力）和法定权力（通过权威、权力或地位来影响组织成员的能力）。个人权力是指来自管理者或领导者的独特个人魅力，包括专长权力（通过专业知识来影响组织成员的能力）、信息权力（通过对组织运营和未来规划具有重要意义的信息的传播与使用对组织成员进行控制的能力）和感召权力（通过身份认知影响组织成员的能力）。

真理和权力之间究竟是谁决定了谁的命运，这是一个复杂的问题。英国著名思想家霍布斯说："制定法律的是权威而非真理。"从实用主义角度来说，霍布斯的话是对的，而且许多事实可作为佐证。但是，另外一位思想家布鲁门贝格对此不以为然，他反唇相讥："但恰恰不是权威创造真理。"从认识论的角度来说，布鲁门贝格的话也是对的，也有许多事例可以作为佐证。由此可见，权力与真理似乎有点格格不入。在现代的思想家中，福柯对权力和真理之间的关系的描述最具有吸引力："如果没有真理话语的某种经济学在权力中，从权力出发，并通过权力运行，也就不能行使权力。我们屈服于权力来进行真理的生产，而且也只能通过真理的生产来使用权力。在所有的社会中都是如此……一方面，法律的规定从形式上划定了权力的界限；另一方面，另一个极限，另一个限制，就是这个权力产生出并引导真理的效力，而后者又反过来引导这个权力。"这样，权力、法律和真理这三者之间就形成一个三角，存在着复杂的互动关系，经常表现为这三者之间的相互证明。

爱因斯坦说："进入人们头脑中的权威是真理的最大敌人！"他还说："在真理的认识方面，任何以权威者自居的人，必将在上帝的嬉笑中垮台！"上帝离我们太远，而现实却就在我们身边。因此，爱因斯坦的话部分得到验证，部分还未能得到验证，就如同他的广义相对论一样，有待更多实践的检验。在爱因斯坦看来，人多势众并不一定就代表真理。20世纪30年代希特勒统治下的德国发表了一篇题为《100位教授出面证明爱因斯坦错了》的文章，反对他的相对论。爱因斯坦说："假如我真的错了，只要一个人告诉我就行了，不需要100个。"在爱因斯坦看来，权威与政治的关系太过紧密，而后者涉及更多人的因素，而科学的方程式则是永恒的。他选择了毕生研究科学方程式即追求真理，为此而拒绝别人邀请他出任以色列国的总统。

权力与真理的关系，真是太过微妙、太过复杂，大概是世界上所有智慧超群的学者们都无法给出最终答案的一个实用哲学的命题。在有些人看来，权力就是真理，权力加上真理，自然就是权威了，甚至权力就是权威。在另一些人看来，权力与真理是两回事，权力大，未必真理一定多。实际上，权力与真理并不是截然对立的，而是可以融合的。问题的关键在于，当权者如何理解真理、怎样行使权力。有人说，最怕碰上"不懂、主观、有权"的领导。不懂不可怕；不懂、不听别人意见才可怕；不懂、不听意见，但说了不算也无大害，最可怕的是碰上不懂、主观又有权"三位一体"的人，其破坏性常常是无可弥补的。正如法国著名启蒙思想家、法学家、三权分立思想的创立者孟德斯鸠曾经说过的那样："一切有权力的人都容易滥用权力，有权力的人们使用权力一直到遇到界限的地方才休止，这是一条万古不变的真理。"

科学精神和民主思想，不承认任何人具有垄断真理的权力。人类对真理的掌握，与权威、权力没有必然的联系。每个人都有发现真理的权利，都有检验真理的权利，都有对一切说教证实或证伪的权利。真理不是权力赐予的，而是通过各种观点、意见和思想的公开辩论和自由竞争获得的。人类科学生产出的知识和真理，在某个层次上是与权力联系在一起的，因为这与它们被用以约束和规范个人的方式息息相关。

组织里必须具有真正的掌握真理者。作为任何一个群体，作为任何一个外行的领导，如果组织里没有人掌握着真理，或者正确的解决办法和方案的话，就要适时引进能够掌握真理和解决办法的外脑。否则，最后的结果便会毫无意义。在这种情况下，可能一万个臭皮匠（俾将）也都不能顶一个诸葛亮，尤其是在特定的技术领域里。在这种情况下，权力一定要作为真理的屏障，为其遮风挡雨。重点防护的对象，就是来自他人的不健康心理因素。在生活中，我们常常可以看到这样的现象：有的人只看人家决策时的果断，而看不到人家事前所下的功夫；只看到人家处置问题的自如，而看不到人家平日长期的积累。用一句低俗的话来概括，就是"只看到贼吃肉，而看不到贼挨打"。对于那些没有丝毫理性思维细胞的人来说，手中一旦掌握了权力，或者一旦认为别人的权力对自己没有任何约束力时，对待真理的态度极有可能状似叉腰骂街的"泼妇"。这就要求当权者要有甘当人梯的气度与胸襟，要知道，贪恋个人的意志，必将使你的成就走向反面；挑战个人的极限，必将使你以失败而告别人生。因此，在技术领域里，权力之于真理，要发挥保护而非制约的功能。技术民主是一种理性的思维和行为方式，只有当权力欣赏真理的时候，理性才能真正回归。

　　上述四种辩证思维，是发扬技术民主的要点。只有辩证认识这四种关系，大家才能够在思想上产生共鸣或共振，而共振的力量是很大的。一队士兵在一座桥梁上齐步走或正步走，因为他们步调一致，所以很容易与桥梁的振动频率发生共振，从而使桥梁坍塌。假如我们在碰到技术问题时能够充分发扬民主，使大家在思想上发生共鸣，那么这种共振的力量就会把这个问题"振塌"，无论所讨论的技术问题是何等的复杂。

　　回过头来，再说会议的事情。现在各行各业的各类会议实在是太多，有些人也确实有点疲于应付。我以为，这种现象不能完全怪罪会议这种形式，而在于会议的效率和质量。一般来说，一个切实有效的会议应该具备四种功能。

（1）交流信息。现场的许多工作都不是一个人或一个小团队就可以完成的，这就需要其他人或其他单位的配合与协助。为了使自己负责的工作在全局中发挥出更大的作用，就要随时了解其他人、其他单位的工作内容和工作进程，也就是要进行信息交流。这种信息交流的方式固然可以多种多样，但通过会议这种形式进行信息交流，就会更便捷、更直接、更有权威性。

（2）讨论问题。现场每天都会出现很多问题，这些问题的解决方案有时候十分复杂，非一个人、一个小团队所能够全部胜任，在很多情况下必须借助外力。固然在现场也可以对这些问题进行讨论，但任何事情都有自己的规律，讨论问题在某种意义上说是一种高级的思维活动，必须在特定的场合下才能够有效开展，而会场就是讨论问题的最佳场所。

（3）达成共识。交流信息与讨论问题的根本目的，就是把大家的有益的意见综合起来，充分集思广益，以求得对所研究的问题达成共识。在会场上达成共识，是工作效率高的具体表现。

（4）做出决策。开会是有成本的，为了使这种成本物有所值，会议结束时必须做出决策，从而使现场的工作有所依凭。事实上，现场的许多工作都是按照各类会议纪要的要求去开展的，会议纪要就是会议决策的具体体现，它的权威性与约束力是不容置疑的，因为它体现了集体的智慧与组织的力量。议而不决，决而不行，行而不果，是会议的大忌。

会场既然如此必要和重要，为什么有些人视会场为畏途呢？分析前文所引的"会议歌"，我们可以归纳出两个原因。

原因之一，与会者的思想认识不到位，既没有正确认识会议的必要性和重要性，也没有摆正自己参加会议的态度。我们经常可以看到这样的现象：有人只要走进会场，就是来当"厅（听）长"的，而有的人则是来当"科（瞌睡）长"的。实际上，不管发言者的水平如何，他在会上说出的话总是经过大脑思考的；不管他把自己想要说的话过滤了多少遍，只要仔细听，总能听出一些深意。人们常说，开卷有益。实际上，在会场做一个"倾听者"，其收益可能更会立竿见影一些，虽然不能说"听君一席话，胜读十年书"，但在某些方面受到启发、有所感悟，则总是办得到的。当然，前提就是要端正对待会场、对待发言者的态度。

原因之二，发言者的套话比较多，对人的启发意义不大。在现实生活中，套话里面的"学问"可真是大了去了。首先，套话应该是先锋的词、时髦的词、响亮的词、上口的词、精致的词，在内容上不一般，读起来气势恢宏、流畅自如。其次，套话应该是正确的词，大家都认可的词，说上一千遍都不会挑出毛病来。不成熟的话、有漏洞的话、过头的话、似是而非的话，是不能写成套话的。最后，套话大多是正确的废话，重复来重复去，没有什么新意。套话可以翻来覆去地运用，虽然味同嚼蜡，但是它总是占据着十分重要的位置，谁也不能撼动它。

不管怎么说，现场工作虽然很重要，但也离不开必要的会场。什么时候进现场，什么时候进会场，没有一个明确的界定，完全要根据客观需要而定。在没有创造出新的、更加有效的工作方法之前，如果借着强调现场工作的重要性而人为地减少甚至取消一些会议，这是就事论事，治标而不治本，表面上减少了一些会议，但前文所述的四种会议功能也随之而消失，这就有可能潜伏着极大的风险。集团前任主要负责人曾经要求并考核各核电基地负责人要"下现场、在现场"，结果就出现了统计基层负责人"深入现场"的次数和时间，而不论解决了多少实际问题。这是一种过分迷信"现场"的管理异化现象。我当时在阳江核电基地工作，对这种形式主义的花架子进行了坚决抵制，并且告诫分管现场安全生产的公司领导，不参加此类的统计与评比，如果集团要因此扣分或处罚，那也悉听尊便。这起"闹剧"持续了近一年的时间，在许多基层负责人或明或暗的反对与抵制之下，最后无疾而终。这真是应了四川省新都区宝光寺的那副著名对联："世间人，法无定法，然后知非法法也；天下事，了犹未了，何妨以不了了之。"

开会作为一种工作的工具和手段，本身不会发生异化，只有利用这种工具和手段的人的不当行为，才会导致或加剧会议的异化现象。只要注意减少会议时间、提高发言质量、改进组织方式、选择恰当场合、理顺责任机制，会场的作用就不见得比现场的作用小。因此，会场与现场是一个问题的两个侧面，要把它们有机地结合在一起，而不能人为地割裂开来，否则，会议的异化现象会越来越严重。

第二节　倡导科学的质疑精神

质疑，是一个使企业管理从必然王国向自由王国过渡的重要思想方法，因此，有必要按照理论与实践相结合的原则，对这个话题做一些深度分析。

毫无疑问，质疑的态度是应该提倡的，这是认识论；同时，更要倡导以正确的态度质疑，这是方法论；质疑只是一种手段，其根本目的是解疑，这是目的论。由此三论，引出三个根本性问题：为什么要质疑？什么样的人才有资格质疑？什么情况下才能够质疑？

质疑一词，在汉语中有两个很不相同的意思，一指猜疑，二指不相信。属于科学精神的"质疑"指的是不相信，更确切地说，是不轻信。科学的质疑精神源自古希腊的怀疑论，就是关于对客观世界和客观真理是否存在、能否认识表示怀疑的哲学学说。怀疑论者在古希腊被称为"探究者",他们反对教条主义,对各种各样的说教都首先持怀疑态度,要求知道这些说教的依据何在,是否的确是成立的。随着历史条件的变化,所怀疑的具体对象有所不同,哲学史上不同时期的怀疑论各有其特点,曾起过不同的作用。

古代怀疑论者认为事物是不可认识的,因为对每一种事物都可以有两种相互排斥的意见,既然人们什么也不能确定,就应放弃判断、放弃认识。这与我国先秦时期的著名哲学家庄子的没有"是非"的思想观点是一致的。庄子认为,天下的是非是不可定的,只有"无为"可以定是非,这是因为,天下并没有什么"公是",而是各有自己的判断。所谓"公是",就是指主体间共同认可的真理性认识。显然,庄子从论辩本身无法客观地判定出发,认为主体间的意见分歧与是非争执并不存在定论,每个人都自以为是,主体间不可能对真理性认识达成共识。

在庄子看来,主体间之所以存在意见的分歧和观点的差异,其原因在于人皆有"成心"(或"师心""机心"),就是认识主体具有偏见或先入之见(域情滞者,执一家之偏见者),也就是说,各有各的"成心",就比如每个人的相貌都是不同的(各师成心,其异如面)。假如我与你意见相左,发生了关于是非对错的争论,那么能否找出一个第三者来对我们的论辩加以客观地判定呢?庄子认为这也是不可能的,因为请一个第三者来评判,或者与你的意见相同,或者与我的意见相同,或者与你我的意见都不相同,或者与你我的意见都相同,但是无论在哪一种情况下,这个第三者本身已经成为论辩过程中的一方,所以不可能对存在于你我之间的意见分歧和是非争执做出客观的判定。因此,我们两人究竟谁是谁非,你我他都无从知道。由于无法对展开于主体间的关于不同意见和观点的是非对错的论辩加以客观的判定,因此,天下就没有是非。

物理学中有一个"测不准原理",其物理含义是:任何一种试图精确测定亚原子粒子(如电子)的速度的努力,都会使该粒子受到无法预测的撞击,从而使同时测定其位置成为不可能。这个原理作为一种自然法则,经受了许多实验与事实的检验,它是正确的。这个原理的哲学含义是,人类对于客观对象的测量和把握,永远也无法摆脱认识主体自身能力和工具条件的限制。中国传统哲学研究的绝对本体是"道",《道德经》开篇就说:"道可道,非常道。"意思是说,"道"一旦被定义,被言说,就不再是"道"本身了。对于是非和对错的判断,永远依据每个人的价值观而定,没有统一的客观标准。

庄子站在无是无非的"道"的立场,批评有是非分别的"各是其所是",主张从根本上超越名相是非(是亦彼也,彼亦是也。彼亦一是非,此亦一是非)。不幸的是,庄子这个观点本身就介入了是非的争论之中,也就是说,他试图以自己的主体意识去测量"是非"这个客体存在,那么根据"测不准原理",他一定会测不准,即无法做出判断。孟子认为是非之心不是由外物决定的,而是每个人所固有的,即著名的"恻隐之心,人皆有之;羞恶之心,人皆有之;恭敬之心,人皆有之;是非之心,人皆有之"。至于要不要争论,这是一个态度或修养的问题,正如明代高僧憨山大师的《醒世歌》中说的那样:"是非不必争人我,彼此何须论短长。"有人说,是非自有公论,其实,这个所谓的"公论"恰恰也是某种争论的结果。如果有人受到委屈和压迫,那么总要找机会发出不满和反抗的呼声,就像唐代文学家韩愈的《送孟东野序》中说的那样:"大凡物不得其平则鸣:草木之无声,风挠之鸣。水之无声,风荡之鸣。"因此,宣称是非不能通过争论来分辨,恰恰说明这个世界是有是非的,问题的焦点归结为以什么准则来判断是非。

彻底的怀疑论者甚至对任何事情都不作肯定的回答,他们对现实生活漠不关心，以求得精神安宁。古代怀疑论揭示了人们认识中的矛盾，批判独断论，在认识史上有一定积极意义。但是，它反对唯物主义，不相信理性的力量，否定科学知识，实际上为宗教迷信和神秘主义的传播提供了条件。

欧洲文艺复兴时期的怀疑论对教会和经院哲学所宣扬的各种教条采取了怀疑态度。这个时期的怀疑论者所怀疑的对象，一般说来不是理性而是信仰，他们力图把理性和信仰分开，用理性研究现实世界，为新科学的产生扫清道路。

近现代的怀疑论发端于17世纪末，继承了文艺复兴时期的怀疑论，进一步用怀疑论反对宗教和为宗教信仰提供理论支柱的旧形而上学。后来发展到休谟和康德的怀疑论，就成为不可知论，他们的怀疑论具有摇摆于唯物主义与唯心主义之间或调和唯物主义与唯心主义的特点。现代西方哲学的一些流派承袭了休谟和康德的怀疑论思想，如实证主义、新康德主义、马赫主义、实用主义、新实证主义等流派，都把认识局限在感觉经验或现象的范围内，拒绝研究感觉经验之外的实在或现象背后的本质，实际上反对唯物主义，为宗教信仰留下地盘。

如果人们盲目地接受教条和"常识"，不敢挑战权威和迷信，那么科学是不可能发展的。现代科学的诞生，正是发扬质疑精神的结果，既质疑人人信奉的宗教教条和迷信，也挑战古代科学的权威。质疑意味着科学绝不迷信权威，也绝不无条件地宽容。如果不具有质疑精神，对所有的观念，不管是合理还是荒唐都全盘接收，就失去了分辨是非、去伪存真的基础，科学也就无法发展。北宋时期重要的思想家、理学的奠基者之一的张载，对于质疑有着独到的见解，"洪钟未尝有声，由扣乃有声；圣人未尝有知，由问乃有知"，"在可疑而不疑者，不曾学；学则须疑"，"守旧无功"，"于不疑处有疑，方是进矣"。由此可见，质疑是做学问的基础。

质疑往往与思考联系在一起。西方有句谚语说："人类一思考，上帝就发笑。"这句话只说对了一半，就是人类的思考有其局限性，不能完全达到"上帝"的境界。假如人类不思考，上帝会怎么样呢？我猜想，他老人家可能会烦恼的，因为他不能与人类进行交流，于是便会感到孤独。事实上，学起于思，思源于疑。人的思维活动起始于问题，有疑问才会去思考。疑，是点燃思想的火种。明代思想家陈献章的《白沙子·与张廷实》中说："学贵知疑，小疑则小进，大疑则大进。疑者，觉悟之机也，一番觉悟，一番长进。"有疑问，是学习新知识、产生新思想、发现新观点的起点。伟大的物理学家爱因斯坦在他的晚年回忆道："空间、时间是什么，别人在很小的时候早已搞清楚了，但是我智力发育迟，长大了还没有搞清楚，于是一直在揣摩这个问题，结果就比别人钻研得深一些。"

爱因斯坦的话给我们的启示是极其深刻的，我们生活在时间和空间中，从没想到去考虑"时间、空间是什么"，可谓熟视无睹。爱因斯坦的非同寻常之处，在于他不满足于常人对于时间和空间的肤浅认识，而是用质疑的目光重新审视这些在一般人看来是司空见惯的概念，发现"时间是可疑的"，经过十年的努力探索，终于产生了石破天惊的"相对论"。可见，质疑能力是人们素质的重要组成部分，是创新能力的前提。生疑、质疑、解疑、再生疑、再质疑、再解疑……循环往复，步步推进，在这个过程中掌握了知识，获得了能力。

爱因斯坦还说："提出一个问题往往比解决一个问题更重要。"心理学的研究表明，问题是在人对事物感知的基础上产生的。提出问题，只是质疑的开始，但不是终结。无疑处生疑，有疑处质疑问难，不满足于已有的结论，不迷信权威的仲裁，不屈服于任何外在的压力而放弃自己的主张,这才是创造性人才所具有的人格特征。长此以往,定会像现代教育家叶圣陶先生说的那样"领悟之源广开,纯熟之功弥深"。

心理学告诉我们,自由能使人的潜能得到最大的发挥。因此,从组织的角度来说,要努力创造一个宽松和谐的环境,以激发人们质疑的兴趣。从个人的角度来说,质疑作为一种探究真理的手段,并不是人人都可以无条件地使用的,而是必须在所质疑的领域内具有一定的知识与经验的人,才能够恰当地使用质疑的工具。不懂天文学的人不会质疑星、星云、黑洞的学说;不懂物理学的人不会质疑相对论;不懂医学的人也不会质疑遗传基因的理论。由此可见,凡提出疑问的人,总是对自己所思考的问题具有某种"资格",而不是对自己一无所知的事情或领域中的具体问题提出不恰当的质疑。

质疑要经过一个复杂的思维过程,它牵涉感觉、知觉、注意、情感等多种心理因素。根据我的观察和体悟,质疑一般有四种模式。

第一种:"我知道,你不知道"(我要教训教训你)。
第二种:"我不知道,你知道"(我要请教请教你)。
第三种:"我知道,你也知道"(我们要切磋切磋)。
第四种:"我不知道,你也不知道"(我们要探讨探讨)。

第一种质疑模式带有考试和教训的意味,质疑者要给被质疑者上一课,这种情况下的质疑的性质就变成培训了。还有一种情况,就是旁观者清,这个"清"也是相对而言的,只有具备一定专业素养的人才有可能"清",外行一般来说是看热闹的。

第二种模式是质疑者向被质疑者请教问题,受益最大的是质疑者,同时被质疑者也可能受到一些启发。

第三种模式属于学术交流性质，大家都是被质疑问题的行家，彼此切磋学问或技能，最后达成对问题的共识。

第四种模式是质疑者与被质疑者共同探讨未知的领域，主要目的是增加新知识。

质疑的目的是解决问题，质疑必须得到解疑。换句话说，质疑作为一种科学精神，也不能被滥用。如果是为了质疑而质疑，那就有可能陷入不可知论的泥淖之中，在日常生活中的表现就是普罗大众所熟知的"抬杠"，最后无助于问题的解决。极端的怀疑论会导致怀疑一切，使心灵闭塞而不愿探索；或者否认人们对世界的认识能力，否认科学知识的客观性，从而走向反科学。质疑必须建立在实证和理性的基础之上，也只有实证和理性才是科学精神中最为重要、最难掌握，也是中国传统文化中最为缺乏的要素。前文所述的庄子，就是一个在缺乏科学精神方面最为典型、最为著名，也最有影响力的代表人物。

我经常讲这样一句话：熟视无睹要"睹"，见怪不怪要"怪"，充耳不闻要"闻"。这个"睹"和"怪"就是于不疑处生疑，就是质疑；这个"闻"就是对真理和别人的经验要听取，就是服从。我们要摒弃一切的不可知论和形而上学的唯心主义的世界观和方法论，以辩证法和唯物主义作为我们认识质疑、利用质疑、发展质疑的思想武器。唯物主义在哲学基本问题上主张物质第一性、精神第二性，世界统一于物质，精神是物质的产物和反映。它承认外部世界，承认物质存在于人们的意识之外，并且不依赖于人们的意识。

质疑是重要的，服从真理更为重要。我们置身于一个日新月异的社会大环境中，合理的安排和有序的生活几乎成了这个社会不言自明的规则，而这些就要求我们必须学会服从。服从，并非懦弱；服从，并非毫无主见；服从，也并非什么事都听从别人。假设人人都各持己见，从不服从别人的安排，秩序何在？效率何在？虽然这个社会鼓励大家去质疑，允许大家提出异议，但服从有时也是一种难能可贵的表现，当别人的正确意见由于某种原因而被否认时，你的服从或许会拯救一个伟大的项目，抚慰一颗受伤的心灵。用不着摆出懦弱的架势和可怜的表情去服从别人，其实，我们的行动真的很简单，当你认为正确的时候，当你觉得能够接受的时候就是"服从"的开始。学会"服从"，能够以正确的态度去服从，是这个社会的需要，也是每个人的人生价值的闪光之处。

我们要服从真理，但绝大多数真理都不是每个人自己亲身获得的，总要相信其他人所获得的一些真理；我们每个人都有一些自己的经验，但这些经验与其他人所获得的经验相比，总是处于极少数，因此总要借鉴他人的经验。因此，对于一个具有辩证思维的人来说，质疑与服从并不排斥，在质疑的同时服从、在服从的同时质疑，是避免唯心主义的最佳方法，同时也是科学的质疑精神的最佳体现。因此，我们在提倡质疑的同时，也要反对滥用质疑这个工具而干扰甚至破坏正常的工作秩序。

第三节　善解人意的人文因素

2008年5月13日下午，我与两位同事在法国电力公司（EDF）所属的Tricastin核电厂进行访问交流。当我们完成了计划安排中的所有交流活动后，在办公楼的电梯出口巧遇原来在大亚湾核电站担任生产部顾问的Litaudon先生，我们都感到很高兴。按照主人的安排，电厂副厂长Peckre先生（曾经于1992—1994年在大亚湾工作）要在一座古老的城堡里宴请我们，这个礼遇是很高的。Litaudon先生是不是也是陪同我们吃饭的主人之一，我们作为客人，并不清楚，当然也不便喧宾夺主式地贸然向他发出一起吃晚饭的邀请。一路陪同我们的 EDF 的工作人员 Gest 先生（也曾经在大亚湾工作过，汉语说得相当好，可以与我们流畅交流）非常善解人意，邀请 Litaudon 先生一起参加晚宴，他很高兴地答应了。

在宴会上，Litaudon 先生说他很想念大亚湾，我说许多人也想念你。他说："你们的想念是假的，我的想念是真的。"我说："我们也是真的，我还记得你去年 7 月最后一次在生产部月度例会上的发言，其中留给我印象最深刻的一句话是，法国的核电站是 Nuclear safety first（核安全第一），而你们则是 Safe operation first（安全运行第一）。"当我说出这些话后，他的兴奋之情真是溢于言表了，连忙说："是的，是的，你当时还复述了我的话。"

我讲这件事情，意在表明，不论是中国人还是外国人，大家都有念旧的情结，特别是我们中国人，对于帮助过自己的人都不应该忘记。只要他们的意见是正确的，对我们的事业有好处，我们就要认真学习借鉴。善于学习其他国家和民族的长处，才是真正有自信心的表现。更为重要的是，我在当时那种特殊的场合，能够回忆起一年之前的情境，而且所复述情况的真实性得到了他的认同，这是对他最大的尊重，也是最直接的善解人意。

当然，记忆可能不是非常准确的。我对 Litaudon 先生讲的是 2007 年的 7 月，实际上，查日记是 6 月 11 日。那天上午，我去参加生产部的月度例会。正是在那次会议上，我亲耳听到了 Litaudon 先生的发言内容，感觉十分中肯和透彻，特别是他讲的"核安全第一"和"安全运行第一"的观点，给我留下了深刻的印象。Litaudon 先生当时还讲了这样一句话："DNMC's currnet situation is worrying.（大亚湾核电运营公司的现状是令人担忧的。)"我在发言中,对 Litaudon 先生的观点予以充分肯定,开玩笑说他讲得还不够,我给他加了一个形容词,对运营公司的评价变成"quite worrying(非常令人担忧)"。

我记忆中的 7 月,实际上是与此事相关联的另一个场合。查日记是 7 月 9 日早上,我去参加大亚湾核电站运行早会和运行一处周例会。运行处长要我讲几句话,或者讲讲形势也好。我讲了当时的生产形势很严峻,但作为运行人员来说,一定要把核安全放在首位,任何情况下都不能忘记这一点。同时,我们要思考法国顾问说我们是"安全运行第一",这与"核安全第一"究竟有什么本质的区别。后来,我把这个课题交代给生产部经理(也就是核电厂的厂长),过了好几个月,还是没有收到有关这个问题的任何反馈。我想,根本原因就是,当时的他与他的同事们,可能也真是搞不懂两者之间的区别,仍然处于"知其然,不知其所以然"的状态。不懂,又没有或者不愿意下功夫搞懂,也就很难向我"交卷"了。

既然说到善解人意和法国,我就索性再举一个也是发生在那次法国之行的例子。

我们在访问前述 Tricastin 核电厂的第二天(2008 年 5 月 14 日),又去了 Chooz 核电厂。该厂厂长 Jean-Paul Joly 先生亲自为我们介绍电站的整体情况,表现得非常热情友好。中午,Joly 先生在核电厂所在镇上的一家餐馆宴请我们。那时,集团有 4 位年轻员工在该厂进行培训,其中有两位学员的女朋友也来法国看望各自的男朋友。我专门看望了他们,并且与他们共进晚餐,算是公司领导对他们的一次慰问活动。我当时向前述的 Gest 先生提了一个请求,能否允许学员的女朋友第二天与我们一道参观核电厂,这样她们就会更加理解和支持我们的学员。Gest 说很困难,因为法国核电厂规定,参观者需要提前两周预约,并提供相关的资料。我说，那就不勉强了，中午能否请她们一起吃饭。Gest 先生说这个没有问题。

席间，宾主相谈甚欢。核电厂除了厂长 Joly 先生之外，还有好几位陪同人员，与我们的培训学员相互交流得挺热络。我对主人讲了一句玩笑话，其实也是真话："在我们中国的价值理念中，领导就是服务。"当时，我的同事用法语翻译了这句话，我又用英语说了一遍。Joly 先生的下属听了这句玩笑话，大声欢呼，而且还高兴得手舞足蹈，与他们的厂长开玩笑说，今后他就要为大家服务了。我从他们的表现上感觉到，我的话说到了他们的心坎上。只有 Joly 先生一脸严肃的表情，煞有介事地把脑袋摇得像拨浪鼓一样，嘴里连声说着："不，不，不，我是对他们下命令的人。"其实，他也是在一本正经地与我开玩笑，并不是反对我说的那句话。无论如何，关于领导是或不是服务的两种价值观的差异性是巨大的。

以善解人意的方式处理人际关系，实际上体现了中国人特别看重的三种传统的价值理念。

一是君子成人之美。

我在核电站任职期间，在各种会议上很多次听到这样的话："这个项目是某某人或某某单位协助完成的"，"我们这个项目要感谢某某人或某某单位"。这分明是要别人出人头地，自己甘当配角，进而起到了成人之美的客观效果。

"出人头地"这个词说来颇有一段耐人寻味的来历，典出大名鼎鼎的宋代文学家，也是唐宋八大家之一的欧阳修之口。

1057 年，苏东坡第一次参加当时的"高考"，主考官是著名的文坛领袖欧阳修和梅尧臣，欧阳修特别欣赏苏东坡的应试文章《刑赏忠厚之至论》，他对梅尧臣说："吾当避此人，出一头地。"意即"我要避开他，好让他出人头地"。可见欧阳修当时奖掖后进的急迫心情。后来,苏轼与苏辙兄弟均拜欧阳修为师。

欧阳修何许人也?当时的文学权威、一代宗师!一字之褒,一字之贬,即足以关乎当事人的荣辱毁誉。当时一位文人说,学者不知刑罚之可畏,不知晋升之可喜,生不足欢,死不足惧,但怕欧阳修的意见。试想一想,欧阳修对于苏东坡的这番议论,那该有何等的影响力啊!

欧阳修与苏东坡已经成为历史的故人了,但这段故事中所蕴含着的深刻的人文因素,就是君子成人之美。孔子说:"君子成人之美,不成人之恶。小人反是。"成人之美不仅是一种修养,更是一种如河流般深沉的美德。它需要有宽广的心胸,助人为乐的精神。对于患得患失、一切都要算计自己能够得到多少好处的人来说,是很难做到成人之美的。

一个高尚的人,总是具有成人之美的品格和胸襟。成人之美有两种表现形式。

第一种是自己好也成全别人好,自己能做什么也成全别人能做什么。这种成人之美也就是孔夫子所说的"己欲立而立人,己欲达而达人"。一般人做到这一点虽然也不容易,但还不算太难,只要心胸宽广一点的人就能够做到。

第二种是自己活得并不好,但还能够成全别人好,就像一首歌中所唱的"只要你过得比我好"。这就太不容易了,不是一般人所能做的到的。对于一个组织中的个体来说,应该具有的修养和美德就是默想"成功不必在我,团队的成功就是我的成功"。因此,我们学会了欣赏和肯定同事的成就,不贪功、不诿过,愿意从心里给别人热烈的掌声,这就是很难得的成人之美了。

君子成人之美而不成人之恶,大家相互欣赏,工作氛围自然就轻松了。其实,在公开场合下表扬别人几句,并不是多么费力的事情,关键是要克服一些"酸葡萄"式的忌妒心理。

二是君子严于律己。

"严于律己"这个成语，出自南宋著名词人陈亮的《谢曾察院启》一文："严于律己，出而见之事功；心乎爱民，动必关夫治道。"其中心意思是讲，人要严格要求自己。这个词与孔子所说的"君子求诸己，小人求诸人"的意思是一样的。"求诸己"，就是凡事首先从自己的方面来要求，这是中国传统文化中为人处世的基本原则。人们工作不如意，往往怨天尤人，埋怨环境条件不好，别人不了解自己，总觉得自己怀才不遇，大材小用，牢骚满腹，情绪低落。凡事不从自己方面寻找原因，只是埋怨别人，这就是"求诸人"。与人相处，免不了会有纠纷和冲突。如果面对的不是敌人、罪犯，涉及的不是大是大非的原则问题，一般情形下，"求诸己"也是应该采取的基本态度。有矛盾、有问题，先从自己的方面检查，这是"求诸己"；反之，眼睛盯着对方，只责备对方，不检讨自己，就是"求诸人"。须知对一切都看不惯的人，疲劳的不仅仅是眼睛。"求诸己"，就会责己严而责人宽；"求诸人"，就会责己宽而责人严。责己严而责人宽，有利于矛盾的化解和人际关系的和谐；反之，就会使矛盾激化。

孔子说："躬自厚而薄责于人。"就是要严于律己，宽以待人。孔子是伟大的教育家、思想家，弟子多达三千，精通六艺的有七十二人，他最喜欢的学生是颜回。鲁哀公问孔子："弟子孰为好学？"孔子说："有颜回者好学，不迁怒，不贰过。"值得我们注意的是，在孔子说到颜回好学时，并没有说他文学功底如何深厚，历史知识如何丰富，语言能力如何精妙，而是说他"不迁怒，不贰过"，既不迁怒于人，又不两次犯同样的错误。这在我们看来，完全是品德问题，而不是什么好学不好学的问题。这又一次说明，在圣人门下，学习绝不仅仅是指书本知识，还包括

"德育"的内容在内,所谓"进德修业",在儒学里,都是属于"学"的范畴。

说到"不迁怒,不贰过",这六个字可真是我们一辈子都难以企及的修养。所谓不迁怒,就是自己有什么不顺心的事,有什么烦恼和愤怒,都不要发泄到别人身上去,说得通俗一点,就是不拿别人做自己的出气筒。不幸的是,人的最大弱点就是迁怒,你给我气受,我就给他气受。一个人、一个组织和一个社会,反复地迁怒,就像病毒一样,整个社会就会变得浮躁、没有信任感。假如每个人都能够严于律己,不迁怒于人,那么这个社会也就和谐了。

在平时的生活和工作中,我们可能会冒犯或得罪一些人,但我们不应该去忌恨任何一个人。我们之所以会冒犯或得罪一些人,源于我们对事物的表达和对世界的理解有偏差;我们之所以不应该去忌恨任何人,是因为我们不应该把自己的过错加诸别人的身上。为了达到和谐的目的,我们要努力做到对事物的表达更加准确,对世界的理解更加正确。如果我们做错了一件事,明知自己有问题,却怎么也不肯认错,反而花加倍的时间来找借口,这样不仅无助于改正自己的错误,而且也会让别人对自己的印象大打折扣。在这个多元化的社会中,我们所秉承的一些东西未必是正确的,我们所反对的一些东西未必是错误的。海纳百川,有容乃大。一声"抱歉",可以把自己的过错"推卸"得干干净净;一句"谢谢",可以把别人的功劳"抹煞"得彻彻底底。为实现和谐,我们都要学会"推卸"自己的"过错"与"抹煞"别人的"功劳"的真功夫。

三是君子人情练达。

《红楼梦》中有一句名言:"世事洞明皆学问,人情练达即文章。"每感于这十四个字,足抵千言万语的洋洋空论,真正言简意赅,十分精辟。这是一种心灵的履约，是精神与人世的系缆。这句话包括三个重要的概念：世、事、人。世即世相，事乃事理，人指人情，即人与人之间的关系。万物和谐在于人与人之间的相处相交，就是人情练达，处处替对方着想。练达的境界是自然而不留痕迹的，如清风明月，自然而然。正因为如此，明朝学者洪应明在《菜根谭》中说："涉世浅，点染亦浅；历事深，机械亦深。故君子与其练达，不若朴鲁；与其曲谨，不若疏狂。"意思是说，刚进入社会的人，阅历浅，沾染的不良习气也就不多；而经历很多世事的人，阅历深，心中的城府也深。所以君子处世，与其考虑到人情世故，不如保持憨厚朴实的个性；与其谨小慎微，不如大度粗放一些。这段话主张人的行为方式要顺其自然，这当然是正确的，但如果能够真正做到人情练达，那么其行为方式必然是自然而然的。

我曾经在报纸上读到一则故事。一位患者身患重症，病人家属心急如焚。医院考虑到这位病人的严重症状，决定由一位副院长亲自主刀。家属一直守候在手术室门外，焦急地等待手术结果。八九小时过去了，医生、护士都从手术室中出来了。病人家属急切地想知道手术的结果。这时，那位主刀的副院长说话了："我们从来没有向病人家属要求过什么。今天破一回例，你们请我们这些医生、护士吃顿饭。"什么是人情练达？这就是人情练达，因为这位副院长懂得病人家属的心情，知晓医患之间的人情。从他的话语中，病人家属解读出了手术的顺利，亲人度过了危险。不论是对于请吃的还是吃请的，这顿饭的气氛肯定是和谐的、融洽的。我在本书第二章中讲到的收下那位曾经闯过"祸"的C君两瓶红葡萄酒的事情，与这个案例可谓是异曲同工，都是在"有经有权"原则指导下的人情世故，收了酒和吃了饭，反而是对对方的最大尊重。

说到人情，这是我们中国人非常看重的一种社会交往方式。《史记·太史公自序》中就说:"人情之所感,远俗则怀。"假如不近人情,那就与别人没法相处,正如《庄子·逍遥游》中说的那样:"大有径庭,不近人情焉。"正是由于人情有这样重要的社交功能和价值,所以中国还有一句"法律不外乎人情"的俗语,意思是说,法律一般不会超出人类社会的情感之外,即基本符合社会的伦理道德、人的思想感情。换句话说,法律富含人性化,要大多数人都能遵守才行。有一次吃早餐时,我与一位集团领导班子成员坐在一起,不知说起什么事情,我就顺口说了这句俗语,这位领导根本不理解这句话的含义,甚至可能听说都没有听说过,却当场对我所说的话进行反驳:"按照你的观点,就不需要什么法律,只讲人情就够了。"我听到他这样讲,非常吃惊地抬起头看着他,然后就再也没有说话了,只是埋头吃饭。他不知道什么是人情,当然就更不知道什么是法律了。这位领导本人是管纪检监察的,反而是知纪违纪,由于自身行为不当,屡屡被人实名举报,最后实在待不下去了,只好离开了事。这个事例说明,有些人把法律喊得震天响,其实自己最不讲法律,或者说从来不对自己讲法律,所谓"马列主义上刺刀——只对别人,不对自己",这是十足的伪君子,对社会的危害要大过那些"真小人"。

我在本书第一章中提到,每年的高考,是中国人的"集体节日",它比任何一个传统节日都更受关注,也更牵动全体"家有考生"的父母的心。这是一种客观的现实情况,是任何个人和组织都无法回避的。核电机组的大修,每年都会有几台是在一年一度的高考前夕。凡是家里有孩子参加高考的家长,都明白这一段时间对考生、对家长意味着什么。一方面是紧张的大修,另一方面又是揪心的高考。对于核电站来说,大修是天大的事情;对于家长来说,孩子高考对于他们家则是今年天大的事情。在这种情况下,我作为公司领导经常提醒各级管理者,要妥善地处理两者的关系，既要保证大修的顺利进行，又要安排员工进行适当的倒班甚至休假，以便关心一下即将参加高考的孩子。我在第一章中也提过，这种事情是不能摆到桌面上公开讲的，也不能以公司发文件的方式推行，而是需要各级管理者表现出高超的管理艺术，根据本部门工作量的实际情况做出适当的安排。这就是一种人情练达，体现了一种更高层次上的善解人意。

中国古典哲学思想认为"道始于情，情生于性"，意思是说，人道（社会的道理和做人的道理）是由于人们之间存在着情感而开始出现的，人情（人的喜怒哀乐之情）是由人性发生出来的。这也就是说，人存在于社会中，为人处世不能有违人情与人性。纵观古今中外，凡是成就大事者，无不是洞察人情、深谙人性的人。有道是"情之有度怡人悦己，德之有度人情练达"，练达是一种魅力，练达是一种做人做事的方式。人情练达对于社会和人心是很有益的，能开启许多人的心智、培养许多人的心灵走向和谐，妥善处理各种人情世故。假如做到了真正的人情练达，就是真正的善解人意，和谐的人际关系一定是健康、稳定、持久的，一定会有助于企业执行力的持续提升。

第四节　"补台而不拆台"是领导班子建设的正途

关于领导班子建设，这是一个极端重要又极其复杂的问题，同时，更是一个沉重的话题。我在前文所述的领导班子建设的内容，都是一些普通的原则和做法，而现实生活的复杂性、敏感性和变化性，远远不是几条干巴巴的原则、方针所能完全涵盖并解决问题的，而是需要采取一些非"常规"的办法，正如岳飞所说的"阵而后战，兵法之常；运用之妙，存乎一心"。我举一个真实的案例，供广大读者朋友玩味、感悟和借鉴。

去过大亚湾核电站的人，都会看到基地十字路口的那座与北京奥运会期间兴建的"水立方"体育馆类似的建筑物，它是大亚湾核电基地的地标性建筑——文化中心（最初的名称叫作综合会馆）。当年在选择设计方案时，确实是借鉴了北京的水立方，其间发生的故事，令人感慨与深思。

当时，我在大亚湾核电站担任领导工作整整五个年头，其中最重要的一项工作，就是主持建造这座综合会馆。最初，把这个综合会馆建成什么样子，大家心中是没数的，只是说，要保证未来二三十年内不显落后。这只是一个模糊的目标，至于到底做到哪些，才能保证它不落后，谁也说不上来。

我接手这个任务之后，做了许多思考。公司领导层（也包括集团领导层）的每一个成员，都可能有自己的想法，我也有自己的想法。但是，我们这个年龄段的人毕竟无法再在岗位上工作二三十年了，我们的一些想法与年轻人相比，大概率讲是比较落后的。因此，既然这个建筑物是为他们那一代人建造的，那就应以他们的意见为主，反映他们的审美情趣。于是，在通过几轮初步的设计方案的筛选之后，我们把三种方案拿出来，请公司全体干部员工投票决定，而且特别申明希望35周岁以下的年轻员工踊跃发表意见。这样的投票活动，前前后后共进行了三次，最后的"水立方"方案得到了70%以上员工的赞同。公司总经理部办公会上，大多数的同志表示尊重年轻人的审美，最后通过了这个方案。

通过设计方案，只是第一步，最重要的是如何把方案组织落实好。为此，我组织了项目领导小组，各职能部门（尤其是纪检监察和审计部门）的一把手都是领导小组的成员，项目组具体落实领导小组的指导意见。在以后长达一年的时间里，每逢工程重大节点，我都及时向公司领导班子汇报，请求对一些重大问题做出决策，具体落实的事项由我负责。有一次，需要对会馆的机械系统项目和内部装修项目的投标结果进行决策，其中一位副总经理向我提出疑问："殷总，最低价中标是全世界的通则，这个项目为什么是高价者中标？"我做了解释："最低价中标的规则，我知道，也理解它的含义。鉴于以前许多项目实施最低价中标效果并不好，工程进行到中途，多次发生合作伙伴要求调整预算的请求，最后花的钱并不少。这次，我们进行了广泛的调研，采取'靶心法'的招投标方案（注：这个方案也在公司总经理部会议上汇报并决策过），谁的报价最接近投标价格的算术平均值，谁的商务得分就高，然后与技术评标结果相结合，决定谁能够中标。我们今天决策的要点是，究竟是想坐奥迪，还是想坐桑塔纳？如果想坐奥迪，那么就要花奥迪的钱；否则，就只能坐桑塔纳。我们原来确定的未来二三十年内不显落后的目标，桑塔纳是不能保证的。"我这么一解释，大多数人都理解了，纷纷表示"我们要坐奥迪"。那位副总经理也没有再说什么了，最后会议通过了项目领导小组报送的方案。

项目主体工程完工之后，还没有来得及完成装修工程，我就从大亚湾核电站调到阳江核电站工作了。从那时起，我就再也没有过问这个项目。没有想到，两年之后的某一天晚上，当年在项目部工作的一位年轻处长给我打了一个电话，告诉我前天晚上，大亚湾核电运营公司进行了震撼教育，范围是副处以上干部，审计部中方负责人把综合会馆项目领导小组关于招投标决策的事项作为反面例子进行反馈，声称领导小组多次否决项目部的建议，是不正确的。这位处长之所以经过两天的思考之后给我打这个电话，是因为他当年直接参与了这个项目的全过程，而且是其中的骨干，为这个项目出力甚多，贡献也甚多。他之前多次向我表达过，通过参与这个项目，学到了全新的思路和工作方法（特别是外出调研时，不吃被调研方的饭，这是我特意交代过他们的，一定要记住"吃人的嘴短，拿人的手短"的古训），受益终生。他前天参加了那个会，觉得审计部在那种场合、以那种方式对项目的组织领导工作提出疑问，他个人感觉到委屈，同时也是为我打抱不平。

我接到这位年轻处长的电话，感觉很奇怪。我在前文讲了，当初项目领导小组每次开会时，审计部都有领导参加，怎么当时不提意见？另外，项目部的建议有缺陷，主要是调研工作不完备，不具备决策的条件，因此领导小组会议才予以否决。这位处长说，他是当事者之一，当初大家认为领导小组的作用很大，对项目的领导很成功，应该是一个正面的例子。我建议他与另外一位全程参与项目建设的部门经理沟通一下，必要时与审计部负责人沟通，澄清一些背景情况。

放下电话，我想一想，觉得不对劲。此事的背景和来头绝不单纯，理应搞清楚。于是，我从以前的工作笔记中将综合会馆的有关决策过程的记录摘录出来。我先准备着，待合适的时候给当时主持决策、现在仍然在岗的总经理发过去，看他有何说法。同时，我也请有关同事帮我查找一些相关的第一手资料。另一位参与项目全过程的年轻处长给我转来了审计部的一个会议通知。

各位领导和同事：

按运营公司审计委员会某次会议要求，明天召开后续跟踪会，主要讨论内容如下。

（1）向项目部有关负责人了解具体的情况。

——"综合会馆舞台机械系统工程"项目招标过程为什么会发生不符合《工程建设项目招标范围和规模标准规定》的情

况？（背景及原因）

——"综合会馆室内装饰工程施工"为什么会发生评标过程不符合《中华人民共和国招标投标法》的规定？（背景及原因）

——目前采取了何种措施避免此类事项的重发？

（2）进一步通过项目负责人了解关于IT与通信管理改进行动无法按时关闭的具体原因。

从这个会议通知的内容可以明显地感知到，属于"先定罪、后找证据"的做法。我看后，就下决心不能轻易放过此事，为了我个人的声誉，也为了当初参与这个项目全过程的同事的职业操守，必须要把事情搞清楚，错就是错，对就是对。我当时的心态，就像是电影《秋菊打官司》里的秋菊，只是"要一个说法"。当初另外几位参加项目领导小组的部门经理，对那天会上审计部的质疑表示出极大的愤慨。其中一位项目部经理和另一位领导小组成员，在会议大厅门口，把那位发言者截住，向他说明，综合会馆项目应该是集团此类项目中的一个良好实践，取得了很好的效果，绝不应该是一个反面典型。这些事情，都是后来他们几位当事人当面对我讲的，应该不是他们编造出来的。

其实，在我接到那位年轻处长给我打电话讲这件事情的那一刻，我就知道是怎么回事了。早在综合会馆项目之前的大亚湾核电基地新办公大楼竣工之初，我就已经把那位副总经理"得罪"了。事情是这样的，老办公大楼属于危楼，很多年前就已经不适合继续办公了。我去大亚湾核电基地担任分管后勤的公司领导的第一个项目，就是建造新的办公大楼。根据当初有的领导的要求，领导办公室要有卧室，还要有卫生间，等等，总之是很奢华。项目部经理向我诉苦，别的都好说，就是给领导办公室的卫生间安装上下水通道时，需要对原设计做很多变更，一来会提高造价，二来工程质量不敢保证，万一出现漏水，维修起来就会很麻烦。

我对此类领导办公室豪华装修、设施高档、面积超大的做法，向来就很反感。办公室、办公室，顾名思义，就是一个办公的场所，只要满足办公的必要条件就可以了。领导要午休，就回宿舍嘛，难道宿舍的条件不比办公室好吗？领导要方便，就去旁边的公共卫生间与大家"共享"，是一件很丢面子的事情吗？那个时候，中央还没有明确要求反对"四风"，也没有公开发布"八项规定"，但作为企业的领导干部，这些体现共产党优良作风的常规做法，难道不懂得吗？不应该以身作则吗？我当时就对项目部经理说，原设计不要动，因为那是经过一定决策程序批准的，领导办公室的卧室和卫生间取消。我的理由如前。这位经理听我这么一说，高兴坏了，表示"按你的这个想法，那我们简单多了"。为了慎重起见，我还是向当时的公司总经理汇报了此事，他表示同意我的意见。

新办公楼正处于搬迁投运的紧张时刻，那位副总经理又提出新的要求：给他的办公室里隔出一个小间，秘书在里面办公，理由是他的身份特殊，有专门的保密规定。这个要求本身是无理的，也是荒谬的，但我也没有必要表示反对，大家在一个班子里共事，这点小事何必呢？当项目部向我请示时，我说先缓几周，等各部门都搬进来正常办公之后，你们也有闲暇了，再从容地给他的办公室施工，质量也有保证。现在急急忙忙地弄这件事情，你们本来就有许多工程善后的事情，忙得不可开交，再加上这件事情，反而有可能惹出别的麻烦。项目部当然愿意按照我的这种"善解人意"的办法行事了。

我是千算万算，就是没有算到那位副总经理的小心思。有一天，他怒气冲冲地冲进我的办公室，带着哭腔向我投诉，说项目部不给他隔离房间，是在欺负他。他名义上是向我投诉，实际上是向我示威。我一看这架势，还有什么好说的？马上给项目部经理打电话，请他立即组织力量，下午就进入那位副总经理的办公室施工，以平息他的怒气。

各位读者朋友读到这里，心里对整个事情的来龙去脉大体上也应该明白了。我的处世原则是：不惹事、不挑事，但也绝对不怕事、不躲事。自古及今，总是邪不压正，所谓"壁立千仞，无欲则刚"。事情既然来了，那就坦然面对，恰当处理。我给那位转发我审计部会议通知的处长回了一封邮件，将我的基本看法都表达出来了，也算是一种"策略"性的申诉吧。全文如下。

　　某处长，收到你转来的资料。十分感谢。
　　关于装饰工程招标最后选定最贵的某家企业，建议项目部向审计部再做一些补充汇报，应包含以下重要内容。
　　一是这个项目最初确定的目标，就是要建成"精品工程"和"净品工程"，也就是质量要好，而且不能发生任何形式的腐败现象。
　　二是领导小组在对项目部提出的建议进行审核时，把握了以下原则：首先，要在价格合理的基础上选择技术力量强的承包商（这是因为要吸取新办公大楼的经验教训，不能单纯选择最低价的单位中标，而必须采取商务与技术综合评标法）；其次，使用单位提出，为了今后验收合格并在将来使用时不发生重大安全和质量问题，也需要选择能力强的单位；再次，项目部推荐候选单位的前提，必须是对候选单位进行了细致的背景调查（有几次"否决"，就是因为项目部的调查工作不够，因此领导小组责成项目部补充做工作）；最后，在遵守程序方面，必须是实质性遵守程序，而不能只是机械式地遵守程序，表现形式就是参与这个项目的各个部门都要为项目最终的成功负责，而不能只是负责一个阶段或一个局部的表面上的合法合规。

三是有些候选单位通过采取不正当的手段（例如向我本人私下游说）试图影响评标工作，领导小组经过研究后断然将其排除，这正是本项目获得成功的一条重要举措，也是遵纪守法的一个正面例子。

综上所述，这次招标工作，在本质上体现了"两严两禁"的规定：严格执行集中评标封闭评标制度，严格执行技术专家独立评分制度；禁止与核电离职的员工开展交易，禁止与假借领导名义的单位交易（排除某公司，就是这一规定的体现）。

正是由于在装饰工程招标过程中，经过多次反复的讨论与实践，才使一些良好的实践运用于后续的几个招标工作中，而且取得了理想的效果，表现形式就是，由于背景调查工作做得好，因此投标单位的选择就简单、明确、理想（都是报价最低、技术分最高），项目部向领导小组汇报时很快就通过了。装饰工程选择了某企业，它的报价确实是最高的，但它后来经过项目部组织专家评审的技术能力也是最强的，这就好比想买一辆奥迪车，就不能花桑塔纳的钱，这是"一分钱、一分货"的最基本的经济学原理。领导小组多次反复讨论，吃不准的、下不了决心的方面，也正是考虑到这一点，大家最后还是达成了共识。这就是多次开会研究、发挥集体智慧的效果。

这个项目的顺利完成，各位都做出了很大的努力，进行了创造性的探索，特别是项目部的 L 处长和 Z 处长两位顶在一线的年轻同志，多次带着调研小组外出进行承包商的背景调查，这一举措是项目成功（招标成功）的核心要素，应该予以充分肯定。

我本人认为，在我截至目前的职业生涯中，这个项目是我花费心思最多、投入精力最大、收获最多、效果最好的一个项目（参见附件），而且许多做法应该是一种良好的实践，其中最核心的有三条。

第一，参与项目的各个部门都把眼睛盯着项目的最后成功，这样就真正使所有参与者形成一个团结的集体，不会出现鹰往天上飞、鱼往水里游、老虎向山里跑的各行其是的局面。

第二，正是基于这样的团队意识与项目整体意识，因此才在实质上遵守了程序，而不是简单化地、机械式地遵守了程序，而后者实际上也不是遵守程序，只能说是按照程序走了一遍。

第三，通过项目的实践，大家在实质上贯彻了集团倡导的"想干事、会干事、干成事"的精神，而不是简单地以完成一个项目任务而交差。至于这个项目目前的使用情况如何，是不是取得了成功，因我本人于2011年年初已经离开了运营公司，因此没有切身感受，只能由各位做出判断了。

在项目进展的主要节点和重要内容上，我都及时向总经理部汇报，以求得指示。我本人的财务授权有限，在签署一些合同时，总经理部其他领导都有联签。一个汇报，一个联签，这两个步骤就可以保证，如果总经理部或其他领导有不同意见，随时可以终止相关过程的进行，从而使项目领导小组和项目部再进一步做补充工作，以满足总经理部的要求。在这个项目的进行过程中，没有发生这样的事情。

我在项目部组织召开的总结会上，谈了自己的五点工作体会。

目标导向，流程保障。任何工作过程，都是为最终的目标服务的。如果大家都只是考虑自己所负责的阶段性工作不出问题，那么就没有人对最终的结果负责。说到底，流程是为目标服务的，是一种手段，起保障的作用。

集思广益，决策集中。开会就是听取意见，尤其是不同意见，这样才能使决策最大限度地吸取大家的智慧。决策必须集中，而不能议而不决、决而不行。会议主持者负有决策责任，权力最大，责任也最大。

调研充分，事实说话。美国总统肯尼迪学习毛泽东著作后的体会：计划不备不行动，调研不周不决策。各级授权制度的核心是层层负责，这就要求下一层级的人员要掌握充分的资料，通过事实与数据来说明事情、说服领导，靠感觉是不能够得出真实而正确的结论的。

良好实践，触类旁通。虽然说隔行如隔山，但隔行不隔理，天下的道理都是相通的。这个项目中实施的一些调研和决策的良好实践，应当在其他领域推广应用，这才符合核电的经验反馈体制的要求。

服从真理，尊重职权。技术决策不能搞少数服从多数，而要服从真理。为了服从真理，要尊重职权，分三个层次：员工有工作的权利和发表意见的权利，部门有坚持原则和按流程办事的权利，领导不仅有同意权，更重要的是有否决权。这些权利都应当得到尊重。

这些理念，也请同志们继续进行审查。

审计的独立性必须得到确保，任何人、任何项目在任何时候都应该而且必须经受严格的审计监督，对此，我们都是坚决拥护和热烈欢迎的。审计提出的两条重要的"违反"，我还是有点不太理解，或者只是表面上的"违反"，实质上并未违反。希望大家再向审计部补充汇报情况，目的就是澄清事实，搞准情况，以取得真正有价值的经验反馈，使我们大家都能够在今后的工作中受益。如果需要我本人去大亚湾审计部当面说明情况，我随时奉命前往。

鉴于前不久运营公司相关部门在全公司副处以上领导干部会上，将这个项目的部分内容作为违规的典型进行宣讲，因此关于此事的传播范围已经很大了，其中一些人便会自然地问：既然选择了最贵的承包商，那么这样做的动机是什么？有没有腐败行为？为了以事实回答这些疑问，我有一条强烈的要求，就是请审计和纪检监察对于选择报价最高的某企业这一事实背后是否存在腐败行为，特别是我本人是否有任何违规违纪行为，做出严格的调查。我多次讲过，大家在工作中如果有什么失误，我可以承担一些责任；如果发生腐败行为，我是不会为任何人承担任何责任的。我今天仍然是这个态度。假如在调查中发现我本人说的一套、做的一套，言行不一致，我将承担任何道义责任和法律责任。

大家辛苦了！

又及：我一时没有找到 Z 处长的邮箱，请 L 处长转发。此件如果直接转发审计部的港方和中方的负责人，也没有问题，转不转，由监察室主任定夺。此件如果需要转发集团审计委员会的其他成员，或者运营公司总经理部的成员，或领导小组和项目部其他成员，也都没有问题，也请监察室主任定夺。谢谢。

邮件中所说的"附件"，指我将与这个项目相关的工作笔记整理成一份资料，以作为当时工作的原始记录。如果有人想赖账，也是不大容易的。

晚饭时，我收到L处长的电话，他说对我很是佩服，邮件中所说的事情，都是事实，他是亲身经历者。我安慰他，不必有思想包袱，只要是在这个项目中出于公心，自己没有违规违纪行为，就经得起任何形式的检查。

我经过慎重考虑，把上述邮件适当做了一些语气上的改变，然后发给当时的公司领导，提出我的要求：大亚湾核电运营公司要给我一个正式的答复，我的哪些事情做错了？违反了哪些具体的规定？但一直没有任何反应。后来，一位与我私人关系不错的老朋友给我打电话："老殷，那件事情过去就让它过去吧，算了，你也不要再揪住不放了。"我回复他："老兄，你搞错没有？不是我揪住不放，是人家在公开场合提出这个问题，对我揪住不放，在我的背后放'冷箭'。"他笑着劝我："你也别钻这个牛角尖了，就是那么回事了。你自己坦荡做人、清白做事，不用管别人说什么。"既然这位老兄出面劝解，我又能怎么样呢？事情也就这样过去了。

我讲的这个故事，在许多企业里都有类似的情形。我一再说，大家在一个班子里共事，还是要有一点同舟共济的气度，努力做到"补台而不拆台"。假如相互拆台，那就什么事情也办不成，大家整天不是你整我，就是我整你，或者就是你防着我、我防着你。说来说去，要搞好班子团结，营造大家协作共事的氛围，一把手是关键，其他一切都是皮毛！背后放"冷箭"的这种事情，绝非我们中国人思想意识中的君子所为，靠"小心眼"支配的"小动作"，终究见不得阳光，更是与"四好"领导班子建设的目标背道而驰。

第五节 "圈子文化"是领导班子建设的大敌

在国有企业中，党的建设的核心和重点，就是领导班子建设。这是因为，领导班子是企业经营管理活动的中心和核心，是实现企业又好又快发展的关键少数。

企业中的领导班子成员及其一把手，承担着率领整个企业发展壮大的历史责任，需要激发整个领导集体尤其是全体干部员工的积极性、主动性和创造性，而不是处心积虑地公器私用，有意无意地培植自己的个人势力。实际上，在现实生活中，这种事情并不少见。有的是拿公家的东西做人情，也会以一些小恩小惠收买人心；有的是搞"小圈子"，谁是谁的人，谁是谁提拔的；有的是封官许愿，以换取选票；等等。总之，都是一些摆不上台面的庸俗作风和以权谋私的行为，久而久之就会自然形成一种"圈子文化"。面对这类现象，我曾经旗帜鲜明地提出要反对"四小"文化：小圈子、小心眼、小报告、小动作。摒弃"四小"，就是杜绝了"公器私用"，就是体现了"王者无私"，也就是践行了孔子所说的"天无私覆，地无私载，明无私照"的君子之道。

领导班子的胸怀与气度有多博大，企业的形象就会有多高大。我以一个具体的例子说明这个问题。

在一般社会公众的语境中，像承包商、供应商这类称谓，是标准的说法，人们都明白其中的含义，与业主是甲乙方的关系，一般不会搞混。但是，正因为如此，这类称谓听起来总是给人以一种不平等的感觉。有一年春节前，我主持召开大亚湾核电基地的各家承包商、供应商参加的党风廉政建设座谈会。我看到会议室正前方的大屏幕上显示出"承包商、供应商"的字样，心里突然冒出一个念头，于是让工作人员立即将这两个称谓改为"合作伙伴"。在我的价值理念中，一直有这样的认识：土地的主人，不是在其上面散步的人，而是在其上面耕耘的人。不管是业主，还是非业主，从政治地位和法律地位来说，大家都是完全平等的，都是核电事业的参与者、建设者和贡献者，只是按照职责分工承担某项或某个阶段的工作而已，因此都是平等的合作伙伴。当与会者进入会议室坐定之后，看到大屏幕上赫然显现的"合作伙伴"的字样，很多人显得很激动，在发言中说很受感动，从这个简单的称谓变化上真切地感受到业主公司的思想作风和工作作风都在进行着改变，把他们当作一家人看待。后来，我又在不同的场合倡导"合作伙伴"的理念，公司的各个部门、基地的各家公司都积极响应，渐渐地，就很少听到或看到"承包商、供应商"的字样了。

从"合作伙伴"的称谓，还引出一个涉及领导班子形象的另一个话题，就是对于"王者无私"的当代诠释。

《汉书·文帝纪》中记载了这样一个故事：汉文帝刘恒是在诛杀吕氏家族之后，被人推上帝位的。上任时小心翼翼，生怕落入别人的陷阱。他刚到长安时，太尉周勃想与他说几句悄悄话。中尉宋昌立刻用"所言公，公言之；所言私，王者无私"的话予以回绝。宋昌的这个话讲得堂堂正正，但他的主要目的是不希望皇帝在立足未稳的情况下，给人留下与大臣私下接触的印象，让其他势力觉得皇帝有所偏私。

与"王者无私"相关联的还有另外一个词"公器私用"，它出自

347

《庄子·天运》："名，公器也，不可多取；仁义，先王之蘧庐也，止可以一宿而不可久处，觏而多责。"意思是说，名声，乃是人人都可使用的器物，不可过多求取；仁义，乃是前代帝王的馆舍，不可长久居住，否则就会生出许多责难。

促进领导班子的团结共事，这是每个班子成员的共同责任。营造和谐氛围、建立和谐团队、达到团队合作的目标，是一件非常困难的事情，需要具备或创造许多条件。其中，领导班子的率先垂范作用，是最为核心的要素。我的一贯理念就是，领导班子成员之间要努力做到"对话而不对抗，交流而不交锋，讨论而不争论，补台而不拆台，妥协而不威胁"。我认为，这是搞好领导班子建设的"黄金法则"。

对话而不对抗。生活的本质，就是对话。对话既是目的，又是方法，它强调对话参与者的投入，彼此相互启发，相互碰撞，许多新的观点就会出现。这是因为，对话这种形式给对话者提供了一种相对宽松的环境，对话者能够保持一种自由的心态，所以常常能摆脱许多条条框框的限制。对抗则不然，它首先会使双方的心态处于对立的状态，情绪处于紧张的状态。在这种情况下，双方就像两只刺猬一样，相互处于自保的状态，根本不可能进行友善、有效的思想交流，更谈不上有什么有益的新思想会冒出来。

交流而不交锋。晋代文学家陆机的《辩亡论》（上篇）中说："攻无坚城之将，战无交锋之虏。"交锋就是两军对垒、一决雌雄。而交流则主要是沟通信息、交换意见。这两者的区别不仅在于方式和态度，更主要的是在于结果和效果。交锋带有敌意，最后的结果是有你没我，而且很伤感情；交流带有善意，最后的结果是双赢互利，而且会增进交流双方的感情。

讨论而不争论。老子的《道德经》中说："善者不辩，辩者不善；

知者不博，博者不知……天之道利而不害，圣人之道为而不争。"争论更多地指是非与对错，讨论则更多地指解决问题的方式与措施。前者总想比出高低上下，而后者则是相互取长补短。有些事情来回争论，到头来一事无成，把时间白白地耽误了。应先干起来再说，在干的过程中研究比较，在干的过程中总结提高。这个"研究比较"与"总结提高"就是讨论。

补台而不拆台。补台是设法帮助他人以使事情成功；拆台则是有意破坏使人倒台或办不成事情。一个好的团队里，应该什么人都有，如果满盘象棋都是车，见面就"兑"没法走。俗话说，与人方便，自己方便。大家在一起总是要多看别人的长处，多给别人留些存在与活动的余地。如果你挤得人家一点儿空间都没有，互相一伸胳膊、一伸腿就碰上了，不能怨别人蹬了你，而要怨你自己留给别人的空间太小。因此，在一个项目或活动中的参与各方，一定要具有合作共事的意识，"人人为我，我为人人"，凡事为他人着想，工作中尽可能为别人创造条件，才能把事情办成。这不仅是一种工作态度，更是一种道德修养。

妥协而不威胁。妥协是以让步的方式避免冲突或争执，相互之间商谈条件或求得互让；威胁则是用强权或威力使人服从。在研究讨论某一个问题时，当事各方都应该是平等的，尤其是对技术问题的讨论更是要心平气和地交流和讨论，以达到集思广益的目的，尽可能避免动辄以权威或人主自居，强迫对方接受自己的观点。邓小平说不搞争论是他的一个发明，实践证明，这个"发明"实在是"高明"。

每个班子成员都要有上述这五种意识才行，哪怕其中只有一个害群之马，整个班子的合作氛围就被破坏掉了。

第六节　思想政治工作必须从"小事"抓起

思想政治工作，说起来堂皇，但真正落到实处的，都是一些家长里短的所谓"小事"。正是这类"小事"，才是企业领导应当关注、重视、解决的问题。我在阳江核电基地工作期间，曾经处理过这样一件事情。

我的外部邮箱收到一封以"正义者"名义发来的匿名邮件，揭发生产部某处一位员工经常旷工，却被晋升到高岗位。我初步判断是同事间的相互忌妒，把这封邮件转相关部门负责人调查核实。下班之前，部门经理就给我反馈了调查结果，我的合理猜测得到了验证。

有两位同年参加工作的员工，平时关系也不错。在岗位晋升中，一位晋升了，另一位没有晋升，有可能导致了心理不平衡。那位岗位晋升的年轻同事，在深圳市买了一套房子，需要装修。有一次，他去深圳开会，正好是星期五下午，他就没有返回阳江，也没有向他的直接主管打招呼，自己给自己放了半天假，去商场采购装修材料。我对这位经理说，家里买了房子，需要装修，这都是可以理解的人之常情。他本人没有注意应该请假或销假，这是不对的，今后应当注意，该打招呼的要打招呼，该请假的要请假。这种事情，也没有必要搞得动静太大，私下里找当事人谈谈话，提个醒，也请反映情况的同事理解一下，也就过去了，不要因为此事而影响他们之间的关系。至于岗位晋升，总是有先有后，过两年，大家也都一样了，希望这位同事保持一点耐心。部门经理表示，按照我的这个意见去处理。

我以为此事也就这样过去了，没有想到，第二天又收到这位"正义者"的匿名信。看这架势，他是不达目的誓不罢休。既然他的部门经理做工作没有起到作用，那么，就由我这个党委书记出面，看看这位年轻同事能否给我一点面子。于是，我回了一封邮件。

尊敬的"正义者"朋友：

我昨天收到你的邮件，马上责成相关部门进行初步的调查，现将调查结果反馈你。同时，让我猜猜你是谁：一定是我们的同事，而且是一位青年员工，也是我们公司的希望之一。反映问题，任何时候都是欢迎的。同时，作为你的老大哥（因为我猜你的年龄应该比我小一些，姑且让我倚老卖老这么说吧），我也有几句话想与你说一说。

我们都是从年轻时候走过来的，你对生活和工作中的一些不公现象，有一股不平之气，这是完全可以理解的。

社会的不公，是一个普遍的、历史的现象，过去有，现在有，将来还会有。对我们自己来说，除了反映问题之外，还要摆好自己的心态。公不公，有时很难有一个明确的标准，全凭我们自己的主观感受，也很难做到正确。

作为一个青年人，从职业生涯的开始，就要做好吃亏的心理准备（注：本章的"青年员工的素质模型"中，其中的一个维度是"舍得吃亏"，就是从这个案例中提炼出来的）。这是一种心理的磨炼，是必需的。所谓"嚼得菜根，百事可做"。人的一生，基本上是不如意事十之八九，如意之事十之一二，人人如此，概无例外。

大家同事一场，理应相互理解、相互尊重，切不可相互猜忌、相互拆台。你反映的这件具体的事情，几乎每天都会发生。我们自己要有开阔的胸怀，今年聘了你，明年也就轮到我了，大可不必因为这么一件小事而影响自己的心情、花费自己的精力和时间。如果有什么意见，完全可以开诚布公地当面交流，通过党、团和行政的组织渠道解决问题。你这两天给我发

351

的匿名信所反映的问题，我当然也很重视，但我也不隐瞒自己的观点，我不赞成以匿名信的方式反映问题。这种方式的弊端，你本人想来也是知道的，不用我多说。

朋友，再次感谢你对我的信任。生活中的许多不如意，需要自己加以克服（包括物质的和精神方面的）。我们这样一个处于发展中的公司，肯定会有不少问题，这些问题也只能是在发展过程中逐步解决。有些问题，现在看起来是问题，过一段时间也许就自行消散了，就如天上的浮云一样，不会永远停留在空中的。

上面这些话，就算是我这个老大哥给你这位小老弟及你所代表的"一群良知尚存青年"的一点忠告吧。我希望这封邮件能给你带来一些安慰和帮助，你可以将它留起来，待一段时间过去之后，你肯定自己就会想通了。那时，我倒希望你能与我以你的真实面目坦诚地交流。我也衷心地希望你能在公司健康成长。

我将此件转相关部门领导，请当事人所在的部门开一次员工会议，将此事说一说，否则，总是这样弄，影响团结与工作氛围。我的想法是，通过解剖这只"麻雀"，达到多种目的：队伍和谐、相互体谅、思想包容，还有就是不赞成匿名信的方式。监察室负责人提议，通过技术部门查一查匿名邮件来自哪里。我对这个提议断然否决，认为没有必要，因为如果那样做的话，显得我这个党委书记连一点自信和雅量都没有，反而更得不到广大员工，尤其是青年员工的理解和尊重。我当时还讲了一个"绝缨之会"的历史典故，以此来说明不必追查的思想逻辑。

"绝缨之会"源于汉代文学家刘向的《说苑·复恩》，说的是楚庄王有一次宴请群臣，正当君臣喝得尽兴时，他把自己的宠姬许姬叫出来给群臣敬酒。突然吹来一阵大风，把大厅里的蜡烛都吹灭了，顿时全场一片黑暗。这时，一员武将因垂涎许姬的美色，加之趁着酒兴，凑上去摸了许姬一把。许姬大惊，左手奋力挣脱后，右手顺势扯下了那人帽子上的系缨，并马上向楚庄王告状。楚庄王沉思片刻，让人暂缓点蜡烛，然后对众人说，"今天大家都喝得这么高兴，干脆把头盔、帽子都摘下来，这样喝得更痛快一些"。蜡烛点上以后，酒宴重新开始，楚庄王照样谈笑风生，始终没有追查那个冒犯许姬的人。七年之后，楚庄王兴兵伐郑，副将唐狡自告奋勇带领百余名士卒做开路先锋，引导全军一路杀到郑国的都城，取得了重大胜利。楚庄王在论功行赏时，唐狡辞不受赏，他说，自己就是当年绝缨会上那个扯许姬衣袖的将军，蒙大王不杀之恩，所以今天舍身相报。楚庄王听后，感慨万千。

我当时说："我作为堂堂国有企业的党委书记，其胸怀和气度难道还不如一个古人吗？况且，不就是一封匿名信吗？没有什么大不了的。"大家听了我讲的故事，也就理解了我的用意。自此之后，我再也没有收到类似的匿名邮件了，想必我的话起了一点作用，这位年轻同事也给了我一点面子。最后的结果是皆大欢喜的，这就是思想政治工作所追求的效果。

第七节　青年员工的素质模型

随着核电事业的发展和企业的壮大，每年都会有相当数量的青年员工补充进入企业。为了使这些年轻人尽快转变思维方式和行为方式，企业各级管理者都拿出比较多的时间和精力，对他们进行入职教育和培训。我在大亚湾和阳江两个核电站工作期间，作为企业主要领导人，除了在迎新大会上发表讲话，对他们今后的职业生涯发展提供指导外，经常在不同的时段、根据不同的议题、采取不同的方式了解青年员工的想法。这既是工作内容，也是工作方法。

有一次，在阳江核电基地举办的集团企业文化共识宣贯会议上，我做了题为《心底的爱，手上的功，胸中的竹》的专题报告，其中有一段内容，针对员工通过各种途径提出的各种问题，我讲了需要全体员工，尤其是青年员工思考的10个方面的问题。

①在阳江核电基地目前的生活环境下，吃、喝、拉、撒究竟排在什么位置上？数千人吃饭的食堂，究竟能不能做到"众口能调"和人人满意？如果说能，谁能做到？如果说满意，什么是满意的标准？

②在上班期间，员工有多少时间琢磨如何做好工作、如何提高自己？多少时间在翻阅"总经理信箱"说了些什么？马斯洛的"五层次需求"中，我们究竟达到了哪一个层次？想要达到哪一个层次？

③在抗台风的过程中，饭菜供应或许不及时，甚至有人吃不上饭，是不是一件不可理解的事情？什么该"讲究"，什么该"将就"？何时该"讲究"，何时该"将就"？一个人的快乐，到底是因为他拥有得多，还是因为他计较得少？

④食堂工作人员偶尔算错账，能不能够、应不应该得到谅解？"人格平等"该怎样表现？受过高等教育的人，该表现出怎样的修养和气度？向书本知识和工资收入不如自己的人发脾气，会不会感到脸红？对站在自己面前的弱者施加拳脚，是勇

士还是懦夫？

⑤吃完饭后，把碗筷托盘清理干净、摆放整齐，顺手把椅子推回去，以举手之劳减轻服务人员的劳动强度，究竟有多么困难？在家里吃完饭，随手帮助父母收拾一下碗筷，是一种负担，还是一种有爱心的表现？或者说，从小到大，父母有没有这种家教？

⑥坐班车时，闻一闻新车的气味、坐一坐后排的座位，是否有失我们的身份？谁应该闻气味？谁应该坐后排？在家里是少爷、小姐，在公司里是否也是？在家里有父母宠着、惯着，在公司里是否领导和同事也应该继续宠着、惯着？

⑦对员工授其"鱼"与授其"渔"、授其"金"与授其"经"，怎样才算是对员工真正的好、真正的爱？或者说，公司问一问员工，员工问一问自己的内心，到底是要"鱼"还是要"渔"？要"金"还是要"经"？

⑧公司作为阳江核电项目的业主角色的承担者，是不是意味着我们每一个人真的就是可以向其他合作伙伴颐指气使、发号施令、高人一等的"主人"？核电员工是否具有天然的合理性可以得到装修材料店家的打折？猪鼻子里插上两颗葱，是否就真是一头大象了？

⑨公司的理念是以人为本，是否就是一个无所不能、无所不为、无所不包的"超级保姆"？这好像是说，父母出于天生的责任心可以为子女做任何事情，子女是否就可以理直气壮地向父母提出这样那样的要求？自己的事情该不该自己去做？腐败和特权的种子在我们的基因里有没有？当我们坐在某些倒台的"大人物"的位置上，比他们更好还是

更糟？

⑩对员工尤其是新员工，或者严格要求，或者哄着、顺着，哪个是对员工真正的关心、爱护、负责？"尊重员工、关心员工、依靠员工"是否与"教育员工、引导员工、管理员工"天然矛盾、天然对立？

我在讲的过程中，有意识地放慢语速，适当控制节奏，讲完一个问题后留十几秒供大家思考。在此过程中，上百人的会场鸦雀无声，简直是掉一根针到地板上的声音都能听到。我讲完这十个问题后，故意停顿了一段时间，不知是谁鼓了一下掌，随之而来的是热烈异常的掌声。我在主席台上可以感受得到，这掌声发自现场干部员工的内心，也表明与会者与我的报告题目《心底的爱，手上的功，胸中的竹》所要表达的思想感情发生了强烈的共鸣。事后，有人对我说，这10个方面的问题，是对青年员工的"灵魂拷问"。

作为企业，对青年员工确实应该满腔热情地表达爱，这种爱不能是虚伪的，应是从心底发出来的。但是，现实生活中常常看到的是，爱有时真的会蒙蔽了我们的双眼。一个刚离开校门的青年，身份角色必须转变，这就需要企业负责人把真话告诉他们，让他们摸索时间更短，碰更少的钉子。这方面的内容，我在本书第一章中已经讲过了。好的企业，犹如一个十分注重家教的大家庭，要让自己的"孩子"明确这样一个约等于真理的道理：孩子吃苦未必能成才，但是不吃必要的苦，不获得必要的身体、心性的历练，肯定无法获得真正的锻炼与成长。

提出问题，让青年员工自己思考，这是必要的；同时，企业领导人明确告诉他们该怎么做，更为必要。后来，我通过调查研究和深入思考，提出一个关于青年员工的7维度素质模型（见图5-1）。

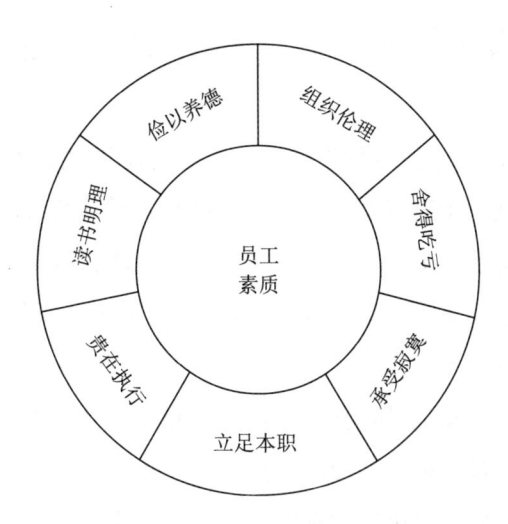

图 5-1 青年员工的素质模型

组织伦理。要尊重你的直接领导，尽管你可能也有能力，甚至更强。现在你不尊重自己的领导，将来你的部下也不会尊重你。作为受过高等教育者，草率的提议，对你自己是不负责任的，也浪费了别人的时间。特别是新来者，不要下车伊始，动不动就急于表现，哗众取宠。

舍得吃亏。曾国藩曾经说过："天下惟吃亏二字，受用不尽，人但有恒，事无不成。"在这个世界上，真正的绝对公平是没有的，不能对这方面期望太高。生活的评价是会有误差的，但绝不至于黑白颠倒。要深信，是太阳总会升起，哪怕暂时还在地平线下。人生最大的烦恼，是从没有意义的比较开始，大千世界总有不如你的和比你强的人，正如英国诗人拜伦的一句诗所表达的那样："当我哭泣没鞋穿时，我发现有人却没有脚。"

承受寂寞。"欲速则不达"是世间的通则，希望你不要亲身去验证，再去发明一个什么不一样的"轮子"。要丢掉速成的幻想，养成脚踏实地、一丝不苟的敬业精神。"台上一分钟，台下十年功"。把精力集中在一个有限的工作面上，以期熟能生巧。成熟的麦穗，总是低着头的。

立足本职。公司永远不会提拔一个没有基层经验的人做高层管理者，永远不会把一个对专业技能一知半解的人晋升到高技术岗位。要十分认真地去对待手头上的任何一件工作，十分认真地走好职业生涯的每一个台阶，还要处理好"匠员家"的关系（关于"匠员家"的相关论述，见本书第三章）。

贵在执行。公司的管理体制是逐级授权制，各部/处领导通过会议和其他方式负责日常运行的管理，具有法定的权威性和约束力。一旦决定了的事项，就要坚决执行，有不同意见可以保留，但必须首先服从决定，以及快速反应。

读书明理。名家大师钱钟书先生说过："如果不读书，行万里路也只是个邮差。"你无法到达的地方，文字载你过去；你无法经历的人生，书籍带你相遇。希望青年员工培养一些"书卷气"，它不是"书生气"，而是博学、优雅、大方、讲理、重德行。通过读书，让自己明白，对于超出自己的知识和能力范围的事情，一定要有敬畏之心，切不可不以为然，更不能挖苦嘲讽。管好自己的嘴，讲话不要只顾一时痛快而信口开河。业余时间可以安排一些休闲活动，但还是要有计划地读些书，不要搞不正当的娱乐活动。为了你成为一个高尚的人，望你自律。

俭以养德。生活中有形的俭，指的是"一粥一饭，当思来处不易；半丝半缕，恒念物力维艰"；无形的俭，指的是自己的精神追求，力戒贪图享受奢靡，千万不能只求人人为我，忘了我为人人。

对于企业中年轻的一代，最重要的使命便是成为一个有教养的人，其基本特质是：

根植于内心的修养；

无须提醒的自觉；

以约束为前提的自由；

为他人着想的善良。

公司由员工组成，我们需要的员工类型：具有健全的人格，能够独立解决问题，能够独自面对社会，成为有职业理想、有奉献精神、有精神追求的，有深度、有层次、有境界的一群人，应该有这样的气度："中国不亡，有我！中国强大，有我！核电平安，有我！"

人人都应该有理想，因为理想是人类文明的原动力，是精神的支柱，但它不是建设国家的具体步骤，也不是发展经济的实际方案。理想白璧无瑕，现实瑕瑜掺杂。理想有利无弊，可以一步登天；现实有利必有弊，只能摸着石头过河。

心中有理想，脚下是道路。我们共同的理想就是：把五星红旗插到世界核电运营领域的最高峰！

第八节　企业文化是怎样炼成的

所谓文化，就是特定的人群在某一时期表现出来的普遍的、自觉的行为与规范体系。一种文化的形成，绝不会凭倡导者的想当然，更不会不经过痛苦的历练而自然形成。我有一次在党校学习期间，有位老师在讲课中举了一个有趣的例子，某家大型企业集团内部人与人之间直呼其名，不准称呼职务，有违规者，罚款100元。就连外部来公司调研的咨询公司的人也是如此。说来也巧，按照课程安排，我们还真有一次参观了这家企业集团的总部，亲身见证了这一独特的企业文化。接待我们的工作人员特别强调了这一点，间接验证了党校老师所言为实。这一小小的"称呼文化"，其震撼力是非常大的，这也是我参观这家企业的最大感受。

一、颠覆传统需要勇气

中国人向来对职务很在意，哪怕是死后，也希望后人不要忘记他的职务。尽管当事人未必有此心愿，但后人出于尊重，也多称其生前的官职。最有代表性的事例就是唐朝著名诗人杜甫，因其曾经担任过剑南节度参谋、检校工部员外郎一职，因此，后人将他的诗集定名为《杜工部集》。

除了职务的神圣性之外，古代还有一个"避讳"的习俗，就是要回避君主和尊长的名字。由于文字是社会生活中不可缺少的工具，因此碰到需要避讳的字时，就要采取不同的方式进行改写。如秦始皇名正，秦代就用"端"来代替"正"，这就是"端正"一词的来历。汉高祖名邦，汉代人便用"国"代替"邦"，古代所称的"邦家"，到了汉代便成了"国家"。东汉刘秀做了皇帝，因此普通老百姓便不能再使用这个"秀"字了，"秀才"便改为"茂才"。司马迁的父亲名谈，司马迁作《史记》，在《赵世家》中就把张孟谈改成张孟同。清圣祖康熙皇帝名玄烨，清代人便以"元"代替"玄"，以"煜"代替"烨"。这种例子还有n多个，不可胜数。

因避讳而不准参加考试，进而逼死人命的例子也有。中唐诗人李贺才华出众，21岁参加河南府试，获得了"乡贡进士"的资格，但遭小人的忌妒和攻击，说李贺父名晋肃的"晋"与进士之"进"同音，犯家讳，依据礼法惯例，应避讳不得参试。尽管当时名倾朝野的大文豪韩愈写《讳辩》一文为其辩解，也无济于事。李贺被迫放弃了考进士的权利，断绝了仕途之路，以后他一直陷于抑郁痛苦之中，27岁时便去世了。"我不杀伯仁，伯仁却因我而死。"避讳尽管没有直接杀死李贺，但李贺早逝的根本原因正是避讳的陋习。

为长者讳、为尊者讳，不论其好坏、对错，总是一种传统。我在本书中涉及一些负面人物（也有少量正面人物），用英文字母指代，其实也是一种"避讳"的形式。这家企业集团敢于颠覆传统，是需要极大的勇气的。

二、形成文化需要"霸气"

一种文化的形成，除了精神上的自觉自愿之外，还需要一些强制性的措施。在该企业集团内部，如果有谁称呼对方职务，罚100元钱，就连外面去的咨询公司的专家也不例外。这种措施在外人看来，似乎有点不近情理，但不如此便不能形成风气。人们常说，企业文化是"一把手"的文化，这家企业集团内部杜绝称呼职务，正是其总裁首倡并身体力行的结果。企业干部员工不缺这100元钱，但这一措施如果要真正得到不折不扣的实行，只有从"头"开始，否则，就成了一种作秀。

我对这件事情产生强烈的共鸣，其原因是我曾经处理过一件类似的事情，这就是本书第四章中提到的"十字码"事件。

核电站的设备和系统都是用设备编码（现场通常称为"十字码"）来表示的，例如，D1RCP001PO是由10个字母和数字组成的，它的意思是"大亚湾核电站1号机组反应堆冷却系统1号主泵"。如果省掉"D"，别人就不知道是"大亚湾"还是"岭澳"；如果省掉"1"，别人同样不知道是指"1号机组"还是"2号机组"。另外，这种省略本身反映了工作作风的不严谨，与核安全文化所要求的"严谨细致的工作作风"是相违背的。我后来在阳江核电站工作期间，在深入工程现场进行调研时，发现很多事件或事故都是源于员工的"怕麻烦、图省事、走捷径"，与"十字码"事件的性质是一样的。

我出于履行抓队伍工作作风的职责，同时也是顺应相当一部分员工的强烈要求，决心抓一抓这件事情，要求员工在各种文件、报告中把这种十字码写完整。我第一次在会上讲这件事情时，是笑眯眯地以规劝的口吻说出来的，但没有效果；第二次是严肃地正式提要求，仍然效果不大。事不过三，第三次就来真格的，有谁少写一个字母或数字，请交500元钱，作为大家对集团扶贫助学的自愿捐款。正如马克思所说，任何问题都是经济问题。在两个月之内，共收到此类被迫的"自愿"捐款26000余元，在此过程中，无人对该不该交钱向我提出异议，最后达到了我原来设想的效果。当然，其中也有一些使人不愉快的事情，各种议论陆续传到我的耳朵里，主要是对我的工作方法提出疑问（交钱有没有依据，我查了《员工守则》，还是有依据的），而没有一个人对这件事情该不该抓提出过疑问。通过这件事情，我后来形成了一套完整的管理理念，就是通过增强"有激情、有能力、有担当"的责任心，努力克服"拖拉、马虎、二过"的顽症，切实提高把事情"做到位、做完整、做漂亮"的执行力。

这起事件引出另外一个问题，即是非与对错的区别。从一般意义上来理解，是非与对错似乎是一回事情。但要深入想一想，这两个概念又有所不同。简单地说，"是非"说的是真不真，属于事实判断，有客观标准，有几分证据，就说几分话；"对错"说的是该不该，属于道德判断，见仁见智，公说公有理，婆说婆有理。

十字码的书写规范问题该不该抓，属于"是非"问题；怎么抓，属于"对错"问题。首先要判断是非，其次才讨论对错。既然大家在是非观念上没有差异，那么就说明这件事情应该抓、必须抓，抓了好处甚多（不管是近期的还是长期的），不抓则坏处甚多，至于什么方法最好，只能由实践来回答，而且也只能在实践中尽量接近在一些人心目中存在的所谓"工作艺术"。

有鉴于此，我硬着头皮顶住了各种非议，一直坚持了两个月。虽然这是一种"非常时期的非常手段"，但也是对我抓管理的一种考验。正如本书第二章中探讨过的"凡事有经有权"的话题，任何事情都不能一条道走到黑。为了不致引起"公愤"，此办法只试行了两个月，后来的文件和报告中还偶尔会看到省略的现象，但比以前大大地进步了。当时我就有一个心愿，只要这种做法能够对干部员工改进工作作风，进而促进现场安全生产业绩的提高产生哪怕是微不足道的积极作用，本人即使留下"恶名"，我也愿意承受这种"代价"。

联想到该企业集团不允许员工称呼领导职务的做法，原来真是无独有偶，这种"发明权"是在该企业。这种做法，真正起到了"以霹雳手段，显菩萨心肠"的效果。管理层如果在这个问题上没有一点"霸气"，而且不从自身做起，恐怕是难以起到预期效果的。如果没有切实的措施使员工的行为发生改变，要想形成一种预期的企业文化，岂不难哉！

三、文化一旦形成，就会产生和气

该企业集团总部的那位工作人员在向我们介绍这种直呼其名的文化时，很是自豪。不过，她很清楚环境的因素。在她们企业内部，这样做是自然的，但对于外人而言，则另当别论。她对我们这些参观者的称呼就很有"中国特色"，口口声声说"各位领导"，而没有一次说"各位来宾"。企业内部的小环境与整个社会的大环境，还是有区别的。如果企业内部的这种"称呼文化"真正彻底地融入每位员工的"骨髓"之中，那就不会有什么"内外有别"了。当然,假如真是如此,该企业的员工到外面去做事,难免会吃一些"苦头"。入乡随俗,既是无奈,更是无法。

该家企业的国际化战略实施得很成功。作为一个国际性的企业,当然要有一种与国际潮流相适应的文化。"称呼"的改变,正是企业顺应世界潮流的具体体现。其实,外国人一向就是直呼其名,这倒是突出了名字的功能。本来嘛,人的名字就是让别人叫的,它的功能很简单,就是将人与人用一个简单的符号区别开来。马克思的女儿称呼父亲就是"卡尔",叫者和被叫者都没有觉得有什么奇怪。中国人之所以把名字与职务"神圣化",那是把简单的事物赋予了过分沉重的复杂功能。

把事情变复杂很简单,把事情变简单很复杂。儿子称呼自己的生父为父亲,这本来也是天经地义的,但对于中国明朝的嘉靖皇帝来说,则面临着天大的障碍。明武宗朱厚照没有儿子,他死后,选谁当皇位继承人就成了最大的问题。按照《皇明祖训》中"兄终弟及"的原则,就在明武宗的堂弟中选择一个,他就是后来鼎鼎大名的嘉靖皇帝朱厚熜。嘉靖在即位之前,朝中大臣就要求他以皇太子的身份继承大统。对于嘉靖来说,这简直是奇耻大辱,他怎么能认自己的堂兄为父呢?这样一来,把自己的生父置于何地?无奈之下,嘉靖皇帝放出大招:"你们要是再这样,这个皇帝我就不当了。"大臣们一听此言,觉得国不可一日无君,最后就妥协了,皇帝可以称呼自己的"父亲"为父亲。这件事就是明朝历史上著名的"大礼议"事件。用今天的眼光来看,这简直就是一场闹剧。究竟胡闹到什么地步呢?带头反对嘉靖皇帝称呼自己的生父为父亲的大臣是杨廷和,他的儿子、有明代"三才子"之誉的状元杨慎(另两位是解缙和徐渭),更是继承了乃父的偏执,再一次带头反对皇帝给自己的亲生父母上封号，说什么"国家养士百五十年，仗节死义，正在今日"。天哪！这就是状元郎说的话。假如国家养士就是为了不让儿子称呼自己的生父母为父母，那么这种士要他甚用？这种状元又有何价值？不就是一个称呼吗？何至于此！杨慎后来被流放云南30余年，填了一首著名的《临江仙·滚滚长江东逝水》词，其中的一句"古今多少事，都付笑谈中"，或许也有对自己当年在"大礼议"事件中的偏执表现所做的反省与自嘲吧！

我以前曾经工作的单位，是一个由工业部翻牌而成的总公司，不论内外，称呼总经理和副总经理仍然用"部长"和"副部长"，双方都觉得很自然，丝毫不觉得别扭。终于，某一天有不了解历史情况的局外人称呼这些人为"某某总"的时候，他们才觉得世道变了。原来，在人家的心目中，他们已经是企业管理者而不是政府官员了。我不知道他们心中是否有失落感抑或是自豪感，但要从心理上自我改变角色意识，恐怕也非易事。

人与人之间直呼其名，这是一种历史性的进步。同时，这件事情给我们的另外一种启示，就是要形成真正的企业文化，必须从一些看起来是小事、做起来是难事、一旦出现问题就会变成大事的事情上入手，而且要采取行之有效的措施。什么是"行之有效"？触及每个人的经济利益的措施才是有效的。马克思之所以伟大，是因为他的论述往往触及问题的本质，认识到经济问题是一切问题的根源。我在前文中所述的"十字码"事件，有一位部门经理就以开玩笑的口吻对我说，他之所以注意书写规范，主要是心疼"弟兄们的钱"。实际上，主要还是心疼他自己的钱，"弟兄们"也只是连带"心疼"一下，能起到这样的效果也就够好了。

某种预期的文化一旦形成，说明大多数人的行为会在某一个时期自觉起来、普遍起来，这样，企业的和气也就形成了，大家也就真正感到"自由"了。

第九节　企业廉洁文化建设

对于在国民经济体系中占据核心地位的国有企业，结合中央精神、既有经验和自身实际，积极开展企业廉洁文化建设，对形成全社会的"以廉洁从业为荣、以贪污腐败为耻"的廉洁氛围，具有先导性、广泛性、示范性和震慑性的重要作用。这就要求直接从事这项工作的各级领导干部，对企业廉洁文化建设的理论和实践进行理性思考，形成一条明确的工作思路和一套完整的工作体系，从而使企业廉洁文化建设的工作态度更加务实、工作作风更加扎实、工作目标更加落实，取得廉洁文化所应发挥的功能和作用。

一、从一些社会现象看产生腐败的根源

腐败既是一种社会和历史现象，也是一种精神和文化现象。世界各国都存在腐败现象，也都在进行反腐败的探索活动。通过对无数案例的分析，引发我们思考下述问题。

高薪是否一定能够养廉？所谓"高薪"，没有一定的标准。个人的消费观、价值观和道德观不同，对薪酬高低的期望与判断就不尽相同，如果欲望太大，即使再多的钱也不能够得到满足。

高压是否一定能够养行？所谓"高压"，是指严格的规章制度和惩治力度，"行"指个人的行为与表现。内因是变化的根据，外因是变化的条件。"高压"在一定的环境条件下可以起到很大的作用，但不是对

所有的情境都适用。

高位是否一定能够养德？所谓"高位"，也是一个相对的说法。居于高位的人，其道德修养不一定就是一般群众的表率，平常所表现出来的行为未必就是他人效法的楷模。

高能是否一定能够养心？所谓"高能"，是指能力和智力相对普通人比较高一些而已；"心"是指心态，也是一种精神境界的表现形式。许多高能力、高智商者的腐败行为表明，能力与智力不能一定使人保持一颗平常心；相反，越有本事的人，如果搞起腐败来，也许花样更多、危害更大。

卓越的企业家是卓越的企业文化的人格化，领导干部的模范带头作用，永远是企业廉洁文化形成的第一推动力。"薪、压、位、能"是客观的存在，"廉、行、德、心"是客观的表现。后者的表现不好，说明前者的作用有限。要想治病，首先要诊断，然后才能对症下药。廉洁文化建设的目的，就是预防和消除腐败。剖析产生腐败的根源，是廉洁文化建设的首要任务。从理论研究到实际行为，一般来说，腐败的成因可概括为六个方面。

人性弱点。人的本性到底是善是恶，不同的人有不同的理解。生活经验告诉我们，不论贫富，人都程度不同地存在自私之心、贪婪之心或邪恶之心，这是产生腐败的人性根源。

经济压力。当一个人在从事经济活动受到挫折、追求过度的奢华生活或者从事"黄赌毒"等不正当行为时，就会感觉到经济压力，进而铤而走险，不择手段地获取不正当利益，这是产生腐败的经济根源。

有机可乘。任何人都具有社会性的属性，因此就要受到制度的约束。同时，任何制度都不是完备的，如果没有健全的制度、严明的纪律和完善的法律，总会给那些"聪明人"留下可钻的空子，这是产生腐败的制度根源。

监管松懈。当领导对腐败问题不敢或不愿真抓,管理机构对腐败问题不能或不会管理,监督部门对腐败问题放松或减弱监督的时候,便会削弱对腐败行为的震慑作用,这是产生腐败的管理根源。

掉以轻心。有些人对制度、纪律和法律不学习、不熟悉、不掌握,脑子里没有抵制腐败这根弦,加之自己也许就是"常在河边走的人",结果在无意识当中被人拉下了水,或者自身腐败,或者为腐败分子充当"保护伞",这是产生腐败的思想根源。

社会氛围。在某个时期、某个领域或某个单位,腐败已形成氛围,成为"潜规则",不腐败将会被人看作"另类"。在"适者生存"的自然法则下,腐败形成利益共同体,腐败损害的公共利益和大众利益平均到每个人的头上又相对较小,也就没有多少人去较真,这是腐败产生的社会根源。

二、廉洁文化的核心功能

鉴于反腐倡廉建设工作的长期性、艰巨性和复杂性,不能设想"毕其功于一役",更没有"一招制胜、一剑封喉"的"绝招",而是要采取"组合拳"的方式,以廉洁文化建设为主要载体,多种措施并举,从而让廉洁文化发挥出春风化雨、润物无声的作用。

《周易》中说:"观乎天文,以察时变;观乎人文,以化成天下。"这是"文化"一词的最早来源。《辞海》对"文化"的解释是:从广义来说,指人类社会历史实践过程所创造的物质财富和精神财富的总和;从狭义来说,指社会的意识形态,以及与之相适应的制度和组织机构。从中国的情况来看,文化是指中国古代封建王朝所施的文治和教化的总称。南齐王融在《曲水诗序》中说:"设神理以景俗,敷文化以柔远。"

这是对"文化"功能的准确诠释。

文化是一种历史现象，每一社会都有与其相适应的文化，并随着社会物质生产的发展而发展。文化的发展具有历史的连续性，社会物质生产发展的历史连续性是文化发展历史连续性的基础。文化既然是一种历史现象，那么在形成过程中就必然是"既有精华，又有糟粕"。廉洁文化除了具有一般文化所具有的导向功能和激励功能，以及开放性、阶段性和发展性之外，其最大的特点就是它的先进性，也就是说，廉洁文化具有先进文化的品质，反映了当代中国先进文化的价值取向。如果要给廉洁文化下一个定义，可以这样来表述：廉洁文化是马克思主义世界观、人生观、价值观的具体体现，是广大干部廉洁从业的思想基础、道德规范和行为准则。廉洁文化建设的根本目的，就是要在全社会形成"以廉洁从业为荣、以贪污腐败为耻"的廉洁氛围，通过加强制度建设，形成"不能贪"的约束机制；通过加大惩治力度，形成"不敢贪"的思想基础；通过建设廉洁文化，形成"不愿贪"的文化氛围。

"三不"的廉洁文化，其表现形式是自律，而且应当是高度的自律。我讲一个我自己不喝茶的故事，以说明廉洁自律的极端重要性和持久有效性。

20世纪90年代初期，我在某集团公司工作期间，曾经有一段时间在集团主要领导身边做服务工作。那时，最著名的茶叶就是杭州的龙井。有一次，我跟随领导到杭州出差，在龙井茶的产地，品尝用虎跑泉的水泡龙井的茶，懂行的人说这是一种享受，而我则喝不出有什么特别的味道，无非是有一点龙井茶惯常的那种清香。品茶地点旁边有一个展示茶叶产品的小商店，各种等级茶叶的价格标签上标注着不同的价格，其中有一个等级的标价是"400.00"，我为了使自己不至于看错，还专门用手指指着小数点前后的那些"0"，嘴里念着"个、十、百"。我的表现，在那些"上等人"看来，就是一个没有见过世面的"土老帽"。价格后面的重量单位没有注意，就问售货员："是不是一斤400元？"售货员以不屑一顾的眼神斜着看我："你说什么？一斤？一两！"我的天哪！我那时是副处级干部，工资是每月200元出头，也就是说，只够买半两龙井茶。从那次以后，我就下决心不再喝茶了。我与领导的办公室是里外屋，领导有时候在两个办公室之间走来走去，一边踱步一边思考问题。有一次，他看到我的办公桌上的透明玻璃杯里是白开水，就问我"为什么不泡茶"，我回答说"为了锻炼毅力"。我这么说，当时出于急中生智，实际上也有一点道理，就是人们经常认为喝茶可以提神解困。其实，就是因为那次出差，我在偶然的情况下知道了龙井茶的价格，于是强烈地告诫自己，这个茶以后是不能再喝了，因为有人送领导茶叶时也会给身边的服务人员送一点。领导有资格喝，我作为一个参加工作没几年的年轻人，是没有这个资格的。"没有买卖，就没有杀戮。"我不喝茶，当然就不会收茶，久而久之，大家都知道我不喝茶，自然也就不会再送我茶了。这个逻辑，就是这么简单明了，没有任何深奥的道理。

　　我的行为，就是一种自律，这种自律一直延续到我在电脑键盘上敲出上述这段故事。后来，我在参加各种会议时，人家提供茶水，我也就喝了，不要人家专门给自己倒一杯白开水，那样一方面增添对方的工作量，另一方面也显得自己很"另类"。我在自己家里，从来没有泡过茶。不喝茶，不喝好茶，不喝名贵的茶，几十年也就这样过来了，我似乎也没有缺了什么。

　　我在本书的第二章中写过一段话："纪律就是纪律，规定就是规定，自觉遵守纪律，就是自律。自律的外表是守正，内涵是善良。没有善良，就做不到自律。凡自律者，必善良；凡善良者，必高贵。自律，是最高贵的品质。"比起享受高品质的茶叶,我还是愿意保持我的自律,因为我认为它是一种"最高贵的品质"。

三、廉洁文化与"清官情结"

中国老百姓普遍有一种"清官情结",凡是勤政、廉政的官都是清官,而清官是最受中国老百姓赞颂的对象,他们认为,凡清官都是好官,都是为老百姓办实事、办好事的官。但是,世界上的事物都是复杂的,并非如此"黑白分明"。人们一般对领导干部的要求是"勤政、廉政"。勤政对于一般人来说十分好理解,就是说领导干部要勤干事、多干事。唐代韩愈的《进学解》中说:"业精于勤,荒于嬉;行成于思,毁于随。"我们党要提高执政能力,提高领导干部自身素养,加强勤政建设是其中一个十分重要的方面。人们希望看到的是"两袖清风"的"清官";与之相对的则是被人嗤之以鼻的"贪官污吏"。"廉"的本意为清正廉洁,廉洁的意义,众人皆知。不廉洁,就意味着腐败。腐败破坏生产力,瓦解凝聚力,削弱战斗力;腐败不除,改革难行,发展难成,稳定难求。这些已经成为人们的共识了。对于领导干部来说,不廉洁就没有威信,没有威信就得不到群众的拥护,而孤家寡人是不可能做出什么工作成绩的。

勤政、廉政的重要意义不言而喻。那么,做到这两点,是否就是我们追求的目标呢?清代刘鹗的小说《老残游记》在民间流传甚广,小说以一位走方郎中老残的游历为主线,对社会矛盾开掘很深,尤其是他在书中敢于直斥清官误国,清官害民,指出有时清官的昏庸并不比贪官好多少。该书第十六回里有段评说:"赃官可恨,人人知之;清官尤可恨,人多不知。盖赃官自知有病,不敢公然为非,清官则自以为不要钱,何所不可,刚愎自用。小则杀人,大则误国,吾人亲目所见,不知凡几矣。"并自评道:"作者苦心愿天下清官勿以不要钱便可任性妄为也。历来小说皆揭赃官之恶,有揭清官之恶者,自《老残游记》始。"

　　清官身上有一层保护膜性质的道德光环,导致人们不能对清官做出辩证的事实评价。一句话,清官"一清遮百丑",即使客观上有不是的地方,也是说不得的。在现实生活中,类似于《老残游记》中描述的两个"清官"的领导干部也为数不少,只是表现形式没有那么极端而已。比如,有些领导干部认为自己勤政、廉政,便自负地认为自己掌握了真理,应该拥有"绝对权力",在工作作风上刚愎自用,对下属态度粗暴;在决策中独断专行,丝毫听不得不同意见,动辄果断"拍板",结果导致几百万元、几千万元、几亿元甚至几十亿元的重大损失。明明是由于自己决策错误造成的损失,却堂而皇之地说是"交学费"。这就提出一个问题:领导干部仅有勤政、廉政就行了吗?

　　廉洁文化建设需要"清官"们的行动示范和道德感召,但仅此是远远不够的。领导干部除了勤政、廉政之外,必须"善政",这才是作为领导干部的职责,也是提高执政能力的具体体现。比如,前文说到我不喝茶,充其量只是一种"廉政",而这并不是目的;我能够结合自己的工作实践,写出这本书,从而为其他企业和其他领导干部提供借鉴,这才是"勤政"所结出的"善政"果实。廉政是基础,勤政是手段,善政才是目的。廉洁文化建设必须努力营造"反腐倡廉、净化环境;善政为本、立足发展"的良好氛围,促进广大干部和人民群众"想干事、能干事、干成事",这才是真正的"文化",否则,这项工作就是无源之水、无本之木。

四、廉洁文化建设的根本措施

　　众所周知,我国香港特别行政区在廉政方面是做得比较好的,大名鼎鼎的香港廉政公署功不可没。该机构在反腐倡廉工作中的根本措施就是"三管齐下"。一是惩治违法行为，建立贪污及相关罪行的情报网络和线人制度，广泛收集贪污趋势的资料和研究报告。二是加强预防制度，对现有制度及程序进行专题审查，制定有效的防贪策略，充分利用私营机构进行防贪咨询服务。三是推广道德发展，举办各类研讨会进行宣传教育，与专业机构合作在公司内建立诚信文化体系，编制防贪教材，建立行业防贪网络。

根据中央的精神，结合近年来反腐倡廉工作所取得的经验，应该按照下述思路在全社会进行廉洁文化建设。

在规章制度建设方面，要进一步树立"规则至上、敬畏制度"的意识。首先要建立健全各种规章制度，对已经实施多年的制度的有效性进行评估，在此基础上进一步修订完善；其次要在全社会进行敬畏制度的教育，使全体社会成员牢固树立"凡事有章可循"的意识。

在领导干部示范方面，要进一步发挥"瓜田李下、洁身自好"的作用。对一些手里握有"人权、财权、物权"的重要关键敏感岗位人员，进行"常在河边走，就是不湿鞋"的教育，使大家明白手中的权力是组织给的，不能将其作为谋取私利的手段和工具。

在严格执行制度方面，要进一步起到"执行到位、结果导向"的效果。各级组织特别是司法机关，要有强烈的是非观念，以严肃处理具体的违规违纪的案例，作为教育全体社会成员尤其是领导干部的鲜活教材，达到"以身边人和身边事进行自我教育"的目的。

五、廉洁文化建设的基础工作

廉洁文化建设是一项长期的任务，必须从加强基础工作方面入手来积极推动各项具体工作的开展。从"文化"这个概念作为切入点，廉洁文化建设要特别重视下述四项基础工作的有效推进。

更加重视科学精神的传播。文化是精神层面的东西，文化的形成必须加入科学精神的元素。所谓科学精神，是指人们对自然、人类、社会的认识永无止境；每一个时代的人都在人类知识的宝库中添加一点东西，这些知识没有尊卑贵贱之分，具有同样的崇高性；每一门知识的每一个进步，都是由小到大、由片面到全面的过程，正确与错误的区分永远是相对的；权威主义与科学精神水火不相容。高尚的科学精神，是廉洁文化建设的道德基础。

更加重视气候土壤的培育。《晏子春秋》中说："橘生淮南则为橘，生于淮北则为枳，叶徒相似，其实味不同，所以然者何？水土异也。"相似的枝，相似的叶，淮河两岸的橘子与枳子隔河相望，真是"盈盈一水间，脉脉不得语"，这就是环境的影响。人也是一样，到了一个环境好的地方，表现就好，到了一个环境差的地方，难免要受其负面影响，这就是"近朱者赤，近墨者黑"的道理。一个地区、一个组织、一个单位，倡导什么、鼓励什么、反对什么、摒弃什么，必须要有明确的是非界限，并以此形成全体成员共同的价值取向和行为准则。适宜的气候土壤，是廉洁文化建设的环境基础。

更加重视制约机制的建立。作为气候土壤的一种延伸，制约机制的建立和形成也是客观环境的产物。从广义来说，廉洁就是不能非法占有社会资源，而制度设计直接影响社会资源的合理分配及其效率的充分发挥。在一定的条件下，好的制度可以使坏人变好，而坏的制度则可以使好人变坏。人治的基础是道德的力量，而法治的基础则是制度的力量。好制度的核心，就是具有恰当的制约机制。合理的制约机制，是廉洁文化建设的法治基础。

更加重视持久耐力的增强。《荀子·劝学》中说："锲而舍之，朽木不折；锲而不舍，金石可镂。"廉洁文化建设是一项长期而艰巨的任务，廉洁文化需要几代人、十几代人甚至几十代人坚持不懈的努力才能形成。在这个过程中，肯定会碰到许多意想不到的阻力和困难。苏东坡在《贾谊论》中说："夫君子之所取者远，则必有所待；所就者大，则必有所忍。"因为我们有着伟大而崇高的理想，因此，如果我们在工作中碰到困难，就必须以超乎寻常的持久耐力来加以克服，这样才会不使这项工作半途而废。超常的持久耐力，是廉洁文化建设的精神基础。

第十节　企业文化与员工行为

队伍建设的核心是人。企业文化的形成，与员工的行为有着直接的关联性。换句话说，企业文化反映的是员工的行为。

大亚湾核电站1号机组在进行十年大修期间，在国内某核电站发生了一起工作人员触电身亡的重大工业安全事件。事件原因是该工作人员超出自己的工作范围，清扫带电的电气柜。他的本意是想做一件好事，结果却酿成了一起悲剧。从本质上说，这起事件是由于员工的行为不当造成的。参与大修的各个单位立即对事件进行反馈，以吸取经验教训，杜绝此类事件在大亚湾核电站的发生。事后，有人说现场不需要"雷锋精神"。我们可以看出，对于同一件事，每个人都会见仁见智，不会是同一个思维模式。单从"不需要'雷锋精神'"这几个字上看，这似乎是错误的；但如果前面加上"现场"，再限定在"核电站"，那么这个"雷锋精神"似乎就应该被赋予另外的含义了。

《吕氏春秋·察微》中记载了一个故事。

鲁国之法，鲁人为人臣妾于诸侯，有能赎之者，取其金于府。子贡赎鲁人于诸侯，来而让，不取其金。孔子曰："赐失之矣。自今以往，鲁人不赎人矣。取其金，则无损于行；不取其金，则不复赎人矣。"

这段话的意思是说，鲁国的法律规定，如果鲁国人在外国沦为奴隶，有人出钱把他们赎出来，可以到国库中报销赎金。子贡有一次赎回了一个鲁国人，回来后拒绝了国家奖给他的赎金。孔子说："端木赐（子贡的名字），你这样做就不对了。你开了一个坏的先例，从今以后，鲁国人就不肯再替沦为奴隶的本国同胞赎身了。你收取国家奖给你的赎金，不会损害你的行为的价值；而你不拿赎金，其他人就再也不会从国外把鲁国人赎回来了。"

从这个故事中我们可以看到，子贡本来想做一件高风亮节的好事，但由于他的行为是一般人所不能做得到的，因此，圣人孔子认为，最后的效果并不好。为什么会这样呢？一是每个人的思想境界不同，对事物的看法就不同，在很多时候是"阳春白雪，曲高和寡"，甚至是"峣峣者易折，皎皎者易污"。二是子贡属于富家子弟，很有钱，不在乎这一笔赎金，而一般人则没有这个经济实力，有时候想把沦为奴隶的同胞赎回来，也是心有余而力不足，再加上回去之后还不好意思去领赎金，那就更是赔本的买卖了，于是，"多一事不如少一事"就可能成为一种正常的行为模式了。

从上述故事中我们可以看出，孔子真不愧是"圣人"，他对事情的理解十分透彻，"取其金，则无损于行"；假如不领取政府的赎金，子贡个人倒是表现出一种大公无私的境界，但一般人实在是学不来，最后导致的结果就是"自今以往，鲁人不赎人矣"，从今往后，再也没有人做好事了。

君子大礼不辞小让。鲁国之所以制定这样一个法律，是因为从国家的角度来说，把沦为奴隶的同胞赎回来，这是第一位的任务，属于"大礼"；个别有钱人不去领赎金，只不过是一种"小让"。对于子贡来说，得到了一个好名声，但对于鲁国来说，在外国的奴隶永远就是奴隶了，国家虽然节省了一些钱财，却减少了人口、丧失了尊严，其结果就是失大于得。

以上两件事也可以用现在的"雷锋精神"来解读。

"雷锋精神"在任何时候都是需要的，关键在于以何种形式、在什么场合下表现出来。在这个问题上，我们要学学孔子，透过现象看到本质，要参透"雷锋精神"的实质。比如，在一个团队中具有整体意识，不要给他人制造不便，而是给他人的工作创造一种良好的条件，这就是一种"雷锋精神"；在现场操作过程中，严格执行工作票规定的任务，发现新的情况不要贸然采取行动，而要马上报告，这也是一种"雷锋精神"；在别人需要帮助的时候，及时提供有效的帮助，这更是一种"雷锋精神"。这就引申出另外一个更为重要的话题：员工行为。

企业追求的直接目标就是业绩，员工对企业的贡献也表现在业绩上；决定业绩的是员工的行为；员工行为反映员工所具有的知识与技能；员工获得知识与技能的条件是其品德、性格、才干和天赋。员工拥有了良好的素质，并不一定就自然会拥有知识和技能，而是要经过完善和精心设计的训练才能够获得。足够的知识和技能，是决定员工行为的关键因素。知识是存储在大脑皮层不同部位的信号，包括语言、视觉、听觉、触觉的信号；知识的应用就是技能，技能是各个区域神经之间的连接。知识很容易消失，技能则不会。这正如一个学会了游泳和骑自行车的人，多少年过去之后，他可能早已忘记了当初教练教给他的一些理论，但他仍然可以游泳和骑自行车，这是因为他掌握的是技能，这是不会被轻易忘记的。

从某种意义上讲，一个人的思维方式能够决定其事业的成败。同样一件事，有人干成了，有人却失败了，究其根源就是他们的思维方式不同，正所谓"成也萧何，败也萧何"。对于同一个问题，不同的人都会有不同的看法，有时还会有截然相反的看法，除去利害关系的因素外，还因为不同人的思维方式存在着差异。比如，在收不收赎金的问题上，孔子与子贡的思维方式就完全不同。而人的思维方式决定着人的行为模式，若一个人的行为模式切实可行，办事就会成功；反之，办事则易失败。

无论在工作中还是在生活中，我们在与人相处的时候，会从不同的角度看待一个人，其出发点还是一个人的行为。同样的道理，企业在绩效管理中评估一个员工的时候，虽然表面上是以其业绩为依据的，而不会根据他的日常行为，但业绩是由员工的行为所决定的，因此，从本质上讲，员工行为是企业业绩的决定性因素。

企业员工行为的表现形式很复杂，但如果我们仔细分析，还是可以归纳出一些基本的行为模式的。我根据自己在大亚湾和阳江两个核电站做管理工作和领导工作期间的所见、所闻、所感、所思，认为员工行为模式可以用一个行列式来表达（见图5-2）。这八个矩阵元素的不同排列组合，就会形成不同的员工行为模式。比如，员工在厂房的地上拾起一张小纸片并把它丢进垃圾桶里，这种行为是不可预计的，但它是可控制的和可接受的，而且实施这种行为不会产生不良后果。再如，员工在工作场所抽烟，这是一种可预计行为，因为有抽烟习惯的员工大有人在，假如没有遵守纪律的习惯，该员工很有可能控制不住自己而在不允许抽烟或不应该抽烟的场所抽烟，因此它属于不可控制行为；在工作现场来说，这种行为是不可接受的，而且一旦实施后，极有可能产生不良后果。

$$员工行为模式 = \begin{bmatrix} 可预计行为 & 不可预计行为 \\ 可控制行为 & 不可控制行为 \\ 可接受行为 & 不可接受行为 \\ 无后果行为 & 产生后果行为 \end{bmatrix}$$

图 5-2　员工行为模式的行列式

按照上述思路，我们再来分析一下前文所述的那位触电身亡员工的行为模式。首先，电气柜是一个客观存在，该员工在清扫其中一个的时候，由于惯性思维的作用，极有可能对旁边的电气柜进行清扫，因此，这个行为属于可预计行为。其次，假如该员工在工作之前对工作现场的电气柜是否带电的情况及操作规程的细则，有着比较清晰的了解和理解，他就应该不会轻易去清扫不属于他的工作范围的其他电气柜，因此，他的行为应该属于可控制行为。再次，他在完成自己的分内工作之后，突然转身去清扫旁边的带电的电气柜，这是严重违反操作规程的，因此属于不可接受行为。最后，他的这种清扫行为带来的严重后果，就是自己触电身亡。

正如一滴水可以折射出太阳的光芒一样，一个企业的员工行为规范如何，体现了这个企业的价值理念和文化内涵。企业最重要的资产或财富，就是看不见的文化，就像一个人最重要的财富就是看不见的思想，它决定了一个人所有的行为模式。行为决定习惯，习惯决定性格，性格决定命运。当我们赋予企业以人格与个性时，把同处于激烈竞争环境中的"人"的命运延伸到"企业"的命运时，企业就应当从日常的行为模式中寻找和定位决定自身命运的"文化性格"。

企业文化具备以下特点：一是企业文化对企业与员工的行为具有指导性与约束性；二是企业文化不仅作用于企业的整体行为，而且作用于员工的个体行为；三是企业文化是一种价值理念。这一定义意味着企业文化不仅影响着企业整体与员工个体行为的方向，而且影响着它们的行为方式，而之所以会产生这种影响，是因为有一种价值理念的存在。这是一个比较准确而全面的学术定义。

具体到核电站，我们常常说，要让优秀成为企业的一种习惯。这是一个非常好的理念。事实上，企业倡导的企业文化往往都是一种优秀的文化品质，问题的关键在于，企业如何使这种优秀品质转化为员工行为或心理习惯。企业在培育优秀企业文化的过程中，一定要把握好三个环节。

一是多鼓励、少批评。在幼儿教育中，教师引导幼儿的心智发展时，往往就是通过鼓励和夸奖来培养幼儿的优秀习惯心理。当幼儿以"我是最优秀的"优越心态开始自我激励和培养并坚持下来时，往往起到一种意想不到的效果：他们真的变得很优秀了。这就是著名的"罗森塔尔实验"告诉我们的真实结果。企业的员工虽然是成年人，已经形成了自身的价值观和心理体验，但其行为模式的引导原理和幼儿大体相似。人都有趋利避害的特性，当正确的行为得到肯定和褒奖时，这种行为才能延续；相反，错误的行为得到了不应有的鼓励时，错误的行为将变本加厉。企业文化建设就是要善于不断激励有贡献于企业文化的员工，通过树立典型示范的作用，引导和培养员工的优秀心理，让优秀的人更加优秀，使优秀成为员工的一种行为习惯而得以延伸。

二是重细节、抓小事。细节表现企业文化，企业文化体现于细节。

企业行为要实现规范化,就应该避免企业员工不良的个人行为习惯对企业行为的影响。同样,建立良好的企业文化,就要求员工摒弃个人的不良生活习惯甚至一些恶习。引导员工的行为习惯,是企业文化建设的中心环节。我们说企业文化是在企业日常管理活动中形成的,而日常的企业生产活动是由众多的活动细节所构成的。企业员工的价值观和行为心理习惯,就是在企业细节活动中形成,并在细节中得到体现的。例如,我们经常谈到企业形象问题,员工对外的形象就代表了企业对外的形象,代表了这个企业的文化。很多管理人员往往不重视细节管理,无形中放任了员工不严谨、不慎重的个人行为,结果损害了企业文化。因此,管理者在日常管理中应注重员工行为的细节,加强对员工的培训工作,引导员工形成正确的行为习惯和心理,这对企业文化的形成起着相当重要的作用。

三是靠制度、明奖罚。一个没有执行的制度等于没有制度。制度的执行,关键在于奖罚。企业管理的核心就是奖罚,因为员工的行为方式和态度就是依据企业奖罚而逐渐形成的,而企业文化本身就是企业员工的价值观和行为心理态度。奖罚不分明,表面上损害了企业制度,实质上是歪曲了员工的行为心理和企业价值观,给企业造成了致命的"内伤"。我们要建立现代的企业文化,必然要求企业有力地执行企业内部的绩效制度和奖罚制度,正确引导员工形成应有的企业价值观和行为心理。

企业文化建设是一个长期的过程,只有使优秀的文化品质得到不断的坚持时,优秀的企业文化就真的不期而至了。企业文化要靠员工的行为表现出来,仔细研究员工的行为模式,是企业文化建设的载体。离开了员工行为谈企业文化,那是无源之水、无本之木。

第十一节　企业经营的五项"黄金定律"

随着小农经济走入历史的深处，人类社会依次进入了工业化、信息化和智能化的时代，创造财富的主要形式是企业。这就提出一些重大问题：如何经营企业，如何使企业基业长青，企业家该把握哪些基本原则。

美国电影《泰坦尼克号》震撼人心的根本原因，并不是那个老套的爱情故事，也不是那枚硕大无比的钻石"海洋之心"，而是号称"不沉之船"的巨轮触及冰山，顷刻间沉没于大西洋海底这幕历史悲剧本身所具有的惊心动魄的震撼力。冰山是死的，船是活的；不是冰山要撞船，而是船要撞冰山。谁之罪？人之罪！船长史密斯对"泰坦尼克号"的沉没负有主要责任，因为他的决策失误才导致这起人类历史上的大悲剧。究其本质，也是所谓"政治影响"害了他。如果"泰坦尼克号"此次航行得以成功，他就可以名垂青史，为自己一生的航海生涯画上一个完美的句号。为了获得"提前到达美国"这个仅仅具有新闻宣传的"轰动效应"而毫无实际意义的虚名，他不顾别人提醒前面可能有冰山的忠告，命令轮船开足马力前进。当冰山真的横亘于前的时候，高速行驶的惯性和巨轮不好调头的弱点，使一切紧急举措都无济于事，致使船员们眼睁睁地看着巨轮与冰山侧面相撞。中国古代"务虚名而处实祸"的格言，又一次不幸地得到了验证。

无独有偶，就在"泰坦尼克号"沉没事件刚刚过去3年，另一艘豪华巨轮"卢西塔尼亚"号，也沉没于大西洋。1915年5月1日，"卢西塔尼亚"号在美国纽约下水，满载着1959名乘客，开始了横越大西洋的纽约—利物浦首航。这一年，欧洲大陆战事犹酣，许多人对英国籍轮船在海上远航表示极大的忧虑，建议取消此次航行计划。但是，船长信誓旦旦地保证,"卢西塔尼亚"号凭借强大的蒸汽涡轮机组,可以避开任何潜艇的攻击,于是他贸然决定照航不误。经过6天6夜的航行,"卢西塔尼亚"号在离爱尔兰海岸只有几千米的地方,被一艘在爱尔兰沿海游弋的德国潜艇发现,一枚鱼雷击中了"卢西塔尼亚"号的船体,轮船发生爆炸。船上乘客除部分妇女和儿童登上救生艇脱险外,绝大多数人随轮船葬身海底。

同为豪华巨轮,同是大西洋沉没,又同样是由于船长的错误决策造成船毁人亡的悲剧,这个教训真是史无前例。在现代商海中,所有企业是一艘艘大大小小的船只,这些企业的领导人就是"船长",是"老大"。航程中有无数看得见的冰山和看不见的暗礁,要安全到达目的地,全靠这些"船长"谨慎掌舵!

当年曾国藩与太平军作战时,屡吃败仗。有一次他在给清王朝的奏章中有一句话"臣屡战屡败",他的一位幕僚告诉他,这样写不好,应该改成"屡败屡战"。一字之差,效果大为不同。同治皇帝看到这句话后,对曾国藩大加赞赏。这则趣闻虽然主要调侃曾国藩玩文字游戏,但我们从中也可以受到许多启发。如果说"屡战屡败"是一种结果的话,那么"屡败屡战"就是一种精神。胜败乃兵家常事,失败为成功之母。失败了并不可怕,但精神垮掉,那才是最大的不幸。从人生的丰富多彩来说,成功并不是其全部的内容,摔跤是难以避免的,有时甚至是达到成功而不可或缺的一部分。

其实,世界上本来就没有什么无用之物,就看你会不会用,怎么用,何时用。创办企业,会面临诸多风险。为了有效避开过度的风险,企业家需要采取稳健的经营策略,而不能热衷于迅速赚取厚利。这样,在表面上有时就要吃一些亏,甚至做一些看似没有什么作用的事情,有时简直是"贻误军机"。但是,如果给人留下稳妥、扎实、公道、守信的印象，那么别人就愿意与他合作共事，他的商业机会无形中就增多了。诸葛亮说"先帝知臣谨慎，故临崩寄臣以大事也"，也是这个道理。企业家个人的行为也会受到一些客观规律的制约。我经过数十年的实践、观察与思考，琢磨出以下五条经营企业的"黄金定律"。

第一条定律：克制欲望。 凡是企业家，都想把企业做大做强，这是一种基于人性的内在冲动，一旦不受制约，在无限欲望的驱动下，发展的势头将如脱缰的野马而不可收拾，借着惯性的力量，最后一头栽下万丈悬崖。这样的例子不胜枚举。老子当年告诫孔子，要他"去子之骄气与多欲，态色与淫志"，因为这些东西"皆无益于子也"。骄气、多欲、态色与淫志从何而来？就是想做大。名满天下的孔子对老子极为佩服，他认为自己见什么人做什么事都能猜测揣度其用意，但就是对于龙这种神兽的行径看不清楚，也跟不上节奏，"至于龙，乘云气，游太清，吾不能逐也"。在孔子的眼里，老子就像传说中的龙，"吾所见老子也，其犹龙乎"，因其见首不见尾的神奇莫测，结果就是"神错而不知其所居也"。

孔子说的龙，只在神话传说中才有，现实生活中有庞大的恐龙存在，但最后灭绝了，为什么？因其太大了。德国戴姆勒－克莱斯勒汽车公司原董事长埃沙德·路透的办公室墙上挂着一幅巨大的恐龙画像，下面有一行字："如果没有适应能力，纵然是庞然大物，也无法摆脱灭绝的命运。"IBM前总裁郭士纳说大象可以跳舞，这只是他的一种说法。世界上没有人看到过跳舞的大象，而只见过灭绝了的恐龙。

事物发展到一定大的时候，就经不起失败了，西方人说"Too big to fail（太大了，以至于不能失败）"，讲的是同一个意思。一些跨国公司鼓吹"规模决定一切"，这实在是一种"忽悠"。实际上，经济学的基本原理告诉我们，企业虽然可以靠不断扩张来降低平均运营成本，但这也只能在某种范围内有效,一旦超过特定规模之后,管理趋于复杂,分工不易协调,效率通常会降低,结果运营成本反而增加。因此,企业家一定要努力克制想加快发展的内心冲动,不要被表面上做大做强掩盖着的骄气、多欲、态色与淫志冲昏了理性本来就不太牢固的头脑,而是要牢牢守住规模和成本达到最佳平衡点的"阈值"。

  第二条定律:扬长避短。俗话说"一招鲜,吃遍天"。企业的核心能力在于核心技术,没有核心技术的大,只能是大而无当,这是"大公司病"的先兆。"大公司病"最容易在企业高速扩张中罹患,往往体现在从专业化向多元化转型的进程之中。企业家凭借自己在某一专业领域内的骄人成绩,就以为转往其他行业照样可以无往而不胜。宋代文学家欧阳修的《古瓦砚》诗中说:"金非不为宝,玉岂不为坚。用之以发墨,不及瓦砾顽。"清代诗人顾嗣协的《杂兴》诗中说出了同样的道理:"骏马能历险,犁田不如牛。坚车能载重,渡河不如舟。"这些道理说起来,没有人不懂得。但在现实生活中碰到问题后,往往都将其抛到九霄云外了,原因就是骄气、多欲、态色与淫志在作怪。

  生命是短暂的,但是只要加速去完成一件事情,那么人的生命就延长了一点,并且更加充实和富足。一个企业与一个人一样,不可能事事都能做,样样都精通,而是应该有自己的核心业务。在扬长避短的问题上,请不要相信什么"短板"原理,短就是短,应该扬长而避短,而不是费力气去补什么短,否则就是丢西瓜而捡芝麻,舍本以逐末。

  第三条定律:未进思退。如果有所为是进的话,那么有所不为就是退,而且"进"往往是以"退"为前提的。进与退,也有一个观察的视角问题。晚唐的布袋和尚在《插秧偈》诗中说:"手把青秧插满田,低头便见水中天。六根清净方为道,退步原来是向前。"股市刚刚跌的时候,如果把手中的股票"割肉"抛掉,当时看起来是一种"退",但假如股票一跌再跌，那么先期的赔钱就变成了事实上的赚钱。总想捞，总想一往无前，其实是一种赌徒心态。事物的辩证法告诉我们，一旦发现方向走错，停下来就是进步。

企业家经常要想的事情，不是如何把企业做大，而是要想如何把企业失败的时间推后、失败的程度减小。最大的风险，就是不知道风险在哪里，没有风险意识。华为之所以有今天这样足以令美国这个世界头号强国忌惮的实力，重要的原因之一就是其掌舵人任正非秉持着"唯有惶者才能生存"的"冬天哲学"，经常向员工絮叨"华为还能生存多久"的风险意识和忧患意识。

第四条定律：现金为王。企业作为一种经济组织，核心宗旨就是赚钱。当宏观经济形势不好时，更要牢牢按住自己的钱口袋。原是世界上最大的综合性天然气和电力公司之一、北美地区头号天然气和电力批发销售商安然公司的轰然倒地，就是犯了没有按照"现金为王"这条定律行事的大忌。凡是经营过企业的人都知道，所谓利润、收益，如果没有兑现成钞票，没有进入自己的账户，最终只是一个镜中花、水中月的美丽幻影。不要笑话"小富即安"，应该安，没有理由不安。口袋里有了现金，为什么不安呢？不仅要安，而且要心安理得。

很多企业之所以陷入窘境，就是因为口袋里没有钱导致资金链断裂。试想，如果腰包鼓鼓的，何至于如此低三下四地到处借债求生呢？负债经营说起来是一种企业家的勇气，但一有风吹草动，这种勇气是当不得饭吃的。寅吃卯粮的前提是还有粮，而负债经营则是债台高筑，紧要关头是要赔光老本的。

第五条定律：思想制胜。企业家是做事的人，这本没有错。但是，如果在做事的过程中没有形成思想，不把思想变成文字，那么最后即使成了龙，也只是一条小蜥蜴，形似而神不是。当年袁世凯与张之洞同在军机处供职,"做事"的袁世凯从内心里看不起"做学问"的张之洞,说了一句既是自傲、更是自卑的话:"张中堂是做学问的,而我是做事的。"这话传到了辜鸿铭的耳朵里,这位老先生狠狠地损了袁世凯一顿:"诚然。倒马桶的老妈子是做事的,不需要学问。但是,除了老妈子倒马桶之外,我不知道这个世界上有什么事情是不需要学问而可以做好的。"

张之洞本人非常不同意袁世凯的说法,他在《劝学篇》中明确表达了自己的观点:"穷维古来世运之明晦,人才之盛衰,其表在政,其里在学。"袁世凯之所以因称帝失败而身败名裂,就是因为他只注重表面的排场,而没有充实自己的内心。经济学大师约翰·凯恩斯说:"讲求实际的人自以为不受任何理性的影响,实际上都往往成了某个已故经济学家的奴隶。狂人掌权,自以为受命于天,实际上他们的狂想却往往取自数年前某个学者的思想。我确信,人们过分夸大了既得利益的力量,实际上它并不比思想逐渐渗透的力量来得大。"袁世凯这个狂人"自以为受命于天",他的思想无非是"成王败寇"那一套帝王逻辑,一点学术含量都没有,正如东汉史学家班固评价汉昭帝和汉宣帝时期的权臣霍光是"不学亡术,暗于大理"。

在我们即将走过的社会特殊转型期里,人们对于财富的渴望达到了令人瞠目结舌的程度。今天这种疯狂逐渐减弱了,大家终于明白有些东西是不能拿来赚钱的。古希腊的圣贤苏格拉底说:"当人们不航海的时候,舵手是无用的。"许多基础科学和技术的突破都是非功利的,不需要回答"有什么用"的问题。纯粹对认知本身的追求,就是在不航海的时候培养和训练舵手。对于企业家而言,一定要吸取本书第三章中提到的日本索尼公司创办人之一的井深大的教训,除了做事之外,还是要在业余时间做做学问,安稳地坐下来,把自己过去走过的路、做过的事、想过的问题总结一下，写一本专著。这样不仅可以使他人受益，更能够有效克服自身的浮躁与烦恼。

上述五条定律中，起决定作用的是第一条定律，即克制欲望。其他四条定律，都是第一条定律的推论。如果把握好第一条定律，其他四条不在话下。

第十二节　王熙凤"管理八法"

1958年10月，毛泽东同几位著名将领谈起中国古典小说时，开玩笑说："《红楼梦》、《三国演义》、《水浒传》，不看完这三部小说，不能算是中国人。"作为我国四大古典名著之一的《红楼梦》，是反映我国封建社会全貌的一面镜子。毛泽东说："《红楼梦》我至少读了五遍，把它当作历史读。不读五遍，根本不要发言。因为你不能把它的阶级关系弄清楚……不读一点《红楼梦》，你怎么知道什么叫封建社会。"

长虹集团以前的当家人倪润峰，是一位善于从小说中悟出经商之道的管理者。1986年，倪润峰就号召长虹公司的干部学习《三国演义》，学习刘备善用诸葛亮等人才，最后做了蜀王。此后不过数年，长虹公司不仅做了"蜀王"，而且成了中国的彩电大王。他对《红楼梦》也十分推崇，曾经要求公司中层以上干部把《红楼梦》作为必读书。他认为："贾府是注定要垮台的。在贾府，放高利贷无人管，偷的偷，拿的拿，家大业大，没有一个管理机制能控制庞大的贾府，管理总体是失控的。这就应了中国一句老话：'富不过三代'。"倪润峰认为，许多大型国有企业也面临《红楼梦》中贾府的问题，刚开始发展不错，再往下发展就容易走向失败。

倪润峰提出的问题，实际上是一个确立制度与执行制度的问题。没有制度不行，有了制度但不能严格执行制度，那就与没有制度一样，对企业管理根本不会起作用，甚至更糟。第一代创业，第二代守业，第三代败业，造成这种恶性循环的根本原因，在于不能在管理上注入新鲜活力。凡是看过《红楼梦》的人，对倪润峰所列举的贾府存在的几个问题都有印象。倪润峰经过对贾府的"诊断"，认为主要病因是"管理总体失控"，为什么会出现这种状况？总的病根还在于封建专制制度的腐朽性。中国封建社会的统治形式是家国一体，家庭既是社会的经济生活细胞，又是社会的政治统治的基本途径。家庭—家族—宗族—社会，形成环环相扣的封建宗法家长制政治体制。家长制及由此衍生出来的土地关系和人生态度，是决定封建社会关系兴衰成败的政治、经济和文化三个方面的重要基础。对于贾府来说，这三个基础都动摇了，它的衰落也就是自然而然的结局了。从贾家的衰落，可以折射出整个封建制度衰败灭亡的必然性。清朝的二知道人在《红楼梦说梦》中说得好："太史公纪三十世家，曹雪芹只纪一世家……然雪芹纪一世家，能包括百千世家。"毛泽东的立论基础，也正在于此。

《红楼梦》第二回中，冷子兴说贾府"安富尊荣者尽多，运筹谋画者无一"，就是说贾府没有杰出的管理人才。其实这个话说得太绝对了，比如探春，就是一个有为的谋划者，她虽然是"代理"，但也曾想尽办法试图支撑和拯救贾府这个烂透了的家族大厦，但由于根本制度有缺陷，她个人的努力最终还是徒劳的。从管理才能来说，贾府的另一个人物就是王熙凤。曾经有人针对这个问题发表不同的意见，有的说，如果贾府有像王熙凤这样的管理者，就可以搞好；有的说，王熙凤的管理方式也不行。这种争论本身没有意义，因为王熙凤并没有真正独立管理过贾府，没有经过实践的检验，所以谁也不能断然做出结论。王熙凤虽然没有管理过贾府，但她的管理才能并不是没有表现过。《红楼梦》第十三回"秦可卿死封龙禁尉，王熙凤协理宁国府"，讲的就是这件事情。

《红楼梦》第十三回的核心内容，说的是宁国府主人贾珍之子贾蓉的媳妇秦可卿死了，需要办丧事，但贾珍由于自己的夫人"尤氏又犯了旧疾，不能料理事务，惟恐各诰命来往，亏了礼数，怕人笑话，因此心中不自在"。贾珍的叔伯弟弟贾宝玉对他说："这有何难，我荐一个人与你，权理这一个月的事，管保妥当。"于是，贾宝玉就向他推荐了王熙凤。贾珍采纳贾宝玉的建议，聘请王熙凤帮助料理内务。王熙凤上任后出手不凡，将整个丧事期间的内务料理得井井有条，充分显示了她的管理才能。

通过具体分析王熙凤协理宁国府的全过程，我们可以看出，一个好的管理者必须具备下述几个方面的条件。

第一，必须有机遇。俗话说"时势造英雄"，宁国府遇到了事情，而贾珍又找不到合适的人选担当起料理内务的重任，这就为王熙凤崭露头角提供了一个绝好的机遇。如果没有"秦可卿死、尤夫人病"这个看似偶然的机会，王熙凤纵有天大的本领，也没有施展的舞台。

第二，必须有伯乐。在荣国府，贾宝玉的地位十分特殊，处于受宠爱的中心位置。贾宝玉除了对其父贾政尚有几分畏惧外，对其他人都没有什么"正经"，简直是一个永远长不大的孩子。但是，正是这个贾宝玉却有识人的本领。别看他平时老没正经事可干，但有机会观察别人，特别是对王熙凤的精明强干更是了解深刻。贾珍对王熙凤的办事能力也敬佩三分，对王熙凤的姑妈王夫人说："从小儿大妹妹玩笑时就有杀伐决断，如今出了阁，在那府里办事，越发历练老成了。我想了这几日，除了大妹妹再无人可求了。"王夫人对自己这位内侄女兼侄儿媳妇的能耐也是知晓的，因此，当贾珍提出来后，她见王熙凤跃跃欲试的样子，也就没有一口回绝，这就在客观上为王熙凤的出场扫清了障碍。有贾宝玉的大力推荐、贾珍的恳切请求和王夫人的顺水推舟，王熙凤协理宁国府一事就是呼之欲出了。

第三，必须有勇气。诸葛亮说："将帅不勇，与无将同。"这是说将领带兵打仗，但平常百姓牵头理事又何尝不是如此。这位"凤姐"的行事风格向来与众不同，特别是对于"场面"上的事，更是应付自如，绝无半点"怯场"的表现。这一天，邢夫人、王夫人和王熙凤一同来宁国府吊唁秦可卿，贾珍作为主人，理应出面酬谢，何况今天他还有求于这几位"贵人"。当有人通报贾珍来上房看望她们时，众婆娘一听此言，"嗯的一声，往后藏之不迭"，独有王熙凤"款款站了起来"，其从容洒脱的风度跃然纸上。王熙凤素日最喜揽事，好卖弄能干，今天见贾珍求她帮忙，自信心更是增强不少，对王夫人说："大哥说得如此恳切，太太就依了罢。"王夫人悄悄地问道："你可能么？"王熙凤蛮有把握地说："有什么不能的。外面的大事已经大哥哥料理清了，不过是里面照管照管。便是有我不知的，问问太太就是了。"对于贾珍来说，料理内务一事把他愁得一筹莫展；在王熙凤看来，这只不过是小事一桩。俗话说："手中没有金刚钻，不敢承揽瓷器活。"王熙凤以前并没有碰到过这种事情，这一次对她来说，也是大姑娘坐轿——头一遭，而且这是别人家的事，但她就敢答应下来，这充分体现了王熙凤的过人勇气。

第四，必须有职权。诸葛亮在他的军事著作《心书》的开篇，就强调了兵权的重要性，认为兵权是"三军之司命，主将之威势"。对于其他行业的管理者，又何尝不是如此。在征得王夫人首肯和王熙凤本人的同意后，贾珍就向王熙凤授权了，将宁国府的对牌（相当于令箭）交给王熙凤，说："妹妹爱怎么样就怎么样办，要什么，只管拿这个取去，也不必问我。只求别存心替我省钱，要好看为上；二则也同那府里一样待人才好，不要存心怕人抱怨。只这两件外，我再没不放心的了。"贾珍作为宁国府的主人，既把象征权力的对牌交给王熙凤，又对她交代了基本的行事原则，为她壮胆，颇有"大将"风度。这种授权对于王熙凤来说，是必不可少的，这是她能够令行禁止的先决条件。

第五，必须有思路。王夫人在离开宁国府时问王熙凤："你今儿怎么样？"王熙凤说："太太只管请回去，我须得先理出一个头绪来才回得去呢。"她首先把宁国府目前存在的问题列出来：一是人口混杂，遗失东西；二是事无专管，临期推诿；三是需用过费，滥支冒领；四是任无大小，苦乐不均；五是家人豪纵，有脸者（意即有面子或有后台的人，反之即是无面子或无后台的人）不能服钤束，无脸者不能上进。由于她平时很了解情况，因此胸有成竹，不需要专门进行调查研究。平时注意收集资料，并且勤于归纳整理，这是作为一个优秀管理者所必须具备的素质。

第六，必须有威望。王熙凤虽属女流之辈，但她的"知名度"颇高，连宁国府的人都知道，尤其是那个都总管赖升更清楚，他对大家说："如今请了西府里琏二奶奶管理内事，倘或她来支取东西，或是说话，小心伺候才好。每日大家早来晚散，宁可辛苦这一个月，过后再歇息，别把老脸面扔了。那是个有名的烈货，脸酸心硬，一时恼了不认人的。"众人都答应了，有人还说："论理，我们里头也得她来整治整治，都忒不像了。"这说明，大家对现状也都不太满意，希望有人对此加以改变，这为王熙凤行使权力减少了许多思想和舆论障碍。从另外一个角度来看，威望也就是必要的群众基础。

第七，必须有制度。王熙凤上任后的第一件事就是立规矩——先造各类册簿，然后宣布纪律，把丑话说在前头："既托了我，我就说不得要你们嫌了。我可比不得你们奶奶好性儿,遇事由得你们。再别说你们'这府里原是这么样'的话,如今可要依着我行。错我一点儿,管不得谁是有脸的,谁是没脸的,一例清白处治。如今都有了定规,以后那一行乱了,只和那一行算账。"说完之后,按照自己的思路,一一分配任务,并且申明纪律,特意告诫赖升媳妇:"你要徇情,叫我查出来,三四辈子的老脸,就顾不成了。"经王熙凤这么一调理,宁国府内的秩序井然,大家职责明确,各干各的,过去那种混乱的局面一下子就改变了。

第八,必须有奖罚。古人讲:"赏所以存劝,罚所以示惩。"奖赏是为了鼓励好人好事,惩罚是为了警戒坏人坏事。从调动工作积极性的角度来说,奖比罚有效;从维护纪律严肃性的角度来说,罚比奖管用。这天,王熙凤点名,有一个迎送亲友的人迟到了,她即令传来。那人惶恐不安,王熙凤冷笑道:"原来是你误了,你比他们有体面,所以不听我的话!"那人回答:"奴才天天都来得早,只有今儿来迟了一步,求奶奶饶过初次。"王熙凤说:"明儿他来迟了,后儿我也来迟了,将来都没有人了。本来要饶你,只是我头一次宽了,下次就难管别人了,不如开发了好。"登时放下脸来,叫道:"带出去打他二十板子!"众人见王熙凤真的动怒了,不敢怠慢,抬出去照数打了,进来回复。王熙凤又掷下宁国府对牌:"说与赖升,革他一个月的钱粮。"这时,宁国府中当差的人们才领教了王熙凤的厉害,从此都表现得兢兢业业,不敢偷安。王熙凤说一不二,雷厉风行,完全达到了"杀一儆百"的目的。

如果我们暂且将宁国府当作一个公司,贾珍就是"董事长",王熙凤就是他聘请来的"总经理"。实践证明,王熙凤是一个比较精干的管理人才,上任之后的一招一式,都透出这种精干。王熙凤之所以能够圆满完成使命,除了她本人的才干之外,更为重要的就是贾珍这个"董事长"对她的信任,可谓知人善任。他对王熙凤不仅充分授权,而且对她还颇为体贴,特意命人每日将上等菜送到王熙凤的"办公室"——抱厦。这虽然是一件不起眼的小事,但对王熙凤能够起到精神感召作用,激励她忠于职守,兢兢业业。王熙凤也正是这么做的,每天"上班"就坐在这里管事,表现出很强的敬业精神。他们二人的密切合作,使得整个丧事办得有板有眼,没有出现什么大的乱子,既维护了宁国府的面子,又衬托出王熙凤的才干。

在整个大观园里,王熙凤属于识不了几个字的"文盲",直接的证据就是在《红楼梦》提到的几次诗会中,都没有她的作品。第五十回中写大观园群芳在芦雪庵赏新雪、烤鹿肉、联诗句,王熙凤之所以有兴致参加这样的活动,那是因为贾母参加,而且这是一次规格比较高的社交活动,关系到贾府的社会地位,薛宝琴、邢岫烟、李氏姊妹等一大批人涌到贾府"来访投各人亲戚",为的就是求人家"治房舍,帮盘缠",或暂找一个避风之所。王熙凤的精明,或者说她的"政治敏感性"比一般人高,也正在于此。在吟诗联句之时,曾自称"不会做什么'湿'咧'干'的"王熙凤,借着众人请她开头,便一反常态地主动要求"我也说一句在上头"。于是,她因"昨夜听见一夜的北风",随口说了句"一夜北风紧",她自己认为这只是"一句粗话",而且极不自信地问大家"可使得?"不料歪打正着,众人听了,都相视笑道:"这句虽粗,不见底下的,这正是会作诗的起法。不但好,而且留了多少地步与后人。就是这句为首。"没有文化的王熙凤,却可以为一场高雅的诗会起头,就犹如为一场球赛开球或为一个庆典仪式剪彩,这就是她的水平和能力得到大家公认的体现。

王熙凤虽然没有什么文化,但她出嫁前的娘家和现在的婆家贾府就是她的"管理学院"。王熙凤的管理天赋本来就不错,用贾珍的话来说,"从小儿大妹妹玩笑时就有杀伐决断";通过在贾府这所不发"文凭"的"管理学院"接受了多年严格的管理训练,"越发历练老成了"。可见,人的本领往往不是靠读书本学来的,而是通过实践历练而成的,所谓"宰相必起于州部,猛将必发于卒伍"。真正的企业家,不是管理学院培养出来的,而是在残酷的社会竞争中脱颖而出的。《红楼梦》的作者曹雪芹知道这个道理,因此他通过塑造王熙凤这个形象来表达了这种思想。

值得指出的是,向宁国府的主人贾珍推荐王熙凤的人,竟然是贾宝玉这样一个在一般人眼中堪称"花花公子"的人物。实际上,贾宝玉可算得上是贾府内一个有思想、有才华、有个性的人物,却被认为是这个家族和这个制度的"逆子"。这样的家族、这样的制度、这样的阶级和这样的社会,还能有什么前途呢?

王熙凤协理宁国府这个故事,对于现代企业的管理者,不失为一份很有价值的参考资料。许多国有企业的领导人,应该扪心自问一下,与贾宝玉相比,自己在知人识人方面做得怎么样;与贾珍相比,自己在礼贤下士方面做得怎么样;与王夫人相比,自己在成人之美方面做得怎么样;更为重要的是,与王熙凤相比,自己在管理思路、理事才能和严明奖惩方面又做得怎么样。

对于企业来说,在总体思路和战略正确的前提下,企业管理者只有敢于碰硬,严明执法,企业才能兴旺,这是现代企业制度对我们提出的客观要求。在这方面,王熙凤"管理八法",确实值得借鉴。我本人从王熙凤"管理八法"中得到了企业管理的"八字真经":无私无畏,敢抓敢管!